비고츠키를 아시나요?

비고츠키와 발달 교육

먼저, 용기를 내 우리의 어둠을 직시하자!

그리고 가야 할 방향을 찾아보자!

우리 힘차게 발달 교육을 향해 나아가자!

첫번째 이야기 : 비고츠키를 아시나요?

비고츠키와 발달 교육

1판 1쇄 발행 2016년 6월 15일

지은이 배희철

발행인 도영
디자인 구화정page9
마케팅 김영란
편집 및 교정교열 김미숙

발행처 솔빛길 (등록 2012-000052)
주소 서울시 마포구 서교동 464-4, 5층
전화 02)909-5517
팩스 02)6013-9348, 0505)300-9348
이메일 anemone70@hanmail.net

ISBN 978-89-98120-31-3 03370

이 도서의 국립중앙도서관 출판예정도서목록(CIP)은
서지정보유통지원시스템 홈페이지(http://seoji.nl.go.kr)와
국가자료공동목록시스템(http://www.nl.go.kr/kolisnet)에서 이용하실 수 있습니다.
(CIP제어번호: CIP2016014115)

첫번째
이야기

비고츠키를 아시나요?

비고츠키와
발달 교육

배희철 지음

솔빛길

차
례

1부

먼저, 어둠을 직시하자

책의 기조

글쓴이의 말을 준비하면서, 『생각과 말』, 『비고츠키와 인지 발달의 비밀』, 『레프 비고츠키』에 쓴 글쓴이의 말을 천천히 음미해보았습니다. 일반 교사가 이해하기 어려운 내용이었다고 반성했습니다. 주된 독자를 학문을 하는 분으로 설정한 것은 정말 어리석은 짓이었음을 실천으로 확인했습니다. 핵심 독자는 교사였습니다.

2015년 나온 『관계의 교육학, 비고츠키』와 『경쟁을 넘어 발달 교육으로』는 교사가 '비고츠키 교육학'에 입문하는 데 큰 도움이 되는 책입니다. 주류 교육학에서 제출한 비고츠키에 대한 연구 성과는 너무 미미하며, 시대에 뒤떨어진 내용입니다. 비고츠키의 교육 담론을 연구하고 확산하는 일도 결국은 교사의 일일 수밖에 없다는 현실을 받아들이게 되었습니다.

십 년을 내다보며 글을 쓰겠다는 객기가 생겼습니다. '비고츠키와 발달 교육'을 주제로 5권의 책을 쓰기로 결심했습니다. 2년에 한 권씩 세상에 내놓으면 제가 교직을 떠나는 시기와 맞아떨어집니다.

이 책은 그 긴 여정의 첫 결과물입니다. 첫 권은 방향을 담아야 합니다. 기조를 드러내야 합니다. 그래서 학술적인 표현이 아닌 시적인 표현으로 부제를 장식했습니다. '껍데기는 가라'는 신동엽 시인의 시 제목입니다. 거짓과 위선, 기만과 불의, 교육의 발전을 가로막는 모든 것을 몰아내자는 주장을 담았습니다.

이런 각오로 글을 쓰려면 지식기사의 사고방식에 영합하는 글쓰기를 할 수 없습니다. 지식인의, 대쪽 같은 선비의 글쓰기를 흉내 내야 합니다. 이런 각오를 실천하려면, 대중의 동의를 받을 수 없는 내용으로 채워야 합니다. 역사의 흐름과 어울리지 않는 상상을 밀고 나가야 합니다. 너무 앞서간다는 비난을 감수하면서 진리를 드러내야 합니다. 글로 새 길을 개척해야 합니다. 그럼에도 교사가 이해하기 쉬운 표현으로 설득해야 합니다. 어려운 과제입니다.

망국의 프레임에 갇힌 우리의 무지몽매

1. 한 사람의 열 걸음 대 열 사람의 한 걸음

고민의 대상을 양자택일의 문제로 압축합니다. 그리고 옳은 것과 그른 것으로 화석화시킵니다. 인터넷을 검색해보면, 옳은 것은 '열 사람의 한 걸음'입니다. 진보 운동가의 주장에서 재벌 총수의 주장까지 한결같습니다. '한 사람의 열 걸음'이 옳다고 하는 내용은 찾을 수가 없습니다. '열 사람의 한 걸음'이 잘못되었다는 주장도 찾을 수 없습니다. 노동 운동가에서 재벌 총수까지 이렇게 합의할 수 있는 사안이 또 있는지 궁금합니다.

본문에서, 이 프레임에 담긴 이분법적 사고를 질타했습니다. 나아가 이렇게 생각하다보면, 노예와 같은 의식을 가지게 된다고 단정했습니다. 주인과 같은 의식을 지니려면 어떻게 해야 하는지도 언급했습니다. 망국의 프레임을 벗어던지기 위해 노력하셔야 합니다.

비고츠키를 공부하는 모임이 전국에 많이 생겼습니다. 열 분이 공부하는 모임도 있을 것 같습니다. 어떤 모임은 모임을 계속 해나가며 열 분이 한 걸음 한 걸음 인식의 지평을 넓히고 교육의 미래를 확장하고 있을 수도 있습니다.

몇 년에 걸쳐 지속적으로 모임을 유지하고 연구 수준을 높이고 있는 모임을 보면, 새로운 측면이 확연하게 보입니다. 제 관찰 결과입니다. 어느 모임이나 처음 모임을 결성하자고 제안한 한 분이 있습니다. 열 걸음을 내딛은 한 분이 있었습니다. 열성적으로 모임에 참여하며 열 걸음을 내딛고 있는 몇 분이 있었습니다. 읽고 정리하고 발제만 하면 되는데, 다른 책도 읽어보며 비교하면서 발제하는 분이 생기고, 자신의 관점을 제시해보는 분이 생깁니다. 이제까지 논의되었던 내용을 스스로 정리하는 분이 나옵니다. 세월이 흐르고 보면 그런 모임만이 성공합니다. 언제나 열 사람이 모두 한 걸음을 내딛던 모임은 세월이 흐르면 결국 해체되고 맙니다.

전자 현미경으로 측정한다면, 모든 학습자는 너무도 다른 출발선에 서 있습니다. 똑같은 과업, 한 걸음을 강요하는 것은 자연스러운 것이 아닙니다. 인위적인 독재입니다. 백 걸음을 가겠다면 백 걸음을, 한걸음 물러서겠다면 한걸음 물러섬을 용인하면서 각자의 주체적 선택과 실천을 독려해야 합니다. 이런 다양성을 바탕으로 우리는 역사를 창조할 수 있습니다. 중요한 것은 속도가 아닙니다. 방향입니다. 중요한 것은 똑같이 할당된 작업량이 아닙니다. 스스로 결정하고 자기 의지로 당당하게 나아가는 것입니다.

2. 행동주의 대 구성주의

7차 교육과정 20년은 구성주의 교육 20년입니다. 본문에서 '잃어버린 20년'이라고 혹평했습니다. '잃어버린 20년'은 '정치 교육학'으로 설명될 수 있다고 단정했습니다.

수학과 교사용 지도서를 분석했습니다. 2012년까지는 '학생의 학습 과정에 관한 두 가지 중요한 이론인 행동주의와 구성주의'를 교사에게 안내했습니다. 이론이라고 표현하고 있습니다. 2013년에는 '이론'이라는 낱말이 사라졌습니다. 그러나 여전히 행동주의와 구성주의 두 관점만을 이야기합니다.

지난 20년 동안 행동주의와 구성주의 두 관점을 기술하는 방식에 변화가 있었습니다. 초기에는 '객관주의의 미몽'이라는 표현으로 행동주의를 초토화했습니다. 최근에는 행동주의에도 유용한 시사점이 네 가지나 있다고 합니다. 변하지 않은 것은 학습을 바라보는 관점이 두 개뿐이라는 암묵적 전제입니다. 다른 것은 언급하지 않았습니다. 처음에는 둘 중 하나(구성주의)를 선택하라고 안내하더니 이제는 둘을 적절하게 선택하라고 강요합니다. 지난 20년 동안 이렇게 양자택일의 프레임으로 교사를 몰아세웠습니다.

정말 고약한 것은 둘 다 틀렸다는 사실입니다. 세계적 차원에서는 둘 다 틀렸다고 학술적으로 논쟁이 끝났습니다. 행동주의가 제시한 인간에 대한 설명이나 구성주의가 제안한 인간에 대한 설명은 기각되었습니다. 모두 인간을 제대로 규명하지 못했습니다. '누구나 다' 미로 속의 쥐처럼 자극-반응을 통해 어떤 인간으로 만들 수 있다는 행동주의의 확신은 신화로 판명되었습니다. '원래부터' 무엇이 될 씨앗을 가지고 나온다는, 그래서 스스로 구성하여 그렇게 된다는 구성주의의 믿음도 사이비로 규명되었습니다.

매일 일상에서 벌어지는 교육 활동을 엉터리 관점으로 계획하고 실천하고 반성해봐야 객관적으로 나아질 게 없습니다. 이제 문제를 바라보는 프레임 자체를 혁파해야 합니다. 본문에서 언급했습니다. 쓰레기차(행동주의)와 똥차(구성주의)는 급수차가 아닙니다. 아무리 갈증이 나더라도 쓰레기물이나 똥물을 먹을 수는 없습니다.

글을 길게 쓰게 된 까닭

처음에는 3부에 있는 내용으로 간단하게 작업을 끝낼 생각이었습니다. 대부분 그동안 써두었던 글입니다. 그렇게만 했다면, 겨울 방학 동안 작업을 끝내고도 시간이 많이 남았을 것입니다.

간단하게 우리가 경시하던 영역을 살짝 언급하는 작업을 시작했습니다. 시나 노래와 같은 예술도 신경 쓰자. 외국의 실천 사례도 고려하자. 단기적인 성과에 안주하지 말고 길게 종합적으로 계획을 세우자. 이런 제안을 담고자 했습니다.

제목을 씁니다. 그러면 제목은 형식이 되어 담길 내용을 규정하게 됩니다. 한 부분에서 형식과 내용이 일정한 형태를 가지게 되면 다음 부분에 영향을 미칩니다. 여러 부분이 쓰여지면 체계를 잡아야 합니다. 이런 절차를 거쳐 책은 현재처럼 풍성해졌습니다. 배보다 배꼽이 큰 경우가 되었습니다.

작업이 방대해지는 걸 감수한 결정적 계기는 점점 깊어지는 우려 때문입니다. 일반화가 목적이 되고 학교 혁신이 수단이 되고 있는 것은 아닌지 걱정이 되었습니다. 어느 보고서를 읽어봐도 앞으로 나아간 지점을 찾기 어려웠습니다. 전문적 학습 공동체가 전국에 과연 몇 개나 될까 의구심이 들었습니다. 진보적 교육 운동을 하는 교사도 이분법적 사고에 갇혀 있는 분이 많다는 확신이 들었습니다. 새로운 교육 실천을 모색하기보다는 관례적인 행사를 치르고 있다는 의혹이 들었습니다.

우리가 그동안 신경 쓰지 않았던 정말 조심해야 할 지점을 하나, 둘 짚어갔습니다. 문제를 해결할 수 있는 방법은 언제나 똑같습니다. 총체적 인식, 종합적 사유, 체계적 대안을 모색하는 것입니다. 머리를 맞대고 함께 고민할 수 있는 모임을 여기저기 다양하게 구축해야 합니다.

책에 담긴 내용

책은 크게 세 부분으로 이루어졌습니다. 각각에 10개의 이야기를 담았습니다. 총 30개의 이야기를 나열했습니다.

1부에서는 현실을 냉정하게 돌아보며 비관적인 측면을 모아냈습니다. 1장에서는 교육의 본질도 모르는 현실을 고발했습니다. 2장에서는 국제적 기준에서 보면 우리나라는 교육 후진국이라는 평가를 소개했습니다. 3장에서는 교육 후진국다운 국가의 교육 정책을 돌아봤습니다. 4장에서는 국가의 경제 환경과 정치 환경을 봐도 국가의 교육 정책이 제자리를 찾을 기미가 보이지 않는다고 진단했습니다. 5장에서는 의도하지 않았지만 학교 교육은 노예 교육에 충실했다고 내부 고발했습니다. 6장에서는 이런 노예 교육을 통해 대다수 교사가 학생처럼 노예가 되어 이분법적 사고방식에 물들어버렸다고 통곡했습니다. 7장에서는 이런 불행의 배경에 학계에 만연한 식민주의 교육학이 자리 잡고 있다고 분석했습니다. 8장에서는 진보 진영도 식민주의 교육학을 넘어설 수 있는 대안을 제시하지 못하고 있는 무력한 현실을 기술했습니다. 9장에서는 진보 교육감의 실천이 관료주의의 늪에 빠져 허우적거리고 있는 것 같다는 진단을 내놓았습니다. 10장에서는 혁신 학교 성과를 지나치게 미화하고 있는 것은 아닌지 따져봤습니다.

2부에서는 비관적인 현실의 변방에 놓여 있는 여명을 찾아보았습니다. 오늘의 변화를 쟁취했던, 내일의 변화를 약속하는 희망의 씨앗을 모아보았습니다. 1장에서는 시인도 발달 교육의 특징을 잘 알고 있다는 기쁨을 노래했습니다. 2장에서는 세계적 수준의 교육 혁신 사례도 하나하나 나누어 살펴보면 우리도 이미 다 했던 것임을 입증했습니다. 3장에서는 복지의 교육 정책이 지속적으로 제기되어왔고 느리지만 올바른 방향으로 나아가고 있음을 확인했습니다. 4장에서는 대한민국 경제와 정치에 영향을 미칠 세상의 변화가 이미 확고부동하게 시작되었다는 것을 알렸습니다. 5장에서는 학생을 노예로 만드는 것이 아닌 주체로 세우는 교육의 단초를 찾고자 하는 교사의 노력과 성과를 그려냈습니다. 6장에서는 이분법적 사고방식을 넘어서기 위한 방편을 안내했습니다. 7장에서는 우리 전통 교육에서 발달 교육의 다양한 모습을 찾을 수 있다는 사실을 증명하려 노력했습니다. 8장에서는 진보 교육 진영이 참고할 만한 최근 흐름을 소개했습니다. 핀란드를 넘어 러시아와 쿠바도 보자고 제안했습니다. 9장에서는 관료주의 혁신을 위한 제안을 간단하게 나열했습니다. 10장에서는 공교육 정상화를 넘어선 혁신 학교의 미래를 꿈꾸려면 무엇이 필요한지 제안했습니다.

3부에서는 비고츠키를 연구하며 작업했던 글을 모아놓았습니다. 오래된 글은 현재적 시점에서 적절한 표현으로 다듬었습니다. 1장에서는 학생의 발달 단계에 맞는 교육을 검토했습니다. 2장에서는 국가 교육과정의 기저가 되었던 세 흐름을 비교·대조했습니다. 행동주의, 구성주의, 문화역사적 이론의 차이를 느낄 수 있도록 배려했습니다. 3장에서는 근접발달영역, 발달을 선도하는 교수학습에 대한 개념을 안내했습니다. 4장에서는 발달 교육의 주요 개념을 소개했습니다. 최근 문제가 되고 있는 핵심역량(미국과 한국)과 핵심능력(핀란드와 프랑스)을 구분하는 방법을 제안했습니다. 6장에서는 교육 기본법에 명시된 전인 교육, 전면적 발달을 지향하는 교육에 대한 이야기를 모아놓았습니다. 7장에서는 핀란드 교육과정에 명시된 중요한 문화적 능력을 정리했습니다. 수학과 국어만 살펴보았습니다. 8장에서는 핀란드 수학 교과서를 분석하면서 자발적 주의능력(집중능력)을 키우기 위해 어떤 방법을 사용했는지 조사했습니다. 9장에서는 협력 수업을 종합적으로 정리해보았습니다. 10장에서는 비고츠키를 소개하는 논문을 번역하여 실었습니다. 유네스코가 20세기 말에 추천한 논문입니다.

예비한 후속 작업

발달 교육의 진수를 담고 있는 비고츠키의 저작을 쉽게 풀어내고자 합니다. 『생각과 말』, 『역사와 발달』, 『아동학 강의』, 『교육심리학』 이렇게 네 권을 생각하고 있습니다. 독자를 교사로 한정하여 글을 쓸 계획입니다. 2년에 한 권씩 선보이도록 노력하겠습니다.

교육 실천과 밀접하게 연결되는 사례와 이론을 중심으로 해설하려고 합니다. 교사가 교육과 관련된 담론을 이해하는 데 도움이 될 내용을 체계적으로 정리하려고 합니다. 비고츠키의 발달 교육이 잘 보이도록 준비하겠습니다.

말장난처럼 보이지만 발달 교육의 진수를 담고 있는 표현을 만들어보았습니다.

아는 만큼 보인다.
상상한 만큼 안다.
느낀 만큼 상상한다.
겪는 만큼 느낀다.
선택한 만큼 겪는다.
끌린 만큼 선택한다.

교사는 자신이 무식하다는 현실을 직시해야 합니다. 자각해야 합니다. 기만당했다는 사실에 폭발해야 합니다. 열 받아야 합니다. 끌려야 합니다. 분노해야 합니다. 그게 거대한 변화를 위한 시작입니다.

감사의 말

여기에 실린 내용은 읽어보시면 알겠지만 많은 분의 도움이 있었습니다. 본문에 한 분 한 분의 존함을 언급했습니다. 이분들의 앞선 발자취가 없었다면 이 작업은 시작할 수 없었습니다. 작업하는 동안에 도움과 격려를 주셨던 강원도교육연구원 식구들에게 고마움을 표합니다. 전국초등교육과정연구모임 선생님과 강원비고츠키연구회 선생님은 초고를 읽고 귀중한 의견을 주셨습니다. 추천의 글을 써주신 분에게 무어라 표현하기 어려운 빚을 진 기분입니다.

마지막으로, 솔빛길 출판사 식구들에게 고마움을 전합니다.

창 너머로 국사봉을 바라보며

2016년 3월, 배희철

1부

먼저, 어둠을 직시하자

1

북해를 바라보며
나도 울었다

시의 제목에 눈길이 멈추었습니다. 첫 번째 낱말에서 정지되었습니다. 동해도, 서해도, 남해도 아닌 북해. 가본 적이 없습니다. 간접 경험을 불러모아봅니다. 저는 무협 소설을 좋아합니다. 북해는 '북해빙궁'을 떠오르게 합니다. 차가운 음의 기운을 바탕으로 독보적인 무공을 쌓은 변방의 문파입니다.

이런 상상 속의 공간이 현실 속에 있었다고 가정해본 적이 있습니다. 조선 상고사에 대한 재야 사학자의 글을 자주 읽습니다. 저는 '북해빙궁'이 현실 속에 있었다면 바이칼 호에 있었을 것이라고 결론을 내렸습니다. 바이칼 호는 몽고반점을 특징으로 한 인종의 고향이라고 합니다. 우리 샤머니즘의 원류를 지금도 볼 수 있는 곳입니다.

제목에서 언급한 북해는 영국에서 노르웨이까지 유럽 대륙을 둘러싼 대서양 연안을 지칭합니다. 도종환 시인의 여정을 고려해보면, 발트 해 부근일 듯합니다. 시에 언급되는 국가를 특정하면 핀란드를 뽑을 수밖에 없습니다. 두산백과사전에 따르면, 핀란드 국민의 93%가 우랄알타이 어족에 속하는 핀 족입니다. 이들은 8세기 무렵 북해를 건너 핀란드에 정착하게 되었습니다. 검은 눈에 검은 머리였습니다. 재야 사학자들은 그들이 고구려 사람이었다고 단정하고 있습니다. 천 년 이상의 세월이 흘러 외형적으로는 우리와 너무도 다른 사람이 되었습니다.

인식해야 할 대상인 북해를 친숙하고 가까운 것으로 느끼게 하려고 제가 아는 것들과 연결했습니다. 북해에 대한 개념을 형성해봤습니다. 공상적 수준으로 증거 자료 없이 상상의 날개를 펼치면 핀란드 교육의 정수는 우리 전통 교육(2부 7장 참조)과 맥이 닿아 있습니다.

비고츠키의 발달 교육을 살짝 맛보기 위해 북해라는 낱말을 가지고 저의 의지를 펼치며 개념을 형성해봤습니다. 다행스럽게도 그 과정에서 전체 결론을 암시하는 복선을 깔 수 있었습니다.

1부 전체를 아우르는 제목은 '먼저, 어둠을 직시하자'입니다. 어둠은 대한민국 교육의 어둠입니다. 열 개로 나누어 그 어둠을 드러내려고 합니다. 제가 그려낸 어둠은 언론이 주목하지 않았던 것입니다. 언론을 통해 잘 알려진 어둠은 언급하지 않을 생각입니다. 대한민국 교육의 블랙홀인 대학 입시 같은 내용은 이야기하지 않을 것입니다.

절 아시는 분들은 제가 '절대 낙관'을 지니고 있다고 생각합니다. 그분들에게는 제가 절망부터 이야기하는 것이 이상할 수도 있습니다. 제가 '절대 낙관'을 지속할 수 있는 까닭은 "호랑이에게 물려가도 정신만 차리면 산다."라는 조상님의 지혜를 잊지 않기 때문입니다. 저의 무한 낙관은 처참한 현실을 있는 그대로 냉정하게 직시하는 작업에서 그 힘이 생성됩니다. 정확하게 현실을 인식해야 현실의 경로를 바꿀 실천을 할 수 있습니다. 이 고역 없이는 역사에 진전이 있을 수 없습니다.

여기서 다루는 첫 번째 어둠은 인식의 어둠입니다.

부각하고자 하는 짙은 어둠의 실체를 맨 앞에 배치했습니다. 독자가 공감하기를 바라며 시 한 편을 같이 읽고자 합니다. 어둠의 실체를 자연스럽게 마주하기 위함입니다. 한국교육연구네트워크 총서기획팀이 2010년에 펴낸 책, 『핀란드 교육 혁명 : 왜 핀란드 교육인가?』15~17쪽에 실린 시입니다. 어둠의 실체를 이야기하는 데 도움이 될 부분에 밑줄을 긋고 굵게 강조했습니다.

북해를 바라보며 그는 울었다

도종환

차고 푸른 수평선을 끌고 바람과 물결의
경계를 넘어가는 북해를 바라보며 그는 울었다
내일 학교 가는 날이라고 하면
신난다고 소리치는 볼 붉은 꼬마 아이들 바라보다
그의 눈동자에는 북해의 물방울이 날아와 고이곤 했다

푹 빠져서 놀 줄 알아야 집중력이 생긴다고 믿어
몇 시간씩 놀아도 부모가 조용히 해주고
바람과 눈 속에서 실컷 놀고 들어와야
차분한 아이가 된다고 믿는 부모들을 보며
배우고 싶은 내용을 자기들이 자유롭게 정하는데도
교실 가득한 생각의 나무를 보며

그는 피오르드처럼 희고 환하게 웃었다

아는 걸 다시 배우는 게 아니라
모르는 걸 배우는 게 공부이며
열의의 속도는 아이마다 다르므로
배워야 할 목표도 책상마다 다르고
아이들의 속도가 생각보다 빠르거나 늦으면
학습 목표를 개인별로 다시 정하는 나라
변성기가 오기 전까지는 시험도 없고
잘했어, 아주 잘했어, 아주아주 잘했어
이 세 가지 평가밖에 없는 나라

친구는 내가 싸워 이겨야 할 사람이 아니라
서로 협력해서 과제를 함께 해결해야 할 멘토이고
경쟁은 내가 어제의 나하고 하는 거라고 믿는 나라
나라에서는 뒤처지는 아이가 생기지 않게 하는 게
교육이 해야 할 가장 큰일이라 믿으며
공부하는 시간은 우리 절반도 안 되는데
세계에서 가장 공부 잘하는 학생들을 보며
그는 입꼬리 한쪽이 위로 올라가곤 했다

가르치는 일은 돈으로 사고파는 상품이 아니므로
언제든지 나랏돈으로 교육을 시켜주는 나라
청소년에 관련된 제도는 차돌멩이 같은 청소년들에게

꼭 물어보고 고치는 나라

여자아이는 활달하고 사내 녀석들은 차분하며

인격적으로 만날 줄 아는 젊은이로

길러내는 어른들 보며 그는 눈물이 핑 돌았다

학교는 작은 우주라고 믿는 부모와

머리칼에서 반짝이는 은빛이

눈에서도 반짝이는 아이들 보며

우리나라 아이들을 생각하며

마침내 그는 울었다

흐린 하늘이 그의 눈물을 내려다보고 있었고

경계를 출렁이다가도 합의를 이루어낸 북해도

갈등이 진정된 짙푸른 바다를 바라보고 있는 이들의

가슴도 진눈깨비에 젖고 있었다

시인은 선지자처럼 시대를 꿰뚫어보는 혜안을 보여주었습니다. 대조라는 수사법을 통해 버려야 할 것과 챙겨야 할 것을, 지양해야 할 것과 지향해야 할 것을, 과거의 것과 미래의 것을, 운명론적 미신과 변증법적 과학을 산뜻하게 구분 정립했습니다. **"아는 걸 다시 배우는 게 아니라 모르는 걸 배우는 게"** 교육이라고 노래했습니다. 이것이 교육의 본질입니다.

비고츠키는 아는 걸 다시 배우는 교육을 발달의 열매를 따먹는 교육이라고, 대중 추수주의라고 질타했습니다. 모르는 걸 배우는 게 교육이라는 것을 보여주고자 근접발달영역이라는 비유를 사용했습니다.

교육자가 교육의 본질을 인식하지 못하고 있는 현실이 우리 교육에 드리워진 어둠의 진면목입니다. 학교 교육의 본질을 인식하지 못하고 국가 교육과정을 만드는 학자, 장학을 하는 장학사, 연구를 하는 연구사, 학교 교육과정을 만드는 교장, 수업을 하는 교사가 이 땅에는 지천으로 널려 있습니다. 저의 개인적 판단입니다. 이런 저의 단정이 많은 사람에게 모욕으로 들릴 수도 있습니다. 미움받을 용기로 한 걸음 더 나아가고자 합니다. 이런 단정이 2016년 대한민국 교육 현실에 대한 객관적 평가라는 가설을 저는 계속 유지하겠습니다. 여러분의 동의를 구하기 위해 노력하겠습니다.

우리는 언제부터 교육의 본질을 잊었을까요? 아이들이 혼자서도 할 수 있는 것을 배우는 게 교육이라고 강요당한 것은 언제부터일까요? 일제 강점기에는 내용이 문제였을 것 같습니다. 식민지 노예 교육을 받았지만, 교육의 본질을 잃어버리지는 않았습니다. 해방 후 미국 교육의 영향을 받으면서 우리는 시나브로 교육의 본질을 조금씩 잊게 된 것 같습니다. 1부 8장 '질곡의 진보 교육학'에서는 그 흐름을 조금 자세하게 쫓아갔습니다. 여기서는 곧장 교육의 본질과 정반대되는 내용을 대대적으로 강요받게 되는 순간으로 넘어가겠습니다. 1995년 5·31 교육 개혁 후 7차 교육과정(고시 제1997-15호)이 도입되었습니다. 벌써 20년이 흘렀습니다. 국가 교육과정의 총론에 선언적인 표현으로 들어왔던 내용들이 교과 교육과정에 반영되어 교육 현장에 흘러들어왔습니다. 교과서가 확 바뀌었습니다. 특히 초등은 경천동지할 사건이 전개되었습니다. 학생이 혼자서 할 수 있는 내용을 스스로 활동하면서 발견하고 발표하는 교육이 전면 도입되었습니다.

『교육마당21』 2000년 3월호를 통해 교육부는 이런 대(大) 개악을 미화했습니다. 놀랍게도 그 미화 작업의 보증 수표는 비고츠키였습니다. 세계 교육의 패러다임인 비고츠키를 언급했습니다. 비고츠키의 이론을 근거로 대한민국에서 처음으로 과학적인 교육과정을 만들었다고 홍보했습니다. 그런데 그게 구성주의라고 했습니다. 회색선전에는 대부분의 진실과 약간의 거짓이 섞입니다. 당시 교육부가 한 홍보에서 진실은 비고츠키가 대세이고 세계 교육의 패러다임이라는 것입니다. 비고츠키의 이론은 과학적이라는 것입니다. 거짓은 비고츠키가 구성주의를 만들었다는 선입견, 착각을 유도한 것입니다. 사회적 구성주의는 구성주의 교육자들이 패러다임인 비고츠키의 이론에서 일부 내용을 자기 편의적으로 가지고 와 구성주의를 보강한 것일 뿐입니다. 교육의 본질을 이야기한 이론의 일부를 제멋대로 구성하여 교육의 본질에 반하는 담론을 창조한 것입니다.

미국처럼 물량 공세를 통해 구성주의 교육 방법이 쏟아졌습니다. 그리고 20년의 세월이 흘렀습니다. 자그마치 20년입니다. 강산이 두 번 변했습니다. 이제 대다수 교육 종사자는 학생이 혼자 할 수 없는 걸 가르쳐야 한다는 주장을 이상하게 생각합니다. 발달 단계를 고려하지 않고 교육하겠다는 무식한 사람 취급합니다. 발달 단계를 고려한다는 게 인지능력이 발달해서 학생 혼자서 할 수 있는 것을 가르쳐야 한다는 것입니다. 발달 단계를 고려한 교육이란 학생이 혼자서 할 수는 없지만 교사나 동료와 함께 하면 할 수 있는 문화적 능력을 배우고 익히는 과정이라는 인식으로 나아가지 못하고 있습니다. 대학에서 근접발달영역을 달달 외웠지만, 그 내용은 이렇게 모르고 있습니다.

도종환 시인은 3연에서 우리가 잊고 있었던 교육의 본질을 상기시켰습니다. 우리에게 '모르는 걸 배우는 게' 교육이라는 대전제를 다시 기억해내라고 요구하고 있습니다. 미몽과 환상에 빠져 있는 교사를 질타하고 있습니다.

비고츠키 연구자인 저는 교육의 본질을 망각하고 있는 요지부동의 대한민국 교육자를 떠올리며, 시인이 본 '그분'처럼 울고 있습니다. 오랜 옛날부터 우리 조상은 그 진실을 알고 있었습니다. 그 옛날 북해를 건너 핀란드로 들어간 고구려 유민도 그 진실을 알고 있었습니다. 우리는 그 진실을 잊고 교육 후진국의 수렁에서 헤어나지 못하고 있습니다. 교육 선진국 핀란드는 아직까지도 그 진실을 잊지 않고 있습니다. 그 진실을 좀 더 정교하게 다듬어 창조적으로 발전시키고 있습니다.

아는 걸 다시 배우는 게 교육이 아니라는 도종환 시인의 주장은 7차 교육과정을 정면으로 부정합니다. 구성주의 교육을 거부합니다. 학생이 할 수 있는 걸 경험하고, 활동하고, 참여하여 스스로 배우는 게 교육이 아니라고 당당하게 주장하는 사람을 찾기 어렵습니다. 정말 어렵습니다. 학생 스스로 발견하게 했다고 좋아하는 교사는 너무도 흔합니다.

대한민국 교육은 '잃어버린 20년'을 겪었습니다. 이제 교육의 일상에서 가장 기본적이며 핵심이 되는 내용마저 시인의 시에서 접해야 하는 지경이 되었습니다. 근접발달영역을 배웠으면서도, 모르는 걸 배우는 게 교육이라는 상식이 사라져버린 대한민국의 교육 하늘은 별빛 하나 흐르지 않는 깜깜한 어둠 그 자체입니다. 적절한 교육 이론은 고사하고 올바른 연구 대상도 제대로 파악하지 못하는 인식의 어둠은 넘어설 수 없는 절망의 벽으로 둘러싸여 있는 것 같습니다.

이 어둠은 쉽게 사라질 것 같지도 않습니다. 모르는 걸 배우는 게 교육이라는 시적 표현을 넘어 교육 현실로 발을 옮기면 절망하지 않을 수 없습니다.

혼자서 할 줄 모르는 능력을 배우는 과정이 교육이라는 21세기 교육 담론과 비교하면 우리가 헤쳐가야 할 어둠은 그 끝이 보이지 않는 듯합니다.

더 나아가 교사의 모범과 협력으로 학생에게 없었던 문화적 능력을 습득하게 하는 긴 과정이 교육이라는 21세기 교육 패러다임의 진수를 직면하게 되면, 2016년의 대한민국 교육 현실은 빛 하나 없는 심연의 절대 어둠을 떠오르게 합니다.

이 절대 위기를

차분하게 직시하는 순간

교육 혁명 전쟁에서 승리할 기회는

한 점 어둠으로부터 활활 타오릅니다.

2

잣대로 재본
대한민국 교육

앞에서 교육 현실의 어두운 측면을 들여다보았습니다. 왜 교육을 하는지, 교육의 본질이 무엇인지도 모르는 처지가 되었다고 한탄했습니다. 곰과 호랑이가 인간이 되고 싶다던 옛날에도 알고 있었던 교육의 본질이었습니다. 하지만 21세기에는 다 잊어버리고 교육의 본질에 대한 교육계의 인식이 야만의 시절로 되돌아갔다고 울었습니다. 하지만 모두 저의 단정이었습니다.

이번에는 다른 분의 잣대를 가지고 객관적으로 교육 현실을 들여다보겠습니다. 세계적으로 유명한 전문가의 잣대를 사용하겠습니다. 그 잣대를 제가 사용할 수 있도록 도움을 주신 분이 있습니다. 이찬승 선생님입니다.

능률영어 시리즈로 유명했던 이찬승 선생님은 뜻한 바 있어, 몇 년 전에 사업을 접었습니다. 이제는 전문적으로 교육 연구에 전념하고 있습니다. 비영리 단체인 '교육을 바꾸는 사람들'을 만들어 대표로 활동하고 있습니다. 이찬승 선생님은 부설 연구 기관으로 '21세기교육연구소'도 운영하고 있습니다. '교육을 바꾸는 사람들' 홈페이지(http://www.21erick.org/edu/)를 방문하시면 좋은 교육 정보를 만날 수 있습니다. 방문해보시길 강하게 권합니다.

21세기교육연구소에서는 2013년에 『한국 공교육 미래 방향 제안』을 내놓았습니다. 550여 쪽의 두툼한 책입니다. 7장 4절에 제가 사용한 잣대가 담겨 있습니다. 그리고 2015년에 그 잣대의 원 출처인 『학교 교육 제4의, 길①』과 『학교 교육 제4의 길②』를 국내에 소개했습니다. 대양과 같은 넓은 시야로, 체계적인 잣대로 교육 현실을 객관적으로 보고 싶은 분은 이 책을 읽어보셔야 합니다.

이 책의 저자는 앤디 하그리브스와 데니스 셜리입니다. 그들은 다양한 학교 교육 실태를 네 가지로 분류했습니다. 대한민국 공교육이 나아갈 방향을 찾고자 국제 사회에서 통용되는 잣대를 사용하고자 합니다. 앞에서 교육의 본질도 제대로 모르는 절대 어둠으로 대한민국 교육 현실을 규정한 저의 개인적 판단이 신뢰할 수 없는 주관적 망발이 아니라는 것을 보여드리고자 합니다. 저자는 미국의 교육학자이지만 미국 교실 현실을 냉정하게 분류했습니다. 『학교 교육 제4의 길②』 29쪽에서 '교육 후진국인 미국과 영국'을 질타했습니다.

『학교 교육 제4의 길』에서 상세하게 설명된 잣대를 이찬승 선생님은 『한국 공교육 미래 방향 제안』(이찬승 외, 2013; pp. 539~540)에서 간결하게 정리했습니다. 다음과 같이 분류 기준을 네 가지로 제시하고 각각의 정의와 특징, 사례를 제시했습니다.

분류	정의와 특징	사례
제1의 길	• 정부의 강력한 지원, 교사의 높은 자율성, 교육 혁신의 초점과 질에 있어서의 다양성을 특징으로 한다. • 교사의 폭넓은 재량을 바탕으로 자유 학교, 탈학교 등 학습자 중심의 혁신이 일어나기 시작한다.	제2차 세계대전 말에서 1970년대 중반까지 호주, 캐나다, 영국, 미국 등의 상황
제2의 길	• 정부의 중앙 집권적 통제, 교육 목표의 표준화, 시장주의에 의한 경쟁으로 인한 교사의 자율성 상실을 특징으로 한다. • 제1의 길의 모순과 비일관성, 재정적인 압박, 전통과 확실성에 대한 요구를 기반으로 나타난다.	1980년대 후반부터 1990년대 중반까지 영국, 북아일랜드, 호주, 미국, 캐나다 온타리오 주·앨버타 주 등 / 현재의 한국 상황
제3의 길	• 정부 지원과 시장 경쟁의 장점을 살리고, 하향식과 상향식을 절충한 행정을 통해 교사의 자율성과 책무성이 균형을 이루는 것을 특징으로 한다. 전문가와 대중이 변화의 주체로 참여한다. • 관료주의, 과학 기술주의의 맹신, 주어진 목표 달성에 급급한 학교 현장의 수동성 등의 문제점을 안고 있다.	1990년대 후반 토니 블레어 정권기의 영국 교육 상황
제4의 길	• 영감과 혁신의 길이며, 책임감과 지속 가능성의 길이다. 학부모, 교사 노조, 정부 모두에게 큰 변화가 일어난다. 엄격한 관료주의와 시장주의 대신 대중과 전문가의 참여를 통해 변화가 일어난다. • 번영, 기회, 창조를 목표로 하는 사회적, 교육적 비전을 중심으로 정부 정책이 실시되고 교사와 대중의 참여가 활발하다. • 일반 주민, 교사 그리고 정부 사이에 평등하고 교류가 활발한 파트너십이 형성된다. 관료주의, 표준화, 데이터 기반 의사 결정, 과학 기술주의 등의 방해 요인들을 극복한다. • 교사는 정부의 강한 통제로부터 자유로워지지만 학부모, 지역 사회, 일반 대중으로부터의 독립성은 감소함으로써 자율성과 책임성이 균형을 이룬다. • 학생들의 일상적 삶에 학부모의 관련 정도가 커지고, 지역 사회는 학교에 대해 더 적극적으로 목소리를 낸다. 일반 대중은 주어지는 서비스의 수동적 소비자에 머물지 않고 교육의 목적을 결정할 때 적극 참여한다. • 제3의 길에서 나타난 정부의 관료주의, 교육의 성공 여부를 학업 성취도 측정 자료에 의존하는 과학 기술주의의 맹신과 폐해, 정부가 제시한 것을 따르기에 급급한 학교 현장 등의 문제점들을 해결하기 위해 제4의 길을 찾게 된다.	현재 핀란드의 상황 ※ 제4의 길로 근접하고 있는 국가와 주 : 싱가포르, 캐나다 온타리오 주·앨버타 주, 미국 캘리포니아 주(Hargreaves, A. & Shirley, D. 2012, p. 173)

이찬승 선생님은 다음과 같이 한국 교육의 위치를 확정했습니다.

핀란드의 교육은 제4의 길에 접근했고, 뉴질랜드, 싱가포르, 캐나다, 중국(상하이), 미국 등 많은 나라들이 제3의 길에서 제4의 길로 나아가기 위해 애쓰고 있다. 그러나 한국은 관료주의, 표준화, 시장주의를 특징으로 하는 전형적인 제2의 길에 머물러 있으면서, 제3의 길, 제4의 길의 상도 그려내지 못하고 있는 상황이다.

- 이찬승 외, 2013; p. 539

한국 교육의 위치를 제2의 길에 놓은 것에 전적으로 동의합니다. 미국과 영국 같은 교육 후진국의 뒤꽁무니를 쫓아가고 있습니다. 그렇다고 한국을 교육 야만국이라고 위치 지을 수는 없을 듯합니다. 교육 후진국 중에 뒤쪽에 있다고 판단하면 무난할 것 같습니다.

하지만 신자유주의적 교육 현실에 박근혜 정부가 들어서서 심화되고 있는 신보수주의적 행태를 더하면 교육 후진국이라는 평가가 너무 후한 것이 아닌지 의문이 들기도 합니다. 미국 신보수주의 교육 정책인 '인성교육법'을 쫓아 하는 게 그렇습니다. '역사 교과서 국정화'는 이런 의문에 기름을 부은 역사적 사건입니다. 노예 교육을 위해 일제 식민지 시절에 도입된 승진을 기제로 한 교원 통제 정책이 '학교폭력 유공교원 가산점'으로 강화되는 모습을 보면 언제까지 교육 후진국의 지위를 유지할지 걱정입니다. 곧 교육 야만국으로 전락할 것 같아 근심입니다.

이제 다음 이야기로 넘어가기 전에, 발달 교육을 위한 입문서답게 분석과 종합 능력을 펼쳐보겠습니다. 이찬승 선생님은 대한민국 교육 현실의 가장 두드러진 특징으로 관료주의, 표준화, 시장주의 세 가지를 들었습니다. 이 세 가지 특징의 공통 요인을 하나 추출할 수 있을 것 같습니다. 저는 그 공통 요인을 '경쟁'으로 추상화했습니다. 여러분은 다른 것으로 추출하실 수 있습니다. 경쟁으로 추출했다면 다음과 같이 개념 체계를 형성할 수 있습니다.

경쟁 교육 하면 일제 고사나 대학 입시가 들어가야 하는데 개념 체계를 이렇게 형성하는 것은 어울리지 않습니다. 하지만 대한민국 경쟁 교육을 작동시키는 기제를 기준으로 했다면 위 개념 체계는 그럴듯합니다. 앞서 지적한 일제 고사나 대학 입시는 표준화의 하위 개념으로 들어가면 적절할 듯합니다.

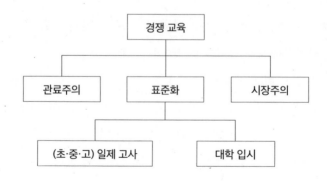

관료주의는 경쟁 교육에서 어떤 역할을 할까요? 2008년 경험을 떠올려 보겠습니다. 일제 고사를 거부한 교사를 해직시키는 역할을 했습니다. 교육부 관료는 시·도 교육청 관료를, 시·도 교육청 관료는 교육지원청 관료를, 교육지원청 관료는 학교의 교장과 교감을, 학교의 교장과 교감은 교사를 통제했습니다. 매시간마다 응시 현황을 보고하게 했었던 것 기억나시지요?

시장주의는 경쟁 교육에서 어떤 역할을 할까요? 학부모가 적극적으로 경쟁에 개입할 통로를 제공했습니다. 경쟁에 유리한 학원과 학교를 선택하도록 하는 정책이 지속적으로 제공되었습니다. 학부모 선택권이라는 이름으로 전국의 학교에 정보 공개를 강제했습니다.

이렇게 보니까, 경쟁 교육에서 관료주의는 교사를 몰아세웠고, 표준화는 학생을 몰아세웠고, 시장주의는 학부모를 몰아세웠습니다. 교육의 세 주체를 경쟁 교육으로 몰아넣는 역할 분담이 이루어졌다고 판단해도 무리가 없을 것 같습니다.

제가 보여드린 것처럼, 개념 체계를 형성하는 것은 체계적으로 생각을 펼치는 과정과 밀접하게 연결되어 있습니다. 현실을 유기적으로 연결해서 파악하는 과정이기도 합니다. 비고츠키의 발달 교육이 중학교 교육에서 가장 강조하는 핵심 능력이 개념형성능력입니다. 중학교 교과 교육에서 배우는 내용은 위 개념 체계처럼 3층 이상으로 그릴 수 있습니다. 옆으로도 확장하여 연결되는 등위 개념을 더 찾아볼 수도 있습니다. 아래로 확장하여 포함될 수 있는 하위 개념을 더 찾을 수도 있습니다. 위로 확장하여 포괄하는 상위 개념을 추가할 수도 있습니다. 현실에서 직면하는 과제에 따라 특정 기준으로 다양한 형태의 개념 체계를 그릴 수 있습니다.

이런 개념형성능력은 초등에서 상위 개념과 하위 개념으로 된 간단한 체계를 그리는 교육 활동을 통해 기반이 마련됩니다. 그 위에 중학교에서 교과 수업 시간에 교사가 모범과 협력을 통해 개념형성능력을 꽃피웁니다. 교사는 학생들 앞에 교과의 지식을 매개로 개념형성능력을 근접발달 영역으로 펼쳐야 합니다.

하나 덧붙이겠습니다. 왜 대한민국 교육이 교육 후진국도 유지하기 힘든 상황이 되었을까요? 학술적으로 분석을 할 능력도 시간도 없습니다. 그저 조상님의 지혜를 빌려 직관적으로 단정하고자 합니다. "사공이 많으면 배가 산으로 간다."고 합니다. 1948년 정부 수립 후, 68년이 지났습니다. 그동안 사공은 몇 명이었을까요? 교육부 장관 해본 분이 57명입니다. 사공이 너무 많아 장관 이름도 외우기 힘듭니다. 심지어 제가 대면했던 장관 이름도 기억나지 않습니다. 세계사에 유래가 없습니다. 교육부 장관은 평균 1년 2개월을 버티지 못했습니다. 거대한 조직이 무엇인지 느낄 때쯤이면 물러났습니다. 뱃길을 제대로 꿰고 있는 능숙한 사공이 없었습니다.

3

야만의
교육 정책

　세계가 제4의 길로 나아가고 있을 때, 제3의 길을 지나가고 있을 때, 우리는 무엇을 하고 있었을까요? 무엇을 하다 욕되고 수치스러운 제2의 길, 교육 후진국에 정체되어 있었을까요? 이 장에서는 지난 20여 년 동안 대한민국을 제자리걸음하게, 어쩌면 뒷걸음치게 만든 교육 정책에 대해 간결하게 살펴보겠습니다.

　1980년대 미국과 영국은 교육 개악을 추진했습니다. 이제는 신자유주의 교육 정책으로 지칭되고 있습니다. 하지만 학술적으로는 더 나아가 신자유주의와 신보수주의의 연합으로 정교하게 인식하고 있습니다. 이러한 인식의 결과물은 온라인 포털에서 검색하면 쉽게 접할 수 있을 만큼 보편적입니다. 놀랍게도 반론을 찾아보기 어렵습니다. 상식 차원에서 언론에서 취급하는 신자유주의에 대한 정의를 언급하겠습니다.

신자유주의는 시장 실패에 대한 정부의 개입을 중요하게 보는 케인스 경제 이념과 반대로 정부의 개입을 반대하고 시장의 자유를 강조한다. 이 이념은 1970~1980년대 미국의 레이건과 영국의 대처 행정부가 정권 운용의 철학적 토대로 삼으면서 한 시대를 지배했을 뿐 아니라 지금까지도 우리나라를 비롯한 전 세계 곳곳에 뿌리 깊은 명암을 드리우고 있다.

— 연합뉴스, 2013.10.15. 「'노벨상 마피아' 시카고학파, 신자유주의는 옛말」

1980년대에 미국과 영국이 교육 분야에서 구축한 악의 축은 경쟁과 복종의 교육입니다. 이런 교육 정책도 1995년 '5·31 교육 개혁'이라는 미명으로 대한민국에 전격 수입됩니다. 일본에서는 재계가 주도하여 수입했습니다. 한국에서도 경제계와 정치계의 지원을 받으며 신자유주의 교육 정책, 야만의 교육 정책, 악의 교육 정책을 수입했습니다.

지난 20년의 대한민국 교육사를 요약하면 재계가 주동이 되고, 국가가 진영을 짜고, 학계가 구호를 외치며 뒤따르면서 불신의 교육 지옥으로 직진한 '잃어버린 20년'입니다. 우리의 '잃어버린 20년'은 학부모, 학생, 교사의 피눈물로 새겨진 통곡의 역사입니다.

먼저 지적할 점은 여야 정치권이 신자유주의 교육 정책을 추진하는 데 큰 이견이 없었다는 것입니다. 정도에서 미미한 차이가 있었을 뿐입니다. 민주당으로 통칭할 수 있는 야당은 신자유주의 정책을 묵인한 게 아닙니다. 오히려 확신에 차 현 여당과 함께 민중에게 신자유주의 정책을 강제했습니다. 역사는 민주당의 발자취를 다음과 같이 기록하고 있습니다. 1998년 정성진 경상대학교 교수는 『대학교육』 제93호 시론에 「신자유주의 교육 정책의 문제점」을 논하면서 당시 상황을 다음과 같이 기술했습니다.

김대중 정부는 교육 정책에서도 신자유주의를 기본 이념으로 채택한 것 같다. 실제로 이해찬 교육부 장관은 취임 기자 회견에서 "교육 개혁도 신자유주의 방식으로 하겠다."라고 언명했으며, 신정부 출범 후 각 대학에 강요되고 있는 학부제나 대학 평가, 구조 조정 등의 조치들은 이른바 경쟁과 수요자 중심주의와 같은 시장 원리를 교육 부문에 적용하려 한다는 점에서 그 성격을 신자유주의로 규정할 수 있다.

그런데 신자유주의 교육 정책은 현 정부가 새롭게 시작한 것이 아니라, 이미 김영삼 정부 때부터 본격적으로 추진되어온 것이다. 학부제나 대학 평가, 대학 설립과 정원 조정의 자율화 조치 등은 이미 김영삼 정부의 교육 개혁과 함께 시행되어왔다. 김대중 정부에서 새로워진 것이 있다면, 그 교육 개혁의 성격이 신자유주의라는 사실을 공공연히 천명하고, 그것을 더 공세적으로 추진하고 있다는 점뿐이다. 그러나 필자는 이와 같은 신자유주의 교육 개혁이 교육의 발전과 '경제 살리기'에 기여하기는커녕 교육의 황폐화와 경제 위기의 심화를 초래할 것이라고 생각한다. 사실 현재의 경제 위기를 촉발시킨 직접적 계기는 규제 완화, 세계화와 같은 1990년대 중반 이후 김영삼 정부가 추진했던 신자유주의 개혁이었다. 1960년대 이후 30년간 한국 경제의 고도성장을 가능하게 했던 국가 주도적 발전 방식이 1990년대 들어 제대로 작동하지 않게 되면서 구조적 위기의 조짐이 나타나자, 김영삼 정부는 신자유주의 개혁을 통해 이에 대처하려 했다. 그러나 결과는 외환 금융 위기의 폭발이었다. 그런데도 현 정부는 현재 위기의 직접적 배경인 신자유주의 개혁을 그대로 답습하고 있다. IMF와 김대중 정부는 한술 더 떠 현재 위기의 원인 제공자인 신자유주의 개혁이 위기에 대한 유일한 대안이라고 강변하고 있다. 그러나 IMF

의 신자유의식 구조 조정 정책과 '충격 요법'을 받아들인 1980년
대 라틴아메리카 나라들의 '잃어버린 10년'과 1990년대 구소련 동유
럽 제국의 '경제 식민지화' 사례들은 신자유주의가 위기의 처방이 아
니라 민중을 지옥에 이르게 하는 지름길이었음을 보여준다. IMF 구
제 금융 이후 신자유주의가 전면적으로 강제되고 있는 우리나라에서
도 이미 부도와 실업, 자살의 폭발적 증가, 빈익빈 부익부의 유례없는
심화 사태가 나타나고 있다.

인용된 내용에서 확인할 수 있듯이, 이해찬 교육부 장관은 대놓고 신
자유주의적 교육 개혁을 추진했습니다. 그래서 교육인적자원부로 명칭도
바꾸었나 봅니다. 2002년에 교육인적자원부 교육연구사 이병환(2002)은
갑갑했나봅니다. 『한국교육』 29호에 「신자유주의 교육 개혁의 성격과 평
가」라는 글을 기고했습니다.

> 1970년대 후반부터 힘을 발휘하기 시작한 신자유주의 논리는 교
> 육 부문의 변화를 유도함으로써 다양한 논의를 불러일으켰다. 우리
> 나라에서 1995년 5·31 교육 개혁안과 그 이후의 국민의 정부 교육 개
> 혁 정책들은 신자유주의 교육 개혁에서 표방하는 변화의 방향과 교
> 육의 성격 변화에 대한 논의를 확산시켰다. 신자유주의 교육 개혁을
> 비판하는 주된 이유는 인간의 다양한 활동을 자본 축적의 수단으로
> 전환함으로써 교육 활동 역시 이윤 획득을 위해 교환되는 상품의 생
> 산과 소비 논리에 따르도록 한다는 점 때문이다.
>
> ― 강주헌 역, 2001; 김용일, 2000; 강내희, 2000

저의 느낌입니다. 위 논문에서 저자는 상관을 제대로 꼬집었습니다. 제 귀에는 "네가 민주(民主)를 외치며 정치하는 놈 맞니?"라는 욕설로 들립니다. 야당의 헛발질은 이주호가 이야기한 '잃어버린 10년' 동안 지속되었습니다.

교원이 가장 격렬하게 저항한 교원 성과급제도 민주당 정부가 시작했습니다. 긴 시간을 내다보며 차등 지급을 최소화하는 방식으로 교육 지옥으로 가는 길을 열었습니다. 고교 평준화 체제를 해체한 것도 그들입니다. 과학고, 외고, 민사고와 같은 자사고(자립형 사립고등학교)를 도입했습니다. 오늘날 공립고등학교를 몰락의 길로 몰아세운 것도 그들입니다. 학생을 무한 경쟁으로 내몬 전국 일제 고사도 민주당 정부에서 시작되었습니다. 새누리당과는 정도의 차이가 있었을 뿐입니다.

이번에는 우물 밖을 살펴보겠습니다. 영국·미국과 대한민국의 교육 문화는 다릅니다. 대한민국에서는 다음과 같은 교육부 장관의 논평을 구경할 수 없었습니다. 앞으로도 없을 것 같습니다. 하지만 새누리당의 퇴행이 가관이라 앞으로도 절대 없을 것이라고 단정할 수 없습니다.

최근에 우리는 교육 이론에 있는 어떤 가치 혹은 필요를 명백하게 부정하는 다른 나라들의 정치가들과 정책 결정자들을 많이 보고 있습니다. 왜 이런 일이 벌어졌는지를 알 수 있는 단서가 1990년대 영국 교육부 장관이 했던 주목해야 할 논평에 담겨 있습니다. 그 내용은 이렇습니다.

"어린이가 어떻게 배우는지, 발달하는지 혹은 느끼는지에 대해 교사들이 어떤 생각을 가진다는 것은 체제를 전복하고자 하는 활동으로 간주해야만 합니다."

이 간결하고 함축적인 표현은 이론의 문제를 정확하게 포착하고

있습니다. 이론은 교육 실천이 근거하고 있는 그 가정들을 전복하고,
그 가정들에 도전하고, 그 가정들을 훼손합니다.

— 반 더 비어, 2013; 15~16

『평준화를 넘어 다양화로』를 통해 확인할 수 있듯이, 이주호 의원은 대
한민국에서 신자유주의 교육 정책의 전도사였습니다. 대외적 발언에서는
영국처럼 막 나가지는 못했습니다. 오히려 책에서는 "머리를 맞대고 아이
들에게 배움의 즐거움을 되찾아주기 위하여 함께 고민할 수 있다면 교육
에도 희망이 있다.(4쪽)"라고 밝히고 있습니다. 같은 신자유주의 교육 정책
을 몰아붙인 장관이지만 둘은 달랐습니다. 영국은 함께 모여 연구하는 교
사를 빨갱이라고 했지만, 한국은 교육 희망이라고 했습니다. 불협화음의
극치입니다. 세상은 우리가 상상할 수 있는 것보다 더 황당한 현실을 보여
줍니다. 교육을 바라보는 국민 정서, 민족 문화, 역사의식이 영국과 확연히
다르기 때문에 이런 불협화음이 펼쳐진 듯합니다. 2013년, 초등학교에서
전국 일제 고사가 폐지된 사건도 이런 측면에서 보면 이해할 수 있습니다.
　　마지막으로 지적할 것은 신자유주의 교육 정책과 신보수주의 교육 정
책이 밀접하게 연결되어 현실에 영향을 주고 있다는 사실입니다. 크게 보
면 이명박 정부까지는 신자유주의적 측면이 강하게 작동했고, 박근혜 정
부에서는 신보수주의적 측면이 강화되었습니다.
　　둘이 교차하는 지점도 있었습니다. 신자유주의적인 내부형 교장 공모
제가 제도를 도입한 이주호 장관에 의해 신보수적인 내용으로 변경되었습
니다. 그는 시행령을 변경하여 대다수 시·도 교육청에서 내부형 교장 공모
제가 불가능하게 만들었습니다. 교총의 요청을 받아들여 기존의 보수적인
승진 제도를 유지시킨 것입니다. 그 배경에는 2010년에 교육 자치 영역에

서 진보 교육감이 대거 당선된 지형 변화가 있습니다. 김영석 교수의 지적처럼 "신자유주의와 신보수주의는 마치 동전의 양면처럼 서로 밀접한 관계를 가지고" 있습니다. 우리가 목격한 것처럼, 진보 교육감이 등장하면 신자유주의 정책인 내부형 교장 공모제가 뒷면으로 뒤집혀 신보수주의 정책으로 후퇴해 일제 강점기 승진 제도가 작동하는 것입니다.

역사 교과서를 국정으로 만드는 작업은 재계와 정치권이 이해관계를 같이하는 측면이 있습니다. 신보수주의적인 정치 서술만이 문제가 아니라 신자유주의적인 경제 서술도 문제인 것입니다. 이해관계 측면에서 보면, 역사 교과서를 국정으로 만드는 데 신보수주의(청와대, 교총)와 신자유주의(경제계)는 다른 듯 같은 입장입니다. 특정 교육 정책에서는 이렇게 신자유주의와 신보수주의가 동전의 앞면과 뒷면처럼 찰떡궁합이 됩니다.

신자유주의 교육 정책이 영국과 미국에서 수입되어 어떻게 유통되었는지, 기존 유통 질서와 어떤 충돌이 있었는지, 누구에게 어떻게 소비되었는지, 누가 반품을 요청했는지 구체적으로 살피는 글은 국내에도 많이 있습니다. 여기서는 신자유주의와 신보수주의가 여전히 우리 교육 현실을 짓누르는 힘을 발휘하고 있다는 사실을 상기하는 것으로 마무리하고자 합니다.

일부 학교에서는 여전히 학교장이 보수적 방식으로 임용되어 기업가와 같은 경영 방식으로 교사를 관리합니다. 혁신 학교 운영에 실패한 다수의 학교에는 학교 민주화를 저해하는 학교장이 있다고 합니다. '반동적 혁신 학교'에서는 학교장이 기업가처럼 교사를 관리하면서 동시에 일본 순사처럼 통제합니다. 일반 학교에서 신자유주의적 경쟁과 보수적인 근무 평정을 기제로 작동하는 승진 제도가 위세를 떨치고 있는 것도 엄연한 현실입니다. 교육 전문직도 마찬가지입니다. 진보 교육감이 교육 전문직 임용을 다양화했습니다. 정부는 시행령으로 교육감의 손발을 묶어버렸습니다.

진보 교육감을 만나면 교육 전문직을 다양화하겠다는 신자유주의적 정책이 보수적인 정책으로 퇴행합니다.

교사를 관리하는 방식도 마찬가지입니다. 교육 전문성을 강화한다고 삼중의 평가 기제를 도입했습니다. 수업 전문성을 강화하기 위해 이런저런 연수를 내놓으며 신자유주의적 기조를 강화했습니다. 그러다 진보 교육감과 함께 혁신 학교 운동이 확산되는 시절을 만나게 되었습니다. 교사들이 수업과 교육과정에 눈을 뜨게 되니까 신보수주의적 기조를 강화합니다. 학교폭력 유공교원 가산점 없이는 승진이 불가능한 시대를 열었습니다. 미국의 신보수주의자들처럼 법으로 인성 교육을 강제합니다.

교육의 중심에 경쟁을 위치시키는 입시 정책은 변함이 없습니다. 양적 평가를 통해 학생과 교사를 줄 세우는 정책도 요지부동입니다. 대학 체제에 이어 이제 고교 체제도 서열화되었습니다. 그 결과 파산 상태인 대도시 인문계 고등학교가 등장했습니다. '교육 불가능 시대 담론'의 발상지가 되었습니다.

박근혜 정부의 교육 정책 기조인 행복 교육의 현실도 암울합니다. 안전한 삶이 꼴찌이듯이, 대한민국 학생이 생각하는 자신의 행복 지수는 경제협력개발기구(OECD) 회원국 중에서 꼴찌입니다.

20년의 세월은 야만의 교육 정책을 체감하기에는 너무 긴 시간이었습니다. 야만의 교육 정책이 무엇인지 체감하기에 충분하고도 넘치는 세월이었습니다. 앞에서 시장의 경쟁을 숭상하는 신자유주의와 국가의 통제를 맹신하는 신보수주의의 야합으로 지난 세월을 정리했습니다. 경쟁과 통제의 절묘한 조화는 총력 경쟁, 스펙 경쟁, '선착순으로 줄 세우기'처럼 상상하기 어려웠던 경쟁의 종착지를 보여주었습니다. 그리고 이제는 누구나 금수저와 흙수저라는 불평등의 결과를 확인할 수 있습니다. 진정한 의미의 경쟁은 없었습니다. 신분 세습만이 있었습니다. 양극화만 확대되었습니다.

이제 우리는 야만의 교육 정책이 신자유주의와 신보수주의의 야합의 산물임을 알게 되었습니다. 야합을 통해 그들이 꺾어버린 것은 '**민주주의**'였습니다. 19세기에는 정치경제학으로 세상을 읽어야 했듯이 21세기를 살아가는 우리는 '정치교육학'으로 세상을 읽어내는 혜안을 가져야 합니다. 신자유주의와 신보수주의의 야합을 통해 어떤 정치교육학이 펼쳐졌는지 좀 더 체계적으로 연구해야 합니다. 이제 충격적인 사실 하나만 확인하고 야만의 교육 정책에 대한 이야기를 끝내겠습니다.

> 학력 저하는 이미 예측하였던 불안이다. 각오하면서 교과 심의를 해왔다. 아니 반대로 평균 학력이 내려가지 않고서는 앞으로의 일본은 아무것도 안 된다는 생각이 더 맞을 것이다. 결국 못하는 아이는 못하는 그대로 괜찮다. 전후 50년 동안 밑바닥까지 뒤처진 아이들을 끌어올리는 데 힘쓴 노력을 이제는 잘하는 아이가 더 뻗어나갈 수 있도록 애써야 할 때다. **백 명 중 한 사람**이 나와도 좋다. 앞으로는 바로 이들이 일본을 이끌고 나갈 테니까. 특별한 재주가 없는 아이라면 똑바른 정신 정도만 키워주면 되지 않겠는가.
>
> — 후쿠타 세이지, 2006; 238

『핀란드 교육의 성공』에서 인용한 이 부분을 읽으며 떠오르는 생각이 많았습니다. 여기서는 하나만 언급하겠습니다. 일본은 백 명 중 한 명을, 백 명을 돌봐줄 한 명을 교육의 목표로 삼았다는 것입니다. 뒤집어 이야기하면, 한 명에게 의존하여 살아가야 할 백 명을 키워내는 것을 교육의 목표로 삼았다는 이야기입니다. 삼성 이건희 회장의 이야기를 통해 다 알고 있듯이, 한국은 **만 명 중 한 명**을, 만 명을 책임질 한 명을 교육의 목표로 삼았습니다. 한 명에게 의존하여 생존할 수밖에 없는 만 명을 키워내는 교육을 지난 20년 동안 해왔습니다. '잃어버린 20년'의 본질이 여기 있습니다. 그래서 한국의 교육이 일본의 교육보다 100배 더 야만적이어도 이상할 게 없습니다.

4

사방에
먹구름

신자유주의와 신보수주의의 야합으로 얼룩진 교육 현실을 돌아봤습니다. 한 명에 의존하는 만 명을 만드는 바보 교육에 전념했습니다. 민주주의가 말살되었습니다. 교육만의 암울한 현실이니 참고 기다리면 되는 걸까요? 이제 다시 우물 밖 세상을 살짝 구경해보겠습니다.

교육 밖 세상에 대해 연구해본 적이 없어, 어떻게 구경해야 하는지 모르겠습니다. 느낌이나 공유하는 차원에서 교수신문에 실린 올해의 사자성어를 살펴보겠습니다. 비고츠키라면 흐름을 살폈을 것입니다. 그래서 5년 정도 자료를 모아봤습니다.

지난 5년의 세태를 하나로 묶어보겠습니다. 대한민국은 힘 있는 놈들이 국민 눈치 보지 않고 잘못을 저지르는 나라입니다. 그놈들은 세상을 혼탁하게 하여 잘못과 나쁨을 일상적으로 저지르고 급기야는 옳고 그름마저 뒤바꿔버립니다. 세상은 천지창조 이전의 암흑으로 질식하고 있는 형국이

연도	사자성어	의미
2015	혼용무도 昏庸無道	대통령 때문에, 나라 상황이 마치 암흑에 뒤덮인 것처럼 온통 어지럽다는 뜻임
2014	지록위마 指鹿爲馬	사슴을 가리켜 말이라고 일컫는다는 뜻으로 고의적으로 옳고 그름을 바꾸는 것을 말함
2013	도행역시 倒行逆施	잘못된 길을 고집하거나 시대착오적으로 나쁜 일을 꾀하는 것을 비유하는 말임
2012	거세개탁 擧世皆濁	온 세상이 혼탁하여 홀로 맑게 깨어 있기가 쉽지 않고, 깨어 있어도 세상과 화합하기 힘들다는 말임
2011	엄이도종 掩耳盜鐘	자기가 한 잘못은 생각하지 않고 남의 비난이나 비판을 듣기 싫어서 귀를 막지만 소용이 없다는 말임

되었습니다. 그 책임은 대통령에게 있습니다.

우물 밖을 보니 우물 안(교육)은 그래도 사정이 좋은 편입니다. 황당합니다. 누리과정 예산을 사슴이라고 끝까지 옳게 말하는 교육감이 누리과정 예산은 말이라고 거짓말을 하는 대통령과 대치하고 있습니다. 우물 밖 세상을 조금 더 자세히 알아보겠습니다. 2015년 올해의 사자성어에 담긴 더 깊은 뜻을 들어보겠습니다.

『교수신문』이 선정한 2015년 올해의 사자성어는 '혼용무도(昏庸無道)'다. 혼용무도는 나라 상황이 마치 암흑에 뒤덮인 것처럼 온통 어지럽다는 뜻이다. 혼용은 어리석고 무능한 군주를 가리키는 혼군(昏君)과 용군(庸君)이 합쳐져 이뤄진 말로, 각박해진 사회 분위기의 책임을 군주, 다시 말해 지도자에게 묻는 말이다. <중략>

이승환 고려대 교수는 "연초 메르스(중동호흡기증후군) 사태로 온 나라의 민심이 흉흉했으나 정부는 이를 통제하지 못하고 무능함을 보여줬다. 중반에는 여당 원내대표에 대한 청와대의 사퇴 압력으로 삼권 분립과 의회주의 원칙이 크게 훼손됐고, 후반기에 들어서는 역사 교과서 국정화 논란으로 국력의 낭비가 초래됐다."라며 정치 지도자의 무능력을 신랄하게 꼬집었다.

경향신문(2015.12.23.)에 『장도리』를 연재하는 박순찬 화백은 혼용무도를 빗대어 사행시로 세태를 풍자했습니다.

> **혼**이 비정상 되는 것을 막기 위해 교과서를 국정화하고
> **용**맹 정진하면 우주가 도와주니 쉬운 해고법을 만들어 청년을 살
> 리기 위해 에너지를 분산시켜 진실한 사람이 될 것을 명하였으나
> **무**슨 말인지 아는 자를
> 도무지 찾을 수 없구나!

중앙일보(2015.12.23.) 양선희 논설위원의 글을 통해 보수가 본 우물 밖 지형을 알아보겠습니다. 제목은 「대통령을 겨냥한 '혼용무도'」였습니다.

『교수신문』이 선정한 올해의 사자성어는 '혼용무도(昏庸無道)'다. "나라 상황이 암흑에 뒤덮인 것처럼 어지럽다."라는 뜻이란다. 이어 "혼용은 어리석고 무능한 군주를 가리키는 혼군(昏君)과 용군(庸君)이 합쳐져 이뤄진 말로 각박해진 사회 분위기의 책임을 군주, 다시 말해 지도자에게 묻는 말"이라고 부연했다. 『교수신문』은 그동안 범정치권의 잘못을 비판하는 사자성어를 주로 뽑았지만 이렇게 대놓고 대통령의 책임을 지적한 적은 없었다. 그렇다 보니 일각에선 대통령 흔들기가 심하다며 교수 집단을 비판하고, 다른 일각에선 적절한 말이

라며 대통령의 실정에 각을 세운다.

하나 말의 옳고 그름을 떠나 대통령이 어지러움의 근원으로 지목되는 사태는 그 자체로 불행한 일이다. 더구나 혼군의 비유는 간단한 일이 아니다. 폭군은 공포 시대를 만들고 반란을 부르지만, 어리석고 무능한 군주는 오래도록 질기게 민생을 어지럽히고 괴롭히다 나라와 백성의 진기가 다 빠진 후에야 나라가 망한다. 죽어나는 건 백성들이다. 혼군은 폭군만큼 나쁜 군주다.<중략>

교수들은 왜 박근혜 대통령에게서 혼군을 떠올렸을까. 온 국민이 대통령에게 제발 사람 만나서 대화를 해보라고 걱정하는 세태. 전화와 문서로만 이루어지는 소통 방식. 인사는 어지럽고 사시 존치·시간강사법 같은 민감한 정책 사안은 일단 유예하고 보려는 상황 등이 만력제 식의 태업과 결정 장애로 비친 건 아닐까.

순자(荀子)는 어지럽히는 군주가 있을 뿐 어지러운 나라는 없다(有亂君 無亂國)고 했다. 현명한 군주는 인재를 얻는 데 애쓰고, 멍청한 군주는 세를 불리는 데 애쓴다고도 했다. 군주가 세 불리기에 몰입하는 나라는 어지러울 수밖에 없다. 한데 총선을 앞둔 요즘 대통령의 이미지는 인재 구하기가 아니라 세력 불리기에 나섰다는 것이다. 총선에 출마하려는 여당 후보들은 능력이 아니라 자신이 얼마나 박심에 충실한가를 증명하려 애쓴다. 친박계는 대통령의 '진실한 사람' 마케팅에 올인한다.

혼용무도를 추천한 이승환 고려대 철학과 교수는 이런 추천의 변을 내놨다. "플라톤은 정치를 외면한 가장 큰 대가는 저질스러운 자들에게 지배당하는 일이라고 말했다. '저질스러운 자들'에게 지배당하지 않기 위해서는 내년 총선에서 모두가 주권을 포기해서는 안 될 것이다. 교수들이 '혼용무도'를 채택한 것은 하루빨리 우리 사회가 어리석고 용렬한 자들의 지배 체제에서 벗어났으면 하는 간절한 염원을 반영한 것이라 생각한다."

조중동의 하나인 중앙일보에서 "하루빨리 우리 사회가 어리석고 용렬한 자들의 지배 체제에서 벗어났으면 하는 간절한 염원"을 노래하고 있습니다. 우물 밖의 짙은 어둠을 느끼기에 충분한 염원의 노래입니다. 민주국가는 삼권이 분리되어 있습니다. 대통령으로 대변되는 행정부뿐만 아니라 다른 곳도 혼용무도임을 느껴보겠습니다. 사법부와 입법부를 차례로 살펴보겠습니다.

2012년 대선 무효 소송은 대법원에서 아직도 쿨쿨 자고 있습니다. 선거 소송은 6개월 내에 매듭을 짓는다는 대원칙이 무너졌습니다. 헌법재판소의 정당 해산 판결은 대법원의 직무 유기에 비하면 양반입니다. 국정원 불법 선거 운동 소송 과정의 별별 일은 대법원의 2012년 대선 무효 소송 해태에 얽힌 사연에 비하면 음모 축에도 들지 못할 것 같습니다.

사법부에 비하면 일견 입법부의 상황은 나아 보입니다. 여당과 야당이라는 권력 투쟁의 주체가 혼재해 있기 때문인 듯합니다. 하지만 내막을 들여다보면, 오십보백보입니다. 대통령 말 한마디에 국회 여당 원내총무가 싹둑 잘려나가는 장면은 정치 후진국에서나 볼 수 있는 진풍경입니다. 대통령이 국회의장에게 쟁점 법안 직권상정을 지시인지 요청인지를 하는 장면도 펼쳐졌습니다. 법대로 처리할 수밖에 없다는 국회의장이 의회 민주주의의 화신으로 비쳐지는 게 2016년 초 국회 풍경입니다.

목수정(2010)은 젊은 수컷이 젊은 암컷을 쫓아다니지 않는, 젊은 수컷을 유혹하는 젊은 암컷을 보기 힘든, 야성적 연애 본능마저 거세당한 우리 사회의 단면을 이야기했습니다. '3포 세대', '5포 세대', '7포 세대', '헬조선',

'금수저, 흙수저'로 대변되는 험악하고 불평등한 대한민국의 속살을 들여다보지 않겠습니다. 19금 영화처럼 너무 감각적이라 이성을 잃게 할 위험이 너무도 농후하기 때문입니다. 한심한 꼬락서니 하나만 더 언급하고 우물 안 교육 이야기로 넘어가겠습니다.

학교에서는 아직도 민주주의를 열심히 교육합니다. 선거를 직접 체험하는 활동도 합니다. 하지만 우물 밖에서는 민주주의의 기본이 무너졌습니다. 공정한 선거 제도가 무너졌습니다. 강원도 산골 초등학교 교사가 세세한 내막을 알 수는 없습니다. 언론에 비친 풍경으로 짐작만 할 뿐입니다. (주어도 사용하지 않고, 짐작만 한다고 했으니 선거법 위반으로 걸지 마세요!)

2011년 가을 선관위 디도스(DDoS, 분산 서비스 거부) 공격 사건 기억나십니까? 선관위 홈페이지가 디도스 공격을 받았습니다. 투표에 영향을 준 사건입니다. 거물급 정치인의 이름이 언론에 회자되었습니다. 박희태 전 국회의장이 기사에 이름을 올렸습니다. 박원순 서울시장 후보의 홈페이지에 대해서도 디도스 공격을 했었습니다. 해킹 방법이 대한민국 선거 운동 수단으로 사용되었습니다.

2012년 4·11 총선 당시 강남을 미봉인 투표함 기억나십니까? 정동영 후보가 출마한 지역이었습니다. 21세기 대한민국 투표함의 초라한 몰골입니다. 21세기 대한민국 민주주의의 민낯입니다. 이 사진을 보면, 정치 선진국이 왜 투표소에서 개표하는지 그 까닭을 짐작할 수 있습니다.

부재자 사전 투표나 해외 교포 투표를 없애자는 이야기 들어보셨나요? CCTV가 작동하지 않는 경우도 있고 인력이 부족하여 투표함 보관이 어렵다고 합니다. 제가 쓴 정치 가상 소설의 내용이 아닙니다. 언론에 보도된 21세기 대한민국 이야기입니다.

'국정원 댓글 사건' 기억나십니까? 온갖 기관에서 사이버 부정 선거 운동을 했다고 합니다. 이 사건은 단순한 관권 부정 선거가 아닙니다. 관권 선거를 넘어 공작 선거가 저질러졌다는 이야기입니다. 국정원이 개입했으니 끝을 본 듯합니다. 2012년 12월 대통령 선거 결과는 51.6%를 획득한 후보가 승리한 것으로 언론에 보도되었습니다. 국정원을 5163부대라고도 합니다. 5월 16일 새벽 3시에 군사 쿠데타를 저질렀던 것을 영원히 기억하겠다는 의지가 담긴 듯합니다. 텔레비전 대선 개표 방송 결과가 로지스틱 함수라는 사실도 알려졌습니다. '대선 개표 부정'이 인터넷상에서 공론화되기 시작했습니다. 일부 시민은 대법원에 소를 제기했습니다. 대선 무효 소송이 대법원에서 3년째 계속 잠을 자고 있습니다. 재판에 제출된 가장 결정적인 증거 자료가 선관위가 공식적으로 작성한 개표 결과 자료라고 합니다. 방송 사실과 선관위 최종 개표 결과 자료가 다르다고 합니다.

세월이 흐르면서 로지스틱 함수로 개표 결과를 조작한 프로그램에 대한 의혹도 풀린 듯합니다. 이탈리아 해킹 업체에서 수입한 프로그램이 있다고 합니다. 프로그램을 수입한 국정원 직원이 자살했다고 합니다. 이렇게 민주주의 선거가 시작부터 끝까지 추잡한 공작 정치로 채색되었습니다.

"투표하는 사람은 아무것도 결정하지 못한다. 다만 개표하는 사람이 모든 걸 결정한다."라는 독재자 스탈린의 망언이 과거의 유산이 아니라 21세기 대한민국의 현실일 수 있음을 잊지 말아야 합니다. 언론 신뢰도는 아프리카 미개국 수준으로 떨어졌다고 합니다. 그런 언론 보도를 인터넷에서 검색하여 이리저리 연결해도 이렇게 끔찍한 전체 흐름을 짐작할 수 있습니다.

우물 밖 세상을 주마간산(走馬看山)했습니다. 우물 밖 세상은 사슴을 말이라고 하는 거짓의 세상입니다. 길도 없는 야만의 세상입니다. 우물 밖의 맑고 밝은 공기가 깜깜한 우물 안으로 흘러오기를 기다릴 수 없는 처지입니다.

사회가 잘되어 교육에도 긍정적인 영향이 있기를 기다릴 수 없는 형국입니다. 오히려 교육이 잘되어 사회에 긍정적인 영향을 주어야 할 지경입니다. 2014년 지자체 선거에서 13명의 진보 교육감이 당선된 것도 이와 무관해보이지 않습니다. '교육 희망'이 '세상 희망'이 되기 위해, 아무리 어려워도 현실을 직시해야 합니다. 괴롭고 참기 어렵지만 어둠을 직시해야 합니다. 그래야 "호랑이에게 물려가도 정신만 차리면 산다."라는 조상님의 말씀처럼 교육 희망이 세상 희망의 씨앗을 뿌릴 수 있습니다.

다음 5장부터는 본격적으로 교육을 둘러싼 어둠을 차분하게, 꼼꼼하게, 체계적으로 직시하겠습니다. 그러나 세세한 사안을 다 검토하지 않고 우리를 짓누르고 있는 대표적인 어둠만 살펴보겠습니다.

5

노예
교육

우리 교육의 현실을 이야기하겠습니다. 저는 대한민국의 다른 분야와 분리되어 고립되어 있다는 의미에서 교육을 우물 안이라고 표현한 것이 아닙니다. 우리 교육이 대한민국 밖 세상의 실제 흐름에서 고립되어 있다는 의미와 교육 종사자의 식견이 좁다는 의미에서 우물 안이라는 표현을 사용했습니다. 제가 사용한 우물 안이라는 표현이 사실 겉과 안으로 구분됩니다. 그렇지만 겉과 안은 동일한 현상의 두 측면일 뿐입니다. 하나의 본질이 관철되면서 드러나는 두드러진 두 측면(세상과 단절되어 있음과 세상을 보는 식견이 졸렬함)이라는 이야기입니다.

본질이라는 측면에서 보면 우리 교육은 지난 백 년 동안 한 가지 역할을 했다고 판단합니다. 그 역할을 제대로 하지 못해서 우리 교육을 관통하는 흐름을 일목요연하게 인식하기가 어렵기는 합니다. 그럼에도 불구하고 현실에서 행했던 핵심적인 역할은 오직 하나입니다. 그것은 노예를 만드는 교육이었습니다. 그래서 5장의 제목이 노예 교육입니다.

국립국어원 표준국어대사전에서는 조선말대사전의 정의를 안내하고 있습니다. 북한의 교육 분야에서 공식적으로 사용하는 표현이라고 합니다. 표준국어대사전에서 안내한 정의에 따르면, 노예 교육은 "제국주의자들이 식민지 백성들을 노예 상태로 얽매어 놓기 위하여 실시하는 교육. 백성들의 민족 자주 의식과 계급 의식을 마비시키고, 노예적 굴종 사상을 불어넣으며 현대적 과학 기술을 배울 수 없게 한다."입니다.

이런 정의가 그럴듯하다는 것을 인터넷에서 확인할 수 있습니다. 노컷뉴스(2014. 04. 07.)에 나온 기사에 따르면, 1945년 8월, 마지막 조선 총독 아베 노부유키는 다음과 같이 호언했습니다.

우리는 비록 전쟁에 패했지만, 조선이 승리한 것은 아니다. 장담하건대 조선인이 제정신을 차리고 옛 영광을 되찾으려면 100년이 더 걸릴 것이다. 우리 일본은 조선인에게 총과 대포보다 더 무서운 식민 교육을 심어났다. 조선인들은 서로 이간질하며 노예적 삶을 살 것이다. 그리고 나 아베 노부유키는 다시 돌아온다.

저는 진위를 장담할 수 없습니다. 그 까닭은 비고츠키 연구를 통해 획득한 행간을 읽어내는 능력 때문입니다. 그는 지금으로 따지면, 대통령의 역할을 한 정치인입니다. 정치적으로 이득이 없는 말을 기록에 남길 까닭이 없습니다. 저와 마찬가지로 대다수 독자는 저 글을 읽으며 비분강개하고 우리 교육을 근본적으로 바로 세워야겠다는 결의를 다질 것입니다. 극소수의 독자는 '맞아! 30년 있으면 일본이 다시 지배하러 올 거니까, 자식에게 일본어를 가르치고 친일해서 대대손손 잘 살도록 준비시켜야지.' 이런 생각을 할 수도 있습니다. 하지만 그런 사람은 이 책을 읽지 않을 듯합니다.

그가 대다수 한국인이 비분강개할 일을 할 까닭이 없습니다. 조선에 있는, 전쟁에 져 정신적 공황을 겪고 있는 일본인에게 조국을 배반하지 못하게 하려고 했을 듯합니다. 내부용으로 저런 말을 했을 가능성은 충분하다고 봅니다. 내부용으로 한 말이 밖으로 흘러나와 대한민국에서 회자될 수 있도록 단속하지 못할 만큼 마지막 조선 총독이 정신이 없었다면, 위 예언의 신빙성도 그리 높지 못합니다. 이런 행간의 대화가 펼쳐지니 진위를 확신할 수 없습니다.

그럼에도 불구하고 식민 사학, 뉴라이트의 식민 사관, 역사 전쟁, 역사 교과서 국정화 문제, 위안부 협상을 떠올리면 위 이야기가 열광적으로 대한민국에서 회자되는 현상을 쉽게 납득할 수 있습니다.

저는 대한민국 정부가 일본이 사주한 식민 교육, 즉 노예 교육을 의도적으로 행했다고 생각하지는 않습니다. 확신합니다. '독도는 우리 땅'을 가르쳤습니다. 온 사회가 나서 비장한 한일전의 승리를 공감하게 했습니다. 전쟁과 같은 축구는 말할 것도 없습니다. 역대 최약체의 대한민국 야구팀은 2015년, 프리미어12 대회 준결승에서 일본을 이겼습니다. 예선전에서는 일본의 괴물 투수에게 밀려 졌습니다. 준결승에서도 그 괴물 투수에게 밀리고 밀렸습니다. 마지막 9회 초 한 번의 기회를 살려 역전했습니다. 막강한 일본을 넘어설 수 있다는 자신감을 이런 잠재적 교육을 통해 배우게 됩니다. 저는 다섯 번이나 그 경기를 볼 수 있었습니다. 방송국에서 틈나면 계속 방영했습니다. 특정한 민족 감정은 이런 과정을 거쳐 역사적 실체로 형성됩니다.

식민 교육의 내용이 아닌 "서로 이간질하며 노예적 삶을" 산다는 태도 측면에서 노예 교육을 점검하고자 합니다. 원칙상 대한민국은 교육을 통해 노예적 태도를 키울 수 없습니다. 대한민국 교사는 자기 스스로 학습하는 능력을 지니고 삶의 문제를 주변 사람과 협력하여 해결할 수 있는 주체적인 인간을 키우도록 되어 있습니다. 법령에는, 고시에는, 지침에는, 공문에는 이렇게 되어 있습니다.

하지만 교육부에서 교육 개혁을 이야기할 때 보면, 대한민국 교육은 노예를 키워내는, 무기력한 인간을 양산하는, 정상인 아이를 바보로 만드는 짓거리를 하고 있었습니다. 왜냐하면 교사가 복지부동하여 학생이 주체적으로 학습을 하지 못하고 있다는 것을 명분으로 교육부가 만성적으로 위로부터의 교육 개혁을 추진하고 있기 때문입니다.

'교육공동체 벗'은 '교육 불가능 담론'을 이야기했습니다. 수업 시간에 자고, 학교 폭력이 난무하고, 교실이 붕괴되어 교육이 불가능한 지경에 이르렀다는 진단입니다. 대학 입시를 준비하는 교육이 대세이다 보니, 수업에서 소외받는 학생이 많다는 이야기입니다. 이렇게 보면, 실제로 노예 교육이 진행되고 있었습니다.

교사들은 무한 경쟁으로 표현되는 경쟁 교육의 폐해를 이야기하면서 학생들을 수동적으로 만드는 입시 위주의 문제 풀이식 수업을 할 수밖에 없다고 푸념합니다. 『경기도 혁신 고등학교 실태 및 발전 방안』(경기도교육연구원, 2015; 129)에 따르면, 이런 양상이 일반고만의 문제가 아님을 알 수 있습니다.

그런데 C고에서 학력과 혁신 철학을 함께 추구하는 방법이 혁신 철학을 추구하면서 그 속에서 학생의 학력이나 역량이 성장하는 방향이 아니라 전통적인 입시 위주의 교육과 다르지 않는 방법을 활용하고 있었다. 혁신 철학이 수업이나 교육과정에 반영되는 것이 아니라 상위권 학생들을 따로 모아서 반을 구성하여 경쟁을 시키는 방법으로 학력 신장을 추구하였던 것이다. 이는 학생들의 학력 수준이 높아지면서 단위 학교에서 혁신고로서 학생들의 학력 신장 방법에 대한 구체적인 상이 없다 보니 전통적인 방법을 사용하게 되는 것으로 볼 수 있다.

수업이 입시 준비로 전락하면 어떤 일이 벌어지는지 초등교사인 저도 짐작할 수 있습니다. 이명박 정부 시절 전국 일제 고사가 전면 도입되면서 초등에서도 문제 풀이식 수업이 진행되면서 드러났던 파행을 언론을 통해 접했습니다. 2009년 강원도에서 일제 고사로 해직된 네 분 선생님의 행정 소송을 옆에서 보조하면서, 그런 파행 자료를 법정에 제출할 수 있도록 정리했었습니다. 지금도 그 자취를 쉽게 확인할 수 있습니다. '초등 일제 고사 파행'으로 검색하시면 '0교시', '방과 후 문제 풀이 10장', '야간 자율 학습', '문화상품권', '해외여행 상품권', '평가 및 인사 점수 반영', '문제집 풀이', '강제 특수반 배정', '강제 전학', 'D-day' 따위의 입에 담기도 부끄러운 낱말이 넘쳐납니다. 학생을 점수의 노예로 만들기 위해 오직 하나 시험 준비로 몰아넣었습니다. 학생의 수동성이 극대화된 모습이 문제 풀이 기계라는 표현에 담겨 있을 듯합니다. 일본에 복종하는 노예는 아니지만 점수와 경쟁에 복종하는 노예를 키우는 데 국가가 전면에 나섰습니다.

불행하게도 우리는 학생을 노예로 만드는, 수동적인 바보로 만드는, 무기력한 인간으로 만드는 교육을 일제 고사나 입시 준비가 아닌 일상의 수업에서도 목격할 수 있습니다. '도입 — 활동 — 평가'로 크게 나누어 진행되는 전형적인 수업 흐름은 일상적인 노예 교육이 전개되는 과정입니다. 학생은 도입에 참여할 수 없습니다. 학생은 교과서나 교사가 나누어준 자료를 가지고 활동합니다. 학생은 교사가 제시하는 문제로 평가받습니다.

학생은 이렇게 일상적으로 수업에서 수동적인 역할을 담당합니다. 이것이 대다수 일반 학교의 일상적 교실 풍경입니다.

2011년에 서울특별시교육청 주관 60시간짜리 직무 연수를 진행한 적이 있습니다. 당시 저는 협력 수업을 강의했습니다. 수강생은 교실에서 직무 연수에서 배운 내용을 바탕으로 수업을 실연하는 과정도 거쳐야 했습니다. 그때, 협력 수업의 색깔을 담아 전형적인 수업 지도안에 약간 변화를 주었습니다. '계획 — 활동 — 반성'으로 전체 흐름을 조금 다듬었습니다. 학년 수준에 맞게 계획 단계에서 학생의 참여를 유도해야 한다는 취지를 강조했습니다. 수업 활동을 어떻게 할 것인지, 누구와 어디서 할 것인지, 어느 정도의 시간을 할애할 것인지 따위에 대해 학생의 의견을 수렴하여 활동의 골격을 잡자고 했습니다. 반성에서는 재미있었는지, 계획처럼 활동이 잘 이루어졌는지, 알게 된 것이 무엇인지를 묻자고 했습니다.

6학년 국어 수업을 진행했던 선생님은 학생과 마찬가지로 수업이 즐거웠다고, 반 아이들에 대해 많은 걸 알게 되었다고 후일담을 전해주었습니다. 이 경험을 토대로 '협력 수업'을 주제로 수업에 대한 저의 입장을 밝히는 글을 남기게 되었습니다. 그렇게 '협력 수업', '협력 교수학습'이라는 개념은 대한민국 교육에 도입되었습니다.

세월이 흘러, 2015년 가을이 되었습니다. 제법 유명한 혁신 학교 선생님들과 수업에 대해 이야기를 나누는 중에, 수업의 도입 단계에서, 즉 계획 단계에서 학생과 함께 활동을 계획하지 않는 모습을 보았습니다. 여전히 가장 훌륭한 선생님이 가장 성실하게 수업을 준비하여, 가장 멋진 수업을 짜인 각본처럼 물 흐르듯이 진행하는 모습을 보았습니다. 5년 차 혁신 학교가 이럴진대, 일반 학교에서 벌어지는 일상적인 수업 모습은 오죽하겠습니까?

지금까지 일제 식민지 시절부터 전해 내려오는 노예 교육의 기제가 실제 교육 현장에서 일상의 자연스러운 모습으로 여전히 위세를 떨치며 작동하고 있다는 것을 보여드렸습니다. 시험으로 한 줄 세우는 교육은 노예 교육을 상징할 뿐입니다. 역사 교과서를 국정으로 만들어 왜곡된 사실을 전달하는 것은 천박한 노예 교육일 뿐입니다. 저는 단정합니다. **일상적인 수업의 흐름에서 학생을 배제하는 것이 진짜 노예 교육입니다.**

학생을 수동적이고 무기력한 바보로 만드는 수업의 흐름을 이야기했습니다. 거기서 노예 교육은 어떻게 작동할까요? 학생을 수동적이고 무기력하게 만들기 위해 교사는 어떤 짓을 했을까요? 학생의 삶에서 선택하는 활동을 축소했습니다. 선택이 없으니, 계획 활동이 없습니다. 평가에서 자신의 활동을 돌아보는 반성이 증발해버렸습니다. 혹독하게 이야기하면, 학생은 의무 교육이라는 미명하에 학교에 강제로 끌려와 교사의 집중 마법에 걸려 학습 목표를 확인하고, 지시된 교육 활동을 하고, 제대로 했다는 것을 형성 평가받았습니다. 그런 국가 폭력에 시달리다 노예 교육을 수료했다는 증거인 졸업 증명서를 받고 사회로 나가게 되는 것입니다.

자기 활동을 선택하여 그 활동을 반성하는 고등정신과정이 펼쳐져야 할 수업 장면에서 교사는 학생을 지속해서 소외시킨 것입니다. 이게 노예 교육이 일상적으로 반복해서 작동하는 방식입니다. 주어진 활동만 하라고 들볶는 것입니다. 짜인 활동만 하라고 치밀하게 몰아세우는 것입니다. 하라는 활동만 하도록 독려하는 것입니다. 그렇게 12년을 보내면 스스로 선택하는 것을 두려워하게 됩니다. 세간에 회자되는 마마보이 사례가 자연스럽게 펼쳐집니다. 이렇게 일상적인 수업을 통해 열에 아홉은 노예의 심성을 지니게 됩니다. **이런 가혹한 행위가 훌륭한 선생님, 성실한 선생님, 열정적인 선생님에 의해 악의가 아닌 선의에 의해 저질러지고 있습니다.** 대한민국 교육의 어둠은 이런 현실로 인해 더 깜깜합니다.

구체적인 사례가 필요할 것 같습니다. 동료 교사가 동의하지 않을 이야기도 해보겠습니다. 이런 세세한 문제까지 고민하기를 기대하기 어렵다는 판단 때문입니다. 저의 주관적 단정입니다. 학생들 과제 첨삭 지도, 교과서 문제 풀이 채점해주기, 일기 읽어주기, 주간 학습 예고안 내주기 따위의 교육 활동은 성실한, 열정적인, 훌륭한 교사만이 할 수 있는 모범입니다. 그러나 발달 교육의 관점에서 보면, 다른 평가가 나올 수 있습니다. 다른 결과가 나옵니다. 옆 나라 이야기입니다. 중국교육과학계산기망(2016. 1. 12.)에 실린 내용입니다. 교육 정책 네트워크 정보센터에서 보내준 소식입니다.

▶ 중국에서는 그동안 초·중등학교 교사들이 '과제 전체 첨삭' 방식을 사용해옴. 즉, 학생들이 과제를 완성하면 교사가 모든 학생의 과제를 첨삭하는 방식임. 교사가 과제에 첨삭 지도를 하는 것이 학생들이 제때 학업 수행 임무를 완수하고 정보를 획득할 수 있어 교수·학습의 질을 높이는 방식으로 여겨져옴

<중략>

▶ 교사가 첨삭 지도함으로써 학생들은 스스로 자기 과제를 점검하고 수정하면서 발전할 기회를 잃는 결과를 초래하고 있음. 교사의 전체 첨삭 지도가 학생들에게 의존적인 태도를 갖게 하고 첨삭은 교사의 일이라는 생각으로 스스로 사고하지 않으려는 습관을 형성시킴. 이런 측면에서 보면 전체 첨삭 지도 방식이 그렇게 과학적이지 못하다고 볼 수 있음

▶ 2007년 5월 화동사범대학 송촨우 교수는 그의 논문에서 처음으로 '과제 첨삭 제로'라는 개념을 제시하고 과제 첨삭 방식에 대한 방향의 전환을 이끌어냄. 과제 첨삭 제로 방식은 교사가 과제의 첨

삭 권한을 학생에게 돌려주는 것으로 과제 첨삭을 위한 시간을 학
생들이 과제에서 범한 오류를 연구하고 개별 지도를 하는 데 할
애할 수 있게 함

학생의 성장과 발달을 중심에 놓고 보면 좋은 교육 활동과 나쁜 교육
활동이 뒤바뀝니다. 교사의 성실과 열정을 잣대로 좋은 교육 활동과 나쁜
교육 활동을 선별하던 관행을 버려야 합니다. 학생의 인내와 의욕을 잣대
로 해야 합니다. 발달 교육은 학생의 문화적 능력을 중심에 두어야 합니다.

하나 덧붙이겠습니다. 좀 더 냉정하게 현실을 직시하겠습니다. 계속해
서 욕먹을 소리하겠습니다. 노예 교육을 통해 학생만 노예로 전락하는 게
아닙니다. '상호 침투'라는 철학적 표현과 '근묵자흑(近墨者黑)'이라는 조상
님의 지혜가 암시하고 있듯이, 학생이 노예로 전락해가는 과정은 동시에
교사가 노예로 전락해가는 과정입니다. 건설적인 회의도 못하고 주어진 일
만 할 줄 아는 교사, 장학사, 교장 이야기는 농담이 아닙니다. 그들이 경쟁
적으로 순종하는 태도를 지니게 되는 것은 선의를 가지고 성실하게 열정
적으로 오랜 기간 행했던 노예 교육의 자랑스러운 훈장입니다.

진보 교육감이 공교육을 정상화하려 혁신 학교를 운영했습니다. 공도
많이 들였고 지원도 많이 했지만 나아가는 길이 험난했습니다. 거기에는
이런 배경이 한몫했습니다. 노예 교육의 모범을 보이는 재주밖에 없는 사
람에게 노예 교육을 하지 말고 혁신 교육을 하라는 지시는 고양이에게 생
선을 맡기는 어리석은 일이었습니다. 성공적인 혁신 학교도 제법 나왔습
니다. 10 ~ 20% 정도 됩니다. 교사의 자발성으로 변화를 이끌어낸 학교라
고 합니다. 하지만 그 이상의 노력이 있었을 것입니다. 이런 학교 교정에

는 갈등을 겪어야 꽃이 피는 협력의 문화가 만개합니다. 거기에는 노예에서 학교의 주인으로 변신한 교사들의 전설적인 영웅담이 있습니다. 대다수 혁신 학교가 무늬만 혁신 학교라는 진단은 장기간에 걸쳐 펼쳐진 노예교육의 관행을 넘어서는 게 쉽지 않다는 것을 반증합니다.

6

만연한
이분법

노예처럼 살아가는 사람은 결국에는 그에 걸맞은 정신 상태(의식 구조 혹은 사고방식)를 지니게 됩니다. 이분법적 사고방식을 가진 사람은 흑백 논리로 세상을 봅니다. 흑이든 백이든 하나만 옳다는 편협한 판단을 합니다. 고집스러운 결정을 합니다. 옛날에는 거의 모든 인간이 이런 식으로 세상을 인식했습니다. 지금도 어린 인간이 세상을 인식하는 방식입니다. 지금도 노예 교육과 같은 좋지 못한 경험으로 후유증을 겪은 사람이 세상을 해석하는 방식입니다. 지금도 별생각 없이 결정할 때 많은 사람이 사용하는 판단 방식입니다.

고대에는 인간이 선과 악의 이분법으로 세상을 읽어냈습니다. 그 흔적을 「흥부놀부전」 같은 고대 소설에서 지금도 쉽게 접할 수 있습니다. 근대 소설에서는 선과 악의 이분법적 사고를 찾기가 쉽지 않습니다. 현대 소설은 말할 것도 없고, 무협지에서도 선과 악의 이분법적 대립 구도는 이

제 찾아보기 힘듭니다. 이야기 구성이 너무 단순해서 독자가 외면합니다.

긴 시간이 흐르는 동안 많은 영역에서 인간의 인식은 단순한 이분법에서 복잡한 다분법으로 진전되었습니다. 슬프게도 21세기 대한민국 교육계에는 고대의 흔적인 단순한 이분법이 판을 치고 있는 것 같습니다. 이분법적으로 생각하는 것은 고대의 흔적이라고 단정했습니다. 생판 얼굴도 대면한 적 없고 앞으로도 대면할 일 없는 사람부터 함께 문제를 고민하고 해결방안을 찾고 있는 주변 동료까지 대다수 교육 종사자를 싸잡아 비판했습니다. 비난이 아니라 비판임을 보이기 위해 노력하겠습니다.

제가 1980년대의 통속적인 변증법적 유물론의 관점을 넘어서는 데 큰 도움을 주신 분이 있습니다. 이성우 선생님입니다. 선생님은 『교사가 교사에게』(이성우, 2015; 104~113)에서 통합적 관점과 이분법적 관점을 대비시켰습니다.

통합적 사고의 핵심은 사물에 내재해 있는 상호 대립적인 두 속성(양극성)을 따로따로 생각하지 않는 것입니다. 통합적 관점과 대조적으로 사물의 두 측면을 각각 별개의 것으로 분리해서 생각하는 사고방식이 이분법적 사고라 일컫는 것입니다. 불교나 노장사상 같은 고대 동양의 사상 체계가 통합적 관점을 지향한다면 이분법적 사고는 데카르트 이후의 근대 서양 철학에 맞닿아 있다 하겠는데 불행히도 현대인들은 이 이분법적 사고에 익숙해 있습니다.

이성과 감성, 이론과 실천 따위를 각각 별개의 것으로 생각합니다. 하지만 어떠한 경우에도 이 각각의 축은 수레의 나란한 두 바퀴처럼 함께 나아갑니다. 이성과 이론이 발달하는 만큼 감성과 실천도 발달하며, 그 역도 마찬가지입니다. 통합적 사고의 의미와 가치를 이해하기 위해서는 먼저 우리에게 익숙해 있는 이분법적 사고의 폐단을 인식하는 것이 중요합니다.

이분법적 사고는 사물의 두 속성을 분리할뿐더러 서로 적대적이거나 배타적인 것으로 생각하여 둘 중 하나만을 취사선택함으로써 서로를 결속시키는 연대의 고리를 끊어버리는 우를 범합니다. 그 결과 두 다리로 서야 할 것이 각각 한 발로 서는 불구화가 진행되며 서로 합해질 때 생기는 상승 작용이 차단되는 역기능이 파생됩니다.

이어지는 부분에서 이성우 선생님은 지식 교육과 인성 교육, 놀이와 학습, 흥미와 노력을 이분법적으로 접근하는 교육계의 관행을 비판했습니다. 저도 2010년 서울특별시교육청 혁신 학교 매뉴얼 개발 연구를 하면서 이분법의 문제를 지적했습니다. 교수와 학습, 교육과정과 교수학습, 교수학습과 평가를 이분법적으로 접근하는 교육계의 관행을 비판하고 교육과정―교수학습―평가를 연결해서 종합적으로 파악해야 한다고 해결책을 제시했습니다.

그 흔적의 일단이 『행복한 혁신 학교 만들기』에 반영되어 있습니다. 최근에 성열관 교수님은 '교육과정-교수학습-평가'라는 개념을 사용했고, 얼마 전에는 이형빈 교수님이 그 개념을 제목으로 하는 책까지 출판했습니다. 저자는 『교육과정-수업-평가 어떻게 혁신할 것인가』에서 교육과정―수업―평가가 학교 교육의 본령이라고 단정했습니다.

교사가 지식 교육과 인성 교육, 놀이와 학습, 흥미와 노력, 교수와 학습, 교육과정과 교수학습, 교수학습과 평가 따위에 이분법적으로 접근하는 게 큰 흠은 아닙니다. 고대 소설의 사고방식이기는 하지만 대한민국 교육계에서는 그리 흠이 되는 일이 아닙니다. 2015 개정 교육과정을 개발하면서,

교육부는 교육과정 따로, 교수학습 따로, 평가 따로 개발했습니다. 각각을 개별적인 것으로 취급한 듯합니다. 2015 개정 교육과정 정책 연구를 담당한 교수나 전문 연구자들도 교육과정—교수학습—평가를 종합적으로 접근하지 못하고 개별적인 것으로 이분법적으로 접근했습니다. 윗물이 흐린데 아랫물이 맑을 수는 없습니다.

위안이 되는 이야기를 해보겠습니다. 교사는 실천을 담당하고 교수는 이론을 담당한다는 역할 분담이 대한민국 교육과정 논의에 암묵적으로 전제되어 있습니다. 2015 개정 교육과정을 개발하면서 능력을 가르치는 실천 지침(이론)을 교수 연구자들이 작성했습니다. 하지만 내막을 알면 놀랄 것입니다. 교수 연구자들은 이론적 작업을 해내지 못했습니다. 그저 횡설수설했을 뿐입니다. 교사가 감으로 느끼는 이론을 가지고 스스로 실천해야 하는 상황이 우리 앞에 펼쳐지고 있습니다. 믿을 수 있는 이야기인지 의문이 들 것입니다.

저는 대한민국에 한 명뿐인 교육과정 이론 연구자입니다. 2009년 미래형 교육과정 개발부터 교육과정에 핵심 역량을 반영하려는 논의를 쭉 살펴왔습니다. 2015 개정 교육과정 개발 과정을 보면, 2013년에는 국가 교육과정 정책 연구가 핵심 역량을 중심에 둔 교육과정을 개발하는 것이었습니다. 2014년에는 후퇴하여 핵심 역량에 기반한 교육과정을 개발하는 것이었습니다. 최종적으로 2015년에는 핵심 역량을 반영한 교육과정으로 종결되었습니다. 이 흐름은 시작할 때는 핵심 역량을 중심에 두고 교과 교육과정을 구성하고 교수학습과 평가를 행하도록 체계적인 교육과정을 만들겠다는 의도였습니다. 하지만 아는 게 없어 핵심 역량 6개를 교육 목표로 제시하는 선언적 수준으로 작업을 마무리했습니다. 우리가 알고 있듯이, 2012년에 경기도교육청은 7가지 핵심 역량을 발표했습니다. 2015년에 국가 교육과정 연구자들이 한 일이라고는 6가지 핵심 역량을 제시한 것뿐입니다. 한마디로 용두사미(龍頭蛇尾)입니다. 능력을 키우기 위해 교육과정을 어떻게 구성할지 모르는 사람이 능력을 키우기 위해 교수학습을 이렇게 하라고 논리적으로 설명할 수는 없는 것입니다.

웃기는 이야기를 하나 하겠습니다. 교육과정 이론 연구자의 입장에서 보면, 1997년부터 7차 교육과정은 언제나 핵심 역량 반영 교육과정이었습니다. 처음에는 핵심 역량이 하나였습니다. 창의성, 이것 하나였습니다. 2009년에 하나 추가되었습니다. 인성이 그것입니다. 경기도교육청은 2012년에 7개를 제시했습니다. 강원도교육청은 2013년에 핵심 역량으로 2개를 제시했습니다. 창의지성과 공감지성입니다. 중앙 정부와의 행정적 관계 때문에 선택에 제한을 받을 수밖에 없었습니다. 여러 시·도 교육청은 5~7개의 핵심 역량을 제시했습니다. 2015년에 뒷북을 치듯이 국가 교육과정은 핵심 역량을 6개나 제시했습니다. 국가 교육과정은 2015년에 처음으로 핵심 역량 반영 교육과정이 된 것이 아닙니다. '잃어버린 20년' 동안 언제나 핵심 역량 반영 교육과정이었습니다.

한심한 이야기 하나 더 하겠습니다. 핵심 역량으로 창의성을 제시하는 것이 특정 시대에는 세계적 흐름일 수 있었습니다. 1995년 그런 흐름을 따라 대한민국은 창의성을 강조했습니다. 20세기에 창의성 시범 학교에 근무했던 경험이 새록새록 떠오릅니다. 지금은 인류가 지금까지 만들어낸 지식의 총량을 3일이면 만들어낼 수 있는 시대라고 합니다. 과거에는 30년을 한 세대라 했다면, 이제는 10년이면 과거 한 세대의 변화를 겪고도 남는 시절입니다. 최근에는 창의성을 핵심 역량으로 제시하는 국가를 찾아보기 어렵습니다. 이찬승 선생님이 국회 토론회에서 지적한 내용이 이것입니다. 이미 폐기된 것을 다가올 미래를 대비한 최신 무기인 양 2015 개정 교육과정의 핵심 역량으로 창의성을 제시하는 것은 부끄러운 일이라고 질타했습니다. 교육부 관료나 교육과정 연구자 혹은 그 윗사람들의 편협하고 고루한 사고방식이 묻어난 결정입니다.

노예 교육을 이야기하면서 성실하고 열정적인 훌륭한 선생님이 일상 수업에서 노예 교육을 한 까닭도 이분법적 사고로 설명할 수 있을 것 같습니다. 교사는 교사의 역할을, 그리고 학생은 학생의 역할을 잘하면 좋은 수업이라는 사고방식에는 교사의 역할과 학생의 역할이 불변하는 고정적인 각각으로 존재합니다. 이렇게 인식하는 것은 형이상학적 방식입니다. 현실에서 역할이 바뀔 수 있다는 사실을 외면하고 있습니다. 거기에는 교사와 학생이 서로 힘을 합하여 하나의 일을 같이 해나가야 좋은 수업이라는 종합적 사고방식이 들어설 틈이 없습니다. 교수와 학습이 분리되어 있습니다. 계획과 실행이 격리되어 있습니다. 반성과 평가가 별개의 것이었습니다. 한 현상에 담긴 대립적인 두 대상은 분리된 것이고, 격리된 것이고, 별개의 것일 뿐입니다.

이런 이분법적 사고로는 '모르는 걸 배우는 것'이 교육이라는 깨달음이 생길 수 없습니다. 학생과 교사의 관계를 편협하게 이분법적으로 생각하면 학생의 발달 단계에 맞게 학생이 할 수 있는 걸, 아는 걸 배우는 게 교육이라는 결론에 도달할 수밖에 없습니다. 학생이 모르는 지식을 알게 하는 게 교육이라는 20세기 초 행동주의 관점으로 회귀할 수도 있습니다. 회귀하기에는 행동주의 교육과 얽힌 경험이 너무 끔찍합니다. 이런 경험 때문에, 학생이 알아서 스스로 다 구성한다는 20세기 중반 구성주의 관점으로 복귀할 수도 있습니다. 이분법적 사고는 주체적인 반성을 펼치지 못하고 현상의 두 극단을 오고 갈 뿐입니다. 기계적 유물론(행동주의)과 형이상학적 관념론(구성주의) 사이를 정처 없이 배회할 뿐입니다. 2016년 초등학교 수학과 교사용 지도서는 이분법적 사고의 쓰레기로 채워져 있습니다.

위안이 되는 이야기를 하나 더 하겠습니다. 이런 이야기를 하며 똑똑한 척하는 저도 예외가 아닙니다. 대한민국 교육계에 만연한 이분법적 사고방식을 저도 자주 피해가지 못했습니다. 한번은 이런 일이 있었습니다. 2015년에 강원도교육연구원에서 현장 교원 위탁 연구 과제로 '놀이가 초등학생의 전인적 발달에 미치는 영향'을 발주했습니다. 안미라 책임연구원이 중심이 되어 연구가 진행되었습니다. 저는 처음부터 마지막까지 그 연구를 주목했습니다. 공동연구원도 제가 추천했습니다. 연구 최종 발표회에서 서기 역할을 하며 질의응답을 정리하다 깨달았습니다. 수업과 수업 시간 사이에 벌어지는 현상에서 아동의 놀 권리와 쉴 권리가 대립되고 있다는 사실을 그때야 알아차렸습니다. 놀 권리를 보장하기 위한 다양한 제안이 쉴 권리를 침해한다는 사실을 연구가 다 끝난 후에야 알았습니다. 놀 권리와 쉴 권리 중에 우선되어야 하는 권리가 쉴 권리여야 아동 발달에 적합한데 말입니다. 편협하게 놀 권리에 시야가 갇힌 것입니다. 우리는 늘 이분법적 사고를 경계해야 합니다. 특히나 둘의 관계를 고려하기는커녕 하나만 바라보는 편협함을 지양해야 합니다.

마무리하겠습니다. 칸트의 이 금언은 잊지 말아야 합니다.

실천이 없는 이론은 공허하고,

이론이 없는 실천은 맹목적이다.

7

식민주의
교육학

이분법적 사고를 하도록 대학에서 노예 교육을 받고 이분법적 사고로 학교에서 노예 교육을 행할 예비 교사를 지도했던 교육 대학의 모습을 그려보겠습니다. 교사는 인식 주체를 소외시키는 교육 활동에 가장 오래 노출되었습니다. 교육대학은 그 정점입니다. 공청회나 토론회에서 치열한 논쟁도 전개하지 못하는 교육대학의 무능함은 지적할 거리도 아닙니다. 질문을 던지며 경험으로부터 배워 누적하지 못하고 수입 교육학을 팔아먹으며 근근이 연명하는 데 자족하고 있는 것 같습니다.

이들이 써 내려간 대한민국 교육학의 암담한 역사에 대해 이야기하겠습니다. 우선 다른 분야와 비교해보겠습니다. 2015년 11월에 공학 분야 이야기가 인터넷 언론에 올라왔습니다. 곽숙철 선생님은 『축적의 시간』에 담긴 내용을 정리하여 「한국 사회를 지배하는 대표적인 5가지 그릇된 고정 관념」이라는 기사를 썼습니다. 길게 기사 내용을 인용하겠습니다. 대한민국 교육학이 서울대학교 공과대학의 처지보다 나을 건 없을 듯합니다. 우리 사회의 일반적인 모습인 것 같습니다.

한국 사회를 지배하는 그릇된 고정 관념 5가지

1. 생산 활동은 개도국으로 아웃소싱하고, 우리나라는 고부가가치 지식노동을 해야 한다.

생산 활동은 3D 산업이기 때문에 아웃소싱하고, 우리나라는 깨끗한 고부가가치 지식 노동을 하도록 국제적으로 분업해야 한다는 일반의 잘못된 시각에 대해 석학들은 큰 우려를 표하고 있다. 이 고정 관념과 달리 현실에서는 생산 현장이 없이는 질 좋은 고용을 창출할 방법이 없고, 생산을 지원하는 지식 기반 서비스업의 성장도 기대할 수 없다. 또한, 생산 현장이 없으면 고부가가치 창출의 원천이 되는 고급의 경험 지식을 축적할 수 있는 여지도 없다.

불행하게도 지난 10여 년 이상 우리나라에서는 생산 공장을 개발도상국으로 내보내고, 국내에서는 지식 산업이나 서비스업을 집중적으로 육성하는 것이 타당하다는 논리가 팽배했는데, 이는 미국을 포함한 산업 선진국이 생산 현장을 고도화하거나 아웃소싱해오던 기업의 생산 활동을 다시 자국 영토 안으로 불러들이기 위해 국가적인 노력을 기울이는 것과 정반대의 길이다.

2. 첨단 특허 1건, 세계적인 논문 1편이 10,000명을 먹여살린다.

석학들은 탁월한 특허와 논문이 분명 중요하다고 강조하면서도, 결정적으로는 이 혁신적 아이디어가 스케일 업(scale-up)되어 실용화 단계로 나가지 못하면 무용지물일 뿐이라고 지적한다. 그런데 스케일 업할 수 있는 역량은 오랜 경험이 축적되어야 비로소 확보할 수 있는 고도의 축적된 경험 지식의 영역이라는 데 어려움이 있다.

국내 산업계는, 전례가 없는 혁신적 아이디어가 있다 하더라도 이를 스케일 업할 수 있는 역량이 절대적으로 부족하므로, 설사 국내에서 세계적 논문이 나온다 하더라도 그 혜택은 다른 나라가 볼 수밖에 없는 실정이다. 이런 점에서 우리 기업들이 시행착오를 각오하면서 스케일 업할 수 있는 경험을 축적하지 않으면 살아남을 수 없다고 지적하고 있다.

3. 필요한 경험과 지식은 살 수 있다.

석학들이 가장 우려하는 잘못된 관념의 하나는 경험과 지식은 돈으로 사면 된다는 사고방식이다. 우리 산업계도 이미 표준적인 기술에서는 글로벌 수준에 이르렀기 때문에 지금부터는 창의적으로 새로운 개념을 제시하는 고급 지식이 필요하다. 그러나 이런 지식은 교과서나 매뉴얼, 논문 혹은 특허에 명시적으로 표시된 지식과 달라서 문자나 기타의 형식으로 표현되어 있지 않은 것이 대부분이다. 대체로 사람의 머릿속에, 그리고 일하는 방식, 즉 루틴에 체화되어 있어서 심지어 필요한 경험과 지식을 가진 기업을 인수·합병을 한다고 하더라도 확보하기가 쉽지 않다.

석학들은 여러 가지 실제 사례를 통해 결국 최고급의 기술 역량을 확보해나가는 과정에는 지름길이 없다는 점을 누누이 강조하며, 중·장기적인 전망을 갖고 스스로 시행착오를 축적해나가는 방법이 최선이라는 점을 이야기하고 있다.

4. 중국은 우리의 생산 기지 역할을 수행하고 있다.

석학들은 한·중의 관계에서 한국이 부품 소재를 공급하면 중국이 조립하거나, 혹은 한국의 기업들이 설계도를 보내면 중국이 생산하는 방식의 도식적 관계는 더 이상 성립하지 않는다는 점을 여러 가지 실례를 들어 강조한다. 중국은 이미 생산 공장이 아니라 혁신 공장(innovation powerhouse)으로 등장하였다.

공학 인력 배출 수, 논문 및 특허의 양과 질, 그리고 생산 현장에서 제시되는 창의적 아이디어의 사례 등을 고려할 때, 혁신의 관점에서 중국은 이미 대부분의 산업 영역에서 한국을 뛰어넘은 것으로 평가되고 있다. 일부 석학은 이를 강조하기 위해 어떤 품목의 경우 한국이 중국으로부터 배우는 것이 이미 상식이 되었기 때문에 절대 부끄러워하지 말고 현실을 인정해야 한다고까지 말하고 있다. 지난 20년간 중국에 대해 가져왔던 사고방식을 수정할 필요가 있다고 강하게 말하는 것이다.

5. 한국 대학들의 공학 교육이 급속히 발전했다.

국제적 평가 지표로 볼 때 한국 대학의 공학 교육 순위가 상승한 것은 사실이다. 그러나 석학들은 공통으로 여전히 학과 간 장벽이 높고, 논문 위주의 평가로 산업계의 현실과 더욱 거리가 멀어지는 방향으로 교육 연구 체제가 형성되어가고 있다고 지적한다.

가장 중요하게는 **개념설계**와 같이 창의적인 역량을 가르치기 위한 준비가 되어 있지 않고, 특히 온라인 강의의 확산처럼 새롭게 등장하는 매체를 적극적으로 활용할 준비가 되어 있지 않다고 지적한다. 아울러 기초적인 학문에 대한 교육이 무시된 채 무분별하게 난무하고 있는, 소위 준비되지 않은 **융합** 교육에 대해서도 경종의 목소리를 던지고 있다.

* 결국 '개념설계' 역량의 부재

석학들은 산업 분야가 다르지만, 공통으로 우리가 빠져 있는 고정 관념을 깰 것을 주문하고 있다. 그러나 먼저 이러한 고정 관념들을 낳게 하는 우리 산업의 현재 특질, 즉 더욱 근본적인 관점에서의 원인 분석이 필요하다. 대부분의 석학이 그 원인으로서 우리 산업이 개념설계(conceptual design) 역량을 가지고 있지 못하다는 점을 지적하고, 이것은 그동안 경험의 축적을 귀하게 여기지 않은 압축 성장의 필연적인 부작용이라고 말하고 있다.

개념설계 역량이란 제품 개발이 되었건, 비즈니스 모델이 되었건 산업계가 풀어야 할 과제가 있을 때, 이 문제의 속성 자체를 새롭게 정의하고 창의적으로 해법의 방향을 제시하는 역량으로서, 실행 역량이 필요한 단계보다 더 선행 단계에서 요구되는 창조적 역량이다. 그런데 이 개념설계 역량은 반짝이는 아이디어가 아니라 반드시 오랜 기간 지속적으로 시행착오를 '축적'해야 얻어지는 것이라고 조언한다. 새롭게 접하는 문제에 대해 창의적으로 새로운 개념을 해법으로 제시해보고, 실패하고, 또다시 시도하는 시행착오와 실패 경험의 축적 없이는 개념설계 역량을 결코 손에 넣을 수 없다는 것이다.

그런데 우리는 선진국처럼 지금부터 100년을 기다리면서 찬찬히 경험을 축적해나갈 시간적 여유가 없다. 그렇다고 중국과 같이 거대한 내수 시장을 바탕으로 짧은 시간에 경험을 축적해나갈 공간적 이점도 없다. 우리 산업은 어떻게 해야 할까? 시간도 아니고, 공간도 아닌 제3의 길이 있을까?

잠정적인 해답은, 산업 차원의 축적 노력으로는 선진국과 중국의 축적된 경험을 이길 수 없기 때문에, 산업이 아니라 <u>우리 사회 전체의 틀을 바꾸어 국가적으로 축적해가는 체제를 갖추어나가야 한다는 것이다.</u> 즉, 우리 사회 전반의 인센티브 체계, 문화를 바꾸어 기업뿐만 아니라 우리 사회의 모든 주체가 축적을 지향하도록 변화해나가는 것이다. 이처럼 축적의 범위를 산업의 바깥 경계로 극적으로 넓혀 생각할 때, 비로소 선진국의 시간과 중국의 규모를 극복할 수 있는 우리만의 고유한 축적 양식을 만들어낼 수 있을 것이다.

대한민국의 교육 체계는 인적 자본론을 골간으로 설계되었습니다. 국가 교육과정은 산업계에서 요구하는 바에 따라 위에서부터 아래로, 대학부터 유치원으로 교육 내용을 배열했습니다. 길게 인용한 내용처럼 대한민국 교육계의 잘못된 고정 관념을 패러디해보겠습니다.

먼저, "생산 활동은 개도국으로 아웃소싱하고, 우리나라는 고부가가치 지식 노동을 해야 한다."라는 잘못된 고정 관념은 "지식을 숙지하고 활용하는 교육은 학원으로 아웃소싱하고, 학교는 창의적 융합 인재를 키우는 행복 교육을 해야 한다."라는 선동적인 정치 구호로 대체할 수 있을 듯합니다.

다음으로, "첨단 특허 1건, 세계적인 논문 1편이 10,000명을 먹여살린다."라는 오류는 이건희 전 삼성 회장이 이야기한 "7차 교육과정(구성주의 교육과정)을 도입하여 10,000명을 부양할 수 있는 창의적인 1명의 인재를 키워내야 한다."라는 선동과 짝을 이룰 수 있습니다.

이어서, 첨단 경제에 "필요한 경험과 지식은 살 수 있다."라는 오해는 전인 교육을 하는 데 "필요한 경험과 지식은 학교에서 언제든지 제공할 수 있다."라는 오만한 자신감으로 표현될 수 있을 듯합니다.

네 번째로, "중국은 우리의 생산 기지 역할을 수행하고 있다."라는 그릇된 고정 관념은 "미국은 우리 교육에 필요한 모든 것을 수입할 수 있는 수출 기지 역할을 수행하고 있다."로 패러디될 수 있습니다.

마지막으로, "한국 대학들의 공학 교육이 급속히 발전했다."라는 고정 관념은 "대한민국 공교육의 교육 경쟁력은 피사 결과로 알 수 있듯이 세계 최고 수준이다."라는 과잉 일반화와 쌍을 이룰 수 있을 듯합니다.

패러디를 하려고 길게 인용한 것이 아닙니다. 그 결과를 이야기하려 합니다. 밑줄을 그어놓았습니다. 기초적인 내용을 교육하지 않고 준비되지 않은 창의적 융합 교육에 몰입하자는 세태를 손가락질할 수밖에 없습니다. 경험을 축적하지 않고 미국에서 완제품을 수입하여 소매상으로 호황을 누린 교육계를 질타하기 위해서 길게 인용했습니다. 2015 개정 교육과정 개발 과정에서도 적나라하게 드러났습니다. **'개념설계' 능력**이 바닥 수준인 대한민국 교육계의 민낯이 그대로 드러났습니다. 핵심 역량 중심 교육과정을 개발하겠다고 3년 동안 연구했습니다. 결과는 달랑 6가지 핵심 역량을 선정하고 이를 반영하여 교육과정을 운영하라는 것이었습니다. 이런 연구는 1주일 정도 논의하면 끝낼 수 있는 작업입니다. 국가의 정책 연구가 아닙니다. 연구 학교에서 문건을 편집하는 수준의 작업입니다.

인용한 내용과 패러디한 내용에서 알 수 있듯이 대한민국 교육계의 이런 초라한 몰골은 일시적인 현상이 아니라 앞으로도 오랫동안 지속될 깜깜한 우리 현실입니다. 비판이 아니라고 생각할 수 있습니다. 너무 혹독한 주관적인 비난이 아니냐고 의문을 제기할 수도 있습니다. 아닙니다. 학계의 진솔한 반성의 글을 인용하겠습니다. 저의 진단이 객관적인 현실이라는 주장을 계속 고수하겠습니다. 다음은 김영천(2012) 교수가 쓴 「탈식민주의와 교육과정 연구」를 인용한 것입니다.

우리나라 교육과정 연구의 식민성

제2장에서는 탈식민주의 교육과정 연구에 대한 탐구 주제로 넘어가기 이전에 우리나라의 교육학/교육과정 연구의 식민성에 대하여 살펴보고자 한다. 이러한 탐색은 식민화된 교육과정 연구가 왜 문제가 되는지를, 그리고 탈식민주의 교육과정 연구의 가치는 어디에 있는지를 추론하는 데 도움을 줄 것이다. (……) 이 글에서는 지금까지의 우리나라의 교육과정 연구가 어떻게 식민적 연구 문화 속에서 이루어지고 재생산되었는지를 기존 학자들의 분석을 기초로 하여 세 가지 측면에서 지적하고자 한다(이돈희, 1982; 이종각, 1990; 황정규, 1982).

우리나라 교육과정 연구의 식민성을 나타내는 첫 번째 특징은 '**번역에 의한 교육과정 연구**'이다. 이 개념은 미국 중심의 교육과정 연구(이론, 개념, 연구 결과, 연구 방식 등)를 영어에서 한국어로 바꾸고 이를 우리의 교육 연구자들과 교육자들에게 소개하고 유포하는 형태가 바로 교육과정 연구의 핵심이라는 것을 뜻한다. <중략>

'번역에 의한 교육과정 연구'가 갖는 특징은 "일찍 일어나는 새가 벌레를 잡는다."라는 표현처럼, 연구의 주요 방향은 미국에서 새롭게 부상한 교육과정의 이론들 그리고 주장들 또는 이슈들을 신속하게 찾아내어 이를 이해하고 그 내용을 우리의 한국 연구자들에게 이해하기 쉽게 설명하는 작업이라고 할 수 있다. 그 작업의 시작은 연구자가 선택한 미국의 교육과정 이론을 이론 태동의 배경과 함께 소개하고 주요 연구 개념들을 설명하고 마지막으로 그러한 이론이 우리의 현장에 어떤 시사점을 제공해줄 수 있는지를 종합하는 형식으로 끝나는 것이 일반적이다.

이러한 번역의 교육과정 연구 문화는 미국으로 건너간 초기 교육과정 학자들이 한국으로 돌아와 교육과정 연구라는 학문 영역을 수립하면서 자연스럽게 생성되었는데 이들의 미국적 경험과 학습은 그 이후의 우리나라 교육과정 연구에서 무엇을 연구하고 어떻게 연구해야 하는지를 결정하는 주요한 기준으로 영향을 끼쳤다. 이러한 주장은 김인회의 '식민지화된 교육학'에 대한 한국 학자들의 유학 지역과 학교들에 대한 계보 분석에서 잘 나타나 있다. 그 대표적인 예로서 미국의 존 듀이(John Dewey)의 진보주의 교육철학이 '신교육'이라는 이름으로 우리나라의 학교 교육과정 정책 수립에 영향을 끼쳤으며 다음으로 브루너(Bruner)의 지식의 구조에 대한 연구 동향은 바로 우리나라 교육과정 연구의 한 시대를 풍미한 연구 주제가 되었다. 이에 오하이오 주립대학교(The Ohio State University)에서 브루너의 지식의 구조를 주제로 박사 논문을 쓰고 한국으로 돌아온 이영덕은 우리나라의 교육과정 연구에서 지식의 구조를 중심으로 한 학교 교육과정 개발에 심대한 영향을 끼쳤다.

이러한 연구적 특징은 우리나라에서 교육과정 연구 영역이 없었다는 점 그리고 미국으로부터 그 이론이 수입되어 탐구 분야가 만들어졌다는 점에서 그렇게 놀랍지 않고 오히려 자연스럽기까지 한 일이다(이돈희, 1983). 이에 해방 이후 미국에서 공부한 교육과정 학자들이 한국으로 와서 새로운 이론을 소개하고 그들의 제자들이 다시 미국으로 가는 불완전한 삶의 연속이 지난 50년을 통하여 진행되고 있다. 그리고 이들은 새롭게 생성된 미국의 이론들을 섭렵하고 무장하여 고국으로 오고 이들의 귀향은 새로운 미국 이론을 갈망하는 한국의 교육과정 학자와 집단의 열망에 맞추어 자신들의 공부 내용을 한국에 새롭게 확산시키고 유포하는 선구자적 역할을 맡는다. 그리고 그러한 역할의 대가는 그 분야의 가장 권위 있는 학자로서 그 학구적 정체성을 획득하는 것이다.

이러한 한 학자의 학구적 명성의 수립 과정은 한 개인에게는 새로운 이론의 소개이고 전문 분야 지식의 권위화로 끝나지만 그러한 이론의 수입과 확산은 한국 교육과정 연구 문화 차원에서는 부족한 피로 고통받았던 육체가 새로운 신선한 피로 수혈받는 것과 같은 효과를 가져왔을 것이다. 이러한 연구 주제의 새로운 유입과 수혈은 우리 학자들이 인식하지 못하였던 문제들을 지각하게 만들어주는 장점이 있지만 지식 생산과 유포에 있어서 수립된 미국과 한국의 불평등한 관계가 계속 지배와 피지배의 구조를 양산시키고 유지하는 데 기여를 한다.<중략>

우리의 교육과정 연구에서 대중적으로 부상한 연구 개념들은 끊임없이 미국 이론의 담론으로부터 수입된 것들이었으며 우리의 학교 교육과정 정책 역시 미국의 교육과정 이론이나 교육 개혁 운동과 깊은 관계에 있었음을 쉽게 알 수 있다. 브루너의 학문 중심 교육과정 연구, 교육과정의 사회학, **구성주의**, 수행 평가, 교육공학, HRD, 질적 연구 그리고 포스트모더니즘 등. 그러한 점에서 지난 50년에 걸쳐서 우리의 교육과정 연구가 얼마나 미국의 교육과정 연구를 성실하게 모사하고 반복하고 재현하였는지는 우리나라 교육과정 학자들이 써낸 논문의 주제들, 출간한 책들, 스타로 부상한 학자들의 학구적 배경을 분석한다면 어렵지 않게 알 수 있을 것이다.<중략>

우리나라 교육과정 연구 문화의 식민성을 나타내는 두 번째 특징은 **'이론 중심에 의한 교육과정 연구'**이다. 이 개념은 우리나라의 교육과정 연구가 이론과 실제 사이의 조화 대신에 이론 중심으로 일관하였다는 것을 뜻한다. 이 연구 특징은 앞에서 소개한 첫 번째 연구 특징과 관련이 있는 것으로서 그동안의 교육과정 연구가 미국 교육과정 연구의 내용을 우리에게 소개하는 형태였기 때문에 논의와 글쓰기는 자연스럽게 이론적이고, 철학적이고, 사변적이며 그리고 추상적일 수밖에 없었다.

우리나라의 교육과정 연구의 특징이 이렇게 미국 중심의 이론들의 소개를 중심으로 전개된 이러한 현상은 그 장점에도 불구하고 우리의 교육과정 연구를 식민화시키는 결과를 가져왔다. 사이드(Said)가 주장한 것처럼 서구의 담론을 이야기하는 것이 자신(제3세계)의 담론을 이야기하는 것에 비하여 연구자에게 더 많은 권위와 명성을 주는 것이기 때문에 미국의 교육과정 이론들에 대한 수용과 심화 노력은 미국 이론은 우월하고 한국적 현상에 대한 논의나 담론은 열등한 것이라는 심리학을 양산하였다. 이에 미국 이론 중심의 교육과정 사유 현상은 더욱 강화되고 재생산되는 반면에 이에 대비되는 한국의 현장과 현상에 대한 관심은 상대적으로 줄어들 수밖에 없었다. 그리고 그러한 한국 현상에 대한 무관심과 도외시는 이종각(1995)이 지적한 것처럼 **우리나라의 학교는 여전히 처녀지로 남아 있을 정도로 우리의 현상은 연구되지 않고 탐구되지 못하였다.**

우리나라 교육과정 연구의 식민성을 나타내는 세 번째 특징은 '**길들임의 교육과정 연구**'이다. 길들임이라는 용어는 파울루 프레이리(Paulo Freire)의 『억압받는 자의 교육학』에서 차용한 개념으로서 우리의 교육과정 연구와 교육과정 연구자의 사고가 미국 이론과 미국 교육과정 연구 집단에 대하여 순종적인 연구 태도와 입장을 갖게 된 것을 뜻한다. 억압자의 지배 속에서 나타나는 피억압자의 생존 방식으로서 길들임과 순종은 지배자의 계속적인 통제와 이데올로기 생산을 통하여 피식민자에게 나타나는 심리 상태를 나타낸다. 프레이리에 따르면 이러한 길들임과 순종은 지배자가 만들어놓은 지배의 구조(세계관)를 당연하고 문제가 없는 것으로 바라보게 하고 자신을 이 세계의 변화와 새로운 재구조화를 할 수 있는 존재로서 인식하지 못하게 만든다.

이에 이러한 미국 교육과정 연구 집단 그리고 그 이론들에 대한 복종적이고 순종적인 태도는 우리가 일반적으로 교육과정 연구를 할 때, 또는 우리의 교육과정 연구를 할 때, 그리고 연구를 어떻게 할 것인가에 대한 우리의 해석 체계에 커다란 영향을 끼친다. 즉, 연구 현상을 바라보는 방식에서, 연구를 하는 연구 방법의 선택, 그리고 연구 결과를 도출하는 방식에까지 우리가 참조하는 기준은 바로 미국의 이론과 연구 결과이다. 이에 우리는 창의적인 연구자로서 우리를 해석하는 대신에, 그리고 우리의 연구 의지와 아이디어들에 기초하여 연구를 성공적으로 할 수 있다는 확신 대신에, 미국의 이론들에서 어떤 문제들이 논의되었고 어떻게 연구되었으며 어떤 연구 결과가 나왔는지에 근거하여 연구 문제를 해결하려고 하는 심리를 갖게 된다. 연구 현상이 무엇이든지 간에, 우리는 미국에서 만들어진 그리고 출간된 관련 연구들을 연구 해결의 최상의 방책이자 만병통치약으로 간주하는 길들여진 사유의 세계 속에서 우리의 연구를 하게 된다.

미국 이론에 대한 이러한 우리의 가치 부여는 우리로 하여금 미국 이론에 대하여 해박하면 해박할수록 한국적 상황에서 더 좋은 연구를 할 수 있을 것이며 더 나은 연구 결론을 이끌어낼 것이라는 환상을 갖게 한다. 그리고 그러한 편안한 사유 방식은 어려운 길을 굳이 택하지 않으면서 교육과정 연구를 하고자 하는 선택을 하게 만든다. 우리의 연구 문제, 연구 방법, 담론의 방법들이 모두 미국인이 만들어놓은 이론 체계 속에서 가능하고 이루어진다. 그리고 그 밖에서 창의적으로 또는 일탈적으로 하게 되는 익숙하지 않은 연구 주제들(연구 형식들)은 우리로 하여금 부적절한 것, 신뢰할 수 없는 것으로 폄하시키게 만들며 새로운 것을 찾으려는 데서 자연스럽게 나타날 수 있는 미래에 대한 불안감을 불필요하고 의미 없는 것으로 치부하게 만든다.

미국 이론에 순종적이고 길들여진 우리의 교육과정 연구는 그리하여 우리로 하여금 미국 이론이라는 기존 틀에 안주함으로써 얻을 수 있는 편안함과 안정감 그리고 편이함을 선호하게 되고 대신에 새로운 것을 만들고 종합하고 평가할 수 있는 고차원적인 사유 기술과 창조 능력은 마비 현상으로 이어진다. 그러한 결과, 우리의 그러한 길들여짐의 태도는 만족할 수 없는 미국 이론을 추종하는 지식 수용의 욕망의 기계로서 전락하고 말 것이다.

— 김영천, 2012: 564~568

대한민국 교육학은 우리의 교육 경험을 체계적으로 누적하기 위해 질문을 던져야 할 까닭이 없었습니다. 이런 상황이라 교과 교육과정 연구자들이 너무 바쁘면, 미국 어느 주 교과 교육과정을 수입해서 판매할 수도 있을 듯합니다. 식민지 노예다운 편협한 생각은 그런 행동을 부끄러워하지 않게 만들 수도 있을 듯합니다.

그러나 최신 내용을 수입하는 대한민국 교육학자들이 미국의 최근 처지를 안다면 더 이상 수입 판매상 짓거리를 계속하지는 않을 것입니다. 김광기(2011)는 『우리가 아는 미국은 없다 : 지금 미국을 다시 읽어야 할 이유

52』에서 교육 후진국으로 전락한 미국 교육의 추잡한 속살을 드러냈습니다.

필자는 이런 나라에서 박사 학위를 받았음이 창피하고 후회스럽다. 그렇게 피눈물 나게 공부해 얻어내 자랑스럽던 박사 학위가 부끄럽기만 하다. 부끄러운 학위를 받지 않기 위해 갔던 곳이 미국이었는데 그 미국이 이렇게 변했음에 황망할 뿐이다. 당시 미국 것을 신뢰했던 이유는 무엇인가? 정직이었다. 있는 그대로를 있는 그대로 평가해준 곳이 미국 아니었던가? 그래서 믿을 수 있던 것 아닌가? 이제는 미국 학위도 더는 못 믿게 되었다.(189쪽)

미국의 초중고에서는 배우는 게 별로 없다. 학교를 일찍 파하고 학생들은 쇼핑몰을 돌아다닌다. 우리는 가르치는 게 너무 많아서 탈이고 미국은 가르치는 게 너무 적어서 탈이다. 딱 그 중간만 되었으면 우리나 미국이나 좋으련만 그게 잘 되지 않는다. 어쨌든 미국은 학교에 있는 절대적인 시간도 짧을 뿐만 아니라 배우는 양도 적고, 깊이도 얕다. 한 학년을 지내도 무엇을 새로 배웠는지 지지부진하기만 하다. 게다가 무엇보다 교사들의 질이 너무 낮다. 학생이 물어도 대답을 못할 정도다. 『뉴스위크』에 따르면, 미국 공립학교 교사 중 절반 이상은 고교 시절 성적이 하위 3분의 1 수준이다. 우리네와는 천지 차이다. <중략>
얼마나 배우는 것이 없는가 하면, 2008년 4월 『뉴욕타임스』 주필은 미국의 아둔함을 한탄하는 사설을 쓸 정도다. 사설이 언급한 게 사실이라면 기를 쓰고 아이들을 미국 학교로 보내길 원하는 한국의 부모들 마음이 꽤 쓰릴 만큼 충격적이다. 사설이 말하기를 미국 고등학교에서 26초마다 한 명씩 자퇴하는 상황에서 미국은 학교를 다니든

안 다니든 무지몽매한 상태란다.(232~233쪽)

게다가 미군에 지원한 고졸자의 4명 중 1명이 '2 + ( ) = 4' 문제를 풀지 못해 낙방한다는 충격적인 소식도 있다.

이것은 그나마 봐줄 수 있다고 치자. 우리는 창의력 신장의 본보기쯤으로 늘 미국 교육을 거론하는데, 실상은 아이들의 비판 정신, 즉 머리를 쓰는 능력이 현저히 저하되고 있다는 사실이다. 창의력이 떨어지는 것이다. 창의력은 어느 정도 지식을 기반으로 한다. 우리처럼 너무 어려운 것을 많이 가르쳐 단순한 문제만 풀게 해 창의력을 떨어뜨릴 수 있지만, 미국은 가르치는 게 너무 없어 오히려 창의력을 떨어뜨린다. 한마디로 아이들을 머리를 쓸 줄 모르는 멍한 상태로 만든다. 가라면 가고 오라면 오고 이것을 지키라면 지키는 그런 순응의 인간을 만드는 것이다. 그래서 아무런 문제의식도 없는 아이들, 문제를 보고도 문제로 여기지 못하는 아이들, 문제를 문제로 여기더라도 그냥 자리에 주저앉아버리는 아이들이 지금도 미국 학교에서 끊임없이 양산되며, 이런 이들이 자라 미국의 시민이 되어 예스맨 역할만 하는 것이다.(234쪽)

미국의 대학생들의 학력이 수준 이하라는 결과가 발표되었다. 4년제 대학교 학생 3,000명을 대상으로 한 조사 결과 45%가 2학년 때까지 학습능력이 향상되지 않았고, 졸업 후에도 비판적 사고와 추론 그리고 작문 실력이 전혀 늘지 않았다. 조사 수행자는 그 원인으로 수준 이하인 교육과정과 학생들의 공부 부족을 꼽았다.(250쪽)

김광기(2011)에 따르면, 미국은 능력주의 사회에서 학벌주의 사회로 후퇴했습니다. 인용한 내용처럼 대학 학위도 신뢰할 수 없답니다. 교사의 질은 우리나라와 비교하면 수준 이하입니다. 학생 수준도 마찬가지입니다. 그런 교육 생태계에서 미국의 교육학자들은 처방으로 교수법과 학습법 그리고 교육과정을 쉴 새 없이 만들어내고 있습니다. 오죽하면 교육과정을 수시로 개정하겠습니까? 백약이 무효이니 계속 교육과정을 개정하는 것 아니겠습니까? 교육 망국을 향해 과속으로 직진하는 체제인 '수시 교육과정 개정 체제'마저 몇 푼 연구비 챙기겠다고 수입하여 팔아먹는 대한민국 교육계 인사들은 정신 차려야 합니다.

미국의 버럭 오바마 대통령이 한국 교육을 수입해야 한다고 했었습니다. 전에는 미국 대통령이라 한국 교육 현실을 몰라 그런 말을 했다고 생각했습니다. 하지만 이젠 다르게 생각합니다. 그가 한국 공교육을 부러워할 만한, 우리가 모르는 사연이 있었습니다. 미국 공교육이 오죽하면 그런 말을 했을지 이제 짐작하게 되었습니다.

2015년 8월 『뉴욕타임스』 사설은 교사 부족을 한탄했습니다. 미국은 단기 양성 학원에서 초등 교사 과정을 수료해도 교사가 될 수 있습니다. 이 과정에 참여할 수 있는 자격을 전문대 졸업에서 중퇴자로 낮추었습니다. 그럼에도 새 학기 시작을 앞두고 아직 교사를 충원하지 못한 주가 여럿이라고 합니다.

대한민국 교사는 이제 교수들이 수입한 미제 수입 교육 상품을 구매하기 전에 자신이 그 상품을 사용할 수준의 교사인지 자문해보아야 합니다. 딱 그 수준이라면 구입해도 됩니다. 하지만 경제 위기로 교사를 퇴출해야 할 상황이 온다면, 미제 수입 교육 상품을 사용하는 교사부터 자진해서 교단에서 나가야 합니다. 전후를 고려하지 않고 미제 수입 교육 상품을 판매한 대학교수도 마찬가지입니다.

8

질곡의
진보 교육학

1) 진보 교육학도 수입 교육학

교육학계의 보수적인 주류 교육학이 식민주의라는 딱지에서 자유로울 수 없다는 것을 지적했습니다. 이번에는 진보 교육학을 살펴보겠습니다. 범위를 넓히면 전교조를 위시로 한 교육 운동 단체까지, 더 확장한다면 진보 교육감 진영을 포괄할 수 있지만 교육학자에 한정하겠습니다.

한마디로 압축하면, 주류 교육학이 식민주의 교육학을 수입하여 판매했듯이, 이들도 철 지난 진보 교육학을 수입하여 판매했습니다. 그 목록은 듀이, 프레네, 발도르프, 피아제, 촘스키, 프레이리로 이어집니다. 들여온 내용이 학교 밖 대안 교육부터 성인 교육까지 다양합니다. 하지만 공교육의 장인 학교에서 검증해서 수정 보완하여 사용할 수 있는 수입품은 없었습니다. 공교육 측면에서 지난 시절을 돌아보면, 이런 수입품이 진보 교육학을 세우는 데 질곡이었습니다.

놀랍게도, 미국에서 수입된 진보 교육학은 해방 이후 언제나 대한민국 교육의 배경이었습니다. 해방 후 70년의 대한민국 교육을 냉정하게 평가하는 작업은 곧 미국에서 수입된 진보 교육학을 평가하는 작업과 연결될 수밖에 없습니다. 듀이의 진보주의에서 피아제의 구성주의까지 미국에서 가공되어 수입된 교육 상품은 진보 교육학으로 포장되어 한국 공교육에 강제로 판매되었습니다. 우리가 새로운 교육을 꿈꾸면서 사용했던 문화적 도구들도 대부분 진보 교육학의 상표를 단 수입 상품이었습니다. 주류 교육학이 소비하기를 거부했던 비판 교육학이나 해방 교육학만 대한민국 교육학에서 변방에 놓여 있었을 뿐입니다. 공교육에 강제로 판매된 수입된 진보 교육학의 문제를 살펴보겠습니다.

교육과학기술부가 2008년에 제작한『고등학교 교육과정 해설①』에 담긴 내용을 인용하며 대한민국 공교육에 드리워진 수입 진보 교육학의 그림자를 확인해보겠습니다.

> 제1차 교육과정(1954~1963)은 우리의 손으로 만들어진 최초의 교육과정이라는 점에서 의미가 있고, 교과 중심 교육과정에 생활 중심 교육과정의 정신이 스며들어 있는 교육과정으로서의 특징이 있다. 그것은 듀이의 진보주의 교육 사상의 영향을 받은 결과라고 할 수 있다(문교부, 1988; 170). 그러나 제1차 교육과정은 법적으로 처음 '교육과정'이라는 용어를 사용하였지만 아직도 교육과정을 '가르칠 내용의 열거'라는 의미의 교수요목(course of study)으로 간주하고 있었다(유봉호, 1992; 319).(49쪽)

생활 중심 교육과정에서는 교육과정을 비교적 서로 단절된 일군의 교수요목이나 지적인 체계로 보는 것이 아니라 '학교의 지도하에 학생들이 가지는 경험의 총체'로 보고 있다. 즉, 교과 중심 교육과정에 있어서 교육과정은 문서화되어 있는 것을 말하나, 생활 중심 교육과정에서는 경험 자체를 교육과정이라고 본다. 이러한 생활 중심 교육과정의 정신은 제2차 교육과정(1963~1973)의 곳곳에 나타나 있는데, 특히 총론의 '교육과정 구성의 일반 목표'에서 "교육과정은 곧 학생들이 학교의 지도하에 경험하는 모든 학습 활동의 총화를 의미하는 것이다. 따라서 학생들의 경험 여하에 따라 그들이 어떤 인간으로 성장하게 되느냐가 결정되는 것이다(교육부, 1999; 202)."라고 교육과정을 정의하고 그 성격을 밝히고 있다.(51~52쪽)

제3차 교육과정(1973~1981)에서는 제2차 교육과정에서의 생활 중심 교육과정을 지양하고 학문 중심 교육과정을 강조하였다. 학문 중심 교육과정을 주장한 브루너(Bruner, J. S.)에 의하면, 교육과정은 곧 "각 교과의 전문가들이 각 교과가 나타내고 있는 지식의 본질(즉, 구조)을 가장 명백히 표현할 수 있도록 그 지식을 체계적으로 조직해놓은 것"을 가리킨다.(63쪽)

제4차 교육과정(1981~1987)의 이념이나 교육과정 사조 또는 이론상의 특징은 어느 한 사조나 이념만을 반영하는 교육과정이 아닌, 종합적이고 복합적인 성격을 지니고 있다. 교과 중심 교육과정, 경험 중심 교육과정, 학문 중심 교육과정과 같은 특정 교육과정 이론들이 생성되어 그 시대를 지배할 수 있기에는 각각 그 시대에 처한 사회적 특수성과 그러한 배경 속에서 이론적으로 뒷받침할 수 있었던 교육적 관점 등 타당한 근거와 철학을 가지고 있었다. 그러나 제4차 교육과 정기에 이르러서는 어느 특정의 단일한 입장을 통해 이해할 수 있을 만큼 교육과정이 단순하지 않다는 것이 교육과정을 탐구하는 사람들의 새로운 시각이라고 볼 수 있다. 따라서 제4차 교육과정은 종래의 교과 중심, 경험 중심, 학문 중심의 입장이나 접근 위에 변화와 미래에 대한 인식을 강조하는 미래 지향적 교육과정의 정신이 반영되었고, 지금까지 소홀히 고려하였다고 볼 수 있는 인간 중심 교육과정으로서의 성격도 반영되어 개인적, 사회적, 학문적 적합성을 고루 갖춘 교육과정이 되게 하였다(한국교육개발원, 1981; 15~22).(72쪽)

교육과정 개정의 배경을 살펴보면 제4차 교육과정 개정까지는 나름대로의 사회적 제 상황의 변화에 부응한다거나 학문적 경향의 변화에 따른다는 비교적 뚜렷한 명분이 있었다. 그러나 제5차 개정(1987~1992)은 학교에서 사용 중인 교과서의 사용 기간이 5~7년을 넘을 수 없다는 행정상의 이유가 교육과정의 개정을 서두르게 하였다.(79쪽)

교육과정 사조에 있어서는 전체적으로 교과 중심, 생활 중심, 학문 중심 등과 같이 어떤 색깔을 띤 것이 아닌 종합적 성격을 띤 것은 제4차 교육과정의 내용과 다름이 없다(유봉호, 1992; 407).(80쪽)

제6차 교육과정(1992~1997)의 이론 모형은 시간적으로는 21세기, 공간적으로는 한국이라는 교육 현실에서 문제를 발견하고, 문화적, 역사적 조건을 분석하고, 이 시대의 사회 전망과 조건을 구체적으로 이해한 기초 위에 한국의 교육과정을 만들기 위하여 그 어떤 특정한 하나의 이론 모형에 의존할 수는 없었던 것이다. 바로 이것이 교육과정 탐구의 현실적, 상황적 패러다임을 택하게 하였고, 필연적으로 제반 이론에 절충적·종합적으로 접근하게 되었다.(90쪽)

'자율과 창의에 바탕을 둔 학생 중심 교육과정'을 표방한 제7차 교육과정(1997~　)은 (……) 다음과 같은 교육과정에 대한 사고의 전환을 요구하였다(교육부, 1998; 6).

첫째, 교과서 중심, 공급자 중심의 학교 교육 체제를 교육과정 중심, 교육 수요자 중심의 교육 체제로 전환한다.

둘째, 학교의 경영 책임자인 교장과 수업 실천자인 교사가 교육 내용과 방법의 주인이 되고 전문가의 위치를 확보한다.

셋째, 지역 및 학교의 특성, 자율성, 창의성을 충분히 살려서 다양하고 개성 있는 교육을 실현한다.

결국, 교육과정의 기본 정신을 구현하는 데 국가에서 '주어지는 교육과정'의 틀에 안주하기보다는 학교 현장에서 '만들어가는 교육과정'으로 인식의 전환을 강조한 것이라 할 수 있다.(100~101쪽)

인용한 내용을 정리하면 전통적인 한국의 교육학이 미국에서 수입한 교육학에 밀려나간 슬픈 역사입니다. 위에 인용한 내용만으로는 미국에서 수입한 교육 상품의 이미지가 확 다가오지 않을 수도 있습니다.

인용된 내용만 보면, 가장 모호한 게 7차 교육과정입니다. 2000년 『교육마당 21』 3월호(86~112쪽)에서 교육부는 7차 교육과정이 구성주의에 근거한 과학적 교육과정임을 홍보했습니다. '인간 학습을 위한 구성주의 교육학'이라는 명칭까지 사용했습니다. 그 내용은 1998년에 출판된 『구성주의 교육학』에 담긴 내용을 압축한 것이었습니다.

모호한 것도 있습니다. 학문 중심 교육과정이 그럴 것 같습니다. 하지만 브루너가 구성주의 학습 방법의 대명사인 '발견 학습'의 창시자임을 기억하신다면 이상할 것도 없습니다.

현상을 보면 '교과 → 경험 → 학문'으로 핵심 용어의 변화가 있었던 것처럼 보입니다. 셋을 절충하기도 했습니다. 지금까지도 절충이 계속 유지되는 까닭은 본질이 같기 때문입니다. 본질적으로 그들이 집착한 학교 교육의 대원칙은 학습자가 스스로 할 수 있는 것을 알아서 체험하며 구성(발견)해가는 것입니다.

위에서 인용한 내용의 배경에 있는 슬픈 역사 하나만 더 언급하고 다른 이야기로 넘어가겠습니다. 비고츠키의 발달 교육을 대변하는 핵심 표현 중 하나는 '학생의 **인격 발달**'입니다. 본질을 보면, 비고츠키의 발달 교육은 우리 전통 교육과 궤를 같이합니다. 미국에서 수입한 교육학에 가장 적게 영향을 받던 시절은 제1차 교육과정 시기입니다. 교과과정의 머리말에 제시된 '본 과정 제정의 기본 태도'를 살펴보았습니다. 세 번째 기본 태도의 내용은 다음과 같습니다.

> 셋째, 학생의 **인격 발달의 과정**과 그 중요한 특징을 고려하여야 한다. 교육과정 내용을 학생의 **심신 발달 과정**과 생활 이상에 맞도록 배열하였다.(48쪽)

대한민국 교육과정에 아직까지 다시 등장하지 못한 표현입니다. 최근에는 비고츠키의 발달 교육을 통해 접했던 내용입니다. 우리와 너무도 다른 순수 외국의 것인 줄 알았던 내용입니다. 학생의 인격 발달 과정과 정신 발달 과정을 고려하여 교육 활동을 배열하라는 지침이 대한민국에 있었다는 사실을 아는 사람이 얼마나 있을까요?

해방 공간에 이런 말이 회자되었다고 들었습니다. "소련에 속지 말고, 미국을 믿지 말라."라는 말 들어보신 적 있습니까? 적어도 교육학에 있어서는 미국을 믿지 말았어야 했습니다. 오천 년의 역사를 통해 얻은 교육적 성찰을 확신했어야 했습니다. 우리 것을 제대로 키워냈어야 했습니다.

2) 구성주의를 넘어서자

20세기 초, 서구의 진보적 교육학자(듀이, 피아제)가 노예 교육에 저항하기 위해 제시한 처방이 진보 교육입니다. 진보 교육은 확실히 지배 계급이 피지배 계급을 노예로 만드는 교육을 저지했습니다. 하지만 노예가 되지 않기 위해 노예로 써먹을 수 없을 정도의 바보를 만드는 건 처방이 아닙니다. 저는 그들이 악의로 그랬다고 생각하지 않습니다. 선의로 그런 처방을 내놨다고 확신합니다. 의도와 현실이 어긋나는 경우는 비일비재합니다. 그래서 괴테가 지옥은 선의로 무엇을 열심히 하던 자들이 가는 곳이라고 풍자했던 것 같습니다.

20세기 초에 태동한 진보 교육의 내용을 채운 사람들이 있었습니다. 어린이 중심 교육 나아가 구성주의와 관련된 학자들의 정치적 지형을 보면, 급진적 자유주의와 사회주의입니다. 피아제는 사회주의 정당원이었고 듀이는 미국에서 공산주의자라고 비난을 받기도 했습니다. 세월이 흘렀습니다. 음지가 양지가 되고 양지가 음지가 되었습니다. 그들이 제안한 인간 발달에 대한 관점을 지지하는 대중도 변했습니다. 백 년의 세월 동안 변화가 없었다면 그게 이상한 일입니다. 미국에서 목격할 수 있듯이 기독교 근본주의 극우들이 구성주의를 지지하고 공교육에 강요했습니다. 그들은 100년 전 듀이나 피아제를 빨갱이라고 손가락질했을 사람입니다. 우파가 신자유주의 교육 정책을 추진하는 데 듀이와 피아제를 활용하고 있습니다. 부시나 이명박 같은 사람들이 재임하면서 펼친 교육 정책의 저류에 구성주의가 놓여 있었습니다.

한국도 이제 '구성주의의 환상'에서 깨어나야 합니다. 이런 기도를 드려야 하는 현실이 지금 우리 교육이 지닌 갑갑함입니다. 진보 교육 진영의 명망가 중에는 아직도 구성주의가 우리 것인지 저들의 것인지 구분하지 못하는 사람도 있습니다. 2015년에 출판된 두 사람의 이야기를 대비하겠습니다.

2015년의 권재원(2015;39)은 2008년의 권재원(2014;101)과 입장이 다릅니다. 7년 전에는 행복을 이야기하며 구성주의에 근접한 관점을 힐끗 보였지만 2015년 9월에는 정반대의 입장을 보였습니다 길게 인용하겠습니다.

그동안 근대 교육에서는 서로 대립하는 듯하지만, 근본적인 속성은 동일한 객관주의와 구성주의 교육관이 공식 교육학으로 군림해왔다.

▲ 객관주의 교육관(학생 외부의 불변의 객관 진리를 단순한 요소들로 체계적으로 배열한 뒤 이를 학생들에게 전수한다. 일명 은행 저금식 교육)
▲ 구성주의 교육관(진리는 객관적인 외부가 아니라 학생 내면에서 외부를 향하여 구성되어 나온다)

이 두 관점은 겉보기에만 대립적일 뿐, 어느 외부 세계 혹은 학습자의 내면이라는 일방을 절대화한다는 점에서는 동일하다. 객관주의에서는 외부 세계를 대표하는 교사와 교과서의 권위가 절대적이다. 반면 구성주의에서는 학생의 발달 단계와 내면의 법칙이 절대적이다. 따라서 이 둘은 가장 단순한 법칙으로 복잡한 학습의 현상을 설명하려 한다는 점에서 동전의 양면과 같다.

또한 이들은 학습을 개별적인 과정으로 본다는 점에서도 동일하다. 객관주의 교육관은 교사 혹은 교과서가 개별 학생에게 전수되는 과정이다. 구성주의 교육관은 이렇게 전수된 재료가 개별 학생의 인지 구조 속에서 구성되는 과정이다.

구성주의를 비판하고 있습니다. 제가 접한 국내 연구자의 진술 중 구성주의를 비판한 것은 이것이 처음입니다. 행동주의와 구성주의를 하나로 묶어 싸잡아 공격했습니다. 둘 중 하나를 선택하는 편협한 이분법적 사고를 조롱했습니다.

비고츠키(2013)는 『역사와 발달 1』에서 행동주의와 구성주의 둘 다 자극-반응이라는 동일한 연구 방법론에 근거했다고 지적했습니다. "자극(사탕과 장학금)이 다르면 다른 반응(학습의 집중이 단기적이냐 장기적이냐)을 낳는다."라는 것이나 "다른 환경과의 상호작용은 다른 사회적 구성을 낳는다."라는 주장은 동일한 연구 방법에 근거하고 있습니다.

그저 자극과 반응의 내용이 다를 뿐입니다. 행동주의와 구성주의 연구 방식으로 자극과 반응을 연구해봐야 인간 발달을 알 수 없습니다. 행동주의 연구 방법의 결정적 단점이 자극에 있었다면, 구성주의 연구 방법의 운명적 단점은 반응(구성)에 있습니다. 행동주의가 인간 발달의 비밀을 밝힐 수 없는 자극과 씨름했다면, 구성주의는 인간 발달의 비밀을 들여다볼 수 없는 반응(구성)을 뒤적거렸습니다.

권재원 선생님은 행동주의와 구성주의를 넘어서야 한다는 명확한 입장을 제시했습니다. 진보 교육학이 질곡을 벗어나기 위해 지나쳐야 할 첫 관문입니다. 하지만 일부 진보 진영의 연구자는 이혁규(2015; 156~157)와 같이 구성주의를 예찬하는 수준에 머물러 있는 것 같습니다. 그는 1950년대와 1960년대에 미국에서 양산된 담론을 되풀이하고 있습니다. 길게 인용하겠습니다.

그러나 현대의 인식론은 객관적 지식 자체가 존재하기 어렵다는 데 대체로 동의한다. 인식 주체가 인식 대상을 있는 그대로 재현하는 것은 불가능하다. 지식은 인식 주체의 바깥에 발견되기를 기다리면서 객관적으로 존재하는 것이 아니라 사람들 사이의 상호작용과 합의에 의해서 사회적으로 구성된다는 것이 현대 인식론의 대세이다. 이 말은 물론 저기 바깥에 있는 물리적 실재를 부정할 수 있다는 뜻은 아니다. 해석이라는 의미의 그물망을 통과하지 않고 직접 물리적 실재에 가닿는 것은 불가능하다는 뜻이다.<중략>

이제 지식은 발견의 문제라기보다는 구성의 문제로 변하였다. 객관적 지식에 대한 신념이 약화되고 지식이 사회적 구성물이라는 인식이 보편화되면서 공부의 의미에도 중요한 변화가 생겨나고 있다. 물론 누군가가 미리 발견해놓은 객관적 지식을 가능한 한 많이 전수받거나 혹은 학습자가 직접 그 발견 과정을 경험하는 것이 공부라는 관념을 완전히 부정하기는 어렵다. 그러나 하나의 공동체로서 공동의 지식을 구성해가는 사람들의 지식 구성 행위를 이해하고 그것을 비판적으로 성찰할 수 있는 능력이 더 중요하게 부각되고 있다. 지식이 사회적 합의의 문제라면 서로 경합하는 지식, 즉 세계에 대한 다양한 해석 중에 어느 것이 더 나은 것인지 통찰하는 일이 매우 중요해진다. 이것은 우리를 객관적 지식의 미몽으로부터 벗어나 더 나은 지식을 향한 해방적 탐구로 나아갈 수 있게 해준다. 또한 지식을 구성하는 인간 공동체의 윤리적 책무성에 눈을 돌릴 수 있도록 해준다.

논의의 행간을 보면, 저자는 객관적인 것으로 만들어가는 과정에 있는 지식과 객관적인 것으로 공인된 지식을 구분 정립한 것 같습니다. 하지만 그 둘의 내적 연관을 살피지는 않았습니다. 이분법적 사고에 굴복하여 이리저리 흔들리고 있습니다. 객관적 지식을 혁파하자고 하다가, "이미 발견된 객관적 지식을 전수받는 게 공부"라는 말도 사족처럼 덧붙였습니다. 현대 인식론에서 이야기하는 최전선에서 학문하는 자가 탐구하여 정립하려는 구성적 지식과, 학교 교육에서 학계의 전문가들이 공인한 객관적인 지식을 학생이 학습하며 구성하는 주관적 지식을 명확하게 구분하지 못한 것 같습니다. 새로운 지식의 창조와 선택된 문화적 지식의 계승을 구분해야 합니다. 학교에서 학생은 후자를 해내야만 나중에 전자를 할 수 있다는 내적 연관을 명확하게 해야 합니다. 구성주의는 학교보다는 학문의 최전선에서나 진지하게 고민해야 할 인식론적 과제입니다. 학문의 최전선에서 있는 교수에게 필요한 것과 초등학교 1학년에 입학하여 학습하는 학생에게 필요한 것은 다릅니다. 자기에게 필요한 것이 다른 사람에게도 필요할 것이라는 구성주의(주관주의)의 자기중심적 망상에서 깨어나야 합니다.

또한 지식과 해석을 동일한 것으로 놓고 있는 듯합니다. 지식을 구성하는 곳이 인간 내부의 인지 구조인지 아니면 외부인 공동체인지 갈팡질팡하고 있는 듯합니다. 결국 "객관적 지식의 미몽으로부터 벗어나 더 나은 지식을 향한 해방적 탐구로 나아가" 허망하게도 **주관적 지식에 대한 환상**에 도달한 것 같습니다.

위와 같은 인식은 특정 공동체에서나 주도적인 역할을 한다는 사실을 지적하지 않을 수 없습니다. 지배 계급의 정치적 요구에 굴복한 관제 정치교육학이 그들이 원하는 새로운 담론을 창조해야 했던 미국의 1950년대 후반과 1960년대 초반에 시작된 이야기입니다.

인간 발달을 미로 속의 쥐 실험 결과와 연결한 행동주의에도 진보적 측면이 있었습니다. 잘 발현되지 않았을 뿐입니다. 오랜 시간 보수적인 통제 수단으로 활용되고 있었고 지금도 여전히 활용되고 있기 때문입니다. 한 줄로 줄 세워서 지식의 누적을 평가하는 행동주의의 통제 방식을 아직도 포기하지 않고 있습니다. 학생의 전국 일제 고사 성적으로 교육 노동자의 연봉까지 차별하는 통제 기제의 배경에 행동주의가 있습니다.

거기에는 잘 드러나지 않았던 진보적 측면이 있었습니다. 양적 누적을 통해 대립물의 투쟁이 격렬해지면서 드러나게 되었습니다. 객관적인 지식을 모두 누적하면 훌륭한 인간이 된다는 이론적 전제가 행동주의의 진보적 측면입니다. 이것이 제2차 세계대전 이후 참전 용사에 대한 교육 기회 제공을 통해 양적 누적이 이루어졌고, 1960년대 흑인 인권 운동의 한 내용인 교육 확대 요구라는 정치적 상황과 어울리면서 동전의 이면이 전면으로 부각되었습니다. 보수적인 측면을 누르고 진보적인 측면이 주도권을 장악하게 되었습니다. 지배 계급의 교육 재정 부담이 확대되어야 하는 상황이 초래되었습니다. 부자 증세가 사회적 담론으로 부각되었습니다. 2010년 무상 급식 논쟁이 보편적 복지 논쟁으로 등장하면서 대한민국에서 치열하게 정치 공방이 벌어지고 있는 상황을 생각하면 당시 미국 상황을 좀 더 구체적으로 이해할 수 있을 듯합니다.

이런 시절이 오면 정치는 우리가 겪었듯이 우선, 빨갱이 놀이를 하게 됩니다. 매카시즘의 열풍이 만들어낸 비이성적 상황이 여전했습니다. 다음에는, 대항 담론을 만들어야 합니다. 담론 전선의 성격상 대항 담론의 내용은 교육받을 필요가 없다는 것이어야 합니다.

"지식은 발견의 문제라기보다는 구성의 문제로 변하였다."에서 그 절박함을 읽을 수 있습니다. 자국의 보수주의 대석학의 해결책이 성에 차지 않았습니다. 브루너가 내놓은 해결책인 "학생은 인지적으로 지식을 발견할 수 있는 능력이 있다."라는 정도로는 부족했습니다. 발견할 지식이 객관적 지식이라는 것이 문제가 되었을 것 같습니다. 이에 반하여 피아제의 이야기를 각색하여 만들어낸 '인지 구조가 구성해낸 주관적 지식'이 더 매력적이었습니다. 미국의 실용주의는 사회주의 학자의 이야기도 각색해서 창의적으로 활용하는 데 주저함이 없었습니다.

2015 개정 교육과정 작업에서 드러난 사실입니다. 대한민국 국가 교육과정은 구성주의에서 한 걸음 더 행동주의 쪽으로 돌아갔습니다. 정확히는 브루너의 객관적 지식(핵심 개념)을 발견하는 것으로 돌아갔습니다.

위에서 인용한 내용은 1950년대와 1960년대에 미국 학계에서 치열하게 논의되었던 것입니다. 미국의 교육학자들이 이분법적 사고의 굴레에 묶여 객관이 맞니 주관이 맞니 하며 패싸움을 하던 시절이었습니다. 인용된 내용은 반세기 전 펼쳐진 전설 같은 담론의 단편입니다. 마치 정치에서 주관(지배 계급의 이익)이라는 정의가 객관(국민의 이익)이라는 악마를 물리쳤다는 동화 속 이야기입니다. 마치 학문에서 주관(학습자가 구성한 것)이라는 악마가 객관(인류의 문화적 능력을 계승)이라는 정의를 몰아낸 반역의 역사를 보는 듯합니다. 꼬맹이들에게 들려줄 자장가 같은 전설입니다. 20세기 정치교육학이 겪었던 이런 사건은 술자리에서나 안주거리 삼아 회자될 신화입니다.

대한민국 교육학은 21세기라면 당연히 신화가 되었을 이야기를 현실처럼 회자시키는 주관주의의 환상에 빠져 있습니다.

행간, 배경, 전제, 가정을 살피는 능력을 복원해야 합니다. 그와 관련해서 독자에게 문제를 하나 내겠습니다. 수능처럼 출제했습니다. 잘 풀어보시기 바랍니다. 네이버 영어 사전을 참고했습니다.

※ 예문을 참고하여 주어진 문장에 들어갈 적합한 단어를 고르세요.

Interact 동사[~ (with sb)]

1. (특히 작업 중에) 소통하다[교류하다]

Teachers have a limited amount of time to interact with each child.

교사들이 아동 개개인과 소통할 수 있는 시간의 양은 제한되어 있다.

2. 상호작용을 하다

Perfume interacts with the skin's natural chemicals.

향수는 피부에 있는 천연 화학 물질과 상호작용을 한다.

21. 수업을 혁신하려는 교사는 수업 중에 학생과 (　　)을 잘해야 합니다.

(　　)에 적합한 단어는 무엇일까요? (　　)

① 상호작용　　② 사회적 상호작용　　③ 소통

22. 달과 지구는 (　　)의 결과로 일정한 궤도를 유지할 수 있다.

( )에 적합한 단어는 무엇일까요? ( )

① 상호작용   ② 사회적 상호작용   ③ 소통

23. 혁신 학교 교사는 협의 과정에서 ( )을 잘해야 합니다.

( )에 적합한 단어는 무엇일까요? ( )

① 상호작용   ② 사회적 상호작용   ③ 소통

영어 문제라기보다는 국어 문제에 가깝습니다. 정답은 21번은 ③ 소통, 22번은 ① 상호작용, 23번은 ③ 소통입니다. 저의 주관적 채점 기준입니다.

행간에서 읽어내야 할 것은 주어가 생물이냐 사물이냐에 따라 특정 단어(interact)를 소통(교류)으로 혹은 상호작용으로 번역한다는 것입니다. 계속해서 주관주의의 무지몽매에 빠져 살려면, 앞으로도 구분하지 않고 언제나 상호작용을 사용하시면 됩니다. 정도의 차이일 뿐입니다. 그래도 교육자라면 자신과 학생을 가능하다면 살아 있는 역동적인 생명체로 전제하면 좋겠습니다.

하나 덧붙이겠습니다. 대한민국 언어 교육을 좌지우지했던 두 석학, 피아제와 촘스키의 언어 교육에 대한 오류도 넘어서야 합니다. 두 석학은 사고 발달과 언어 발달의 관계를 이분법적으로 해석하는 오류를 범했습니다. 생각과 말의 복잡한 내적 관계를 읽어내지 못했습니다. 『생각과 말』을 읽어보시거나 아니면 『러시아문학연구논집』 제39집에 실린 이기웅 교수님의 「비고츠키 심리학 이론의 언어학적 전망」을 읽어보시기 바랍니다.

9

관료주의의
늪

이제까지 교육 전반을 살펴봤습니다. 공교육 12년을 통해 무기력한 아이들을 키워내는 작태를 일제 강점기부터 내려오는 노예 교육과 연결했습니다. 그 배경에는 이분법적 사고방식이 놓여 있다고 했습니다. 대립적인 둘로 구획하고 그중 하나를 객관(옳음, 진리)이라고 주장하는 교육계 전반의 실태를 묵묵히 그려냈습니다. 교사를 양성하는 교육대학의 실태를 식민주의 교육학이라 질타했으며, 진보 교육이라는 이름으로 유통된 내용이 우리 실정에 맞지 않아 질곡이 되어버렸음을 느끼게 했습니다.

이 암울함을 벗어나기 위해 교사와 교수의 중간에 위치한 교육 관료를 살펴보겠습니다. 강단 교육학과 현장 교육학을 연결하는 장학 교육학의 당사자를 살펴보겠습니다. 교육 종사자라면 교육 관료도 마찬가지임을 경험으로 다 느끼고 있을 것입니다. 이제까지처럼 가장 인상적인 모습을 상기하는 수준으로 어두운 교육 현실을 더 절절하게 직시하겠습니다.

1) 교육 마피아

신보수주의 정책 기조 때문에 작은 정부를 추구하는 신자유주의 정책 20년 세월에도 대한민국 교육 관료 조직은 위세가 빵빵합니다. 그 위세를 상징하는 표현이 '교육 마피아'입니다. 이들에 대한 언론의 심층 취재도, 학계의 논문도 적지 않습니다. 주간조선(2295호, 2014. 02. 24).에 따르면 교육 마피아의 민낯은 초라합니다.

"우리나라 교육계는 사범대학이 틀어쥐고 있다. 그 중심에는 서울대 교육학과가 있다. 이 사람들이 교육부와 주요 교육 기관의 요직을 독점하고 있다."(서강대 이모 교수)

"교육계는 폐쇄성이 강하다. 아무나 끼워주지 않는다. 워낙 끈끈한 유대로 묶여 있어 교육 마피아라는 말이 공공연하다."(한양대 배모 교수)

"교육부 출신의 대학교수들이 많다. 사범대학 출신의 교육부 공무원들이 국비로 해외 유학을 다녀와 교수가 되는 거다. 이 교수들이 교육부 연구를 맡으면 교육부 입맛에 맞는 연구 결과를 내놓는 경우가 흔하다."(교육학 박사 출신 연구원)

<중략>

서울대 교육학과를 나온 1세대 교육학자들의 공로는 혁혁하다. 광복 이후 교육의 불모지였던 대한민국에 '새교육'으로 불리는 미국식 교육을 들여와 교육의 기틀을 다잡고 세계가 부러워하는 인재들을 배출할 정도로 초고속 성장을 이룩했다. 교육계의 '한강의 기적'이라 불릴 만하다.

서강대 이모 교수는 "서울대 교육학과의 역사적 뿌리는 깊다. 사회 전체적으로 고급 인력이 부족한 시대에 똑똑한 사람들은 미국으로 건너가 교육학을 공부했다. 정범모 선생님이 대표적이다. 이런 분들은 광복 이후 대한민국 교육 시스템을 통째로 만들었다는 자부심이 대단하다."라고 말했다.

문제는 다양성이다. 시대의 변화에 따라 각 시대가 요구하는 가치도 달라진다. 광복 이후에는 정부 주도의 획일적인 교육 개혁이 맞다. 하지만 '꿈과 끼', '창의성'을 모토로 내건 시대에 여전히 똑같은 학교, 똑같은 코스를 걸어온 교육계 인사들이 변함없이 요직을 독점하는 현상이 바람직할까?

한양대 배모 교수는 "서울대 교육학과는 빙상연맹과 비슷한 면이 있다."라고 지적했다. "서울대 교육학과 출신이 우리나라 교육을 세웠다. 하지만 이제는 어느 정도 올라섰다. 다양성이 필요한 시기다. 폐쇄성을 고집하면 더 이상 발전이 없다. 한국 빙상을 봐라. 초기에는 잘해서 세계 수준에 올랐지만 **우물 안 개구리** 같은 폐쇄성이 어떤 결과를 초래했나."

서강대 이모 교수는 '교육학자의 게으름'을 지적한다. "우리나라의 교육학 박사 중에는 Ph.D가 거의 없다.(Ph.D는 순수 학문적 연구를 한 박사이고, Ed.D는 교육 현장이나 교육행정가 등 실용적 연구를 한 박사이다.) **공부를 참 안 한다.** 우리나라 현실에 맞는 교육 제도를 만들기보다 외국에서 들여오려고만 한다. 수능·수행 평가는 미국에서, 개방 교육은 영국에서 가져왔다. 우리나라 교육 제도는 미국과 영국, 호주 등 교육 선진국에서 들여와 **짬뽕**한 거다. 박사 학위 때 가졌던 교육철학을 정년퇴직할 때까지 고집하는 것이 교육학계의 관행이다. 바뀌어야 한다. 변해야 한다."

주간조선에게 초토화된 교육 마피아의 본산을 더 언급하는 것은 예의가 아닌 것 같습니다. 우물 안 개구리처럼 폐쇄적이고, 공부 안 하고, 수입품 판매에 치중해 현실에 맞는 무엇을 만들려 하지 않는다는 비판을 상기시키는 것으로 끝내겠습니다.

교육 마피아는 대한민국 교육 관료의 폐쇄성과 무능함을 상징적으로 표현합니다. 재경부 마피아라는 표현도 있습니다. 정부 관료는 다 거기서 거기일 듯도 합니다. 하지만 교육부가 유난하다는 지적도 있습니다.

2) 대통령은 5년이지만 관료는 영원하다

정부의 다른 부처와 비교해서 교육부의 관료주의가 더 특별한 게 있는지 알아보겠습니다. 권재원(2014; 237~238)이 제시한 사례면 충분할 것 같습니다.

재경부에서 일하다가 부처 이동 케이스로 교육부를 몇 년 경험해 본 어느 고위 관료의 경험담이다. 재경부에서는 국장이나 과장을 찾는 전화가 올 경우 부하 직원이 내선 전환으로 연결해주는 게 매우 당연했다고 한다. 사실 재경부가 아니라 어디에서도 당연한 일이다.

그런데 이분이 교육부로 오자 가장 먼저 느낀 변화는, 하급자들 중 내선 전화를 쓰지 않는 사람들이 많더라는 것이다. 전화나 메신저로 업무 추진 상황에 대해 물어보면, 꼭 몇 층을 거슬러 올라와서 직접 대면 보고를 한 뒤 다시 몇 층을 내려가거나 올라가더라는 것이다. 심지어 외부에서 전화가 오면 내선으로 물어보는 것이 아니라 십 미터를 직접 걸어와서 "전화 돌려 드릴까요?"라고 물어본 뒤, 다시 자기 자리로 가서 돌리더라는 것이다.

그래서 회식 시간을 빌려 "메신저로 물어보면 바로 메신저로 답하거나 내선 전화로 이야기하면 되지 왜 시간 낭비해가며 굳이 여기까지 찾아와서 이야기하고 다시 가느냐?"라고 물었더니 그 대답이 "윗사람한테 어떻게 전화나 메신저를 던지고 그럽니까?"였다고 한다.

사실 재경부라고 해봐야 어차피 관료 조직이다. 그리고 우리나라 관료 조직이 권위적이고 경직된 것은 어차피 다 거기서 거기며, 재정부가 특별히 혁신적이거나 탈권위적이라는 이야기는 들어본 적이 없다. 그런데 그런 관료로 평생을 살았던 사람의 눈에조차 교육 관료들의 모습은 지나치게 경직되어 있고 권위적이었다. 교육은 미래를 담당하는 창의적인 작업이다. 그러니 다른 분야가 다 관료주의적이고 권위주의적이라도 교육계만큼은 유연하고 창의적이라야 마땅하다. 그런데 이렇게 다른 부처 관료에게 너무 권위적이고 경직되어 있다는 훈수를 듣는 교육계가 우리 현실이다.

17개 시·도 교육청의 교육 관료는 교육부 관료처럼 경직되어 있고 권위적이지는 않을 것 같습니다. 하지만 유연하고 창조적이지 못한 것은 확실합니다. 마피아처럼 피의 맹세를 하지도 않는 것 같습니다. 하지만 기수 문화로 똘똘 뭉쳐 있는 것도 어느 정도는 사실입니다.

진보 교육감의 교육 정책을 제대로 추진하고 있는 것 같지만 내막을 들여다보면 갑갑하고 암담합니다. 전국을 돌아다니며 듣고 겪은 것을 간단히 정리해보겠습니다. 좋은 점이나 훌륭한 점은 2부에서 다루기로 하고 여기서는 부정적인 것만 제시하겠습니다.

3) 관료주의 병폐

17개 시·도 교육청의 관료주의는 어떤 모습일까요? 윗물이 저 모양이니 아랫물이 깨끗할 리는 없습니다. 전국 단위 모임에서 시·도 교육청에 근무하는 장학사나 연구사에 대해 농담을 한 적이 있습니다. 제가 연구사는 연구 빼고는 뭐든지 하는 사람이고, 장학사는 장학 빼고는 뭐든지 하는 사람이라고 했더니 다들 정확한 평가라며 웃었습니다.

사실 장학 업무를 교육감이 학교장에게 위임했으니 장학사가 교사를 장학을 할 권한도 이제 없습니다. 장학사가 교사를 장학하면 제가 늘 쓰는 표현대로 형법 123조 직권남용죄를 범하게 됩니다. 하는 역할에 맞게 업무 담당자를 호칭해야 합니다. 교육계라면 특히 그렇습니다. 이제는 '전문 교육지원사'라고 명칭을 바꿔야 할 것 같습니다. 잠시 다른 이야기를 했습니다.

아래 내용에는 창의공감교육 정책 연구를 위해 파견 나가 근무하며 느꼈던 저의 소감이 담겨 있습니다. 극단적인 주관적 평가입니다. 새겨가며 들어주셨으면 좋겠습니다. 진보 교육감이 근무하는 13개 시·도 교육청의 관료들에 대한 저의 독단적이며 주관적인 평가입니다. 제 눈에 나쁘게 보였던 모습을 관료주의 병폐로 묶어보았습니다. 그리고 관료주의 병폐를 네 가지로 나누어 이야기했습니다. 진보 교육감이 관료주의 병폐를 개선했으면 좋겠다는 꿈을 담다 보니 길어졌습니다. 병폐가 만연한 관료주의의 벽을 지혜롭게 넘어서면 좋겠습니다.

(1) 전투에는 승리하지만 전쟁에는 패배하는 관료주의

관료는 눈앞에 있는 하나의 사업에 전념합니다. 다른 사업과의 관계나 이전 사업과 이후 사업과의 연결을 진지하게 고민하며 사업을 집행하지 않습니다. 형식적으로는 그렇게 합니다. 그렇다 보니 그 내용은 공허합니다. 노예가 아닌 주인의 입장에서 종합적인 긴 안목으로 특정 사업을 조망하지 못합니다.

강원도교육청에서는 지난 5년 동안 관료가 특정 사업을 진보 교육의 이름에 맞게 추진하여 학부모, 교사, 언론의 칭찬을 많이 받았습니다. 비유하면, 여러 전투에서 승리했습니다. 하지만 전쟁은 패색이 짙기만 합니다. 전체와 부분을 종합적으로 사고하지 못하는 관료적 업무 처리 방식은 이러한 실태를 문제로 인식하지 못하고 있습니다. 그래서 더 걱정입니다.

전투에서의 승리, 진보 교육에 어울리는 사업 추진이 학교 교육의 본질을 발현하게 하는 것인지 고민해야 합니다. 세 가지 예를 들어 살펴보겠습니다. 같이 근무하는 파견 선생님이 가장 성공적인 정책으로 추천한 세 가지 사업을 살펴보겠습니다.

첫째, 책상 앞 가림판 사업을 살펴보겠습니다. 2011년, 도내 여학교 책상에 앞 가림판을 부착하는 정책을 추진했습니다. 학생들의 의견을 들어 여학생의 불편을 최소화한, 칭찬받아 마땅한 사업이었습니다. 8억 이상의 예산이 소요된 사업이었습니다. 학생과 언론의 호평도 있었습니다. 하지만 현상 너머의 본질을 들여다보면, 다른 판단이 펼쳐질 수 있습니다.

학교에서 학생이 책상에 앉아 공부하는 데 방해가 되는 것은 무엇일까요? 여학생이 치마를 입어야만 하는 것이 더 근본적인 문제가 아닐까요? 일제 강점기부터 시작된, 여학생이 치마를 입는 관행이 진짜 문제라는 인식에 도달할 수도 있습니다. 수업 시간에 집중하는 능력을 함양해야 하는 것은 아닐까요? 학생이 책상에 앉아 수업에 집중하지 못하는 까닭이 무엇인지를 찾는 것이 더 중요한 문제일 수도 있습니다. 쉬는 시간이 적은 것은 아닌지, 수업 시간이 너무 긴 것은 아닌지, 수업이 너무 많은 것은 아닌지 검토해봐야 할 지점이 많습니다. 다른 시·도가 따라하지 않은 까닭이 단지 예산 때문만은 아닐 것이라는 생각도 해봅니다. 다른 선진국에 여학생을 위한 책상 앞 가림판이 없는 까닭은 무엇인지 고민해봐야 합니다. 하여간 전투에서 확실히 승리했습니다. 하지만 전쟁의 승패에 긍정적 영향을 주었다고 판단할 수는 없습니다.

둘째, 교무행정사를 전 학교에 배치한 사업입니다. 교원 업무 정상화 사업의 일환으로 추진되었습니다. 2015년에는 전국적으로 확산된 누가 보더라도 성공한 사업입니다. 교원과 언론의 칭찬이 끝이지 않는 사업입니다.

하지만 전체와 연결해보면, 현재의 교육 후진국 교육 행정 형태를 존속시키는 사업일 수 있습니다. 초·중등 교육법에 따라 교사는 교육만 담당해야 합니다. 교무행정사는 교사가 담당하던 행정 업무의 양을 줄여주었습니다. 이렇게 해서 교사가 행정 업무를 담당하던 교육행정 관행은 잡음이 줄어들며 무리 없이 지속됩니다. 일제 강점기부터 내려오던 폐단이 지금도 존속하고 있습니다. 과거에는 승진 기회가 관행을 작동하게 하는 핵심 기제였습니다. 이제는 교무행정사가 핵심 기제가 여전히 작동하는 유활유의 역할을 하고 있는 것은 아닌지 고민해봐야 합니다.

교무행정사를 전체 학교에 배치하는 사업은 2015년의 시점에서 봐도 성공한, 칭찬받아 마땅한 사업입니다. 전투에서 승리한 모범적인 사업입니다. 하지만 이 사업만으로는 전쟁의 승리를 약속할 수 없는 것 같습니다. 이어지는 전투가 없는 현실에서는 더더욱 그렇습니다. 학교 교육의 본질을 회복하기 위한 필요조건을 확보하기 위한 전투였을 뿐입니다. 교육부 교육 마피아 때문에 그 전투는 아직도 끝나지 않았습니다.

셋째, 행복더하기학교 사업입니다. 2011년부터 행복더하기학교 컨설팅위원으로 활동하면서 강원도의 혁신 학교 사업이 얼마나 모범적으로 운영되었는지 확인하는 기쁨을 누렸습니다. 전국적인 혁신 학교 운영 사업의 성과를 잘 알고 있습니다. 다른 시·도와 비교해도 부족한 내용을 찾기 어렵습니다. 9월 말에는 제주도 탐라연수원에서 강원 행복더하기학교 사업이 무엇인지 홍보까지 했습니다. 전국적인 우수 사례로 인정받은 학교도 제법 있습니다. 거점 학교의 성공 지표는 10%입니다. 열 학교 중에 한 학교가 성공하면 된다는 뜻입니다. 이에 비추어보아도 성공한 사업입니다. 객관적으로 잘된 사업으로 평가받아야 합니다. 주변 학교가 따라할 많은 운영 사례를 낳았습니다.

그러나 과연 전쟁의 승패에 영향을 미치는 사업으로 진전되었는지는 의문입니다. 대한민국 전체 혁신 학교 사업에도 똑같은 의문을 제기할 수 있습니다. 교육의 본질이 구현된 학교 교육과정을 운영하는 모범으로 우뚝 서지 못하고 있습니다. 보고 배워야 할 핵심을 체계적으로 정리하지 못하고 있습니다. 전쟁의 승패를 가를 수 있는 교원의 전문적 능력이 발달하는 과정에 있을 뿐입니다. 그것도 여전히 자발성에 기대어 진행되고 있습니다.

행복더하기학교 일반화 사업으로 혁신 학교 사업을 조기 종결시키려는 행정 관행을 극복하지 못하면, 이 사업이 그저 아련한 추억으로 남을 수도 있다는 위기의식을 가지고 이후 향방을 주시해야 합니다. 왜 행복더하기학교를, 혁신 학교를 시범 운영했는지 처음으로 돌아가 고민해봐야 합니다. 그리고 8년 계획을 세워보면 그 대답을 할 수 있을 듯합니다. 12년 계획을 세워보면 현실이 확 다르게 보일 듯합니다.

교육청은 사업 성공 요인을 일반화하고 항목별로 정리하여 '백서'를 만들어내야 합니다. '백서'를 근거로 종합적이고 장기적인 안목에서 모든 학교가 행복더하기학교처럼 필요한 관련 정책과 세부 사업을 세우고 추진해야 합니다. 조상님은 교육은 백 년을 내다보고 계획을 세워야 한다고 하셨습니다. 모든 교육 관료는 이를 잊지 말아야 합니다.

교육 정책을 기획할 때, 거시적인 안목에서 전쟁의 승패를 가릴 결정적 격전지가 어디인지 고민하지 않으면, 전투의 승리에만 사활을 거는 관료주의 병폐를 극복할 수 없습니다. 단기적인, 단편적인 사업에 빠져 허우적거리다 보면, 과거 보수 교육으로 회귀하는 데 일주일도 걸리지 않을 듯합니다. 보궐 선거에서 당선된 문용린 교육감 시절 서울특별시교육청은 그러한 사실을 실증했다고 확신합니다.

(2) 승진을 위하여 경력만 누적하는 관료주의

관료는 특정 사업을 제대로 추진하여 학교 교육을 실질적으로 지원하기보다는 승진 경쟁에 필요한 자기 실적을 관리하는 데 능합니다. 개개인의 문제가 아니라 시스템의 문제입니다.

장학사를 교육 전문직이라 합니다. 장학사는 담당 업무의 전문가라는 것이 전제됩니다. 하지만 창의공감교육 관련 업무를 지원하면서 만난 장학사나 연구사의 모습은 그 분야의 전문가와는 거리가 있었습니다. 왜 이런 괴리가 생겼을까요?

교육부 관료들은 필요한 경력을 쌓기 위해 이 업무 저 업무를 두루 담당한다는 이야기를 들었던 적이 있습니다. 전문가는 자기 분야에서 벌어지는 일을 꿰뚫어보는 지식 체계뿐만 아니라 풍부한 경험도 있어야 합니다. 지식 체계야 개인마다 차이가 있을 수 있지만 경험이라는 측면에서는 대다수의 장학사나 연구사가 순환보직의 원칙 때문에 신규일 뿐입니다. 전투로 비유하면 어느 소대장도 자기 소대에 받고 싶지 않은 신병이 장학사란 이야기입니다.

지난 3년 동안 창의공감교육 업무를 관장했던 연구사가 자주 바뀌었습니다. 정확히 표현하면 매년 업무 담당자가 바뀌었습니다. 처음 업무를 담당하면, 연구사는 창의공감교육과정이나 창의공감교육을 현장에서 모른다는 현실 진단부터 내놓습니다. 제가 판단컨대, 현장에서 모른다는 표현은 담당 연구사가 창의공감교육을 처음 들어보는, 제대로 이해하지 못한다는 뜻일 뿐입니다. 그 업무를 모르는 상태에서 순환보직의 원칙에 따라 창의공감교육 업무 담당자가 됩니다. 우왕좌왕하다 떠날 때쯤 되면, 전략적 중요성이 있는 중요한 사업이라는 것을 인식하게 됩니다. 그런 인식을 획득한 연구사가 이후에 담당하게 되는 업무는 교감의 업무입니다. 창의공감교육과 무관하게 학교 행정 업무를 처리하는 일을 하게 됩니다.

강원도 교육 행정 차원에서, 지난 3년 동안 진행한 창의공감교육 업무는 이렇게 누적되지 못하고 다람쥐 쳇바퀴처럼 1년 단위로 겉돌았습니다. 심한 경우에는 6개월 단위로 새롭게 출발했습니다. 지난 3년간 추진되었고, 앞으로 3년 이상 추진될 중·장기적 전략 사업이 이 모양으로 방치되고 있습니다. 적어도 전략적 사업은 순환보직의 원칙이 아니라 책임보직의 원칙을 적용해야 합니다. 일의 경중이라는 표현만 알아도 제가 무슨 말을 하는지 이해할 수 있을 것입니다.

업무 담당 장학사가 관련된 여러 사업을 두루 꿰뚫어 살필 수 있는 전문가로 거듭날 수 있는 기회를 줘야 합니다. 인사이동을 하더라도 관련 업무를 담당하는 곳으로 보내 전략적 사업 추진에 힘을 실어주어야 합니다. 강원 교육의 중점은 창의공감교육이라는 사실을 믿기 힘든 일이 계속 벌어지고 있었습니다.

장학사의 올바른 명칭으로 '전문 교육지원사'를 제안했습니다. 지원한 교육 행정 분야별로 담당자를 선발하고, 그 일을 끝내면 다시 학교로 돌려보내야 합니다. 이게 원칙이어야 합니다. 5년 차 젊은 교사가 지원하여 '전문 교육지원사'로 근무하다 지원 업무가 끝나면, 학교에 복귀하는 게 입법 취지에 적합한 인사 행정입니다. 장학사나 연구사를 교감으로 승진시켜 보내는 것은 잘못된 권위주의적 행정 관행일 뿐입니다. 관행에 굴복하는 것은 국법 체계와 그 취지를 무시하는 것입니다. 진보 교육감부터 장학사는 교사가 담당하는 보직의 하나라는 입법 취지를 지켜야 합니다.

(3) 과정보다는 실적 쌓기에 매달리는 관료주의

관료는 교사와 함께 특정 사업을 진행하기도 합니다. 이런 경우에 특정 사업을 진행하면서 교사가 그 과정에서 어떤 능력을 발달시키게 되는지를 고려하기보다는 최종 결과물이 도출되는 것에 치중합니다. 치밀한 협의 과정보다는 협의 내용을 정리하여 제출하고 발표하는 것에 중점을 둡니다. 예를 들면, 매년 학교 평가를 담당하는 교사가 업무를 처리하면서 어떤 능력을 발달시킬지는 시야 밖에 있고, 최종 산출물이 보기 좋게 편집되어 있기를 바라게 됩니다. 많은 경우 학교에서 업무를 처리하는 방식이기도 합니다. 수업마저 이런 식이면 정말 끔찍합니다.

'경쟁에서 협력으로'라는 진보 교육감의 최상위 선거 구호는 진보 교육감이 거주하는 시·도 교육청에서 박제가 되어버린 것 같습니다. 공허한 구호가 되어버린 것 같습니다. 실천을 안내하는 지침으로 작용하지 못하고 있는 것 같습니다. 진보 교육감과 함께 시·도 교육청에 근무하는 장학사나 장학관의 사업 처리 방식을 보면 이런 생각이 더 강해집니다. 장학사와 장학사는 여전히 자기에게 업무 분장된 사업을 추진하여 수치화된 근무 평정을 잘 받기 위해 경쟁하는 관계입니다. 함께 힘을 모아 교육 후진국의 작태를 청산하려는 의지나 청산해야 할 과제를 도출하여 순차적으로 해결할 능력이 부재한 것 같습니다. 더불어 한다는 분위기가 느껴지지 않습니다.

강원도교육청도 협력의 문화가 생소한 것 같습니다. 부서 간 협의도 협력의 과정이기보다는 경쟁의 과정으로 진행되고 있는 것 같다고 느낄 때가 종종 있습니다. 부서 간 협의가 교육 선진국으로 나아가겠다는 의지나 대한민국의 미래를 개척하겠다는 결의가 물씬 풍기는 분위기 속에서 진행되지 못하고 있습니다. 협의를 통해 서로 발달하는 선순환(善循環) 구조가 정착되지 못했습니다. 서로가 발전하는 과정의 핵심은 해결해야 할 문제를 다양한 부서의 시각을 공유하여 종합적이며 장기적인 관점으로 인식하는 것입니다. 이런 인식이 있는 인재가 생겨나야 전투에서 패배하더라도 결국에는 전쟁을 승리로 이끌 수 있는 사업을 구상하고 집행할 수 있습니다.

마찬가지로 강원도교육연구원의 창의공감교육 담당자에게 창의공감교육 정책연구 지원 업무는 자신이 맡은 많은 업무 중에 하나입니다. 평가를 받을 수 있는 결과를 도출하는 방식으로 업무를 처리할 수밖에 없습니다. 대한민국 교육의 미래를 개척할 창의공감교육 정책연구 담당자를 길러낸다는 핵심 목표는 바쁜 일정과 관료적 평가 체제 때문에 미로 속을 헤매고 있는 것 같습니다. 사업 추진 결과보다는 과정에서 핵심 목표 달성 여부가 결정된다는 사실을 인지하지 못하고 있는 것 같습니다. 치열한 과정은 생략되고 대신 매년 다른 성격의 결과물을 산출하는 방식으로 사업을 추진하게 됩니다. 2013년에는 '창의공감교육과정'을, 2014년에는 '창의공감교육 총론연구회 보고서'를, 2015년에는 '창의공감교육 정책연구회 분과별 보고서'를 만들어내는 식으로 사업이 추진되었습니다. 이러한 작업이 확실하게 진행될 수 있게 강제하는 행사와 같은 사업이 동반되었습니다. 중간 발표회나 최종 발표회같이 객관적으로 확인할 수 있는 결과물이 산출되는 세부 사업에 방점이 찍혔습니다.

현장에서 당장 쓸 수 있는 결과물 산출을 종용하는 사업이 전면에 배치됩니다. 교육부가 2015년까지 3년 동안 수백억을 쏟아부어가며 핵심 역량을 어떻게 키울 수 있는지 정책 연구를 했지만 공허한 결과만 남겼습니다. 이런 사실을 모르고 있기 때문에, 정책연구위원들에게 당장 특정 능력을 이렇게 키워냈다는 결과를 제출하라고 종용하는 것 같습니다. 4년짜리 중·장기 사업을 진행하면서 매년 최종 결과물을 제출하라고 한다면 중·장기 정책 연구를 하는 까닭이 무엇인지 의문이 듭니다. 매년 정책연구위원의 연구 능력이 얼마씩 향상되고, 연구 결과가 축적되어 4년째 되는 해에는 어느 정도 성과가 나올 것인지를 조망할 수 있어야 합니다. 관료주의 때문에 이런 풍토는 조성되지 못한 것 같습니다.

매년 최종 결과물을 종용하는 분위기에 휩쓸리다 보면, 대한민국 교육의 미래를 개척할 정책연구자를 길러내야 할 장기적, 핵심적, 전략적 목표는 실종되는 게 당연합니다. 한국이 왜 교육 후진국인지 명확하게 인식하는 과정, 교육 선진국으로 나아가기 위해 어떤 과제를 해결해야 하는지 논의하는 과정이 생략되면, 창의공감교육 정책연구자가 지속적으로 연구에 참여해도 대한민국 교육의 미래를 열 연구 결과는 나올 수 없습니다. 정책연구가 진행되는 과정에서 참여자가 스스로 성장하고 있다고 느낄 수 없을 때, 자신이 발전하고 있다고 판단하지 못할 때, 4년에 걸쳐 진행될 전략사업인 창의공감교육 정책연구 사업은 온전하게 실패할 수밖에 없습니다.

교육 후진국 미국에서 수입한 행동주의와 구성주의라는 교육 쓰레기와 오물 덩어리를 이리저리 인용하여 또 하나의 청산해야 할 것을 생산하는 짓거리는 이제 그만두어야 합니다. 주변에서 교육 쓰레기를 청소해야 합니다. 교육 선진국의 교육 도구와 조상님의 발달 교육에 대한 깨달음을 묶어내 새로운 교육 패러다임을 만드는 장기적인 일을 해야 합니다. 세계 교육계의 패러다임인 비고츠키의 문화역사적 이론을 비판적으로 살펴보는 장기적인 작업부터 해야 합니다. 1년짜리 하루살이에게 이런 장기적 과제를 이야기하는 게 어리석은 일인지 알지만, 사실은, 역사는, 진실은 그렇습니다.

장학사나 연구사의 고유한 업무는 현장의 교육 활동을 지원하는 것입니다. 교사의 연구를 지원하는 것입니다. 결과물 제출을 지시할 것이 아니라 결과물을 제대로 산출할 수 있는 능력을 키워줄 수 있는 지원 방안을 고민해야 합니다. 어려운 일입니다. 전문적 학습 공동체 활동을 해보지 않았다면, 지원하는 활동을 준비하고 실행하는 것이 두려울 듯합니다. 사업 추진 성과를 수량으로 평가하는 경쟁 문화를 극복해야 합니다. 교원의 능력을 키워주는 데 필요한 안목과 실력이 있는 사람이 업무를 담당해야 합니다. 교육청은 방안을 마련하고 지원해야 합니다.

(4) 아무것도 책임지지 않는 관료주의

이제까지 이야기한 관료주의 병폐는 노예 의식을 지닌 관료가 하고 있었던 일을 세 측면에서 바라본 것입니다. 전투에만 치중하는 것은 내 것을 챙기는 모습을, 순환보직은 승진을 매개로 작동하는 관료주의의 실태를, 경쟁에서 살아남기 위해 과정보다 결과를 고민하는 처세를 보여주었습니다. 이 셋은 결국은 하나의 현상일 뿐입니다. 이런 흐름이 지속되고 있는 까닭은 주인 의식이 아닌 노예 의식 때문입니다. 노예 의식에 물들어가는 관료는 책임을 져야 한다는 것을 무엇보다도 두려워합니다.

강원도에 있는 학교에서 교육이 제대로 펼쳐지면 강원 교육의 미래는 밝아집니다. 강원도교육청 행정 행위는 최종적으로는 오직 하나 학교 교육이 제대로 펼쳐지게 사업을 집행했는지 여부로 공과가 매겨져야 합니다. 교육감은 관료를 평가할 때, 먼저 양적 지표가 아닌 질적 지표를 사용해야 합니다. 질적 지표는 바로 학교 교육이 제대로 펼쳐지게 사업을 집행했느냐 여부입니다.

단 하나의 목표가 있을 뿐인데, 수없이 많은 정책으로 나누어지고, 정책마다 몇 개씩의 사업으로 나누어져 계획되고 집행됩니다. 각각의 정책이 하나의 목표에 종속하는 것인지도 제대로 점검되는 것 같지 않고, 사업들이 특정 정책과 전체적으로 어우러져 집행되는 것 같지도 않습니다. 사업 목록과 예산을 모아놓은 책자를 보면 정말 끔찍합니다.

대한민국 교육의 미래를 이야기할 정도로 학교 교육이 제대로 펼쳐질 수 있는 방안이나 지원 체계를 아직까지 구축하지 못했습니다. 누군가는 책임을 져야 할 것 같습니다. 책자를 보면, 이 책임을 특정 관료 한 사람에게만 지울 수는 없습니다. 모든 관료에게 일정한 책임을 물어야 합니다. 'Everything is nothing.' 그렇습니다. 결국 누구에게도 책임을 물을 수 없습니다. 어느 관료도 책임질 수 없습니다. 이게 관료주의의 질긴 생명력입니다.

여론에 좌우되는, 단기적인 안목으로 추진되는, 실적 쌓기에 급급한 관료주의 문화에서 대한민국 교육의 미래를 열어갈 창의공감교육 정책연구 같은 장기적인 사업이 실패한다면, 이런 결정적 패배에 대해 누가 책임질 수 있을까요? 특정 부서 업무라고 왕따 시키고 있는 이 사업과 무관한 부서 관료들에게 책임을 물어야 할까요? 아니면 이 사업과 관련된 모든 교육 관료들에게 책임을 물어야 할까요? 그도 아니면 대한민국 교육의 미래를 제시하라는 거대한 사업을 던지고 꼼꼼하게 챙기지 않은 교육감에게 책임을 물어야 할까요? 뭘 해야 하는지 방향도 모르면서 알아서 무언가를 했던 창의공감교육 정책연구위원에게 책임을 물어야 할까요? 저는 이미 대답했습니다. 누구에게도 책임을 물을 수 없지만, 모두 다 책임을 져야만 한다고 대답했습니다. 노예 의식을 가진 자는 무슨 말인지 모를 것이고 주인 의식을 가진 자는 통렬하게 반성할 것입니다.

실패한 분파에서 행하는 연구의 특징은 점점 세분화된 분야로 나누고 더 세세한 영역으로 나누어 연구를 진행한다는 것입니다. 전체로 모아낼 연결 고리를 상실하고 하나하나가 개별적으로 자신의 업적을 뽐내며 다툴 뿐입니다. "어린이의 말, 글자, 그리기의 발달과 진정한 의미의 고등심리기능의 발달이 각각 분리되면" 아동의 심리 발달의 전체 모습을 다룰 수 없습니다(비고츠키, 2013; 82). 이런 측면에서 2016년에 교육과정과를 부활시킨다는 강원도 행정조직 개편안을 긍정적으로 평가하고자 합니다. 학교가 교육을 한다는 것은 결국 학교에서 교사가 학교 교육과정을 운영하는 것이기 때문입니다.

교육을 지원하는 것이 행정의 존재 이유입니다. 누가 보더라도 교육과정과는 이런 대전제에 충실한 명칭입니다. 수없이 많은 전투에서 패배할 수도 있습니다. 하지만 전쟁에서는 승리해야 합니다. 세세한 사업들이 비판을 받고 욕을 먹을 수도 있습니다. 하지만 단 하나 학교 교육이 제대로 펼쳐지게 하는 전쟁에서는 승리해야만 합니다. 전인 교육을 통해 모두를 홍익인간으로 키워내는 과업을 성공적으로 달성할 수 있는 경로를 찾아내야만 합니다. 승진에 필요한 자리만 돌아다니고, 아랫사람 귀찮게 해서 서류 실적 쌓기만 하고, 전투에만 열중하여 자기 전과만 챙기는 관료를 멀리해야 합니다. 교육입국을 위한 거대한 전쟁의 승패를 남의 일로 취급하는 노예와 같은 관료에게는 긴 안목으로 종합적인 전망을 세우고 사업 과정에서 현장 교사들을 키워내는 주인의 역할을 맡기지 말아야 합니다.

4) 관료주의의 기원

　13명의 교육감에게 '관료주의 타파'라는 어려운 과제를 제시했습니다. 이 일은 보기보다 어려운 일입니다. 교육 혁신의 주체로 관료를 내세우는 일은 고양이에게 생선을 맡기는 일입니다. 주인처럼 누리려는 사람에게 주인답게 일하라고 하면 어느 관료가 좋아하겠습니까?

　게다가 교육계의 관료주의 문화는 치밀하게 계획적으로 도입되고 강화된 것입니다. 그것도 오랜 세월을 통해 확고하게 정착된 것입니다. 교육계에서 관료주의를 청산하는 일은 독립운동 혹은 해방 후 건국의 각오가 필요합니다. 신동하(2015)는 관료주의의 기원이 일제 강점기임을 드러냈습니다.

　　일제 강점기에 학교는 식민지 통치를 위한 선전 기관이자 감시 기관이었으며, 동시에 면사무소, 경찰 지서와 더불어 최말단에서 직접 민중과 대면하던 기관이었다.(47쪽)

　가장 먼저 일제는 교육 자치를 인정하지 않고 학교를 일반 행정에 편입시켰다. 일본 본국처럼 독자적 교원 자격 인정 제도를 마련하는 대신에 교원에게 문관의 지위를 부여해 일반 행정 체계의 한 부분으로 편입시켰다. 통제가 쉽도록 하기 위함이었다. 교원의 지위는 뚜렷하게 교장 - 교사로 위계화하였다. 교장은 고등관인 주임관 대우를 해 주었고, 훈도(초등 교원)는 오늘날의 7~9급인 판임관이었다. 다만 교장은 보직을 떠나면 판임관으로 복귀하게 하였다.(참고로 당시 관료 위계는 친임관 - 칙임관 - 주임관 - 판임관이다.) 세계적으로 유례가 없는 현행 '교장 자격증제'는 해방 후 만들어진 것이다. 구한말 명목상의 조선인 장관 아래 실세 차관(차관 정치)으로 만들어진 '교감'은 합방 후 폐지되었으나 사립학교에서는 살아남았다. 이 역시 해방 후 부활하였다.

학교 밖에서 학무 당국은 시학(장학사) 등을 통해 일선 학교를 철저히 감시하였고, 학교 안에서는 일본인 교장이 2/3에 달하는 조선인 교사와 조선인 학생을 철저히 감시하는 체제가 구축되었다. 오늘날까지 남아 있는 중앙 집권화된 교육 행정 구조와 비정상적인 제왕적 교장권은 이로부터 기인한다. (48쪽)

이러한 철저한 관료제 체제하에서 교원은 행정 업무인 교무계, 서무계, 위생계, 도서계, 기구계 등의 '교무(행정 업무)'를 맡고, 오늘날 연구 학교의 기원이라 할 각종 총독부 시책 사업도 수행해야 했다. 과도한 업무 부담을 호소하는 교원들에게 학무 당국은 '지도자로서의 사명감과 소명 의식'을 강조하였다(박혜진, 2001). 오늘날 교육계의 고질적 병폐라 할, 교육 활동보다 행정을 중시하는 풍토 역시 이때 형성된 것이다.

이러한 학무 관료-교장, 교장-교사의 관계는 그대로 교사-학생의 관계로 이어졌다.(49쪽)

흔히 학교를 '교육 기관이 아닌 행정 기관'이라 비판하게 만드는 근원인 이러한 관료주의는 오늘날에도 그대로 이어지고 있다. 1995년 이른바 5·31 교육 개혁 이후 신자유주의적 경쟁 요소가 들어오긴 했지만 그것은 기존의 관료제 질서에 바탕을 둔 것이었다. 그 결과 오히려 '실적'을 위한 문서 생산 경쟁 혹은 특색 사업 경쟁 같은 '관료주의 경쟁'을 유발하여 관료제의 폐단은 오히려 일제 강점기보다 더욱 악화되는 결과를 초래하였다. 특히 이명박 정부의 학교 자율화 조치는 그렇지 않아도 비정상적으로 강한 교장권만을 일방적으로 강조함으로써 이러한 추세를 더욱 악화시켰다.(50쪽)

보통학교규정 40조의 수업 시작 규정이 오늘날의 법령 내용과 내용상으로는 토씨 하나 다르지 않다는 점도 눈에 띄는데, 이 역시 위의 시험 규정과 마찬가지로 왜곡되어 있다. 일제 강점기 당시는 면 하나에 학교가 하나 있던 시절이라 먼 거리에서 오는 학생을 배려하기 위해 이 규정이 생긴 것으로 추정되는데, 이 역시 법령상의 '수업시종'이 실무 지침에서 '등교 시간'으로 둔갑하여 (수업이 아닌) 학교장 및 교육 관료들의 전시성 사업(예컨대 아침 줄넘기, EBS 시청 등) 동원이나 0교시 운영 등에 자의적으로 악용되고 있는 것이 현실이다.(64쪽)

중앙 집권적이고 권위적인 교육 행정 체제, 그리고 일본인 교장이 조선인 교사와 학생을 감시하기 위해 비정상적으로 권한을 독점하게 만들었던 교장권은 거의 그대로 유지되고 있으며, 그 결과 기능주의와 도구주의만이 팽배한 철학 없는 학교의 모습은 지속되고 있다. 또한 학생을 정권 유지 혹은 경제 개발 등을 위한 관리와 통제의 대상으로 보는 전체주의적 학생관 역시 강고하게 남아 있다.(65쪽)

대한민국 교육에서 관료의 위세는 초등 학교장의 권위와 정비례하는 것 같습니다. 관료가 경쟁해서 도달하는 최종 종착지는 학교장입니다. 학교장이 편하고 좋은 자리이면 자리일수록 관료와 교사의 승진 경쟁은 강화됩니다. 최근 몇 년 동안 지속적으로 대한민국 직업 만족도 1위가 초등학교 교장이라는 사실은 현재 관료주의가 얼마나 극성을 부리고 있는지를 대변합니다. 학교장의 위세가 빛날수록 우리 교육을 둘러싼 어둠은 깜깜하기만 합니다. 승진 경쟁이 심할수록 우리 교육의 미래는 깜깜합니다.

교육 관료 중에 최고의 관료로 학교장을 위치시킨 일제 강점기 조선총독부의 계략이 지금까지도 이어지고 있습니다. 학교장의 위세를 통해 이를 상징적으로 확인했습니다. 민주적인 유럽처럼 다들 학교장을 하지 않으려 할 정도까지 밀고 가야 합니다. 관료주의를 타파할 수 있는 종합 정책이 필요합니다. 유럽처럼 못하더라도 적어도 교사와 교장의 직업 만족도가 역전될 수준까지는 나아가야 합니다. 그래야 교육이 바로 설 수 있는 토대가 마련됩니다. 진보 교육감 시대가 열린 지 6년이 지났습니다. 아직 이런 정책이 제시되지 않았습니다. **"경쟁에서 협력으로"**라는 진보 교육의 슬로건은 교육 문화에서 가장 경쟁적인 영역에는 아직 적용되지 못했습니다. 진보 교육감에게 진보에 대한 감이 있는지 의심스러운 대목입니다.

10

혁신 학교에 대한
환상

1) 혁신 학교 교육학의 부재

이 장에서는 혁신 학교가 진보 교육의 미래를 제시할 수 있는지 비판적으로 검토하고자 합니다. 전북교육신문(2012. 08. 22.)에 「지금의 혁신 학교는 진보적인가?」라는 제목으로 게재된 기사 내용을 살펴보겠습니다.

최근 들어 이러한 문제의식 속에 협력 교육을 통한 교실 수업의 개선 등으로 일컬어지는 혁신 학교 운영 등의 진보 교육의 경향으로 대안을 모색하지만 그나마 부유하거나 여유가 있는 가정의 자녀들의 농촌 유학 또는 농촌 학교 살리기 차원 이상의 진전을 기대하기 힘듭니다. <중략>
한국 공교육에 불신을 가진 학부모들의 자녀 유학. 기러기 아빠라는 신조어가 나오기도 했는데 국내에서 그러한 수요를 충족시켜주는 정도로 혁신 학교가 위치 지어지고 전락하게 됩니다.

이외에 과거로부터 진행되어온 연구 학교 형태와 다를 바 없는 학교 운영을 혁신 학교로 포장하고 선전하는 것은 국민을 상대로 한 사기극에 지나지 않습니다.

무늬만 혁신 학교들을 제외하고 나름대로의 혁신 학교 운영에 충실한 학교의 경우도 협력 교육을 통한 수업 개선으로 경쟁 교육을 극복할 수 있다는 단순함과 학교의 자율주의적 운영이 상황에 따라서는 신자유주의적인 경쟁 구도의 토대가 되는 계층 분화에 이바지할 수 있음을 인식하지 못합니다. 이는 학생의 욕구와 자연스러운 선택과 자율이라는 교육 이상은 어떤 학생에게는 차별적이며 누구에게는 평등하지 못한 상황에 직면하기 때문입니다. 이렇게 혁신 학교가 무늬만 혁신 학교이고 실제로는 연구 학교 수준인 경우와 협력 교육을 충실히 하고 있는 혁신 학교인 경우라도 실패할 수밖에 없는 길을 가고 있는 것은 공교육의 기회균등한 교육의 확대라는 기본적 가치를 무시하고 있기 때문입니다.

학교 교육의 모순과 한계가 교육과정이나 교실 수업과 같은 학교 내부로부터 비롯된 것이 아니기 때문에 경쟁 교육에 맞서는 대안으로서 협력 수업이나 혁신 학교의 특성화는 본래 취지와 다르게 더 위험한 결과를 초래할 수 있습니다. 문제점으로는 학생의 사회적 배경으로 인해 육체 노동자의 자녀가 군집한 학교에서는 행동 통제, 규칙 준수를 강조하는 경향의 강화와 학생의 적극적인 참여를 독려하는 지식인 노동자의 자녀들이 군집된 학교와의 분화입니다. 이런 현상은 일반 학교와 혁신 학교의 차이점으로 닮아 있습니다.

이는 자율형 사립고와 특수목적고에서의 지식인 노동자의 자녀 군집과 다른 차원으로 전개되었지만 결국 상응 관계를 형성하는 것입니다.

그렇다고 경쟁 교육을 거부하고 협력 교육을 하자는 주장에 반대하는 것이 아닙니다. 구호로서는 유효하기 때문입니다. 그러나 단 한 명의 학생도 포기하지 않는 책임 교육과 교육 기회의 균등한 보장으로서 보편 교육의 확대, 그리고 부모의 가정 형편이나 환경에 차별받지 않는 공동 교육을 실천해나가는 것은 특성화된 혁신 학교가 이룰 수 없는 진보 교육의 가치이자 희망이라는 점을 이해한다면 마치 혁신 학교가 경쟁 교육의 대안이 되는 진보 교육인 것처럼 포장되어서는 안 될 것입니다.

위에서 임창현 기자는 진짜 혁신 학교가 진보 교육에 더 큰 위협이 될 수 있다고 지적했습니다. 과연 그런지는 진지하게 살펴봐야 할 과제입니다. 제가 이 기사에서 주목하는 것은 책임 교육, 보편 교육, 공동 교육이 진보 교육의 가치이자 희망이라는 단정입니다. 앞으로 혁신 학교가 풀어내야 할 과제가 진보 교육의 과제여야 한다는 단정입니다. 학생이 몇 명 더 전학 왔다는 수치에 매몰되지 말아야 한다는 지적입니다. 경쟁력 있는 학교라는 것을 눈으로 확인할 수 있도록 가시적 성과에 치중하지 말아야 한다는 조언입니다.

현재의 혁신 학교 운동이 진보 교육을 대변할 수준이 아닐지라도 그 안에 진보 교육의 씨앗을 잉태할 수 있습니다. 기자는 이런 변화 가능성을 외면하고 있는 것 같습니다. 2년이 흘렀습니다. 2014년 기사입니다. 언론에 혁신 학교를 혹독하게 비판한 글이 실렸습니다. 주변에 엄청난 후폭풍이 몰아쳤습니다. 이계삼 선생님의 글입니다. 한겨레신문(2014. 10. 27.) '세상읽기'에 실렸습니다.

혁신 학교는 '배움으로부터 도피하는 아이들'이라는 전제에서 출발하는, 수업 과정과 학교 문화의 개선 운동이다. 그러나 나는 이러한 설정이 매우 잘못되어 있다고 생각한다. 오늘날 학교 교육이 강요하는 배움 그 자체가 실제의 사회경제적 삶과, 그리고 한 존재의 내적 성장과 사실상 무관하다는 사실이 가장 중요한 것이다.

일부 초등학교·중학교 혁신 학교의 성공이 그 지역의 부동산 가격 상승으로 이어지는 어이없는 역설, 고등학교 혁신 학교가 결국 대학 입시의 입학사정관제를 뚫어내는 방편으로서 성공의 근거를 찾아야 하는 역설이 말해주는 것이 무엇일까? 이렇게 성공적으로 정착한 혁신 학교가 '부동산 가격 상승'이라는 중산층의 진입 장벽으로 귀결되고, 오늘날 이 거대한 낭비의 종착점이자 모든 교육적 에너지의 블랙홀인 대학 입시를 피해갈 수 없게 된다면 이것은 대체 무슨 의미인 것인가? 이렇게 해서 혁신 학교의 트랙을 따라 나온 아이들을 기다리는 현실이 청년 실업, 비정규직, 극악한 지위 경쟁이라면 혁신 학교는 결국 또 하나의 희망 고문이자 문제의 떠넘기기 곧 '폭탄 돌리기 게임'이 아닌가? 그러므로 교육 불가능의 이야기는 혁신 학교가 집중하는 '수업과 학교 문화'로 수렴되는 '배움의 적응'이 아니라, '아이들이 학교에서 무엇을 배우게 할 것인가'라는 '다른 배움'의 이야기로, '그렇게 하기 위해서 지금의 교육 체제를 어떻게 새롭게 설계할 것인가'라는 체제 전환의 이야기로 넘어가게 된다. 그것은 실제의 사회경제적 삶과 연관되는 '삶의 기술', 앞으로 닥쳐올 세상을 미리 살아가는 '연습'의 과정들을 학교 교육과정 안으로 진입시켜야 한다는 논리로 이어지는 것이다.

민사고와 하버드를 향한 트랙에서 빠져나와 곧장 미용사가 될 길을 열어주는 것이 진짜 혁신이다. 작금의 혁신 학교 운동은 답이 될 수 없으며 지속 가능하지도 않다.

이계삼 선생님은 혁신 학교가 불러온 역설을 지적하면서 대한민국 교육의 블랙홀인 대학 입시를 피해갈 수 없다면 혁신 학교에서의 삶은 희망 고문일 뿐이라고 냉정하게 단정하고 있습니다. 대안으로 '다른 배움'의 이야기, 체제 전환의 이야기, 미래 삶을 대비하는 연습으로서의 교육과정을 제시하고 있습니다. 현재의 혁신 학교 운동은 올바른 운동이 아니며 곧 무너질 것이라고 예단하고 있습니다.

혁신 학교에 대한 부정적 평가를 하나 더 들어보겠습니다. 또 다른 측면에서 충격적인 이야기입니다. 윤상혁 선생님의 글입니다. 혁신 학교의 중요한 성과로 평가받고 있는 '교육과정 재구성'에 대해 새로운 해석을 제공하고 있습니다.

일반적으로 교육의 주체라 하면 교사, 학생, 학부모를 꼽는다. 이 중에서도 현실적으로 교육과정의 실행자라고 할 수 있는 교사의 역할에 대한 고민이 필요하다. 과거에는 교사의 역할이 단순히 교육과정을 전달하는 것으로 규정되었다면, 최근에는 교육과정을 보다 능동적으로 실행하며, 더 나아가 교육과정을 개발하는 것까지 교사의 전문성의 영역으로 인정하고 있는 추세다. 즉, 교사가 교육과정의 재구성자가 되어야 한다는 것이다.

이런 흐름을 반영하듯 최근에 미리암 벤 페레츠(Miriam Ben-Peretz)의 『교사, 교육과정을 만나다』, 이경원의 『교육과정 콘서트』, 정성식의 『교육과정에 돌직구를 던져라』, 서울 신은초등학교 교육과정연구교사모임의 『리셋, 교육과정 재구성』, 박현숙·이경숙의 『어! 교육과정? 아하! 교육과정 재구성!』 등 교육과정에 대한 성찰로부터 교육과정 재구성의 실천 사례까지 다양한 저작들이 쏟아져나오고 있다. 이는 분명히 반가운 일이다. 그러나 사실 '교육과정 재구성'은 전혀 새로운 현상이 아니다.

학교 교육에서 일반성을 지나치게 강조하면 교육 계획의 구체성이 결여되어 현실 사회와 유리된 획일적 경향이 나타난다. 모든 사물이 지역성과 역사성에 규제된 특성을 지니고 있는 것과 같이, 각 지역 사회에 존재하는 학교도 마땅히 그 지역 사회와 밀접 불가분의 관련을 가져야 한다. 그러나 각 학교의 **교육 목적, 교육 방법, 교육 평가** 등이 이러한 지역성을 등한시하고 획일적으로 다루어져 왔기 때문에, 지역 사회의 교육적 필요를 충족시켜주지 못하고 있었던 것이다. 이러한 결함을 시정하여 사회에서 요구되는 산 인재를 기르기 위해서는, 각 지역 사회의 학교는 국가적 기준에 의거하여 각 지역 사회의 실정에 맞는 교육과정을 재구성하여야 한다.

— 제2차 교육과정 총론, 교육과정 개정의 취지 중에서

제2차 교육과정이 고시된 1963년에 이미 "현실 사회와 유리된 획일적 경향"을 우려하면서 "각 지역 사회의 실정에 맞는" 교육과정의

재구성을 언급하고 있는 것이다. 사실 1989년 전국교직원노동조합이 창립하면서 기치로 내건 '민족, 민주, 인간화 교육' 역시 크게 보아 교육과정의 재구성이라고 할 수 있다.

제2차 교육과정이 나온 지 50년이 넘었다. 그 이후로도 여러 번의 교육과정 개정이 있었다. 민족, 민주, 인간화 교육을 주창한 지 30년이 다 되어간다. 우리는 항상 "교육과정의 재구성"을 이야기해왔지만 "현실 사회와 유리"되지 않은 교육과정은 여전히 요원한 일처럼 느껴진다.

'교육과정 재구성'은 혁신 학교의 성과로 이야기되고 있습니다. 국가에서 고시를 통해 학교 교육과정을 편성·운영할 때 "교육과정을 재구성"하라고 교사에게 처음 명령한 때가 1964년이었다는 사실은 아주 충격적입니다. 미국은 1960년대가 되면 행동주의에서 인지주의 혹은 구성주의로 전환됩니다(후쿠타 세이지, 2006; 224). 이런 흐름 때문에 '교육과정 재편성', '교육과정 새판 짜기', '교육과정 새로 만들기' 따위의 용어가 아니라 '교육과정 재구성'이라는 표현이 대한민국 교육에 수입되어 판매된 것 같습니다. 하여간 '교육과정 재구성'은 현재 교직 생활을 하고 있는 대다수 교사가 태어나기도 전에 판매된 오래된 표현입니다. 이 표현은 최근 고시 내용에 따르면, "학교는 (……) 학교 실정에 알맞은 학교 교육과정을 편성·운영한다."로 바뀌었습니다. 그럼에도 불구하고 교사들이 학교 교육과정 재구성이라는 표현을 사용하는 까닭은 7차 구성주의 국가 교육과정과 궁합을 맞추려는 감각 때문이 아닐까 추측해봅니다.

노파심에서 언급합니다. 행간을 통해 읽어내야 합니다. 재구성이든 뭐든 그 대상이 교과 진도, 교육 주제, 성취 기준과 결이 좀 다릅니다. 이런 소극적인 것이. 아닙니다. 고시에서 요구한 것은 "교육 목표, 교육 내용,

교육 방법, 교육 평가"였습니다. 주체적인 입장에서 교육을 봐야 합니다.

전북교육정책연구소에서 행한 『2015 혁신 학교의 학교 효과성 분석』 연구에 따르면 혁신 학교는 여전히 학생 수 15명 이하의 농어촌 소규모 학급에서 강세를 보이고 있습니다. 경기도교육연구원에서 2015년에 행한 『인과 모형에 기반한 경기 혁신 학교 효과성 분석』(23쪽)에 따르면, 이전 연구와 같이 혁신 고등학교에서 학업 성취도 측면에서 긍정적 결과를 얻지 못했습니다. 학생 만족도만 긍정적이었다고 합니다.

성공적인 1기 혁신 학교도 교사들의 인사이동으로 4~5년의 성과에 기초하여 새로운 실험적 도전에 나서기보다는 새로 전입한 교사와 호흡을 맞추는 문제로 어려움을 겪고 있다고 합니다.

혁신 학교를 냉정하게 평가하기 위하여 지금까지 비판적인 내용을 중심으로 내용을 구성했습니다. 긍정적인 이야기는 2부에 펼쳐집니다. 1부의 취지는 아무리 괴롭더라도 우리의 어두운 교육 현실을 직시하자는 것이었습니다. 이런 취지에 맞게 혁신 학교에 대한 긍정적 평가는 제시하지 않았습니다.

마지막으로 제가 가장 큰 의미를 둔 비판을 살펴보겠습니다. 균형 있는, 흐름이 있는, 대안을 제시하는 비판이라고 판단했습니다. 권재원 선생님의 글을 길게 인용하겠습니다. 2012년의 글이지만 지금도 유용한 내용이라 확신합니다. 「혁신 학교 기반 닦기(1) ~ (3)」에 정리되어 있는 내용 중에서 필요한 부분 부분을 인용했습니다. 보기 좋게 하려는 의도로 제가 임의적으로 작은 제목도 붙였습니다.

혁신 학교의 문제

첫째, 혁신 학교가 여기에 쏟아붓고 있는 교사들의 노력과 열정에 비해 기대만큼의 교육적 성과가 나타나지 않는다는 점을 들 수 있다. 또 설사 성과가 나타난다 하더라도, 이것이 일부 교사들의 노력과 열정, 그리고 그것을 기꺼이 감내하기 위한 각오와 결단에 의한 것으로 받아들여지고 있다는 것이다. 그래서 "혁신 학교는 혁신적으로 교사들을 죽인다."라는 살벌한 농담까지 나돌고 있는 실정이며, 이 말이 어필하여 혁신 학교 신청안이 교무 회의에서 부결된 사례까지 나타난다.

물론 몇몇 혁신 학교에서 눈에 뜨일 만한 성취를 보여주고 있음은 사실이다. 하지만 이 영광 뒤에는 교사들의 엄청난 헌신과 희생이 숨어 있다. 물론 이 헌신과 희생은 자발적이며, 이런 헌신과 희생을 한 교사들을 폄하할 이유는 전혀 없다. 하지만 이는 좋게 말해 열정적인 헌신, 나쁘게 말하면 '초과 노동'에 참여하지 않는 교사들에게 도덕적인 질타를 가하는 빌미가 되기도 한다.

이렇게 되면 혁신 학교는 확산되기 어렵다. 이건 마치 모든 병사들이 위대한 용사가 된다면 전쟁에서 승리할 수 있다는 주장을 새로운 전술이라고 주장하는 것과 같기 때문이다. 혁신 학교가 확산되고, 마침내 낡은 교육을 일신할 수 있으려면 특별한 각오와 초인적인 헌신을 요구하지 말아야 하며, 건전한 이성을 갖춘 교사들이 상식적인 수준의 노동만으로도 이를 해낼 수 있어야 한다.

둘째, '혁신 학교'와 '진보 교육'을 연결할 수 있는 지점과 방향이 불분명하다. 만약 진보 교육과 연결되지 않는다면 '혁신적인 입시 교육'을 실시하는 학교 역시 혁신 학교라 불려야 할 것이다. 실제로 이명박 대통령이 극찬했던 덕성여중 같은 학교에서는 '혁신적'인 입시 교육을 실시하지 않았던가? 또 학교에서 학원 수업까지 흡수해서 밤 10시까지 학생들을 붙잡아둔다는 발상 역시 혁신적이라고 할 수 있지 않을까? 물론 우리는 이런 학교를 혁신 학교라 부를 수 없다. 이건 혁신 학원에 불과하다.

따라서 혁신 학교는 진보적이라야 한다. 즉, 사회의 개선과 발전에 기여해야 하며, 학생과 교사들의 가능성과 관심의 확장에 기여해야 하며, 그 개선과 발전의 과실이 특권층이 아니라 사회 모든 계층에게 골고루 돌아가게 해야 하며, 그 사회의 일체의 억압과 차별이 사라지게 하는 데 기여해야 한다. 즉, 혁신 학교는 이 사회가 더욱 살기 좋으면서 민주적인 세상이 되도록 하는 데 기여해야 한다.

하지만 지금까지 각종 혁신 학교 실천 사례들이나 제안들을 살펴보면 이 부분에 대한 명확한 연결이 부족하다. 단지 학교에서 민주 시민 교육을 강조하여 다루고 평등한 나눔을 강조하여 가르친다고 해서 진보적인 교육이 되는 것은 아니다. 이는 "나는 북한보다 미국이 더 좋아요." 혹은 "삼성을 욕할 것이 아니라 삼성만큼 성공하는 기업을 세우면 될 것 아닌가요?"라고 말하는 학생에게 분노의 따귀를 날리는 교사를 진보적이라 부를 수 없는 것과 마찬가지다. 진정한 진보 교육은 민주주의를 구태여 목 놓아 외치지 않아도, 평등이니 나눔이니 하는 말을 굳이 꺼내지 않아도 일상적인 교육 내용을 학습해나가는 과정 속에서 어떤 특권도 거부하는 평등관과 협력관이 형성되도록 해야 한다. 즉, 진보 교육은 교육 내용에 직설적으로 구현되는 것이 아니라 교육이 이루어지는 과정, 교사와 학생 그리고 학교의 관계, 즉 삶 속에서 구현되는 것이다.

셋째, 혁신 학교에서 이루어지는 교육이 **어떤 학생관, 인간관에 기초하고 있는지 그 과학적 정당성이 불분명하다.** 혁신 학교를 주장하는 교육자들이 지금까지의 교육을 학생들을 불행하게 만드는 교육이라고 주장할 수 있으려면, 지금까지의 교육이 인간의 혹은 아동·청소년의 본성에 어긋나는 교육임을 과학적인 근거와 함께 입증할 수 있어야 한다. 그렇지 않다면 그 비판은 다만 지금까지 이루어져왔던 교육에 대한 단순한 편견이나 반감에 불과할 것이다. 이는 **새롭고 진보적인 교육을 주장하기 위해서는 인간과 학습에 대한 새로운 과학적 이해가 수반되어야 한다는 뜻이다.**

마지막으로, 혁신 학교에서 이루어지는 교육과 그 사회가 요구하는 능력과의 관계가 정립되어 있지 않다. 사실 이 부분이야말로 막대한 국가 예산을 투입하고 있는 혁신 학교의 정당성을 주장하기 위해 가장 중요한 부분이다. 혁신 학교들은 청소년 유락 시설이 아니라 엄연한 공교육 기관이기 때문에 사회적 자원을 투입하는 만큼의 사회적 산출에 도움이 되어야 한다. 제아무리 학생들이 행복하고 즐겁다 할지라도 그 학생들이 장차 사회에 기여할 능력을 기르는 것, 즉 노동과 아무 관련이 없다면 그것은 다만 유한계급의 장식물에 불과한 것이며, 그런 일에 땀 흘려 노동한 사람들로부터 걷은 세금을 투입할 까닭이 없는 것이다.

결국 이 네 가지를 종합해보면 현재 혁신 학교가 봉착한 문제는 '혁신 학교의 교육철학', '혁신 학교의 교육학'의 부재라는 결론에 이르게 된다. 즉 1) 혁신 학교는 무엇을 혁신하며, 2) 혁신함으로써 무엇을 지향하며, 3) 그 혁신의 내용은 어떤 이론적 기반을 가지고 있으며, 4) 그것을 통해 어떻게 진보에 기여하며, 그 근거는 무엇인지에 대한 전체적인 통찰이 부족했다는 것이다.

근본적인 체계를 정리하자

교사들이 모여서 토론하고 집단 지성을 꾸려보려 하여도, **학문적 기반이 없는 상태에서의 집단 지성은 계속 그들의 상식과 통념의 범위만을 맴돌 뿐이다.** 새로운 체제에 대한 조망은 굳이 레닌의 말을 빌리지 않더라도 '너머'를 사유할 수 있었던 사람들을 통해 '너머로부터' 들어와야 하는 것이다.

그런데 이렇게 학문적 기반이 부족한 상태에서 혁신 학교가 주어졌다. 이렇게 급하게 과제가 던져질 경우 사람들이 가장 쉽게 의존하는 것은 이미 만들어진 매뉴얼이다. 결국 핀란드 학교, 프레네 학교, 그리고 일본의 배움의 공동체 같은 모형들이 매뉴얼로 도입되었다. 그리고 이런 혁신 학교들의 혁신의 배경과 목적에 대한 비판적인 검토와 토론은 생략되고, 속성으로 이 학교 모델들을 이해하고 적용하고 제도화하는 작업이 개시되었다. 그동안 주입식 교육에 절어 있던 한국의 학교는 '혁신'마저도 주입받아야 했던 것이다.

그 결과는 혁신 학교에서 이루어지는 활동들이 전체적인 교육 혁신의 비전 없이, 이런저런 모델에서 따온 각종 아이디어들을 적용하는 수준에 머무르는 것이다. 혁신 학교에서는 참으로 다양하고 참신한 활동들이 이루어진다. 하지만 이 활동들이 어떤 공통의 지향점으로 모이지 않는다. 그래서 교사들은 힘은 힘대로 들지만 자신들의 활동이 무엇을 이루는 데 기여할 것인가에 대해 명확한 확신과 신념을 가지지 못하고 있다. "좋다고는 생각하지만 무엇이 어떻게 좋은지는 설명하기 어려운" 상황에 처한 것이다.

따라서 혁신 학교의 성공은 여타의 잡다한 교육 개혁 정책의 성공과는 그 격이 다르다. 이것은 교육의 근본적인 문제를 제기하는 것이며, 새로운 교육의 상을 제시하는 것이다. 문제는 **근본적인 것에 대한 성찰과 이론이 부족하다**는 것이다.

지금 혁신 학교에 필요한 것은 더 많은 자원도 더 많은 인력도 아니다. **목적지가 부산인지 목포인지 모르는 상태**에서 운전자에게 수만 가지 자동차 조작법을 알려준다 한들 그것들이 무슨 의미가 있겠는가? **혁신 학교 활동들을 하나로 아우르며 이 활동을 수행하는 사람들에게 분명한 '의미'를 부여해주는 총제적인 전망과 이를 정당화할 학문적 기반이 필요한 것이다.**

이 학문적 기반은 철학, 정치학, 학습심리학, 인간과학, 사회학, 경제학을 망라하여 기존의 교육학과 교육 체제가 낡고 퇴행적인 것임을 입증해내고, 장차 학교와 교육이 어떤 방향으로 바뀌어 나가야 할 것인지를 명확하게 제시해주며, 이를 바탕으로 활발한 토론이 일어날 수 있는 그런 바탕이다. 즉, 혁신 학교는 교육 제도와 교육학 전반에 대한 혁신과 함께 일어날 때 비로소 제 갈 길을 찾아갈 수 있을 것이다.

혁신 학교 버전

성열관과 이순철(2011)이 혁신 학교를 버전 1.0~3.0의 단계로 나눈 것도 바로 이 때문이다. 이들의 주장대로 버전 1.0은 엄밀히 말해 혁신 학교, 학교 혁신이 아니다. 이것은 다만 정상적인 학교, 학교 정상화에 다름 아니다. 교사가 수업에만 전념하고 행정 잡무를 보지 않는 것만으로도 한국에서는 엄청난 혁신이 되고, 학교장이 단지 행정가로서의 기능만을 가지고 교사들의 수업 자율권이 보장되며, 시험 점수가 아니라 학습이 이루어지는 과정을 중요시하는 것만으로도 한국에서는 거의 교육 혁명에 가까울 것이다. 하지만 여기까지도 모두 단지 정상적인 학교에 도달하는 것에 불과하다는 것이다. 이들은 진짜 혁신 학교는 여기서부터 출발이라고 주장하고 있다.<중략>

따라서 혁신 학교 운동은 현 상황을 혁신하고 난 결과물 역시 낡은 것임을, 그러나 정상적으로 낡은 것임을 인지하고 있을 때 성공할 수 있다. 버전 1.0이 소위 선진국 수준의 낡은 학교가 되는 것을 목표로 한다면, 버전 2.0은 선진국과 같은 라인에 서서 낡은 학교를 일소하는 학교가 되는 것이며, 버전 3.0은 이 시대의 한계 너머를 바라보며 진보에 기여하는 새로운 학교를 만들어내는 것을 목표로 하는 것이다. 그런 점에서 버전 1.0은 혁신 학교 운동이라기보다는 교육 정상화로 불러야 하며, 버전 2.0이 혁신 학교이며, 버전 3.0은 진보 학교다.

이런 정도의 비전까지 갖추려면 혁신 학교 운동은 학교 운영 방식이나 교수학습 방법에 대한 혁신 아이디어만으로는 성공할 수 없다는 결론에 이른다. 혁신 학교 운동을 위해서는 **지금까지 교육의 바탕에 서 있던 교육학, 교육철학의 전제 자체를 비판적으로 검토해야 한다.** 그래서 그것들이 바뀌어야 마땅한 낡은 것들임을 입증하고 어떤 면에서 낡았는지를 적시해야 한다. 또 혁신 학교가 진보 교육과 연결되기 위해서는 지금까지의 교육학, 교육철학의 전제가 기존의 질서를 공고화하고 소외 계층을 더욱 어렵게 만드는 이데올로기로 기능했음을 밝혀야 한다. 그럴 때 우리는 기존의 교육철학과 교육학을 거부하고, 새로운 교육철학과 교육학을 수립할 정당성을 확보하며, 이 교육학을 진보 교육학이라 부를 수 있게 될 것이다. 물론 **이런 진보 교육학에 기반한 교육을 실시하는 학교가 우리가 추구해야 할 혁신 학교다.**

교육 운동의 당면 과제

그런데 여기서 유의해야 할 점은 지금까지 살펴본 것은 낡은 교육 모형이 작동하고 있는 모습을 현상적으로 포착한 것에 불과하다는 것이다. 우리는 이런 현상에 만족해서는 안 되며, 그 현상 속에 깊이 숨어 있는 본질을 파고들어야 한다. 그러지 않으면 교육 운동은 학생을 바꾸는 계획의 종류를 바꾼다거나 시험의 방식을 바꾼다거나 하는 식으로 단지 겉으로 드러난 현상 몇 개를 고치는 대증적(對症的)인 개혁에 그치고 만다. 본질을 포착하지 못하고 이렇게 현상들의 개혁에만 머무를 경우에는 성과도 쉽게 나지 않을 뿐 아니라 작은 탄압에도 쉽게 그동안의 성과가 원상 복귀되기 쉽다. 그런데 지금까지 우리나라의 교육 운동은 낡은 교육을 그 **본질**까지 깊이 공격해내지 못하고 있다. 이를 단적으로 표현하면 학교에서는 이런저런 움직임들이 있지만 교사를 양성하는 교육대학이나 사범대학의 교육 내용은 그대로라고 할 수 있다. 즉, 낡은 교육의 기반은 여전히 온존하고 있는 것이다. **교육 운동이 그 성과를 계속 축적하여 마침내 낡은 교육 모형을 완전히 무너뜨리려면 그 외부 현상만 공격할 것이 아니라 그것을 작동하게 만드는 여러 전제 조건들, 이론적 기반들을 완전히 허물어야 할 것이다.**

권재원 선생님이 글을 쓴 지 3년이 지났습니다. 권 선생님이 지적한 진보 교육학에 근거한 혁신 학교는 아직 태동하지 않았습니다. 요원한 것 같습니다. 전국 혁신 학교의 80%는 '무늬만 혁신 학교'라는 조롱을 받고 있습니다. 그중에 극소수는 '반동적 혁신 학교'라는 비난을 받고 있습니다. 혁신 학교에 근무하는 선생님에 대한 존경의 마음을 담았던 권재원 선생님처럼, 저도 혁신 학교를 비난하는 입장이 아닙니다. 긴 시간 오직 하나, 자발성으로 대한민국 공교육의 미래를 찾고자 헌신해온 선생님들의 노력에 경의를 표합니다. 누가 보더라도 혁신 학교는 대한민국 교육 대중 운동에 한 획을 긋는 거대한 전진입니다. 권재원 선생님의 제안처럼, 대한민국 교육을 실질적으로 변화시키기 위해서는 본질에 대한 이론적 반박과 새로운 이론적 기반을 제시해야 합니다. 혁신 학교 백서를 넘어, 진보 교육학을 정립해야 합니다.

2) 대한민국 교육 운동의 절대 절망

진보 교육청의 관료나 교육 운동 지도부는 체계적인 내용을 제시할 의무가 있습니다. 실천으로 검증받으며 계속 수정해야 합니다. 이게 작동하지 않고 있습니다. 이게 가장 시급한 실천적 당면 과제입니다.

운동이 핵심적 과제를 해결하지 못하면, 가장 성공적인 교육 대중 운동이 결국에는 실패한 사례로 전설처럼 회자될 수 있습니다. 5~6년의 세월이 흘렀지만, 이론적 체계를 세우려는 노력이 보이지 않습니다. 교육 관료의 무능함에 진보 교육청의 무력함이 더하여 연례행사처럼 치르는 일상 사업으로 변질되었습니다. 교육청 교육 관료의 무능함은 부끄러운 것이 아닙니다. 앞에서 주간조선이 단정한 것처럼 교육부 교육 마피아는 "우물 안 개구리처럼 폐쇄적이고 정말 공부 안 하는" 관료입니다. 윗물이 흐린데 아랫물이 맑을 수는 없기 때문입니다.

반동적 혁신 학교를 혁신 학교로 계속 지정하는 복지부동의 관료주의적 관행도 태연하게 자행되고 있습니다. 그러니 성공한 요인과 실패한 요인을 비교·대조하며 일반화하고 추상화하여 혁신 학교 운영을 통해 누적한 성과를 혁신 학교 백서로 모아낼 생각을 못하는 것입니다. 3년 후, 5년 후 성공한 혁신 학교의 모습을 예상하는 어려운 과제는 후임자의 몫이라고 고민하지 않는 것도 문제입니다. 시간의 흐름 속에서 어떤 변화가 펼쳐질지 고민해야 합니다.

거점 학교로서 해야 할 혁신 학교의 본질적 기능이 있습니다. 교육 선진국으로 나아갈 방향을 찾아야 하는 기능이 그것입니다. 이것이 작동하고 있는지 의문입니다. 점잖은 표현입니다. 기미도 보이지 않습니다. 혁신 학교는 공허한 깃발 같습니다. 관료주의의 늪에 빠져 사망한 것 같습니다. 대다수 교육청 장학사나 장학관은 "어떤 혁신 학교의 이런 사례가 정말 좋아요." 수준의 평가를 내놓고 일반 학교에 일반화하라고 윽박지릅니다. 이런 행위는 유치원 수준의 사고방식과 짝을 이룹니다. 그렇게 좋다는 그 사례가 왜 좋은지 설명하는 평가서를 저는 아직 한 번도 보지 못했습니다.

행동주의 망령에 사로잡혀, 학업 성취도 프레임에 잡혀 혁신 학교 효과를 수량적으로 높이려 노력하는 것은 전쟁에 질 수밖에 없는 절망적인 몸짓입니다. 진보 교육감이 미래 학력을 이야기했으면, 혁신 학교의 성과는 미래 학력으로 논의해야 합니다. 평가 타당성을 잣대로 학업 성취도 프레임을 넘어서야 합니다. 학생의 전인 교육을 추구하는 교육을 일제 고사 시험 점수로 평가하는 연구를 하고 있다면 웃기는 일입니다.

이 모든 배경에 우리 교육에 만연한 이분법적 사고가 채색되어 있습니다. 지도성과 자발성 중에 어느 하나를 선택하고 그것만을 고집하는 수준의 사고가 자연스럽게 펼쳐졌습니다. 지도성을 발휘할 건더기가 없으니 자발성을 택할 수밖에 없었습니다. 폼 나는 지도성을 포기할 수밖에 없어 나온 교육지책이 자발성일 수도 있습니다. 이론 없는 실천은 자랑스러운 일이 아닙니다. 맹목적인 몸짓입니다. 부끄러운 일입니다. 과학이 아닌 느낌으로 하는 실천은 가능하다면 피해야 합니다.

우리는 **이론과 실천의 조화**를 위해 노력하라는 권재원 선생님의 조언을 금과옥조(金科玉條)로 삼아야 합니다. 우리는 배우며 실천하고 실천하며 배우는 교원을 조직해야 합니다. 혁신 학교 운동의 성과를 체계적으로 정립해야 합니다. 근본적인 대안인 진보 교육학을 정립해야 합니다. 이러한 실천 과제를 잊지 말아야 합니다. 너무 어렵다고 포기하지 말아야 합니다. 서로 힘 모아 도전해야 합니다. 그래야 혹독한 북풍한설과 같은 절대 어둠을 넘어설 수 있습니다. 환한 대한민국의 미래를 창조할 수 있습니다.

2부

이 제 , 여 명 을 찾 아 보 자

1

북해를 바라보며
나는 웃었다

2부에서는 여명에 대해, 단편적인 희망을 이야기하겠습니다. 1부에서 절망에 대해 처절하게 진술했다면, 이제 절대 낙관으로 긍정적인 내용을 모아 지면을 아름답게 채우고자 합니다. 순서는 1부와 똑같습니다. 같은 현상에서 긍정의 씨앗을 모아내겠습니다.

1부를 시작하면서 요지부동의 대한민국 교육 현실을 떠올리며, 시인이 본 그분처럼 저도 울었습니다. 하지만 이제부터 저는 웃고자 합니다. 희망을 발견한 시인처럼 저는 웃을 수 있습니다.

> 교육 혁명에 대한 모든 상상력의 원천은
> 학습자, 사람에 대한 올바른 이해이다.
>
> ─ 배희철, 「교육 혁명을 꿈꾸며」, 2011년 11월 교육을 바꾸는 사람들 월례토론회에서
>
> (이찬승 외, 2013: 37 재인용)

교육에서 근본적인 변화가 이루어졌다면 그것은 학습자, 사람을 보는 관점이 변했기 때문입니다. 학습자를 어떻게 보느냐 하는 문제는 교육의 본질을 구성하는 결정적인 사안입니다. 논리적인 측면에서 보면, 바로 여기서 철학, 즉 교육을 바라보는 인식의 흐름이 갈라지게 됩니다. 교육자의 주 관심인 어떻게 학습자를 키워낼 것인가는 교육의 본질을 보는 관점에 따라 논리적으로 자연스럽게 따라 나오는 부산물과 같은 것입니다. 학습자가 어떻게 발달하느냐의 문제는 결국 학습자를 어떻게 보느냐에 따라 대답이 달라질 수밖에 없습니다.

　　학습자를 보는 관점이 서구 교육사에서 어떻게 펼쳐졌는지를 정리한 적이 있습니다.『행복한 혁신 학교 만들기』제1장 '혁신 학교의 철학'에서 그 내용을 기술했습니다. 23쪽에 있는 내용입니다.

　　　1차 : 작은 어른
　　　2차 : 영원한 어린이성 (루소)
　　　3차 : 어린이 인지 발달 단계 (피아제)
　　　4차 : 어린이의 다양한 발달 노선 (비고츠키)

　　어린이나 성인을 구분하지 않던 시절이 있었습니다. 세상은 돌고 도는 것 같습니다. 이 폐기된 입장은 19세기 후반 화려하게 부활하여 아직까지도 위세를 떨치고 있습니다. 행동주의가 그것입니다. 과학의 틀을 쓰고 등장했지만, 기본 전제는 변한 게 없습니다. 행동주의에서는 어린이라고 해서 성인과 다른 교수학습 방법을 사용하지 않습니다. 어른과 마찬가지로 지식을 확실하게 습득했는지 확인합니다. 이러한 인간관, 학습자관이 틀렸다는 것은 교사라면 누구나 알고 있는 이야기이기 때문에 생략하겠습니다.

어린이는 성인과 질적으로 다릅니다. 어린이는 어린이의 고유한 본성을 가지고 있다고 합니다. 루소는 그것을 '자연성'이라고 했으며, 페스탈로치는 '인성'이라고 했으며, 프뢰벨은 '신성'이라고 했습니다. 이러한 학습자관에 따르면, 교사는 학생의 발달을 위해 인위적인 교수학습을 전개할 필요가 없습니다. 가지고 나온 영원한 어린이의 본성이 어른의 탐욕, 어리석음, 속물 기질에 물들지 않게 하는 것이 바람직합니다. 영원한 어린이의 본성이 발현될 수 있는 환경을 마련해주는 것이 교육자가 해야 할 최선의 조치입니다.

앞의 관점은 전형적인 이분법적 사고의 폐해를 보여주고 있습니다. 어린이의 본성과 어른의 본성으로 구분하고, 그중 하나인 어린이의 본성을 선으로 파악하는 것입니다. 둘의 관계가 연구자의 시야에서 증발되어버렸습니다.

피아제의 제안은 어린이가 어른으로 성장하는 동안 인지적 측면에서 질적으로 다른 4단계를 거친다는 것입니다. 앞 시대의 이분법과 형이상학을 넘어선 것입니다. 질적으로 다른 단계로 나아가는 것을 **발달**이라 지칭했습니다. 인지가 발달해가는 보편적 과정을 네 단계로 파악했습니다. 감각운동기, 전조작기, 구체적 조작기, 형식적 조작기가 그것입니다. 여기서 문제가 되는 지점은 보편성과 발달의 동력입니다. 앞 시대의 유산을 제대로 청산하지 못하고, 어린이라면 누구나 다 네 단계를 거친다는 보편성을 담았습니다. 하지만 이는 이후 비교문화 연구를 통해 반박되었습니다. 상식적인 수준의 경향성으로 축소되었습니다. 실제적으로는 인지 발달 단계라는 제안이 학계에서 기각된 것입니다. 또한 단계를 거치는 질적인 발달이 유전적 요인에 의해, 구체적으로는 RNA에 의해 작동한다는 가설도 기각되었습니다. 생물학적으로 태어날 때부터 지니게 되는 자연적 능력으로 보기 어려운 형식적 조작 능력은 특정 원시 문화에서는 발견할 수 없었습니다. 피아제에 따르면, 인지 발달의 결과 때문에 누구나 자연스럽게 스스로 학습을 할 수 있어야 합니다. 하지만 다른 요인(예를 들면 정의적 요인)들 때문에 그런 일이 벌어지지 않는 경우도 너무 많습니다. 그에 대한 처방으로 강제를 위한 기제인 협동과 모호한 사회적 상호작용을 제시했습니다. 제가 아는 한 사회적 상호작용이라는 낱말을 사용한 사람은 비고츠키가 아니라 피아제나 듀이입니다.

인간의 실제 삶과 유리된 발달을 제시한 피아제는 학계의 정상 다툼에서 밀려났습니다. 브루너가 1984년에 제시한 문구는 그런 변화를 예술적으로 그려냈습니다. "서구 지성사에서 피아제가 지는 별이라면, 비고츠키는 떠오르는 별이다."

인간 발달은 어린이 각자가 처한 사회적 상황에 따라 다른 발달 노선을 겪게 된다는 것이 제안되었습니다. 비고츠키의 제안입니다. 동물과 다른 인간 발달의 핵심 기제는 문화라고 설명했습니다. 비고츠키의 제안은 문화역사적 이론으로 받아들여졌습니다. 개별화 교육의 이론적 근거가 되었습니다. 발달 교육을 위한 체계적인 처방을 강구할 수 있는 영감의 원천이 되었습니다. 학계의 패러다임이 된 지가 벌써 30년도 넘었습니다. 『생각과 말』 5장 '개념 발달에 관한 실험적 연구'에서 제시한 것처럼 인지 발달의 질적 차이를 혼합적 사고 단계, 복합체적 사고 단계, 개념적 사고 단계로 구분했습니다. 이는 헤겔 변증법을 참고한 것입니다. 즉자적 의식, 대타적 의식, 대자적 의식이 그것입니다. 20세기 후반부터 뇌 과학 분야에서는 연구 도구가 급속하게 개선되었습니다. 이제는 비고츠키의 인지 발달 단계가 옳다는 것을 연구자라면 누구나 쉽게 두 눈으로 확인할 수 있게 되었습니다. 인간에게 엄청난 변화가 일어나지 않는다면, 앞으로도 문화역사적 이론이 학습자를 보는 관점에 관한 한 정상 과학으로서 패러다임의 역할을 할 수밖에 없을 것 같습니다.

대한민국 교육학계는 우물 밖으로 나와야 합니다. 그래야 우리는 올바른 전제에 기반을 둔 진보 교육학을 정립할 수 있습니다. 올바른 학습자관을 선별하는 작업은 교육 혁명의 첫걸음입니다. 이 작업이 끝나야 아는 걸 다시 가르치는 교육이 아니라 모르는 걸 제대로 가르치는 교육을 체계적으로 시작할 수 있습니다. 그 체계를 세우는 작업은 교육학이 세워둔 골격을 활용하면 생각보다 쉽게 진전될 수 있습니다. 도종환 시인의 시를 다시 읽어보며, 체계를 세울 때 조심할 지점을 음미해보겠습니다.

북해를 바라보며 그는 울었다

도종환

차고 푸른 수평선을 끌고 바람과 물결의
경계를 넘어가는 북해를 바라보며 그는 울었다
내일 학교 가는 날이라고 하면
신난다고 소리치는 볼 붉은 꼬마 아이들 바라보다
그의 눈동자에는 북해의 물방울이 날아와 고이곤 했다

푹 빠져서 놀 줄 알아야 집중력이 생긴다고 믿어
몇 시간씩 놀아도 부모가 조용히 해주고
바람과 눈 속에서 실컷 놀고 들어와야
차분한 아이가 된다고 믿는 부모들을 보며

배우고 싶은 내용을 자기들이 자유롭게 정하는데도

교실 가득한 생각의 나무를 보며

그는 피오르드처럼 희고 환하게 웃었다

아는 걸 다시 배우는 게 아니라

모르는 걸 배우는 게 공부이며

열의의 속도는 아이마다 다르므로

배워야 할 목표도 책상마다 다르고

아이들의 속도가 생각보다 빠르거나 늦으면

학습 목표를 개인별로 다시 정하는 나라

변성기가 오기 전까지는 시험도 없고

잘했어, 아주 잘했어, 아주아주 잘했어

이 세 가지 평가밖에 없는 나라

친구는 내가 싸워 이겨야 할 사람이 아니라

서로 협력해서 과제를 함께 해결해야 할 멘토이고

경쟁은 내가 어제의 나하고 하는 거라고 믿는 나라

나라에서는 뒤처지는 아이가 생기지 않게 하는 게

교육이 해야 할 가장 큰일이라 믿으며

공부하는 시간은 우리 절반도 안 되는데

세계에서 가장 공부 잘하는 학생들을 보며

그는 입꼬리 한쪽이 위로 올라가곤 했다

가르치는 일은 돈으로 사고파는 상품이 아니므로

언제든지 나랏돈으로 교육을 시켜주는 나라
청소년에 관련된 제도는 차돌맹이 같은 청소년들에게
꼭 물어보고 고치는 나라
여자아이는 활달하고 사내 녀석들은 차분하며
인격적으로 만날 줄 아는 젊은이로
길러내는 어른들 보며 그는 눈물이 핑 돌았다

학교는 작은 우주라고 믿는 부모와
머리칼에서 반짝이는 은빛이
눈에서도 반짝이는 아이들 보며
우리나라 아이들을 생각하며
마침내 그는 울었다
흐린 하늘이 그의 눈물을 내려다보고 있었고
경계를 출렁이다가도 합의를 이루어낸 북해도
갈등이 진정된 짙푸른 바다를 바라보고 있는 이들의
가슴도 진눈깨비에 젖고 있었다

　모르는 걸 배우는 교육, 근접발달영역을 창출하는 교육은 비고츠키의 발달 교육과 궤를 같이합니다. 우리의 전통 교육에 뿌리를 두고 있습니다. 핀란드를 직접 방문하여 우리와 무엇이 다른지를 살펴본 사람은 많았습니다. 시인은 감수성이 무엇인지 보여주었습니다. 제가 아는 한 도종환 시인만이 발달 교육의 본질을 핀란드에서 발견하고 우리에게 노래했습니다. 게다가 발달 교육의 체계에 대한 단서를 한 편의 시에 주옥같이 녹여냈습니다.
　2연에서 시인은 교육을 통해 발달시켜야 할 문화적 능력을 드러냈습니다. 집중능력과 개념형성능력이 그것입니다. 후자는 간접적으로 드러냈습니다. 집중능력은 3부 8장 '핀란드 수학 교과서로 본 자발적 주의능력'에서 심층적으로 다루었습니다. 개념형성능력은 교과의 추상적인 개념과 실제의 구체적인 경험(대상)을 연결하는 능력으로부터 시작됩니다. 특정한 필요에 따라 개념과 개념의 관계를 스스로 창조하여 연결하는 능력으로 펼쳐집니다. 창조는 이전까지 전례가 없었던 개념과 개념의 체계적인 관계를 현실로 구현하는 활동일 뿐입니다. 시에 표현된 '배우고 싶은 내용을 자기들이 자유롭게 정하는' 것은 교사가 도입한 교과의 추상적인 개념에 연결될 자신의 구체적인 경험(대상)을 선택하는 교육 활동 같습니다. 환경이라는 추상적인 개념을 공부할 때, 이에 호응하는 구체적인 내용을 스스로 선택하는 것은 개념이 현실에 뿌리를 내리는 데 중요한 과정입니다. 자기와 연결된 구체적 사례가 있어야 교과의 추상적인 개념을 잘 기억하게 되고 궁극적으로는 삶에서 효과적으로 그 개념을, 용어를, 낱말을 부리게 됩니다. 발달 교육은 교사의 모범과 협력으로 시작됩니다. 학생이 문화적 능력을 습득하는 긴 여정으로 펼쳐집니다. 시인은 발달 교육이 무엇을 발달시키는 것인지 제대로 파악하라고 충고하는 것 같습니다.

3연에서 시인은 발달 교육이 수준별 교육이 아닌 개별화 교육과 궤를 함께한다고 조언하고 있습니다. 핀란드는 배워야 할 발달 과제가 학생마다 다르고 이러한 발달 과제를 해결하기 위해 개인별로 학습 목표를 설정하는 교육을 하고 있다고 전해주었습니다. 과거에 서당에서 하던 교육도 그랬습니다. 이런 교육은 앞에서 언급한 학습자를 보는 관점 중에서 '4차 : 어린이의 다양한 발달 노선(비고츠키)'과 연결될 수밖에 없습니다.

4연에서는 발달 교육을 전개할 때 학습자가 지녀야 할 자세를 이야기했습니다. 협력과 경쟁을 언급했습니다. 발달 교육에서는 친구와 경쟁하는 것이 아니라 어제의 자신과 경쟁하는 것임을 강조했습니다. 친구와 협력하여 과제를 함께 해결하는 과정을 거쳐야 문화적 능력을 습득할 수 있다고 합니다. 발달 교육의 장면은 먼저 교사와 학생의 협력으로 시작됩니다. 다음으로 학생과 학생의 협력으로, 최종적으로 학생 혼자서 행하는 심리적 협력 과정으로 마무리됩니다. 이게 비고츠키가 제시한 문화 발달에서의 일반 법칙에 담긴 내용이기도 합니다.

4연에서는 발달 교육은 영재 교육이 아닌 모두를 위한 교육임도 드러냈습니다. 뒤처지는 아이가 생기지 않게 하는 교육이 그것입니다. 문화적 능력을 발달시키는 교육은 특별한 문제가 없는 한 모든 학생이 도달할 수 있는 교육입니다. 미래 사회의 몇몇 영역에만 필요한 핵심 역량을 키워주는 교육이 아닙니다. 보편적인 문화적 능력을 키워주는 교육이 비고츠키의 발달 교육입니다. 강원도교육청이 창의공감교육 핵심 능력으로 제시한 자발적 주의능력, 논리적 기억능력, 개념형성능력, 의지능력을 키워주는 교육입니다. 모두에게 필요한 문화적 능력을 키워주는 교육이 발달 교육입니다. 이것이 공교육이어야 합니다.

5연에서는 먼저 발달 교육에 대한 올바른 관점이 제시되었습니다. 발달 교육은 사고파는 상품이 아니라 복지이며 인권임을 분명히 했습니다. 핀란드는 대학교까지 무상으로 발달 교육을 행하고 있습니다. 인간을 주체적인 인간으로 발달시키는 교육을 받는 것은 모든 인간의 권리입니다. 이러한 권리를 누리는 사회적 장치를 마련하는 것이 복지입니다. 발달 교육은 인권과 복지 차원에서 제도적으로 보장되어야 합니다.

다음으로, 발달 교육의 시작과 끝에 대한 시인의 깨달음이 녹아 있습니다. 학생의 선택을 듣기 위해 학습자와 관련된 모든 문제에 대해 물어봐야 합니다. 최종적으로 인격자로 발달한 젊은이가 되어야 합니다. 주체적인 인간으로 발달하는 과정은 스스로 선택하는 작은 활동으로부터 시작되어 교육에서 배운 개념을 체계적으로 형성하는 과정을 거치며 올바른 세계관과 인간관을 지닌 인격자로 나아가는 긴 여정입니다. 시인은 발달 교육의 여정을 압축적으로 보여주었습니다.

6연에서는 발달 교육이 행해지는 교육 환경과 펼쳐지는 교육의 흐름을 드러냈습니다. 아주 작은 우주인 교실에는 수준별로 나누어진 학생이 아닌 이질 집단의 학생이 자리합니다. 친구가 발표할 때, 학생은 서로 자라온 사회적 배경이 다르기 때문에 호기심에 가득 찬 채 듣습니다. 당연히 학생의 눈빛은 초롱초롱 빛나고 있습니다. 또한 서로 다른 사회적 환경에서 자라났기 때문에 다른 의견으로 갈등을 겪기도 합니다. 갈등 후에 도달한 합의가 학생을 더욱 성숙하게 만든다는 이야기는 식상하기까지 합니다.

이 시를 읽으며 처음에는 속상해서 울었습니다. 대한민국 교육의 핵심 문제를 교육자가 아닌 정치가가 된 시인을 통해 실마리를 얻게 되는 과정은 대성통곡을 해야 할 고통이었습니다. 그 속상함을 넘어서 차분하게 이 시를 다시 읽었습니다. 필요한 곳에 인용도 했습니다. 오랜 시간이 흘렀습니다. 5년의 세월이 지난 최근에야 깨달았습니다.

아!

이 시는 비고츠키의 발달 교육을 쉽게 체계적으로 설명할 수 있는 성전이었습니다. 발달 교육의 여러 측면을 이렇게 한곳에 모아놓은 자료를 접한 적이 없습니다. 나의 초라한 덧붙임이면 확산을 위한 교두보를 확보할 수 있을 것이라는 확신이 쏟아져내렸습니다. 이 시는 깜깜한 절대 어둠의 대지를 불사르는 한 점 불꽃입니다. 이 시를 통해 환한 미래를 보았습니다. 이런 까닭으로 '북해를 바라보며 나는 웃었다'를 소제목으로 정했습니다.

하나 덧붙이겠습니다.

김태주 시인의 「풀꽃」을 패러디해보았습니다.

발달 교육

배희철

자세히 보아야 느낀다.

오래 보아야 깨닫는다.

발달 교육도 그렇다.

대한민국 교육의
미래

2

1부에서 진흙탕에서 헤매고 있는 대한민국 교육 현실을 객관적인 잣대로 재보았습니다. 제2의 길의 특징인 관료주의, 표준화, 시장주의가 만연하다고 했습니다. 이 모든 것이 경쟁 교육으로 일반화될 수 있다고 했습니다. 교육 야만국으로 몰락할지도 모르는 위태로운 경계에서 겨우 교육 후진국다운 면모를 유지하고 있다고 단정했습니다.

그럼에도 불구하고 우리에게는 강점이 있습니다. 교육 선진국에 올라선 요소가 있습니다. 세계에서 가장 수준 높은 교사와 유구한 역사를 통해 축적한 교육문화유산이 있습니다. 이 둘을 잘 활용한다면, 21세기 선진 교육학의 경로인 발달 교육을 소화하고 우리 것으로 만드는 데 큰 어려움이 없을 것이라고 단정합니다. 두 자산을 들여다보겠습니다.

우선 지적할 것은, 다 알고 있는 내용입니다만, OECD는 대한민국 교사가 세계 최고 수준의 자질을 지니고 있음을 통계적으로 입증했습니다.

최근에는 취업난까지 겹쳐 SKY 진학할 실력이 아니면 교사가 될 수 없는 상황입니다.

다음으로, 이미 발달 교육에 대한 그림이 어느 정도 그려졌기 때문입니다. 3부에서는 더 확실하게 발달 교육의 체계를 들여다볼 수 있습니다. 나아가 세계 최고 수준의 발달 교육의 지향점을 우리는 알고 있습니다.

발달 교육의 최고 지향점은 청출어람(靑出於藍)에 녹아 있습니다. 우리는 역사를 통해 쟁취한 청출어람의 사례를 문화 속에서 쉽게 접할 수 있습니다. 이를 행하는 것이 스승의 가장 영광스러운 길임을 다 인정하고 있습니다. 스승의 문화적 능력을 다 전수받아 그것을 창조적으로 발전시키는 제자를 키워내는 것이 스승의 꿈이었습니다. 조선 역사 오천 년 동안, 재야 사학자들은 배달 역사 일만 년 동안 그런 교육 실천을 해왔다고 합니다. 세계 바둑을 평정했던 조훈현 기사와 이창호 기사의 관계도 잘 알려진 청출어람의 최근 사례일 뿐입니다. 이렇게 보면, 우리가 세계 최고 수준의 발달 교육을 펼치는 것은 그리 어려운 일이 아닙니다.

당장 도달해야 할 세계적 수준의 교육을 살펴보겠습니다. 일단은 거기에 도달하는 간단한 과제부터 해결하는 것이 순서일 듯합니다. 이찬승 외(2013; 540~542)가 제시한 5가지 영역에서 우리와 세계 최고 수준의 교육을 대조해보겠습니다. 혁신 학교에서 먼저 세계 최고 수준이 별거 아니라는 실천을 보여주었으면 좋겠습니다.

[표1] 교육과정의 성취 기준 비교

한국 : 제2의 길(The Second Way)	제4의 길(The Fourth Way)
표준화된 교수학습 (Standardized Teaching and Learning)	다양성 존중과 개인화된 교수학습 (Diversity and differentiation)
• 학업 성취도를 높이기 위해서 국가가 모든 학교, 교사 및 학생들에게 기대하는 성취 기준을 사전에 분명하게 설정한다. • 평가와 정보 처리에 공통된 기준과 일관성을 확보하기 위해 교육과정과 지도를 표준화한다. • 지식의 전달과 습득에 초점을 둔다.	• 다원화된 사회의 다양성을 폭넓게 수용함으로써 사회 불평등을 줄일 수 있다는 관점에서 표준화된 성취 기준은 존재하지 않는다. • 개인의 강점, 잠재력, 욕구에 맞춘 개별화된 교수학습이 이루어진다. • 다양성을 수용하고 공유된 목표를 달성하기 위해 교사는 네트워크와 증거를 기반으로 끊임없이 학습하고 높은 성취 기준을 추구한다.

[표2] 교수학습의 범위

한국 : 제2의 길(The Second Way)	제4의 길(The Fourth Way)
국어, 영어, 수학 등 소수 과목에 집중 (Focused on basic knowledge)	자기실현, 다양한 가치와 덕, 전인적 성장 (Deeper virtues and values)
• 국어, 영어, 산수/수학, 자연과학 등에 대한 기초 지식 향상을 교육의 가장 기본적인 목표로 삼는다. • 학업 성취도 평가, 상급 학교 시험도 대체로 이러한 과목이 중심이 되기 때문에 공교육, 사교육 모두 소수 과목의 수업에 집중한다.	• 실용주의 교육 목표, 주지주의 가치관을 넘어 다양한 가치와 덕 그리고 정의적 영역을 중시한다. • 개인의 잠재 능력을 최대한 키우기 위해 평생 교육을 지향하며 인생과 삶에 대해 배우고 지속 가능한 사회를 만들기 위해 세상을 바꾸는 일에 참여한다.

[표3] 교육과정의 운영

[표3] 교육과정의 운영

한국 : 제2의 길(The Second Way)	제4의 길(The Fourth Way)
제시된 획일적인 교육과정 (Teaching prescribed curriculum)	지역 교육과정 운영과 학생의 참여 (Local curriculum and students engagement)
• 학생을 지도와 변화의 대상으로 보기 때문에, 국가가 사전에 정해준 내용을 가르친다. • 시험에서 높은 성적을 획득하는 것이 교육적 성공이라고 본다. • 교수의 결과는 예측 가능하고 같은 학교는 똑같은 교과 내용을 가르친다. • 인지주의, 습득주의	• 학생은 지도와 변화의 대상이 아니라 배움과 변화의 주체이며, 배움에 대해 스스로 책임지고 동료의 변화에도 참여한다. • 교사는 소속된 지역 사회와 학교 상황에 맞는 다양한 교육과정을 구성할 수 있으며, 그 안에서 다양한 교육적 시도들을 할 수 있다. • 사회적 구성주의, 참여주의

[표4] 교육 개혁의 추진 동력

한국 : 제2의 길(The Second Way)	제4의 길(The Fourth Way)
신자유주의와 시장주의 기반 개혁 (Neo-liberalism and Market)	전문가들의 협업과 대중의 참여 (Professionalism and public engagement)
• 교육 개혁이나 교육 행정의 철학과 전략은 시장주의에 입각하는 경향이 매우 강하다. • 학교 선택의 폭을 넓히고 경쟁을 강화하면 더 좋은 교육 성과가 나온다고 믿는다. 이는 기업의 원리와 유사하다. • 교사 간, 학교 간 협력은 거의 없고 개별 교사, 개별 학교의 역량 향상에 초점을 맞춘다.	• 교사의 전문성을 발휘함에 있어 학교, 지역 사회, 자치 기구가 서로 긴밀히 협력한다. • 관료주의와 시장주의 대신 민주주의와 전문성을 통해 변화가 일어난다. • 가정, 지역 사회 등 공동체 일원들은 교육 서비스 수혜자가 아니라 참여를 통해 해결의 주체가 된다. • 모든 자원은 사회 통합과 공공선 구축을 위해 결집된다.

[표5] 책무성의 작동 방식

한국 : 제2의 길(The Second Way)	제4의 길(The Fourth Way)
시험 성적을 기반으로 한 책무성 (Test-based accountability and control)	외부 책무성보다 내부 사명감·책임감 (Responsibility before accountability)
• 학교의 성과와 학생들의 학업 성취도 향상을 승진, 장학, 성과급 등과 연계시키는 징벌적 책무성(punitive accountability) 제도로 운영된다. • 교육과정의 편성, 운영, 평가권이 실제적으로 교사에게 주어지지 않아 교사의 자율성, 자발성이 매우 낮다. • 내부 책무성은 매우 약하고 외부 책무성만 강하게 작동된다.	• 외부에서 부여되는 책무성보다는 내부 구성원들이 집단적으로 발휘하는 높은 책임감과 사명감이 우선적으로 작동한다. • 교사는 정부로부터 더 많은 자율성을 갖는 반면 학부모와 지역 공동체 그리고 대중으로부터의 독립성은 줄어들어 자율성과 책임감이 균형을 이룬다. • 교육 격차의 완화는 의료 서비스, 주택 등의 사회적 투자와 함께 가능하기 때문에 사회 서비스 영역이 함께 책임을 진다.

제2의 길에 머물러 있는 대한민국이 세계 최고 수준이라는 제4의 길에 도달하는 데 얼마나 걸릴까요? 인용한 5가지 내용을 하나하나 살펴보며 계산해보겠습니다.

제시된 교육과정의 성취 기준 자료를 살펴보면 한국은 두 가지 요인에서 제2의 길을 벗어났습니다. 첫째, 대한민국은 표준화된 교육과정과 교수학습을 강제하지 않습니다. 학교 교육과정의 다양화와 다양한 교수학습 방법 사용을 권장하고 있습니다. 둘째, 지식의 전달과 습득에 방점을 두는 행동주의를 강제하지 않습니다. 2015 개정 교육과정을 보면 구호 차원에서는 능력을 키우는 교육을 강조하고 교수학습 차원에서는 구성주의를 권장합니다.

제2의 길에 묶어두는 요인은 [표1]과 관련이 있습니다. 즉, 사전에 분명하게 설정된 성취 기준을 교사 및 학생이 달성하도록 강제한다는 것입니다. 국가 교육과정 차원에서도 성취 기준이 점점 줄어들고 있습니다. 모든 성취 기준을 달성하도록 강제하지도 않습니다. 이 요인도 교사를 제한하는 강제력 측면에서 보면 별반 위력이 없습니다. 이렇게 보면 세계 최고 수준으로 나아가는 데 이미 좋은 출발 지점을 확보하고 있는 것 같습니다.

[표1]의 도달해야 할 제4의 길에 있는 세 요인을 살펴보았습니다. 대한민국 14개 시·도 교육청의 혁신 학교가 이 세 요인을 해결할 수 있는지 살펴보았습니다. 참 싱겁습니다. 성공한 혁신 학교 차원에서 보면, 이미 다 실천한 내용입니다. 이미 지역 실정에 맞는 교육과정을 운영하고 있고 학생에 적합한 교수학습을 적용하고 있습니다. 혁신 학교 네트워크는 전국적인 조직망까지 구축했습니다. 교사들의 전문적 학습 공동체 활동은 혁신 학교가 아닌 일반 학교에도 권장되고 있습니다. 교육과정의 성취 기준 측면에서 보면, 적어도 성공한 혁신 학교는 세계 최고 수준의 교육 활동을 전개하고 있습니다.

두 번째로, [표2]와 관련된 교수학습의 범위를 살펴보겠습니다. 특목고와 대학 입시 때문에 중·고등학교에서는 입시 과목 위주의 시험공부를 할 수밖에 없습니다. 교수학습의 범위가 전형적인 제2의 길에 머물러 있습니다. 물론 초등학교는 일제 고사도 없기 때문에 제2의 길을 쉽게 벗어났습니다.

성공한 혁신 중·고등학교는 제4의 길에서 제시한 다양한 가치와 덕 그리고 정의적 영역을 중시하는 교수학습을 이미 전개하고 있습니다. 다양한 체험 활동과 프로젝트 수업을 통해 개인의 잠재 능력을 키우기 위한 참여적 수업을 전개하고 있습니다. 적어도 성공한 몇몇 혁신 중·고등학교 차원에서 보면 교수학습의 범위라는 잣대에서도 세계 최고 수준의 교육 실천을 이미 선보였습니다.

세 번째로, [표3]과 관련된 교육과정의 운영을 살펴보겠습니다. 교수학습의 범위와 마찬가지로 교육과정의 운영도 입시라는 대한민국의 고질

병 때문에 유사한 상황에 있습니다. 혹독하게 이야기하는 사람은 EBS 수능 교재가 대한민국 고등학교 교과서라고 합니다.

성공한 소수의 혁신 중·고등학교는 제4의 길처럼 학생을 배움과 변화의 주체로 내세우는 학교 교육과정을 운영하고 있습니다. 지역과 함께하는 다양한 교육과정을 편성하여 운영하고 있습니다. 혁신 학교와 관련된 서적을 많이 읽어서 그런지 세계적 수준이 별거 아닌 것 같습니다. 저의 주관적 단정입니다. 환경만 조성되면 대한민국 어느 학교라도 빠른 시간 내에 세계 최고 수준의 교육을 실천할 수 있을 것입니다.

네 번째로, [표4]와 관련된 교육 개혁의 추진 동력을 살펴보겠습니다. 전형적인 제2의 길을 상징하는 신자유주의와 시장주의 기반 개혁을 추진하고 있습니다. 교육부와 진보 교육청이 조금 다른 기조를 가지고 있기는 하지만 중앙 정부의 경쟁 유도 정책은 법령에 근거하여 지속적으로 현장을 몰아세우고 있습니다.

제4의 길처럼 관료주의와 시장주의가 아닌 민주주의와 전문성을 통한 개혁은 대통령이 바뀌기 전까지는 요원합니다. 사회 통합과 공공선 구축을 위한 자원 배분은 특히나 그렇습니다. 누리과정 예산 문제로 시·도 교육청을 옥죄는 현재 모습은 제1의 길로 퇴행하는 단면입니다.

마지막으로, [표5]와 관련된 책무성의 작동 방식을 보겠습니다. 제2의 길을 특징짓는 세 요인이 대한민국의 모습입니다. 성과와 연동된 승진, 장학, 성과급 등 징벌과 같은 책무성을 강요하고, 교사의 자율성과 자발성이 낮고, 외부 책무성이 강하게 작동하고 있습니다. 이는 네 번째와 밀접한 연관을 갖고 있습니다.

제4의 길은 구성원의 협력을 통해 발휘되는 책임감과 사명감, 지역과 함께하는 연대, 교육 격차를 완화하기 위한 교육 복지로 특징지어집니다. 이런 제4의 길의 특징을 우리는 성공한 혁신 학교 사례에서 어렵지 않게 찾을 수 있습니다. 지역과 함께하며 학생의 교육 복지도 책임지려는 교육 공동체의 헌신적인 노력을 지금도 대한민국 일부 지역에서 발견할 수 있습니다.

세계 최고 수준의 교육을 혁신 학교가 구현해주었으면 좋겠다는 제언을 했었습니다. 구체적으로 살펴보니, 지난 5년 동안 성공한 혁신 학교가 이룩한 성취가 그것들을 다 포함하고 있습니다. 우리는 일부지만 이미 세계 최고 수준의 교육 개혁을 현장 차원에서는 다 경험했습니다. 문제는 중앙 정부와 정치권일 뿐입니다. 그들이 사용하고 있는 교육 개혁 방식을 바꾸기만 하면 됩니다.

하나 덧붙이겠습니다. 외형적으로는 경쟁 교육을 강요하는 정치와 경제의 문제만 남았습니다. 부차적으로는 이를 관철시키는 마름 같은 관료의 문제가 남았을 뿐입니다. 내부적으로는 교육계의 문제가 남아 있습니다. 올바른 교육학을 정립하는 문제와 그에 근거하여 교사를 양성하는 문제가 남아 있습니다. 이런 문제가 해결되면, 대한민국이 서방 세계 최고의 교육을 펼치는 영광을 대대손손 이어갈 수 있습니다.

하지만 서방 세계 밖을 보면 세계 최고의 교육을 펼치는 일은 조금 더 어려운 과제입니다. 발달 교육을 현실에 녹여내는 교육 실천 측면에서 예상 밖의 국가들이 오랜 전통과 놀라운 성과를 뽐내고 있기 때문입니다. 2부 4장 '먹구름 너머 푸른 하늘'에서 알아보겠습니다.

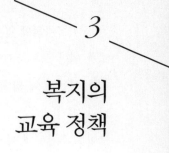
복지의
교육 정책

1부에서 신자유주의와 신보수주의의 야합으로 얼룩진 교육 정책 때문에 우리의 교육 현실이 야만의 수준으로 몰락했다고 단정했습니다. 깜깜한 어둠뿐이라고 통탄했습니다. 경쟁 교육을 조장하는 하나의 흐름이라고 했습니다. 이제부터는 그 틈새를 들여다보겠습니다. 변방에서 이루어낸 진전은 복지를 지향하는 교육 정책에 기반하고 있었습니다. 단속적이고 미미한 협력 교육의 흐름을 살펴보겠습니다. 먼저, 제가 제시하는 개념을 공유하는 과정부터 거치겠습니다.

1부 2장에서 경쟁 교육을 다음과 같이 개념 정리했습니다.

신자유주의에 입각한 경쟁 교육은 기업의 세금 감면과 값싼 노동력 확보를 위한 조치와도 연결됩니다. 정치경제학은 시장에서의 가격이 이렇게 보이는 손에 의해 강제적으로 강요된다는 것을 논리적으로 설명했습니다. 제가 애용하는 담배 디스 플러스의 가격은 보이지 않는 손이 아니라 보이는 추잡한 손이 결정했다는 것을 누구나 알고 있습니다. 간접세를 통한 증세는 대기업의 세금 감면과 짝을 이룹니다. 교육 관련 예산을 절약하는 것도 부자 감세와 밀접하게 연결되어 있습니다. 경쟁 교육은 일회용으로 사용할 값싼 노동력을 확보하기 위한 야만적 교육입니다. 인적 자본론에 근거한 노동력 착취 교육입니다. 그 내용은 강화된 진로 교육, 특성화 고등학교, 소프트웨어 교육, 국가 직무능력 표준 등으로 채워집니다. 신자유주의라는 외출복으로 아무리 단장해도 이렇게 분배에서 제 몫을 챙기려는 추잡함은 사라지지 않습니다. 정신없이 뺑뺑이를 돌리는 경쟁 교육일 뿐입니다. 이러한 체계를 뒤집는 개념으로 협력 교육을 제안해봅니다.

제가 번개처럼 만들어낸 개념 체계입니다. 그저 폭넓은 생각을 위한 방편으로 봐주시기 바랍니다. 관료주의는 소수의 전문 관료가 교육 정책을 결정하고 집행합니다. 이와 대립되는 민주주의는 모두가 집단 지성을 모아 교육 정책을 결정하고 집행합니다. 공정한 경쟁의 규칙이 있을 수 없는데도 그것을 만들었다고 헛소리하는 교육 관료의 추태를 교원 성과급 기준 마련 과정에서 목격했습니다. 다른 국가도 마찬가지였습니다. 전문성의 신화를 이용한 사기극이었습니다. 민주주의에서는 서로 다른 입장을 가진 사람들이 소통하고 의견을 수렴해야 합니다. 시끄럽고 갈등도 표출됩니다. 그러나 바른 규범처럼 모두가 합의한 것은 무리 없이 잘 지켜집니다.

표준화는 노동 시장에서 요구하는 기준에 학습자를 억지로 맞추는 교육입니다. 개별화는 서로 다른 발달 상황을 고려하여 학습자 개개인에 최적화된 교육입니다. 표준화는 양적인 개념입니다. 표준화는 척도에 따라 학습자를 줄 세웁니다. 개별화는 질적인 개념입니다. 개별화는 학습자가 선호하는 방식으로 문화적 능력을 습득하도록 배려하는 교육입니다.

시장주의는 교육을 상품으로 취급합니다. 복지주의는 교육을 인권으로 취급합니다. 시장주의는 학부모가 많은 돈을 내고 개인의 출세를 위한 교육을 구입하도록 합니다. 복지주의는 교육을 통해 건전한 전인적 시민을 키워내고자 합니다. 시장주의는 많은 돈을 지출할 수 있는 소수의 금수저를 위한 정책을 추진합니다. 복지주의는 무상으로 모두를 위한 정책을 추구합니다. 시장주의는 단기적인 이윤 창출을 위한 속성 교육을 강조합니다. 복지주의는 장기적인 변화를 위한 기다림의 교육을 선호합니다.

관료주의에서 민주주의로 나아갈 단서에 대해서는 2부 9장 '관료주의 혁신'에서 논의할 것입니다. 표준화에서 개별화로 전환하는 문제는 3부의 내용과 밀접하게 엮여 있습니다. 그래서 여기서는 이 두 부분을 더 이상 언급하지 않겠습니다. 이제부터 시장주의에서 복지주의로 나아가는 희미한 흐름을 따라가겠습니다.

이렇게 경쟁 교육과 협력 교육을 개념 정리하고 나면, 협력 교육의 미미한 흐름이 제대로 보입니다. 추상에서 구체로 상승하는 지적 작업이 쉬워집니다.

변방에서 협력 교육의 싹은 20세기 후반부터 자라고 있었습니다. 역설적입니다. 경쟁 교육을 위해 소규모 학교 통폐합을 추진하고 예산 지원을 줄인 여파였습니다. 교장과 교감이 없는 분교는 곧 없어질 학교라고 생각해서 관료적 통제도 느슨해졌습니다. 몇몇 교사들이 민주적으로 학교를 운영하고, 소수의 학생을 위한 개별화 교육을 펼치고, 어려운 가정 환경을 고려하여 학생에게 교육 복지 혜택을 꼼꼼하게 챙겨주고 있었습니다. 자생적으로 작은 학교 살리기 운동이라는 흐름이 생겨난 것입니다. 이러한 흐름은 2009년부터 혁신 학교 운동으로 연결됩니다. 성공한 혁신 학교는 협력 교육을 구현했습니다.

2006년 전교조는 교원 평가 저지를 명분으로 연가 투쟁을 전개했습니다. 산골 분교에 있는 조합원도 참여했습니다. 6학년 담당이었습니다. 6학년 7명의 여학생은 교사가 연가 투쟁을 하는 날 자습을 해야 했습니다. 학생들은 사회 수업을 자기들이 조정해서 국회의 기능을 공부했습니다. 국회 교육문화위원회 홈페이지에 들어가 의견도 남기고 댓글도 달았습니다. 학생들이 올린 내용은 급식비와 관련된 내용이었습니다. 학생들의 노력은 결실을 맺었습니다. 2007년부터 급식 지원이 확대되었습니다.

그 조합원은 교육 복지라는 추상을 급식비라는 구체로 고양시킨 제자들의 실천을 보며 큰 깨달음을 얻었습니다. 복지를 위한 교육 정책이 무엇인지 감을 잡게 되었습니다. 그렇게 2년 이상 무상 급식 정책을 숙성시켰습니다.

2009년 무상 급식이라는 교육 복지 정책은 한국 사회에 던져졌습니다. 뿌리를 내리기는 어려웠습니다. 새누리당 성향의 교육위원의 반대는 너무 거셌습니다.

우리가 아는 것처럼, 김상곤 경기도교육감은 무상 급식 정책을 포기하지 않았습니다. 2010년 6월 지자체 선거의 핵심 쟁점으로 키워냈습니다. 복지를 정치의 중심에 위치시켰습니다. 그리하여 2010년 6명의 진보 교육감, 2014년 13명의 진보 교육감을 탄생시키는 밀알을 만들어냈습니다.

이제는 무상 급식을 반대하는 것을 보수가 아니라 반동으로 인식하고 있습니다. 경상남도 홍준표 도지사가 그 꼴입니다. 2011년 오세훈 서울시 장의 몰락을 잊어버린 것 같습니다. 역사를 통해 무상 급식은 교육 복지의 최소 요건으로 정립되었습니다.

대한민국 교육 복지 정책의 중심 전선은 대학 등록금 무상 정책입니다. 세계사를 봐도 그렇습니다. 2016년, 미국도 참여하고 있습니다. 대한 민국도 의지와 의지가 격돌하는 실천만이 남았습니다. 담론 수준의 논쟁 은 끝났습니다. 보수 쪽에서 천천히 해나가자는 것으로 꼬리를 내렸기 때 문입니다. 2007년 초 여의도 모습을 살펴보겠습니다. 출처는 http://news. egloos.com/1808472 입니다.

지금 당장 급한 것이 한나라당이 내놓은 대학 등록금 부담 절반으 로 줄이기 '반값 등록금' 법안이다. 잘 아시다시피 금년도에 대학교에 서는 많게는 10% 이상의 과도한 등록금 인상을 해서 의대나 이공계 같은 경우에는 연 등록금 부담이 1,000만 원대를 넘거나 1,000만 원 대에 이르고 있어서 학부모로서는 도저히 불감당이다.

- 2007년 1월 23일, 한나라당 국회대책회의에서 전재희 정책위 의장의 발언

9일 열릴 청와대 민생 회담과 관련해 강 전 대표는 "(사학법 재개정과 사법 개혁 법안 등) 쟁점 법안은 물론 당론으로 밀고 있는 반값 아파트, 반값 등록금 등 민생 법안도 의제에 포함됐기 때문에 어떤 식으로든 결과물이 나오길 기대한다."라며 회담 전망을 밝게 봤다.

- 2007년 2월 8일, 한나라당 강재섭 대표의 발언

한나라당은 정략적인 개헌 논의에 말려들지 않고 사학법, 주택법을 포함해서 반값 아파트, 반값 등록금, 기업 출총제, 투자 활성화, 일자리 창출과 같은 민생 법안을 처리하는 데 당력을 집중할 것이라는 점을 분명히 밝힌다.

-2007년 3월 9일, 한나라당 주요당직자회의에서 김형오 원내대표의 발언

홍준표 의원이 발의한 '반값 아파트' 법안과 함께 당이 역점적으로 추진 중인 '반값 등록금' 법안도 이번 3월 임시 국회 회기 내에 반드시 처리한다는 계획이다. '부자'만을 챙기는 보수 정당이 아니라 서민을 보듬는 민생 정당으로서의 이미지를 심겠다는 계산이다.

- 연합뉴스 「한 '보수 이미지' 탈색 부심」, 2007년 3월 21일

2007년 초 한나라당은 역점 법안으로 추진 중인 반값 등록금 법안을 3월 임시 국회에서 통과시키겠다고 큰소리를 쳤습니다. 서민을 보듬는 민생 정당의 이미지를 위해 반값 등록금 법이 필요하다는 것입니다. 대학 등록금 무상 정책에 대해 담론 투쟁은 진행될 수 없었습니다. 여야가 교육 복지 정책으로 무상으로 대학을 다니게 하겠다고 합니다. 단지 한쪽은 한 번에 등록금 무상 정책을 추진하자고 한 반면, 다른 한쪽은 천천히 반으로 줄이고 나중에 또 반으로 줄여서 국가 재정에 부담을 주지 않는 선에서 진행하자고 했기 때문입니다.

반값 등록금과 관련된 황당한 소식도 있습니다. 2016년 1월 중순 기사 내용이 그것입니다. 김봉구(2016) 기자가 쓴 「'반값 등록금 완성' 정부 광고에 "이게 무슨 반값?"」이라는 긴 제목의 기사입니다.

대교연 "반값 등록금 실현 주장, 사실과 달라"

[김봉구 기자] 정부의 '반값 등록금 완성' 광고가 논란을 일으키고 있다. 지난해 말부터 교육부와 한국장학재단이 낸 "소득 연계형 반값 등록금 달성으로 대학 등록금 부담을 50% 경감했다."라는 골자의 광고다. 대학생들은 "이게 무슨 반값 등록금이냐"며 반발하고 있다. 정부 주장이 사실과 다르다는 지적도 이어졌다.

대학교육연구소 임희성 연구원은 19일 「교육부 반값 등록금 완성 광고, 그 진실은?」 보고서를 통해 "소득 분위에 따른 반값 등록금을 실현했다는 교육부 주장은 크게 뻥튀기된 것"이라고 꼬집었다.

국가 장학금을 지급받은 학생이 전체 대학생의 41.7%(2014년 2학기 기준)에 그쳤을 뿐 아니라 박근혜 대통령이 대선 공약으로 내건 '저소득층(소득 1~2분위) 전액 무상' 방침은 실현되지 않았다는 이유에서다.

임 연구원은 "박 대통령은 반값 등록금 실현 세부 방안으로 △소득 1~2분위 등록금의 100% △소득 3~4분위 75% △소득 5~7분위 50% △소득 8분위 25%를 각각 지원하겠다고 약속했다."라고 짚은 뒤 "그러나 교육부는 2013년 '대학 등록금 부담 완화 방안'을 발표해 기초 생활 수급자 450만 원, 소득 1분위 315만 원, 소득 2분위 202만 5,000원(최종 지급액 1분위 450만 원, 2분위 270만 원으로 증액)으로 지원액을 일방적으로 변경했다. 반값 등록금 완성 주장은 이 기준에 따른 것"이라고 설명했다.

국가 장학금을 신청했으나 성적 조항에 걸려 받지 못한 대학생이 매 학기 15만 명 내외로 집계되기도 했다.

그는 "교육부는 대학이 자체 지급하는 교내 장학금도 포함해 계산, 총 7조 원이 돼 2011년 등록금 총액 14조 원 대비 50%의 반값 등록금이 완성됐다고 홍보하고 있다. 그러나 이는 기존 교내 장학금을 일정 부분 증액하고 성격을 변화시킨 수준으로 순수 국가 장학금으로 보기 어렵다."라고 주장했다.

임 연구원은 "사회적 논쟁이 지속되는 정책, 특히 당사자인 대학생들이 체감하지 못하는 사안을 정부가 일방적 시각으로 세금까지 들여 무리하게 홍보하는 것은 문제"라며 "박근혜 정부의 국가 장학금 정책에 대한 객관적 평가를 거쳐 실질적 반값 등록금을 도입해야 할 것"이라고 강조했다.

그동안 교육 당국은 대학 등록금 인상 억제 노력과 함께 국가 장학금 지급을 통해 반값 등록금 정책을 폈으나 '고지서상 반값 등록금'이 돼야 한다는 대학생들과는 온도 차를 보여왔다.

기사 내용을 통해 알 수 있듯이, 2016년 1월, 반값 등록금 정책은 성실하게 정책 목표를 달성했다는 정부와 체감하지 못하는 복지 수혜 대상자인 대학생의 논쟁으로 진척되었습니다. 대학 등록금 무상 정책의 주요 교두보인 반값 등록금은 더 이상 담론 투쟁의 대상인 아닙니다. 실현해야 할 복지 정책일 뿐입니다. 단지 대충 흉내만 내는 꼼수를 부린 것인지 아닌지를 다투고 있습니다. 통계 자료를 마사지한 것인지 여부를 가지고 논쟁하고 있을 뿐입니다. 느리긴 하지만 교육 복지 정책의 백미인 대학 등록금 무상을 향한 여정은 순항하고 있는 듯합니다.

야당에 조언하겠습니다. 2017년 대선에서는 나머지 반을 무상으로 하여 '대학 무상 교육'을 완성하자고 프레임을 잡아가면 좋겠습니다.

대학 등록금 정책은 무한 경쟁의 상징인 대학 입시의 성격 변화와 밀접하게 연결되어 있습니다. 경쟁을 강조할 때는 개개인이 선택한 대학에 내는 등록금을 사회가 부담해야 할 명분이 없습니다. 즉, 각자 알아서 높은 대학 등록금을 내는 만큼 엄밀하게 측정하는 선발 경쟁은 당연한 것입니다. 하지만 대학 등록금에서 사회가 부담하게 되는 몫이 늘어날수록 대학 교육의 공공성에 대한 요구도 커집니다. 개인의 성공보다는 사회의 지속 가능한 발전에 맞는 교육을 요구하는 소리가 커질 수밖에 없습니다. 영원할 것 같은 교육의 거대한 벽(대학 입시)이 허물어질 분위기가 마련됩니다. 대학 입학시험의 성격이 변할 것입니다.

위기 속에 기회가 있다고 합니다. 경쟁 교육이 극성을 부리는 시기는 협력 교육의 씨앗이 태동하는 때이기도 합니다. 감상적으로 생각할 때보다 차분하게 들여다보니 협력 교육의 씨앗은 여기저기 뿌려져 있었습니다. 복지를 위한 교육 정책도 싹을 틔우고 줄기를 형성하고 있었습니다. 진보 교육청에서도 소소한 교육 복지 정책을 목적의식적으로 치밀하게 펼치고 있습니다. 학생 일인당 학습 준비물 예산이 대폭 늘었습니다.

4

먹구름 너머
푸른 하늘

우물 밖 세상이 우물 안 세상보다 더 깜깜하다고 했습니다. 하지만 먹구름 위에는 무엇이 있을까요? 언제나 푸른 하늘이 있습니다.

2016년 1월, 신문의 사회 면과 정치 면은 악화 일로를 걷는 세상 소식을 전하느라 정신이 없었습니다. 정확히 말하면 독자인 제가 정신이 없었습니다. 어떤 내용을 이 책에 담을 것인지 선택하느라 애를 먹었습니다.

혼용무도가 수그러들 기미가 보이지 않았습니다. 대통령으로 인해 대한민국이 암흑에 뒤덮여 점점 더 어지러워지고 있었습니다. 언론은 배달 역사 일만 년에 전무후무한 대통령의 억지를 도마에 올렸습니다. 국정을 포기하고 서명 운동에 나선 대통령을 질타하고 있습니다. 서명 운동에 국무총리, 장관이 뒤를 따르고 재계의 대표, 특정 기업 임직원, 그 기업의 일반 직원이 줄을 서고 있다고 합니다. 서명 운동 현황이 세월호 사건보다 신속하게 청와대로 실시간 보고되고 있다고 합니다. 처음 접할 때는 언제나 그렇듯이, 이런 내용은 믿을 수가 없습니다. 천만 명의 서명을 받겠다고 하니 강제적으로 기업을 동원하고 공무원을 동원할 수밖에 없을 듯합니다.

새누리당에서는 야당이 분열하여 180석 의석을 자신하고 있다고 합니다. 국회선진화법을 개정할 수 있는 숫자라고 합니다. 일당 입법 독재를 할 수 있다고 희희낙락하고 있다고 합니다. 표정 관리를 하고 있다고 합니다. 가는 길에 개헌선도 넘을 수 있을 것 같다는 조심스러운 관측도 나오고 있습니다. 혹자는 새누리당이 안철수의 '국민의당'과 양당 합당하면 개헌선을 확보하는 게 가능하다고 예측하기도 합니다. 언론에 보도된 국내 기사를 보면, 매일매일 세상이 점점 더 깜깜해지고 있습니다. 정희진(2016. 01. 20.) 박사의 전망도 비슷합니다.

> 지금 우리 정치의 시급한 과제가 서구 교과서에나 나오는'이념과 정책에 기초한 양당 체제' 혹은 '진보 정당의 필요성'일까? 나는 그렇게 생각하지 않는다. 내 걱정은 다음 대선 결과에 따라 남한 사회가 일본처럼 일당 체제로 굳어질 가능성이다.

어떻게 보든 2016년 1월에도 한반도 상공에는 먹구름이 가득합니다. 온 세상이 먹구름입니다. 2011년 뉴욕 증권가 점거 시위 소식을 들으며, 세계가 2대 8 사회에서 1대 9 사회로 변하고 있음을 확인할 수 있었습니다. 레디앙(2016. 01. 18.)에 따르면, 2016년 1월 우리는 충격적인 통계를 목격하게 되었습니다. 부의 양극화가 얼마나 빠르게 진행되고 있는지를 알 수 있게 되었습니다. 옥스팜 보고서에 따르면 부자 62명의 부와 지구 절반의 인구인 36억 명의 부가 등가를 이루었습니다. 1%와 99%의 부가 등가를 이루었습니다. 이제 지구는 1대 99 사회를 추월하게 되었습니다. 일찍

이 경험해보지 못한 불평등 사회에 살게 되었습니다. 지옥 같은 경쟁의 시대를 겪고 있습니다. '지옥 같은 조선'입니다.

[표] 세계 부의 분배 (2010~2015년)

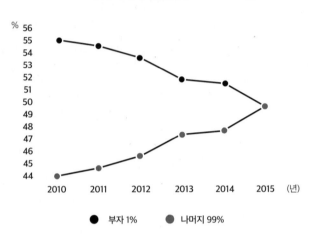

옥스팜 보고서는 "전세계 76조 달러(약 9경 2,302조 원)에 달하는 개인 재산이 역외에 있는 것으로 추정되며, 여기에 정상적으로 세금을 물린다면 매년 1천 900억 달러(약 230조 7천억 원)의 세수가 추가로 발생한다."라는 희망적인 대안도 담고 있었습니다.

위기 속에도 기회가 있다고 했습니다. 우울하지만, 이제부터는 저 멀리서 들려오는 희망적인 흐름을 전하겠습니다. 먹구름의 진원지인 영국과 미국의 정치 소식과, 가야 할 발달 교육의 선진국 쿠바와 러시아의 교육 소식을 이야기하겠습니다.

신자유주의의 출발지 영국에서 반전이 시작되었습니다. 2015년 가을 우리는 영국 노동당 당원들이 당수로 제러미 코빈이라는 옛날 좌파를 선택했다는 소식을 들을 수 있었습니다. 경향신문(2015. 09. 30.)은 그의 정치적 지향을 간단하게 언급했습니다. "가난하게 태어났다고 계속 가난해야 할 이유는 없다. 부당함을 참지 말고 편견에 맞서라. 영국은 변할 수 있고 변해야 한다.", "영국은 부유한 나라이고 일하는 사람들이 더 보호받을 수 있도록 바뀌어야 한다.", "이 사람들(보수당)이 어떻게 영국 국민들의 안위를 논할 수 있느냐. 올라가지 않는 임금과 빚더미에 몰린 가정에 '안전' 따윈 없다.", "소수만을 위한 보수당의 경제 정책은 실패." 언론에서 심층적인 내용을 접하기는 쉽지 않습니다. 강경 좌파 혹은 골수 좌파로 통하는 정치 지도자의 등장을 제대로 전달할 수 있는 대한민국 언론 분위기가 아니기 때문입니다.

어떤 의미에서 미국 대선 후보 경선을 치루고 있는 민주당 후보 버니 샌더스 관련 소식은 더 충격적입니다. 나무위키에 따르면, 그의 대표적인 공약을 다음과 같습니다.

> 샌더스는 극단적으로 치닫는 부익부 빈익빈 현상을 자주 언급하면서
> - 미국의 상위 1%의 세율을 높이고, 이 세금으로 대학 등록금을 낮춰서 학생들이 비싼 등록금 때문에 허덕이는 일을 없앨 것
> - 최저 임금을 시간당 15불로 인상하여, 주 40시간을 일하는 모든 사람이 인간답게 살도록 하고 내수도 증진시킬 것
> - 사유 건강 보험을 없애고 모든 이에게 정부 보험을 제공하는 단일 지불 제도로 변경할 것
>
> 등의 공약을 천명했다.

미국에서는 무신론자보다 사회주의자가 대통령에 당선될 가능성이 더 낮다고 합니다. 2016년 초 그런 미국 대통령 선거판에 스스로 사회주의자

임을 떳떳하게 밝힌 후보가 태풍 같은 위세를 떨치고 있습니다. 제 상식에 따르면, 아직까지 암살당하지 않고 살아 있는 것 자체가 놀랍습니다. 그는 링컨이나 케네디와 비교할 수 없는 평등의 정치 지향을 하고 있습니다. 그는 미국 경제 개혁의 12단계 전략을 제시했습니다.

미국 경제 개혁의 12단계 전략

1. 낙후한 사회 간접 자본의 재건

2. 기후 변화 반전 대책

3. 노동자 협동조합 창설

4. 노동조합 강화

5. 최저 임금 상승

6. 여성 노동자 임금의 평등화

7. 미 노동자를 위한 무역 정책

8. 누구나 갈 수 있는 대학 정책

9. 월스트리트 접수

10. 권리로서의 보편 건강 보험

11. 경제 취약 계층의 보호

12. 실효 세제 개편

— 전희경, 2015. 07. 17. 「'샌더스 현상'은 미 대선 돌풍이 될 것인가?」

중·장기적인 미국 분배 정책에 대한 로드맵처럼 보입니다. 2017년 한국 대선에서 야권 후보가 내세울 공약보다도 좌측에 있을 내용입니다. SBS 뉴스(2016. 01. 22.)의 행간은 힐러리 후보와 샌더스 후보의 지지율이 반전

될 것을 예상하고 있습니다. 미국이 한국에 미치는 영향을 고려한다면 반가운 소식입니다.

세상은 경제 불평등으로 지속적으로 꽁꽁 얼어붙고 있습니다. 차가운 바닥은 뜨거운 공기를 위로 밀어내고 있습니다. 정치판의 열기는 세상 어디서나 계속 뜨거워지고 있습니다. 20세기 초반 레닌처럼 단호한 좌파 정치인이 상종가를 치는 시대가 펼쳐지려 합니다. 곧 한국에도 그 나비 효과가 펼쳐질 듯합니다. 경제 민주화 달성과 정치 민주화 복원을 내세운 고령의 야권 선대위원장이 상종가를 치는 현상도 이런 흐름의 가장자리에 놓일 수 있을 것 같습니다.

가장 희망적인 정치 소식을 전하는 기사를 인용하겠습니다. 그 뉴스의 행간에서 희망이 저 멀리서 어떤 과정을 거쳐 얼마나 오랜 시간을 여행하여 우리 눈앞에 왔는지 찾아보았으면 좋겠습니다. 연합뉴스(2016. 01. 21.)입니다.

100% 적중 모의 대선서 샌더스, 힐러리-부시 꺾고 당선

(시카고=연합뉴스) 김 현 통신원 = 미국 대선의 첫 관문인 아이오와 코커스와 뉴햄프셔 프라이머리를 앞두고 민주당 경선 후보 버니 샌더스 연방상원의원(무소속·버몬트)의 약진이 두드러진 가운데 한 대학의 모의 대선 결과가 새로운 관심을 끌고 있다.

ABC와 NBC 등 미국 언론은 최근 민주당 경선 구도 변화를 보도하면서 일리노이 중서부의 웨스턴 일리노이 대학(WIU)이 작년 11월, 대선 1년을 앞두고 실시한 모의 대선 결과를 뒤늦게 재조명하고 있다.

당시 모의 대선 결과는 '민주적 사회주의자'를 자처하는 무소속 샌더스 의원이 민주당 경선에서 힐러리 클린턴 전 국무장관을 꺾고 대선 후보로 지명된 후 공화당 후보 젭 부시 전 플로리다 주지사와 겨뤄 미국의 45대 대통령에 당선될 것이란 예측이다.

특히 지난 1970년 중반 개발된 이 모의 대선 프로그램이 버락 오바마 대통령의 당선을 포함, 1975년부터 각 정당의 대선 후보·당선인을 맞춘 것으로 알려지면서 더 주목을 받고 있다.

WIU가 지난해 실시한 모의 대선에는 샌더스 의원과 마틴 오맬리 메릴랜드 주지사가 민주당 정·부통령 후보로, 젭 부시 전 플로리다 주지사와 마르코 루비오 상원의원(플로리다)이 공화당 후보로 등장했다. <중략>

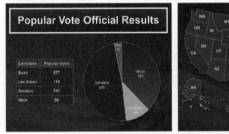

웨스턴 일리노이 대학 모의 대선 결과 보고서

WIU 측은 이 모의 선거를 "전국에서 가장 크고, 가장 정교한 것"이라고 자평하면서 "하디 교수는 1970년대 중반 아이오와 대학에서 이 프로그램을 개발해 1975년부터 각 정당의 대통령 후보와 최종 당선인을 정확히 예견했다."라고 강조했다.

WIU로 자리를 옮긴 하디 교수는 2008 대선과 2012 대선을 1년 앞두고 실시한 모의 선거에서 버락 오바마 대통령의 당선과 재선 과정을 정확히 예견해 주목받았다.

그러나 작년 11월만 해도 WIU의 모의 선거 결과는 힐러리 대세론에 치여 '의외의 결과'로 치부됐었다.

- chicagorho@yna.co.kr

빙판처럼 차갑게 얼어붙은 대지의 추위 때문에 한 사람 한 사람이 뿜어내는 분노의 열기가 1년 후에 하나의 기단을 형성하여 돌풍이, 태풍이 될 것이라는 전망을 무시했습니다. 변화는 시간을 매개로 하는 것인데, 형이상학적 감상에 젖어 세상의 변화를 예상하지 못한 것입니다. 대선 결과와 무관하게 세상 곳곳에서 이런 현상이 벌어지고 있습니다. 구조적 차원에서 전망하면, 한동안 진행될 현상입니다. 정치경제학의 풍향을 바꿨습니다. 반전이 시작되었습니다.

정치교육학으로 이야기를 전환하기 전에, 샌더스 후보가 당선될 가능성이 있다는 전망을 확인하고 제가 찾아본 내용 일부를 공유하겠습니다. 동영상에 담긴 유세 내용을 옮겼습니다. 하나는 민주당 후보자 TV 토론 내용이고, 다른 하나는 개별 홍보 내용입니다.

국민들은 더 오랜 시간을 일하지만 임금은 하락하고 있고, 새롭게 창출되는 소득과 재산은 상위 1%가 독차지하고 있습니다. <중략>

30년 동안 부의 재분배가 급격하게 진행되었습니다. 문제는 잘못된 방향으로 재분배가 진행되었다는 점입니다. 우리는 금융 위기에서 금융업계를 구제했습니다. 이제는 금융업계가 중산층을 구제하고 아이들이 등록금 걱정 없이 무상으로 대학에 다니도록 도울 차례입니다. 이를 위해서 최고 부유층과 대기업에게 재원을 부담하도록 요구하겠습니다. 오랫동안 책임을 회피했지만 이제부터는 본인들의 몫을 분담해야 합니다. 생활이 가능한 수준으로 최저 임금이 인상돼야 합니다. 일주일에 40시간 일하는 사람이라면 빈곤에서 벗어나야 한다는 것은 급진적인 주장이 아닙니다. 이 점에 대해서 누구에게도 사과하지 않겠습니다. <중략>

억만장자들에게 맞서서 국민들이 함께 힘을 합친다면 우리가 원하는 변화가 이뤄진다는 믿음을 주는 리더십입니다. 우리는 젊은이와 노동자에게 진정한 변화가 가능하다는 희망을 심어주고 있습니다. 이것이 바로 정치 혁명입니다.

유럽 특히 북유럽의 국가들을 들여다보면 건강 보험이 모든 국민의 권리이며 미국보다 적은 비용으로 더 효율적으로 운영되고 있습니다. 북유럽 국가들은 대학 수업료 논쟁이 별로 없는데 대학 교육 자체가 무료이기 때문입니다. 뿐만 아니라 급여, 휴가 기간, 병가에 대해서 노동자들은 훨씬 더 많은 혜택을 누리고 있습니다. 또한, 대단히 훌륭한 아동 보육 시스템을 갖고 있고 미국보다 훨씬 높은 투표율을 기록하는 대단히 활기찬 민주주의 사회입니다. 정리하자면, 제가 말하는 민주적 사회주의란 지금처럼 부자들을 위해 수단과 방법을 가리지 않는 거액 선거 자금 기부자들에게 조종받지 않고 보통 사람을 대변하는 정책을 추진하는 것을 말합니다.

다른 동영상도 보았습니다. 주장은 단순하고 결의는 확고합니다. 감동을 전파하고 있습니다. 제 짧은 소견입니다. 미국 대선은 이미 끝났습니다. 승패와 관계없이 부유층을 위한 반동 정치의 몰락은 시작되었습니다.

정치교육학도 마찬가지입니다. 선택, 다양화, 책무성을 강조하며 경쟁으로 치달리던 흐름이 세상 곳곳에서 반대 방향으로 바뀌고 있습니다. 배려, 필수, 책임을 중시하며 협력을 강조하는 흐름이 형성되고 있습니다. 최근 대한민국에서 불고 있는 '거꾸로 교실' 열풍도 어떤 의미에서는 이런 조류의 가장자리 모습을 보여주고 있습니다. 학생 스스로 혼자서 배울 수 있다는 신자유주의의 배경이 된 구성주의 교육이 몰락하는 징조 말입니다. 우선 교사가 개입한 동영상을 통해 학생이 교사의 교수와 만나는 과정이 복원되었습니다. 수업 중 토론을 통해 익히는 과정이 복원되었습니다. 학생 혼자서 스스로 배우는 배움의 과정이 약화되었습니다. 전통 교육이 복원되는 느낌입니다. 발달 교육으로 전진하는 양상입니다.

미약한 산들바람처럼 국내에 쿠바와 러시아 교육을 상상할 수 있는 책이 소개되었습니다. 『교육 천국, 쿠바를 가다 : 세계적 교육 모범국 쿠바 현지 리포트』와 『러시아의 기초 교육』이 그것입니다. 비고츠키의 발달 교육이 현실에서 어떤 모습으로 구현되는지를 상상할 수 있는 영감을 주는 책입니다. 발달 교육 측면에서, 전자는 꼼꼼하게 읽을 만한 책이지만, 후자는 대충 필요한 몇 쪽만 읽으면 될 책입니다. 미국 중심의 서방 세계에서 펼쳐진 교육 이야기를 넘어 세계에서 펼쳐진 교육 이야기를 들어보는 것은 균형 잡힌 비판과 올바른 판단을 위해 바람직한 일입니다.

비고츠키의 발달 교육이 얼마나 우리와 친숙한 것인지 사례 하나만 이야기하겠습니다. 그 후에 구체적인 교육 이야기로 넘어가겠습니다.

파울루 프레이리가 민중의 읽고 쓰는 능력을 키우는 데 얼마나 지대한 공헌을 했는지 대한민국 교사라면 다 알고 있을 것입니다. 그러나 지금은 제3세계에 문맹 퇴치를 위한 방법이 다른 것으로 변했습니다. 프레이리가 개발한 방법을 적용했었던 쿠바가 1970년대에 비고츠키의 발달 교육을 접목하여 개발한 새로운 방법을 사용하고 있다고 합니다. 그 효과는 현장에서 이미 검증되었다고 합니다. 세세한 내용은 책에서 확인할 수 있습니다. 최초의 모습만 전하겠습니다. 우리 전통 교육과 비교해보시면 좋겠습니다.

"소리를 내서 교과서를 읽는 것은 그렇게 함으로써 읽고 쓰기를 잘할 수 있게 되기 때문이죠. 먼저 선생님이 아이들 앞에서 큰 소리로 똑똑하게 교과서를 읽어주고, 모르는 부분이 있으면 질문합니다. 그런 후에 그룹으로 또는 한 사람이 선생님이 읽은 대로 따라서 읽습니다. 다 읽은 다음에는 공책에 옮겨 쓰거나 묻고 싶은 것을 자유롭게 질문을 하죠." <중략>

말하자면 국어 수업은 다음과 같은 단계로 이루어져 있다.
1. 선생님이 읽는 교과서 내용을 아이들이 듣는다.
2. 선생님이 소리 내어 읽었던 부분을 따라서 읽는다.
3. 지명된 학생이 틀린 부분이 있으면 급우들끼리 서로 체크한다.
4. 공책에 내용을 옮겨 적는다.
5. 아이들 모두가 읽은 부분의 내용을 서로 토론한다.

"교과서를 이해하는 데에는 3단계가 있습니다. 우선 내용을 이해하는 거예요. 다음은 내용에 대해서 주체적으로 질문하는 거구요. 마지막으로, 읽은 부분을 그 밖의 표현으로 바꿀 수 있는 것, 말하자면 창조적인 학습을 하는 거죠."

— 요시다 다로, 2012; 43~44

제가 초등학교에서 겪었던 일이 떠오릅니다. 발달 교육은 이렇게 작은 일에서 시작되는 것입니다. 우리가 버리도록 강요받았던 것이 우물 밖에서는 최고로 인정받고 있습니다. 형이상학적 구성주의자들은 "네 시작은 미약하였으나 네 나중은 심히 창대하리라."(욥기 8장 7절)라는 성경 말씀에 담긴 변증법적 지혜부터 성찰해야 합니다.

5

주체
교육

1부에서 지난 백 년을 돌아보며 우리 교육이 했던 가장 핵심적인 기능은 노예를 만드는 것이었다고 단정했습니다. 사전의 정의에 따르면, 노예 교육의 특징은 ① 민족과 계급에 대한 주체 의식을 마비시키고, ② 노예적 굴종 사상을 불어넣으며, ③ 현대적 과학 기술을 배울 수 없게 하는 것입니다. 이를 검토하면서 노예 교육의 내용 측면에서 일본에 대한 복종을 심어주는 식민지 교육 내용은 찾아보기 어려웠다고 언급했습니다.

자본가에 복종하는 교육 내용은 검토하지 않았습니다. 2015 개정 사회과 교육과정을 보면, 주체적인 계급 의식을 마비시키는 교육 내용이 추가되었습니다. 그동안 교과 내용을 선택하면서 형식적으로나마 중립을 지키려던 학계의 노력이 무너졌습니다.

노예 교육의 태도 측면을 집중 검토했습니다. 교육이 무기력한 인간을 양산하고 있다고 단정했습니다. 입시 교육이라는 자극적인 현상보다도 매일매일 진행되던 수업 방식이 더 문제였다고 지적했습니다. 대책은 학생에게 더 많은 선택 기회와 참여를 독려하는 수업 방식이라고 처방했습니다. 사례로 협력 수업을 언급했습니다. 최근 교사의 관심을 끌고 있는 수업은 학생의 선택과 참여를 확장시키는 수업 방법들이라는 공통점이 있습니다.

노예 교육의 세 번째 특징은 언급하지 않았습니다. 학생이 자기 삶의 문제를 능동적으로 해결하는 능력을 습득했는지 살펴보면 충분할 것입니다. 대다수 졸업생이 그런 능력을 지니지 못했다는 사실을 누구나 공감할 것입니다.

노예 교육의 후유증은 교사에게도 나타난다는 말을 덧붙였습니다. 서로 닮아간다고 했습니다. 학생이 수동적인 인간으로 전락하는 과정은 동시에 교사가 수동적인 인간으로 후퇴하는 과정입니다.

지금부터는 무기력하고 수동적인 인간을 양산하는 교육의 기능을 주체적이고 능동적인 인간을 양산하는 것으로 전환하기 위해 어떻게 해야 할지를 같이 고민하겠습니다.

무엇보다도 먼저 반성이 있어야 합니다. 곽노현 전 서울시교육감의 페이스북에서 본 글을 공유하겠습니다. 인천시 남구 청소년 수련원 벽면에 있는 글입니다.

> 판단 없이 열심히 가르치는 수업은 얼마나 위험한가.
> '무엇을, 왜'라는 질문 없이 진행하는 수업은 얼마나 무책임한가.
> 무조건 성실한 교사는
> 우리 공동체의 미래에 얼마나 위험한 존재인가.
> 방향 없는 열정은 무책임한 폭력이다.

벽면에 쓰여 있는 내용에 따르면, 무엇을 왜 가르치는가라는 질문을 던지고 차분하게 판단하면서 수업을 해야 한다고 합니다. 열정으로만 성실하게 가르치는 교사는 무책임한 폭력을 휘두르는 위험한 존재라고 합니다.

이것은 노예 교육에서 주체 교육으로 방향 전환을 하는 데 필요한 말들입니다. 여기에 수업 방법에 대한 이야기는 없습니다. 무엇을 수업할 것인지 그리고 왜 그것을 수업해야 하는지 스스로에게 자문하라고 합니다. 지금까지 그렇게 했는지 돌아봐야 합니다. 이런 고민 없이 곧장 수업 방법으로 넘어가지 않았는지 반성해야 합니다.

'방법에 대한 과잉 신념화'라는 제목으로 페이스북에 올라온 내용을 확인해보겠습니다.

오른쪽 [표]에서와 같이 수업 방법이 36개나 제시되어 있습니다. 수업 방법의 홍수 속에 제 갈 길을 잃고 헤매는 교사의 모습이 그려집니다. 그동안 얼마나 많은 학습법과 교수법을 익혔는지 기억도 나지 않습니다. 매년 새로운 수업 기법이 판매되었습니다. 3년 전에 유행했던 것도 기억이 나지 않습니다.

이러한 행동은 뭔가 모든 것을 해결해줄 최적의 수업 방법이 존재할 것이라는 메시아적 믿음과 연결된 것 같습니다. 함영기(2014; 284)는 "일부 한국 교사들에게서 나타나는 이 수업 방법에 대한 '과잉 신념화' 역시 바람직하지 못한 현상"으로 경계했습니다. 무엇을 왜 가르치는가를 모르는 상황에서 어떻게는 고민할 가치가 없습니다. 어떻게는 무엇을 왜 가르치는가에 대한 처절한 고민의 부산물이기 때문입니다.

주체 교육으로 나아가기 위해 노예 교육을 넘어서야 합니다. 이제부터 노예 교육을 내용(민족, 계급), 태도(수동, 무기력), 발달(핵심 역량, 핵심 능력)로 나누어 살펴보겠습니다. 교사가 반성해야 할 지점을 조금 더 구체화했습니다.

개념 학습	프로그램 학습	프레네 교육	문답 학습
발견 학습	자기 주도 학습	발도르프 교육	대화식 수업
탐구 학습	문제 해결 학습	프뢰벨 교육	구안법
유의미 학습	프로젝트 학습	몬테소리 교육	극화법
열린 교육	이러닝, 유러닝	소집단 학습	모의 실험
배움의 공동체	ICT 활용 교육	개별 학습	통합 교육
교과 교실제	거꾸로 교실	일제 학습	매체 학습
협동 학습	스마트러닝	팀티칭	미디어 활용 학습
토론 학습	블랜디드러닝	시청각 교육	놀이 학습

먼저, 내용(민족, 계급) 측면에서 무엇을 왜 가르쳤는지 자문해봐야 합니다. 가치와 관련된 교과 내용을 평가하고, 좀 더 강화되어야 할 교육 자료가 있는지 살펴야 합니다. 어떤 내용을 압축해서 넘어가야 할지 판단해야 합니다. 학생이 충분히 이해하여 개념을 확장해야 할 경우에 어떤 내용을 추가할 것인지 고민해봐야 합니다. 최근 흐름을 보면 노동권 교육이나 민주 시민 교육이나 인성 교육과 관련된 어떤 내용을 교과 내용과 접목할 것인지 동료와 논의해봐야 합니다. 강원도라면 공감과 협력을 강화하는 어떤 내용을 활용할지 고민해봐야 합니다. 무엇을 왜라는 질문을 스스로 대답하다 보면, 수업 시간의 흐름과 수업에서 주시해야 할 지점이 대충 결정됩니다. 특정한 수업 방법을 적용할 필요가 없어집니다. 학생의 의견을 수렴하면서 고민하면 됩니다.

다음으로, 태도(수동, 무기력) 측면에서 무엇을 왜 가르쳤는지 반성해봐야 합니다. 수업의 흐름과 활동 방식에서 학생의 역할을 어떻게 설정했는지 차분히 돌아봐야 합니다. 지난번 수업 장면을 회상하며, 학생이 했던 역할이 내가 의도했던 것인지 질문해야 합니다. 생각 없이, 교과서대로 따라한 것이라면 또는 늘 하던 관행을 따른 것이라면 깊이 반성해야 합니다. 그런 반성을 촉구하는 것은 그 수업이 잘못되었다는 비판이 아닙니다. 제가 지적하고자 하는 점은 교사가 자기 수업에 자신의 의지를 담지 못했다는 것입니다. 교사가 먼저 주체 교육의 첫걸음을 내딛어야 합니다. 학생이 적극적이고 능동적으로 수업에 참여하도록, 학습에 나설 수 있도록, 사회에서 스스로 문제를 해결할 수 있도록 교육해야 한다는 중요한 사실을 상기시키기 위해서입니다. 학생이 적극적이고 능동적으로 수업에 참여하도록 하려면 교사가 주체적으로 노력해야 합니다. 수업의 흐름을 어떻게 구조화해야 할지, 수업 활동을 어떤 방식으로 진행할지 윤곽을 그려야 합니다. 수업 내용을 어느 정도 조정할지도 예상해야 합니다. 학생의 의견을 어느 정도 수렴할지, 수업 활동의 형태를 어느 정도 열 것인지 미리 그려봐야 합니다. 모둠마다 학생은 다른 학습 방법을 선택할 수도 있습니다. 매 수업이 끝나면 수업 과정을 돌아보며, 교사는 스스로의 계획과 실천을 주체적으로 반성해야 합니다.

마지막으로, 발달(핵심 역량, 핵심 능력) 측면에서 무엇을 왜 가르쳤는지 돌아봐야 합니다. 학생의 어떤 능력을 향상시키기 위하여 수업을 어떻게 진행했는지 자문해야 합니다. 혹시 교과의 지식을 제대로 전달하는 것에만, 활동을 통해 학생이 스스로 무엇을 발견하게 하는 것에만 신경을 쓰고 있었던 것은 아닌지 반성해야 합니다. 교육 기본법은 명령하고 있습니다. 학생의 전면적 발달을 지향하는 교육을 실시해야만 한다고 강제하고 있습니다. 당연히 교사는 다양한 영역에서 학생의 문화적 능력을 키워주기 위해 교육을 실시해야만 합니다. 학생은 교사가 가르친 문화적 능력을 자연스럽게 사용할 수 있도록 습득해야만 합니다. 교과의 지식이나 학생의 활동은 그런 교육 목적을 달성하기 위한 수단입니다.

대한민국 교육계는 불행하게도 학생의 문화적 능력 습득이라는 교육의 가장 중요한 측면을 고민하지 않았습니다. 교사 양성 기관에서 교육을 받을 때도 그랬습니다. 학교에서 교육을 할 때 누구나 믿고 참고했던 교과서도 그랬습니다. 학생의 장기적 변화를 고민하는 국가 교육과정도 그랬습니다. 본질적 측면에서 보면, 2015 개정 교육과정은 20년 전과 똑같습니다. 구성주의 교육과정입니다. 20년 전에는 창의능력을 키우는 교육을 하라고 지시를 했습니다. 변한 것은 가르치라고 지시한 능력이 6개로 늘어났을 뿐입니다. 6개의 핵심 역량이 그것입니다. 자기관리역량, 지식정보처리역량, 창의적 사고역량, 심미적 감성역량, 의사소통역량, 공동체역량이 그것입니다. 20년 동안 변한 것은 창의능력 하나에서 창의능력과 인성능력 둘로, 지금은 6개로 국가가 교사에게 키우라는 문화적 능력이 늘어난 것뿐입니다.

구성주의 교육과정, 지난 20년 동안의 7차 교육과정은 능력은 타고나는 것으로 치부했습니다. 대전제였습니다. 세월이 지나면 성장하듯이 인지 구조가 질적으로 변화해서 그런 능력을 발현할 수 있다는 것입니다. 1968년 국민교육헌장이라는, 대한민국 교육의 지표를 담은 헌장이 제정되었습니다. 그때부터 우리는 묻지도 못하고 민족을 중흥할 능력을 가지고 태어났다고 주입받았습니다. 암기하지 못하는 학생은 체벌을 받았습니다. 그 여파 때문인지 21세기에도 학교 교육에서 가르쳐야 할 문화적 능력도 가지고 태어났다는 광신적 믿음에 근거해 교육 체제가 운영되고 있습니다.

이런 잘못된 교육의 전제, 엉터리 담론 때문에 대한민국 교사는 무엇을 왜 가르치는지를 묻고 대답하는 과정을 제대로 밟아가지 못합니다. 이를 넘어서야 주체적인 교육을 펼칠 수 있습니다. 과학적으로 주체를 세우는 교육이 가능합니다.

핵심 역량에 대한 10여 년의 연구에 한 걸음 진전이 있었습니다. 최근 연구 결과물에 따르면, "핵심 역량은 (……) 초·중등 교육을 통해 모든 학습자가 길러야 할 기본적이고, 필수적이며, 보편적인 능력"이라고 정의했습니다. 이런 성과에 근거했는지 몇몇 교과 교육과정은 창의적 사고역량을 초등학교 교육과정에서 배제했습니다. 발달 단계를 고려한 것입니다. 아마도 학습자가 창의적 사고 능력을 발달시키기 위해 필요한 하위 능력을 키우는 데 걸리는 시간을 인정한 듯합니다. 하지만 3부에서 확인할 수 있듯이, 2015 개정 교육과정은 문화적 능력을 교육하기 위해 그것을 교육과정에 연차적으로 배열함에 있어 핀란드 2004 핵심 교육과정보다도 수준이 떨어집니다.

노예 교육을 넘어서기 위한 방향을 모색했습니다. 그 과정에서 노예 교육의 내용을 인천시 남구 청소년 수련원 벽면에 있는 글을 잣대 삼아 살펴보았습니다. 무엇을 왜 가르치는지 질문해봤습니다. 살아 생동하는 개별 학생에게 무엇을 왜 가르쳐야 하는지 교사는 질문해야 합니다. 이 작업이 생략되면 성실하게 열정적으로 행한 수업이 역설적이게도 우리 공동체의 미래에 해악을 끼치게 됩니다.

정리하겠습니다. 노예 교육을 넘어서는 첫걸음은 성인이, 교사가 먼저 주체로 서는 모범을 보이는 것입니다. 무엇을 왜 가르치는지 질문하고 고민하고 대답을 선택해야 합니다. 계속해서 질문하고 고민하고 선택해야 합니다. 교단을 떠나는 날까지, 아니 떠난 후에도 고민해서 대한민국 교육 문화를 풍성하게 해야 합니다.

노예 교육을 넘어서는 결정적 진척은 교사가 교사와 함께 질문하고 고민하고 대답을 선택하는 모범을 보이는 것입니다. 나 혼자의 주관적 대답을 넘어 동료 교사의 주관적 대답을 합해보는 것입니다. 더 나아가 교사

공동체의 대답을 합해보는 것입니다. 객관적 대답을 추구하는 것입니다. 우리의 실천을 객관적 인식으로 확장하여 체계적으로 분석하고 종합하여 과학적인 대답을 찾는 것입니다. 미래 교육 사회가 요구하는 창조적 문제 해결능력을 현실에서 펼치는 것입니다. 이런 측면에서 교사 연구 공동체 활동이 강조돼야 할 것 같습니다. <u>협력 연구와 함께 해나가는 교육 실천을 원칙으로 제시하겠습니다.</u>

제가 좋아하지 않는 정치인의 격언을 전하고 마치겠습니다. 비스마르 크는 "어리석은 자는 경험에서 배우고, 현명한 자는 역사에서 배운다."라고 했습니다. 이는 어리석은 자는 겪은 후에나 알고 현명한 자는 겪지 않고도 알 수 있다는 뜻일 듯합니다. 저는 한 걸음 더 나아간 해석을 하겠습니다. 진짜 어리석은 교사는 '자기' 경험에서만 배우고, 현명한 교사는 '우리' 역사에서 배웁니다. "내가 과거에 무엇을 해봐서 아는 데……"라고 하면서 무언가를 주장하는 자를 경멸해야 합니다. 그들의 주장을 경계해야 합니다. 이명박 전 대통령뿐만 아니라 누구라도 경멸해야 합니다. 그들의 말을 경계해야 합니다. 교사는 자기 경험의 생생함, 겪었던 감각의 격렬함에 굴복하지 말아야 합니다. 동료의 도움을 받아, 역사의 교훈을 잣대로 겪은 일을 객관적으로, 체계적으로, 개념적으로 인식하려 노력해야 합니다.

진보적인 교사는 우리들의 실천적 경험인 역사에서 배워야 합니다. 그러한 실천이 역사가 됩니다. 앞으로 나아가고자 하는 교사라면, 한 걸음이라도 더 객관적 인식에 기초하여 체계적으로 반성하기 위해 모여 함께 노력해야 합니다. 자기 경험과 우리 역사를 연결해서 객관을 지향하는 교사의 삶은 그 자체가 지난 백 년의 노예 교육을 타파하는 교육 혁명의 위대한 역사입니다.

6

변증법적
유물론

1부에서 노예 교육이 학생에게만 피해를 준 것이 아니라 교육자에게도 해악을 미쳤다고 했습니다. 그러한 해악을 편협한 이분법적 사고라고 단정했습니다. 대립물의 어느 한쪽만을 취하는 단편적인 흑백 논리로 귀결된다고 했습니다. 수업을 교수냐 학습이냐의 문제로, 학습을 배움이냐 익힘이냐의 문제로 축소해서 그중 하나를 선택한다고 했습니다. 구성주의 담론은 학습을 그리고 배움을 선택합니다. 거기에는 교수가 없고 익힘이 없습니다. 그래서 우리는 국가 교육과정 공청회장에서 학생이 익힐 시간이 없다는 불만을 끊임없이 제기했습니다. 교과 교육과정의 내용이 너무 많다고 내용을 줄여달라고 요구했습니다.

편협한 이분법적 사고의 극단은 '지금 여기'의 '나'만을 생각하는 것입니다. 수업하면서 학생도 생각하지 않는 것입니다. 오직 '지금 여기'의 '나'만을 생각하는 것입니다. 동료 교사도 없습니다. 지난 시절의 자기도 없습니다. 역사가 진행되는 동안 지구에 존재했던 우리 전체를 없는 것으로 치부하는 것입니다. 2016년 3월 대한민국 특정 교실에서 학생을 지도하는 나를 인류 역사와 동시대 지구 공동체에 연결하면서 우리 교사 일반과 관련시켜야 합니다. 부분과 전체의 복잡한 관계를 종합하여 나의 인식과 행위를 돌아봐야 합니다. '지금 여기'의 '나'만을 기준으로 성찰해봐야 주관주의의 무지몽매를 벗어나기 어렵습니다.

종합적이고 전체적인 생각, 부분과 전체를 함께 인식하는 생각, 변화하는 과정을 헤아리는 생각이 필요합니다. 이런 생각이 체계를 이루어 만들어진 철학이 있습니다. 변증법적 유물론입니다.

변증법적 유물론을 소개하겠습니다. 1980년대에 기계적인 내용으로 국내에 수입되었습니다. 최근에는 많은 교사가 그런 사고 체계가 있다는 것 자체를 모르고 있습니다. 젊은 교사는 더더욱 그렇습니다. 강연을 다니며 중간에 변증법적 유물론을 설명하는 기회가 여러 번 있었습니다. 언제나 어려워했습니다. 그래서 두루뭉술하게 이 장의 제목을 '종합적인 사고' 혹은 '전체적인 사고'로 하려고도 했습니다. 하지만 용기를 내어 '변증법적 유물론'으로 정했습니다. 최근 머리가 지끈거릴 때 좀 쉬려고 춘천시립도서관에서 문학 작품을 대출하여 읽었습니다. 우연이었습니다. 변증법적 유물론으로 이야기를 풀어가는 작품이 많았습니다. (이어지는 내용에서 몇 작품을 인용했습니다.) 그래서 정면 돌파하기로 작심했습니다. 쉽게 설명하면 독자가 이해할 수 있을 것이라는 주관적 낙관으로 결정했습니다. 쉽게 풀어가려면 분량이 늘어나야 합니다. 교육과 연결해서 3대 법칙만 간결하게 제시하겠습니다.

변증법은 본질이 변한다는 것을 전제합니다. 대립되는 관점은 본질을 고정된 것으로 파악하는 형이상학입니다. 인간의 본질이 고정되어 있다고 판단한다면 형이상학적 판단이고 역사 과정에서 변한다고 인식하면 변증법적 인식입니다. 유물론은 최초의 작용이 물질적인 것에서부터 시작되었다고 가정합니다. 관념론은 최초의 작용이 관념적인 것에서부터 시작되었다고 가정합니다. 차상섭(2014. 12. 26.)은 "유물론은 세계는 물질로 이루어졌으며, 정신이나 의식 따위는 물질의 산물이라고 보는 입장이고, 관념론은 정신이나 이성과 같은 인간의 의식을 이 세상의 본질적인 것으로 보면서, 이에 의해 물질적 현상을 밝히려는 입장"이라고 쉽게 구분했습니다.

인터넷에서 유물론, 관념론, 변증법, 형이상학을 검색하면 쉽게 정보를 얻을 수 있습니다. 관계도 파악하고 싶다면, 유물론과 관념론, 변증법과 형이상학을 검색하면 원하는 정보를 얻을 수 있습니다. 유물론을 검색했습니다. 독자에게 소개할 자료는 두산백과사전의 설명입니다. 공유하겠습니다.

> **요약** : 물질을 제1차적·근본적인 실재로 생각하고, 마음이나 정신을 부차적·파생적인 것으로 보는 철학설.

> **설명** : 유물주의(唯物主義)라고도 한다. 정신을 바로 물질이라고 주장하는 입장 또는 물질(뇌)의 상태·속성·기능이라고 주장하는 입장 등 여러 입장이 있다. 원래 철학 용어로서는, 세계의 본성(本性)에 관한 존재론(存在論)상의 입장으로서 '유물론'과 '유심론(唯心論)'을 대립시키고, 인식의 성립에 관한 인식론(認識論)상의 학설로서 '실재론(實在論)'과 '관념론(觀念論)'을 대립시키는 것이 올바른 용어법이다.

> 그러나 실제로 '유물론'은 '관념론'의 대어(對語)로 사용된다. 그 까닭은 근본적으로 근세 철학에서 유물론은 실재론적 입장의 세계를 구성하는 '물질적 실체'에 근거를 두고 존재론이라는 형식으로 자기 주장을 해왔던 데 대하여, 관념론은 유심론적 입장이 '사고(思考)하는

우리'에게 근거를 두고 인식론적으로 전개해왔기 때문이라고 생각할 수 있다. 또 '유물론'으로 19~20세기에 걸쳐 커다란 영향력을 끼친 엥겔스가 용어법으로서 '유물론과 관념론'이라는 대어를 사용한다는 사실과 그것을 계승한 레닌이 '오해를 초래하는 것'이라고 하여 '실재론'이라는 용어를 배척하였다는 사정도 있다.

— [네이버 지식백과] 유물론(materialism, 唯物論) / 두산백과

저는 학술적 의미보다는 당파적 의미를 살려 유물론과 관념론을 대어로 사용하고 있습니다. 백 년 전 블라디미르 일리치 레닌이 『유물론과 경험 비판론』을 쓰며 그랬던 것처럼, 학술적 의미보다는 전투적 의미를 살려 변증법적 유물론과 구성주의를 대어로 설정하고 있습니다. 제 글을 읽으며 행간에 담긴 숨은 뜻을 눈치채고 있었습니까? 독자 여러분도 글을 읽으며 글쓴이의 입장을 파악하는 능력을 키우고 싶다면 체계적으로 이런 핵심적인 용어에 대한 개념을 형성해야 합니다.

이제 변증법적 유물론으로 넘어가겠습니다. 쉽게 소개하기 위해 네이버 지식백과를 참고했습니다. 『청소년을 위한 서양 철학사』에 있는 내용입니다.

자연의 원리를 사회에 적용하다, 변증법적 유물론

그렇다면 그(마르크스)의 가장 중요한 철학인 변증법적 유물론에 대해 알아보도록 하자. 마르크스는 물질의 변증법적 발전이 결국 사회 체제의 변증법적 발전으로 이어진다고 봤다. 그런데 여기에는 다시 세 가지 법칙이 있다.

첫째, 부정(否定)의 부정 법칙이다. 엥겔스에 의하면, 가령 보리씨 하나를 땅에 심고 그것이 적당한 환경을 만나면 싹이 나온다. 보리씨 그 자체가 부정되는 대신에, 거기에서 한 식물의 줄기가 나오는 것이다. 그러나 다시 이 줄기가 자라 꽃을 피우고 열매를 맺어 많은 보리씨를 생산한다. 즉, '부정의 부정'을 통해 한 알의 보리씨가 열 배, 서른 배의 결실을 얻는 것이다. 또한 양적으로 더 많은 씨를 얻을 뿐만 아니라, 질적으로도 더 개량된 씨를 얻는다.

마르크스는 이러한 원리를 인간 사회에 적용한다. 가령 자기 노동(가내 수공업) 등에 근거한 사유 재산을 첫 번째로 부정한 것이 자본주의(대규모 공장) 아래에서 나타난 사유 재산이다. 그리고 이것은 자유노동자들이 서로 돕고 그들이 생산 수단을 공동으로 소유함으로써 다시 개인적 소유를 불러일으킨다. 바로 부정의 부정을 통해 공산주의 사회가 도래하는 것이다.

둘째, 대립물의 투쟁과 통일 법칙이다. 우리는 자연 세계에서 긍정적인 면과 부정적인 면이 서로 싸우다가 다시 통일되면서 거듭 발전하는 것을 볼 수 있다. 마치 생명체의 세포 분열과 같다고 할 수 있다. 이러한 예는 수없이 많은데, 수학에서는 미분과 적분이 있고, 역학에서는 작용과 반작용이 있다. 그리고 물리학에서는 양전기와 음전기, 화학에서는 원자의 화합과 분해가 있으며, 사회과학에서는 무산 계급과 유산 계급이 있다.

이러한 엥겔스의 이론을 마르크스는 곧 사회에 적용시킨다. 즉 프롤레타리아와 부르주아의 두 계급이 처음에는 서로 협력하지만, 결국에는 두 계급 사이에 모순이 생겨나 프롤레타리아 계급에 의해 자본주의 사회가 무너지고 만다는 것이다.

셋째, 양에서 질로의 변화다. 눈에 띄지 않는 점진적인 양의 변화가 쌓여 일정한 단계에 이르면, 갑자기 질적 변화를 일으켜 낡은 질은 없어지고 새로운 질이 나타난다. 예컨대, 물을 끓일 경우 그것이 일정한 온도를 넘어서지 않는 한 아무 일도 일어나지 않다가 99도에서 100도에 이르는 순간, 액체는 기체로 변하여 질적 변화를 일으킨다. 철광석의 경우 그것을 아무리 잘게 부숴도 여전히 철의 성질을 지니고 있지만, 일정한 한계점에 도달하면 더는 철의 성분을 유지할 수 없게 된다. 우라늄도 한계량에 도달하면 핵분열을 일으키고, 순간적인 연쇄 작용에 의해 원자의 폭발과 파괴 현상을 가져온다.

이와 마찬가지로, 인간 사회의 발전 역시 점진적으로 어느 단계에 도달하면, 갑자기 질적인 변화를 가져온다. 자본주의 사회의 모순이 어느 시점까지는 아무리 많이 쌓이더라도 그 체제가 변하지 않다가, 일단 한계를 넘어서면 스스로 내적인 모순이 폭발해 아주 새로운 사회로 변모하는 것과 같다.

— [네이버 지식백과] 「학생 감옥에 갇히다, 마르크스」 /

『청소년을 위한 서양철학사』, 평단문화사

중·고등학생을 위한 자료답습니다. 헤겔의 변증법적 관념론과 마르크스의 변증법적 유물론도 구분하지 않았습니다. 도식적으로 곧장 변증법적 유물론의 3대 법칙을 소개합니다. 법칙을 포괄하는 것을 이론이라고 합니다. 변증법적 유물론이라는 이론을 지탱하는 핵심적인 세 법칙을 소개한 것입니다. 아인슈타인의 특수 상대성 이론을 설명하는 대신 $E=mc^2$이라는 등식 하나를 소개한 것과 같습니다. 에너지(E)는 물체의 질량(m)과 빛의 속도(c)의 제곱에 비례한다는 공식으로 특수 상대성 이론이 설명될 수는 없습니다. 맛만 보는 것입니다. 체계적으로 변증법적 유물론을 이해하려면 레닌(1988)의 『유물론과 경험 비판론』을 읽어보시면 좋을 듯합니다.

위에서 행한 세 법칙에 대한 소개만으로는 세상 만물의 변화를 이해하는 데 기여할 법칙을 삶에서 부릴 수 없습니다. 다양한 사례로 채워야 할 것 같습니다.

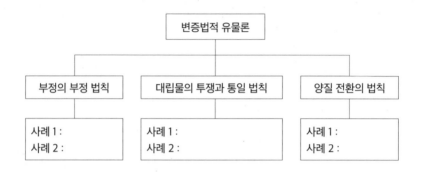

사례를 통해, 예를 들면 생생한 감각, 구체적인 사실, 겪었던 경험, 간접 체험과 연결된 본보기를 통해 추상적인 법칙이나 이론에 대한 이해를 높일 수 있습니다. 추상과 구체를 자유롭게 연결할 수 있어야 제대로 이해한 것입니다. 추상과 구체를 자유자재로 풍부하게 연결할 수 있어야 이해능력이 충만한 것입니다. 각 법칙의 진면목을 드러내는 생동하는 보기를 제시해보겠습니다.

1) 대립물의 투쟁과 통일 법칙

우선, 1부의 만연한 이분법적 사고와 밀접하게 연결된 '대립물의 투쟁과 통일 법칙'부터 알아보겠습니다.

형식논리학은 대립물을 얼추 이분법적 사고의 양극단에 놓인 것과 같은 것으로 봅니다. 애(愛)와 증(憎)이, 선(善)과 악(惡)이, 감성(感性)과 이성(理性)이, 실천(實踐)과 이론(理論)이 대립물입니다. 거의 반대말이라고 보면 됩니다. 이분법적 사고는 대립물이 개별적인 것으로 격리되어 있다고 전제합니다. 그중 하나를 선택해야 하는 것으로 보는 인식의 편협함을 특징으로 합니다.

변증법적 유물론은 대립물이 밀접한 관계를 가지고 있다고 전제합니다. 두 대립물은 투쟁하기도 하고 화해하듯이 하나처럼 통일되어 있기도 합니다. 그 둘의 관계는 고정되지 않고 복잡 미묘하게 변합니다. 두 대립물이 어떤 순간에 각각 어떤 모습을 띄고 있는지 잘 살펴야 변화하는 전체의 양상을 파악할 수 있습니다.

대립물에 대해 살펴보겠습니다.

우리가 경험하는 현실(현상)에는 형식논리학에서 다루는 대립물만 있는 것이 아닙니다. 거기에는 너무도 많은 것들이 있습니다. 단지 우리가 특정한 시각에 근거하여 두드러진 인상적인 대립물을 선정할 뿐입니다. 인식의 편리성을 위한 조치입니다. 똑같은 사건을 보면서 혹자는 남자와 여자를, 다른 사람은 지배받는 민족과 지배하는 민족을, 또 다른 사람은 지배받는 계급과 지배하는 계급을 그 사건을 관통하는 대립물로 설정할 수 있습니다. 인간사는 다 그렇게 복잡한 요인들이 혼재되어 발현되는 현상입니다. 여기에는 어떻게 대립물을 추출하는 것이 옳고 그르다는 문제가 개입할 수 없습니다. 선택의 문제는 연구자의 **연구 목적**이 무엇이냐의 문제일 뿐입니다.

하지만 현상에 압도되어 혹은 기존 관습에 굴복하여 관행대로 대립물을 추출하여 경험한 현실을 분석하고 종합하여 설명해서는 안 됩니다. 주체적으로, 능동적으로, 목적의식적으로 대립물을 추출해야 합니다. 그때 기억해야 할 원칙은 간단합니다. 실제로 알고 싶은 것에 충실해야 합니다. 자신의 연구 목적에 복종해야 합니다. 자신의 연구 목적에 맞는 연구 대상의 대립물을 추출해야 합니다.

예를 들어보겠습니다. 수업을 분석 대상으로 설정했습니다. 그렇다면 대립물은 교수 행위와 학습 행위가 될 수 있습니다. 또는 교사의 행위와 학생(들)의 행위가 될 수도 있습니다. 더 세세하게 설정할 수도 있습니다. 교수해야 할 교과 내용과 학습한 교과 내용이 될 수도 있습니다. 교사의 질문 방식과 학생의 대답 방식이 될 수도 있습니다.

전통적으로 설정했던 그러나 잊고 있었던, 가르치는 방식(교〔敎〕)과 가르칠 내용(수〔授〕)을 설정할 수 있습니다. 마찬가지로 배우는 방식(학〔學〕)과 익히는 과정(습〔習〕)을 설정할 수도 있습니다. 교학(敎學)처럼 수습(授習)도 대립물로 설정할 수 있습니다. 여기 제시된 두 대립물의 관계를 조상님은 이분법적으로 파악하지 않았습니다. 교학상장(敎學相長)이 그 실례입니다. 수업을 고민할 때 교사가 앞으로 가르칠 내용과 학생이 이미 익힌 내용을 대립물로 설정하는 것이 우리의 전통적 발달 교육과 궁합이 맞습니다. 비고츠키의 발달 교육과 잘 어울립니다.

구성주의적 발달 교육이라면 추출해야 할 대립물이 달라야 할 듯합니다. 배움을 연구 대상으로 설정한다면, 대립물은 전체(인지 구조)와 부분(지식 구성)이 되어야 할 것 같습니다. 잘 알고 있듯이, 동화와 조절이 대립물로 설정될 수도 있습니다.

비고츠키의 발달 교육에 맞게 분석하려면 수업의 단위가 40분이 아니라 학년군 개념처럼 2년, 3년이 될 수도 있습니다. 연속된 단위 수업들

전체를 발달 수업이 전개되는 하나의 흐름으로 봐야 할 필요가 생깁니다.

대립물을 설명하다 너무 깊은 이야기로 흘렀습니다. 대립물의 '투쟁과 통일'로, 대립물의 '관계'로 넘어가기 전에 심화된 내용 하나만 가볍게 언급하겠습니다.

조상님은 세상 만물은 변화한다고 했습니다. 세상만사의 변화를 인식하기 위해서는 먼저, 각 현상에 있는 대립물을 추출해야 합니다. 지금까지 이야기한 사례는 세상만사에서 대립물을 추출하는 데 부족합니다.

비고츠키는 이런 고민을 해결할 수 있는 모범을 보였습니다.『생각과 말』에서 보여준 것처럼 생각과 말을 대립물로 추출했습니다. 대립물의 변화 양상을 파악하기 위해, 시시각각 대립물이 창출한 관계를 알아내기 위해 그는 낱말의 의미에 주목했습니다. 개요만 언급하고 이야기를 이어가겠습니다.

비고츠키는 대립물이 현상의 양극단이라는 기존 관례를 넘어섰습니다. 현상에 드러난 **가장 이질적인 것**으로 확장시켰습니다. 우리가 무엇을 의식할 때 작동하는 생각과 말을 대립물로 추출해냈습니다. 그는 가장 이질적인 것을 대립물로 설정한 많은 사례를 제공했습니다. 교육과 밀접한 관계가 있는 사례들입니다. 대립물의 관계에서 이야기하며 몇 가지 보기를 들어보겠습니다.

이제부터 대립물의 관계를 살펴보겠습니다.

대립물 각각을 개별적인 것으로 단절된 것으로 파악하는 이분법적 사고를 넘어서기 위해서는 대립물의 관계를 살펴야 합니다. 전문 용어로 표현하면, '대립물의 내적 연관'을 살펴야 합니다. 잘 드러나지 않는 연결된 관계를 파악해야 합니다.

변증법적 유물론에서는 관계를 크게 '투쟁과 통일'로 제시했습니다. **투쟁**은 주도권을 다투는 현상을 이야기하는 것입니다. 서로 제가 우두머리가 되겠다고, 주연이 되겠다고, 중심이 되겠다고 격렬하게 갈등하는 현상입니다. **통일**은 하나의 현상에 함께 어울려 존재하는 갈등이 완화된 모습입니다.

대립물이 변화하면서 펼치는 역동성을 느끼기 위해 문학 작품을 인용하겠습니다. 김훈(2014)의 「칼의 노래」에 나오는 내용입니다.

칼로 적을 겨눌 때, 칼은 칼날을 비켜선 모든 공간을 동시에 겨눈다. 칼은 겨누지 않은 곳을 겨누고, 겨누는 곳을 겨누지 않는다. 칼로 찰나를 겨눌 때 칼은 칼날에 닿지 않은, 닥쳐올 모든 찰나들을 겨눈다. 적 또한 그러하다. 공세 안에 수세가 살아 있지 않으면 죽는다. 그 반대도 또한 죽는다. 수(守)와 공(攻)은 찰나마다 명멸한다. 적의 한 점을 겨누고 달려드는 공세는 허를 드러내서 적의 공세를 부른다. 가르며 나아가는 공세가 보이지 않는 수세의 무지개를 동시에 거느리지 못하면 공세는 곧 죽음이다. 적과 함께 춤추며 흐르되 흘러들어감이 없고, 흐르되 흐름의 밖에서 흐름의 안쪽을 찔러 마침내 거꾸로 흐르는 것이 칼이다. 칼은 죽음을 내어주면서 죽음을 받아낸다. 생사의 쓰레기는 땅 위로 널리고, 칼에는 존망의 찌꺼기가 묻지 않는다.(163쪽)

일자진에서 학익진으로 전환하는 수상 훈련은 더디게 진전되었다. 나의 함대가 도주하고 적의 함대가 따라올 때, 적을 적의 사정거리 경계점까지 유도해놓고 갑자기 나의 함대를 거꾸로 돌려 공세로 바꾼다는 것은 힘들지만 가능한 일일 것이었다. 그때, 나의 모든 함대는 거꾸로 돌아선다. 선두는 후미가 되고 후미는 선두가 된다. 선두나 후미는 본래 없는 것이다. 선두는 돌아서서 후미가 되고 후미는 돌아서서 선두가 된다. 선두는 돌아서면서 양쪽으로 펼쳐 날개를 이룬다. 날개는 적을 멀리서 둘러싼다. 제2열과 제3열은 빠르게 나아가면서 양쪽으로 펼친다. 제2열은 오른쪽 날개에 제3열은 왼쪽 날개에 가세한다. 제4열 제5열 제6열은 양쪽 날개의 분기점으로 집중해서 중군(中軍)을 이룬다.(228쪽)

첫 번째 인용문에서 작가는 칼을 이야기하면서 세 개의 대립물을 그렸습니다. 칼이 겨누는 것과 겨누지 않는 것, 공세와 수세, 칼로 죽이는 것과 죽임을 당하는 것(죽음을 내어주는 것과 죽음을 받아내는 것)이 그것입니다. 두 대립물은 한 현상에서 동일한 순간에 팽팽한 긴장 속에 어우러집니다. 통일의 관계를 그렸습니다. 주도권을 수시로 바꾸어야 하는 현장을 그렸습니다. "공세 안에 수세가 살아 있지 않으면 죽는다." 매 순간 대립물의 주도권을 조화롭게 통제해야 할 필요를 이야기했습니다. 나의 뜻대로 공세에 담긴 미세한 수세가 급작스러운 적의 공세에 맞서 번개처럼 막강한 수세로 전환되어야 합니다. 투쟁의 관계를 그렸습니다. 공세와 수세가 역동하는 모습을 보여주었습니다.

대립물을 자신의 의지에 따라 부릴 수 있는 인간이 전제되어 있습니다. 이 작품에서는 충무공 이순신 장군입니다. 살고자 하면 죽을 것이고 죽고자 하면 살 것이라는 말씀도 같은 맥락의 금언입니다. 이를 실천하고자 승리하여 살고자 도망갈 수 없는 사지(死地)인 명량으로 들어섰습니다. 스스로 먹이가 되어, 밀물과 썰물이 바뀌어 나의 사지(死地)가 적의 사지(死地)가 되는 순간까지 인고했습니다. 역동적으로 변화하는 대립물의 투쟁에 대한 통찰능력이 있어야 가능한 전술입니다.

심화된 내용 하나 더 언급하겠습니다. 무의 극치를 보여준 장군이 문의 극치를 실천하셨습니다. 역사에 위대한 발자취를 남긴 위인은 대부분

극대화된 대립물을 자유자재로 적절하게 조화시키신 분입니다. 후세에 회자되는 일화야 눈에 확 띄는 극단적인 한쪽 측면만 부각하고 있습니다만 그 반대편 대립물도 잘 보셔야 합니다. 광기만 부각된 위대한 예술가의 삶에는, 잘 언급되지 않는 냉정한 이성의 발자취가 녹아 있습니다. 이러한 이치에 따르면, 가장 이론적인 것이 가장 실천적인 것이고, 가장 실천적인 것이 가장 이론적인 것입니다. 반복해서 말하면, 제대로 된 이론적 측면이 없다면 엉터리 실천인 것이고, 제대로 된 실천적 측면이 없다면, 엉터리 이론인 것입니다.

두 번째 인용문에서 작가는 이순신 장군의 함대 해상 훈련을 기술하면서 대립물의 역동성을 보여주었습니다. 후퇴와 공격이라는 양극단의 군사 행위를 자유자재로 펼치기 위해 함대의 선두와 후미라는 대열의 양극단이 변화무쌍하게 전환되어야 합니다. 선두와 후미의 통일을 깨어 후미와 선두의 통일로 전환하는 훈련을 하고 있습니다. 가장 수비적인 위치의 배가 가장 공격적인 위치의 배로 자연스럽게 전환되어야 승리할 수 있습니다. 함대의 이러한 기동능력을 쌓기 위해 백 번의 날갯짓을 강제하는 이순신의 의지가 돋보입니다.

심화한다는 측면에서, 최선의 공격이 최선의 수비라는 잘 알려진 격언을 살펴보겠습니다. 대립물은 무엇일까요? 쉽지요. 공격과 수비가 대립물입니다. 축구 경기를 예로 들어보겠습니다. 공격하는 활동이 잘되면 수비라는 활동은 덩달아 해결됩니다. 수비 활동을 잘하면 공격 활동으로 즉각 전환할 수 있습니다. 수비 활동에 공격 활동의 씨앗이, 공격 활동에 수비 활동의 열매가 담겨 있습니다. 하나하나의 행동은 공격과 수비가 통일된 행동입니다. 우리는 단지 인위적으로 공격으로 혹은 수비로 인식할 뿐입니다. 주도적인 측면에 따라 공격으로 혹은 수비로 추상화할 뿐입니다.

다른 측면에서 살펴보겠습니다. 50년 전에는, 특히나 동네 축구에서는 공격을 하는 선수와 수비를 하는 선수가 확연히 나누어졌습니다. 이분적적 사고의 반영입니다. 동네 축구라면 후반전 끝날 때쯤이면 축구장의 한가운데는 텅텅 빕니다. 우리 공격수와 저들 수비수가 저들 골대 근처에 다 모여 있습니다. 우리 골대 근처 풍경도 마찬가지입니다. 500년 전 이순신 장군처럼 수비와 공격을 역동적으로 전환시키는 변화를 추구하는 모습을 축구에서 목격하는 데 그렇게 오랜 시간이 필요하지 않았습니다. 1970년 대 네덜란드의 '토탈 축구'가 그것입니다. 압박 축구의 극대화였습니다. 효과적으로 공격과 수비를 전환하는 전술입니다. 두 대립물이 천변만화하는 경기 상황에 따라 팀의 의지에 따라 역동적으로 펼쳐집니다.

교육 현상과 연결된 사례를 들어보겠습니다. 앞에서 언급한 비고츠키의 이야기를 이어가겠습니다. 행동과 생각을 대립물로 설정했습니다. 그리기 활동을 보면, 유치원 학생은 행동이 주도권을 장악하고 있습니다. 다 그린 후에야 작품의 제목을, 무엇을 그렸는지 이야기할 수 있습니다. 그리는 중간에 벌어지는 일에 따라 그리기 활동의 최종 결과물이 달라집니다. 이에 반하여 초등학교 중학년만 되면 행동과 생각의 주도권이 전환됩니다. 그리기 활동을 시키면, 교사가 그리라는 것이 아닌 자신이 그리고 싶은 것을 그려도 되냐고 묻습니다. 생각이 자신의 행동을 지배하는 것입니다. 발달이 빠른 학생은 초등학교 저학년에서부터 그런 질문을 합니다. 작품의 제목을 정한 후에, 그리려는 내용을 펼쳐본 후에 그리기 활동을 합니다. 활동은 자신의 생각에 종속됩니다. 5~6년의 시간 동안 천지개벽하듯 행동과 생각이라는 대립물의 관계가 변한 것입니다.

학생을 노예가 아닌 주체로 세우려는 교육은, 제가 비고츠키의 발달 교육이라고 지칭하고 있는 교육은, 학생이 스스로 자신의 행동을 주체적으로 통제할 수 있는 능력을 발달시키는 교육입니다. 학교에서 하는 그리기 활동의 교육적 의미가 확 달라지는 것입니다. 교과에 한정하여 학생의 미술에 대한 재능을 살피는 것을 넘어서서 학생의 발달 상황을 봐야 합니다.

비고츠키는 발달 과정에서 가장 이질적인 것을 대립물로 설정하여 교육과 연결하여 이야기를 펼쳤다고 했습니다. 기억과 생각을 대립물로 설정한 사례입니다. 교사가 대립물의 관계를 일상에서 잘 파악하기를 바라며 하나 더 살펴보겠습니다.

초등학교 1학년 학생에게 작년 여름에 있었던 즐거운 사건을 발표하도록 요청했습니다. 학생은 수영장에 갔던 일은 발표했습니다. 발표한 내용은 겪었던 기억의 연쇄였습니다. 물 미끄럼틀에서 내려오던 장면을 이야기하다 그때 느꼈던 즐거웠던 감정이 전면으로 튀어나와 발표 내용의 흐름을 압도했습니다. 얼마나 좋았는지를 이야기하는 것으로 새나갔습니다. 감정의 기억이 생각을 압도했습니다. 시간 순서에 따라 사건을 발표해야 하지만 옆길로 새나간 것입니다. 교사의 도움도 소용이 없었습니다. 감정의 기억이 생각을 확실하게 지배했습니다.

하지만 초등학교 6학년에게 발표를 시키면 상황은 확 달라집니다. 기억은 현재적 관점에서 재해석되어 윤색됩니다. 핵심적인 사건도 자신의 이미지를 추락시킬 것 같으면 없었던 것처럼 자연스럽게 넘어갑니다. 현재의 의도를 반영한 논리적 생각이 기억을 각색해버립니다. 생각이 기억을 지배한 것입니다. 문화적 능력을 펼치는 학생의 문화적 활동은 이렇게 진척됩니다. 감각적인 것에 지배받던 학생이, 스스로 선택한 이성적인 것에 자신을 복속시키는 주체화의 길로 나아갔습니다. 우리가 학생의 발달 상황을 파악하고자 한다면 변화의 이런 양상을 잘 살펴야 합니다.

수준 높은 심화 내용을 토론거리처럼 화두만 던지겠습니다. 교육을 사회화로 보는 것과 주체화로 보는 것은 정반대의 입장일 수 있습니다. 교육을 바라보는 관점이 다릅니다. 교육의 목적도 다를 것 같습니다. 교육에서 주요하게 다루어야 할 내용과 방법도 다를 것입니다. 교사의 역할과 학생의 역할도 다를 것입니다. 적절한 읽을거리도 다를 것 같습니다. 숙제입니다. 자신의 입장을 정리해보기 바랍니다.

대립물 그리고 대립물의 관계를 좀 더 살펴보고자 최인훈(2012)의 「바다의 편지」를 인용하겠습니다. 최인훈은 대립물의 관계를 통해 현상을 그려내는 예술의 향연을 밤하늘에 펼쳤습니다. '길에 관한 명상' 도입부 두 문단을 맛만 보겠습니다.

길이라는 말처럼 그것이 뜻하는 사물의 범위가 넓은 말도 드물 것이다.

이 말이 적용되는 가장 큰 규모의 대상은 태양과 그것을 중심으로 돌고 있는 천체와의 관계일 것이다. 이 관계의 운동적인 측면을 우리는 '궤도'라고 부른다. 태양과 그의 위성들이 생긴 뒤에 이들 물체는 '궤도'라는 공간적인 형식에 나타나는 일정한 관계를 유지하고 있다. '궤도'라는 것은 '변하지 않은 범위 속에서의 변화'를 뜻한다. 변증법의 표현을 따른다면 변화와 변화 아닌 것의 통일이다. 천체의 움직임이 보여주는 이 질서는 인간들에게 깊은 인상을 주었다. 하늘에서 움직이는 위대한 물체들에게 '길'이 있다는 현상은 이 우주가 체계 있는 어떤 것이라고 인류가 받아들이게 하는 데에 결정적인 영향을 미쳤다. 인류의 체계적인 지식의 처음 형태가 천문학이라는 것은 어느 지역에서나 마찬가지이다. 천체라는 것이 가장 객관적인 모습으로 관찰할 수 있는 대상임을 생각하면 인간 쪽의 자연스러운 대응이다. 거기서 사람들은 의미를 찾으려고 했다. 왜 천체가 그런 길을 따르고 있는가 하는 점에 대해서 과학적인 접근과 초과학적인 접근이 언제나 혼합된 형식으로 이루어지는 것도 지구 상 어디서나 볼 수 있는 현상이었다. 천문학은 과학이면서 마술이거나 종교의 일부였다. 천체들의 '길'은 눈에 보이는 길이면서 눈에 보이지 않는 길과 관련이 있는 것으로 생각하려고 했다. 대부분의 경우에 그 '길'은 어떤 인격적인 존재의 '뜻'이라고 생각하고 그 '뜻'이 인간에게 어떤 이야기를 전하려고 하는지를 해석하고자 하였다. 아무튼 이처럼 인류는 천체의 움직임에서 최초로 '길'이라는 사물을, 혹은 '길'이라는 개념을 형성하게 되었으리라는 짐작을 해볼 수 있다. 이 경우의 '길'의 특징은 그것이 객관적이고 규칙적인 반면에 멀리 있는 것이어서 운명적인 성격을 가진다. 우리가 그것을 바꾸는 길은 없다. '길'의 또 다른 뜻인 '방법', '기술', '수단' 같은 것과 가장 멀리 있는 것이 이 '하늘의 길'이다. 이 우주에 인간보다 먼저 태어난 천체가 이윽고 만들어낸 길인 '궤도'를 인간은 땅 위에서 우러러볼 뿐이었고 그 영향을 따를 뿐인 것으로 받아들였다.

— 최인훈, 2012; 29~30

두 대립물의 통일로 대상을 설명하는 작가의 능력은 감탄을 자아냅니다. 천문학을 과학과 비과학(마술 혹은 종교)의 통일로, 하늘의 길을 태양과 그것을 중심으로 돌고 있는 천체와의 관계로, 하늘 길의 운동 측면인 궤도를 변화와 변화 아닌 것의 통일로, 천체의 길을 눈에 보이는 길이면서 눈에 보이지 않는 길로, 하늘 길의 특징을 객관적인 규칙과 주관적인 운명의 통일로 그려냈습니다. 탄복과 찬탄이 이어질 뿐입니다.

지금 여기서 이야기할 내용은 아닙니다만, 인용한 내용에는 비고츠키의 발달 교육과 관련하여 주목해야 할 표현이 담겨 있습니다. 기억해두셔야 합니다. "인류는 길이라는 개념을 형성하게 되었다."라는 표현을 잊지 말아주십시오. 작가는 **인간이 개념을 형성한다**고 관찰했습니다. 구성주의적 표현처럼 인지 구조가 지식을 구성한다고 표현하지 않았습니다. 대비되는 낱말은 개념(概念)과 지식(知識) 그리고 형성(形成)과 구성(構成)입니다. 비고츠키는『생각과 말』에서 낱말과 의식의 관계를 다음과 같이 언급하며 논의를 마무리했습니다. "뜻이 담긴 낱말은 인간 의식의 소우주입니다." 이에 비추어본다면, 구성과 형성은 다른 관점의 의식을, 지식과 개념은 다른 지향의 의식을 담고 있습니다. 노예 교육에 마침표를 찍고 싶다면, 자유인이 되고 싶다면, 주체 교육을 하고 싶다면, 적어도 국어사전은 보고 단어를 선택해서 사용해야 합니다. 표준 국어대사전에 있는 정의입니다.

지식	• 어떤 대상에 대하여 배우거나 실천을 통하여 알게 된 명확한 인식이나 이해 • 알고 있는 내용이나 사물
개념	• 어떤 사물 현상에 대한 일반적인 지식 • 여러 관념 속에서 공통된 요소를 뽑아내어 종합하여서 얻은 하나의 보편적인 관념
구성	• 몇 가지 부분이나 요소들을 모아서 일정한 전체를 짜 이룸. 또는 그 이룬 결과
형성	• 어떤 형상을 이룸

지식을 일반화하고 추상화하고 관계를 파악하는 것이 개념을 형성하는 것입니다. 따라서 지식을 활용하는 교육은 **개념형성능력**과 밀접하게 연결되어 있습니다.

2) 양질 전환의 법칙

양질 전환의 법칙은 세 법칙 중에서 가장 이해하기 쉬운 법칙입니다. 양과 질이 대립물입니다. 그 둘의 관계는 어느 정도의 양이 누적되면 사물의 성격이 질적으로 달라진다는 것입니다. 물(액체)에 열을 가하여 특정 온도에 이르면 수증기(기체)로 성격이 달라진다는 설명은 누구나 아는 이야기일 듯합니다.

돈 이야기를 해보겠습니다. 인식하는 것과 인식하지 못하는 것은 질적으로 다릅니다. 강원도교육연구원 연구부 제 앞에서 근무하시는 이 선생님이 세상에서 가장 역겨운 냄새가 무엇이냐는 문제를 냈습니다. "닭똥 냄새"라고 했더니 틀렸다고 했습니다. 정답은 "돈 냄새"라고 합니다. 진짜 그런지 저는 아직도 모르겠습니다. 저는 돈에서 나는 냄새를 맡은 기억이 없기 때문입니다. 이 선생님은 부연 설명을 하였습니다. 돈 냄새는 한국은행에 다니는 친구분의 경험에 근거한 정답이라고 합니다. 한 장, 두 장, ……, 백 장 이렇게 적은 양이 누적되어서는 돈 냄새를 인식할 수 없습니다. 수천 장, 수만 장을 모아 폐기해야 하는 노동자는 그 역겨운 돈 냄새를 잊지 못하는 것입니다. 지폐 한 장에서 그 역겨운 돈 냄새의 씨앗을 감지하기는 어려울 것입니다. 하지만 분명한 것은 한 장에도 돈 냄새의 밀알이 담겨 있다는 것입니다.

양질 전환의 법칙은 보이지 않는 것, 인식하지 못하는 것, 존재하지 않는 것에서 보고, 인식하고, 존재를 감지해야 한다고 이야기하는 듯합니다. 발달 교육을 추구하는 교사라면 양의 누적에 민감해야 합니다. 언제 질적 전환이 이루어질 것인지와 연계하여 양의 누적을 살필 수 있어야 합니다.

지혜로운 조상님은 학습에서 익힘을 백 번의 날갯짓으로 상징했습니다. 한 번의 날갯짓으로는 나는 능력을 습득할 수 없습니다. 거기서 멈추면 새는 나는 능력이 없는 것입니다. 물처럼 백 번의 누적을 통해 질적으로 다른 단계로 나아가는 것입니다. 99번의 떨어짐을 더 겪고서야 새는 의식하지 않고도 자유롭게 창공을 나는 능력을 펼칠 수 있습니다.

발달 교육 측면에서 보면, 양질 전환의 법칙은 보이지 않는 양의 누적에 교사가 민감해야 한다는 지침을 남기고 있는 듯합니다. 교사의 인내를 요구합니다. 교사의 창조적 도전 정신을 요구합니다. 교사는 학생이 식상해하지 않도록 똑같은 양의 누적을 완전히 다른 활동처럼 단조롭지 않게 재미있게 제시해야 합니다. 교사의 민감성을 요구합니다. 미묘한 양의 누적을 직감해야 합니다. 학생이 도전 의식을 가질 만한 세세하게 복잡해지고 어려워지는 활동 과제를 계속해서 제시해야 합니다. 질적 전환을 예비하며 양의 누적을 의도적으로 이어가야 합니다.

대립물의 투쟁과 통일 법칙과 연결하여 조금 더 이야기하겠습니다. 학생은 혼자서 문화적 능력을 펼칠 수 없습니다. 그런 것을, 학생이 전에는 없던 능력을 가질 수 있도록 가르치는 게 교육입니다. 이 책을 시작하며 도종환 시인의 시를 통해 언급했습니다. 행동이 생각을 지배하는 단계에 있는 학생을 생각이 행동을 지배하는 단계로 전환시키는 과정은 양질 전환의 법칙에서 보면, 스스로 생각하고 자신의 행동을 조직하는 능력이 없는 학생을 양적 누적을 통해, 즉 체계적인 발달 교육을 통해 질적으로 다른 수준으로, 즉 스스로 생각하고 자신의 행동을 조직하는 능력자로 전환시키는 과정입니다. 교사는 양적 누적을 위해 학생이 대답하지 못할 것을 뻔히 알면서 학생에게 "무엇을 그리는 거니, 작품의 제목은 뭐니?"라고 물어봅니다. 압력을 가하는 것입니다. 나아갈 방향을 제시하는 것입니다. 제목이 붙은 다른 작품을 모범으로 보여주는 것입니다. 이런 것들이 양적 누적을 도와주는 것입니다. 거기에는 교사의 도움과 강제가 통일되어 있습니다. 교사는 학생의 상태에 따라 흔들리는 지남철처럼 도움과 강제를 적절한 비율로 섞어 자신의 역할을 수행합니다. 몇 년이 걸립니다. 학년마다 그 비율이 다를 것이고 학생마다 달라야 합니다. 발달 교육은 이렇게 학년 연계와 개별화 교육과 연결됩니다.

교사가 인내심을 발휘하도록 북돋워줄 만한 글을 인용하면서 이 이야기에 마침표를 찍겠습니다.

고등한 문명의 DNA일수록 그것의 자기 동일성은 필요한 사다리 수의 증감에 본질적으로 의존한다. 때로는 마지막 한 개의 사다리가 질적 변화의 결정권을 쥐는 것이어서 그 한 개가 채워지지 않았기 때문에 99개가 제힘을 내지 못하는 일이 있을 수 있다. 이러한 사정은 우리가 실례로서 우리 둘레에서 흔히 보아온 것들이다.

— 최인훈, 2012; 50

99번의 추락을 통해 이제 단 한 번의 연습이면 날 수 있는 우리 아이들에게 딱 한 번의 기회를 주지 않았던 것은 아닌지 반성해야 합니다. 포기하며 동냥하듯이 연습 기회를 한 번 더 주었습니다. 그게 화룡점정(畵龍點睛)이었습니다. 그 감격을 느껴보신 적이 있습니까? 그때의 환희가 재현되기를 꿈꾸며 시시포스(Sisiphos)처럼 포기하지 말아야 합니다. 끝까지 포기하지 말아야 할 첫 번째 주체는 학생이 아니라 바로 우리, 교사입니다.

3) 부정의 부정 법칙

제시된 세 법칙 중에서 가장 이해하기 어려운 법칙이 부정의 부정 법칙입니다. 앞 부분에서 네이버 지식백과에서 인용한 부정의 부정 법칙 설명은 선명하지 않습니다. 외부 세계의 것(밀알)을 사례로 했는데도 난해합니다. 인간의 내적 변화를 추구하는 발달 교육에 적용하면 얼마나 어려울지 상상하고 싶지 않습니다.

부정의 부정 법칙은 헤겔에 의해 창안된 '변증법적 지양'으로 더 유명한 법칙입니다. 네이버 한자 사전에 따르면, 지양은 "어떤 사물에 관한 모순이나 대립을 부정하면서 도리어 한층 더 높은 단계에서 이것을 긍정하여 살려가는 일"입니다. 헤겔에 따르면 변증법적 지양은 투쟁을 통해 새로운 것으로 변하는 과정입니다. 거기에는 보존되는 것, 폐기되는 것, 고양되는 것이 혼재되어 있습니다. 보존, 부정, 높임의 과정이 혼재되어 있습니다. 즉, 변증법적 지양은 폐기할 것을 버리고 보존할 것을 남기며 한 단계 높이 올라서는 것입니다.

변증법적 지양을 이해하려면, 보존되는 것, 폐기(부정)되는 것, 고양되는 것에 대해 알아야 합니다.

사례를 찾지 못했습니다. 순수하게 제가 창작한 설명거리입니다. 제가 보기에 세 가지는 다음과 같습니다.

1) 보존되는 것은 모순 관계를 이루는 대립물입니다.
2) 폐기되는 것은 두 대립물의 일반적 관계입니다.
3) 고양되는 것은 대립물들이 행하는 기능입니다.

예를 들어보겠습니다. 생각과 말은 인간의 의식 활동에서 가장 이질적인 기능을 하는 대립물입니다. 아주 오래전 자연 세계에서 인간의 생각과 말도 동물과 마찬가지로 개별적이며 적대적인 기능이었습니다. 이러한 관계를 드러내는 흐릿한 흔적은 "생각하는 데 방해되니까 말 걸지 마세요!" 같은 표현에서 발견할 수 있습니다. 생각과 말이 동시에 발현되는 경우가 없었다는 것입니다. 인간이 시각적 생각을 하면 청각에 호소하는 말은 잘 작동하지 않았습니다. 이 단계에서는 대립물의 관계, 생각과 말의 관계는 공존할 수 없는 원수의 관계입니다.

오랜 세월이 흐르면서 각각의 기능은 개별적인 발달을 거치면서 일정 수준에 이르게 됩니다. 어떤 역경에 처하면서 두 기능이 동시에, 근접해서 작동하는 경험이 시작됩니다. 원수가 친구인 척해야 하는 상황이 초래된 것입니다. 진화의 과정에서 우리 선조가 겪었던 고난의 시절을 떠올리면 됩니다. 오죽하면 친구인 척하겠습니까? 살아남기 위해 발악을 한 것입니다.

지상 천국과 같은 열대 우림에서 안전한 삶을 살다가, 낯선 초원에서 처절하게 생존 투쟁을 지속해야 하는 불안한 삶을 살게 된 것입니다. 살아남기 위해 열대 과일 대신 돌멩이를 들어야 했듯이, 함께 모여 적을 물리치는 혹은 도망가는 과정에서 한 사람은 도망갈 경로를 생각하고 옆에 있는 동료는 습격을 당해 외마디 비명을 지르는 풍경이 펼쳐집니다. 삶의 한 장면에 생각과 말이 생생한 경험으로 채색되며 공존하게 된 것입니다. 이와 같이 공동체에서 먼저 생각과 말이 함께하는 경험이 누적됩니다. 살아남기 위해 조직적으로 투쟁하면서, 이동하면서 공동체에 이런 경험은 풍부해집니다.

얼마나 오랜 시간이 걸렸는지 모릅니다. 500만 년인지 200만 년인지 모릅니다. 혼자서도 생각과 말이 동시에 발현되는 경험을 축적하기 시작합니다. 불연속적으로 우발적으로 생각과 말이 같이 발현되던 것이 결국에는 인간의 의지에 따라 함께 발현되는 단계로 발달합니다. 어느 순간부터는 자동적으로 함께 발현되는 단계로 나아갔습니다.

역사를 보면 대석학들이 생각과 말의 관계를 파악하는 데 어려움을 겪었습니다. 지금도 대학의 최고 석학 중 많은 분들이 어려움을 겪고 있습니다. 그 까닭은 간단합니다. 생각과 말을 동시에 발현하는 게 의지와 무관하게 자동적으로 펼쳐지는 단계를 살고 있기 때문입니다. 저는 피아제나 촘스키의 정치적 삶의 여정을 존경합니다. 하지만 두 대석학도 생각과 말의 관계를 제대로 파악하지 못했습니다. 도식적으로 그린다면, 피아제는 생각이 말을, 촘스키는 말이 생각을 지배하는 고정된 관계로, 구조로 자신들의 담론을 완성했습니다. 연장선에서 출발점을 피아제는 인지 구조로, 촘스키는 블랙박스로 설정했습니다. 두 석학은 아마도 대립물의 투쟁에서 발현되는 특정한 한 양상을 전부라고 판단한 듯합니다.

이제 정리해보겠습니다. 제가 세운 가정들입니다.

1) 보존되는 것은 모순 관계를 이루는 대립물입니다.
2) 폐기되는 것은 두 대립물의 일반적 관계입니다.
3) 고양되는 것은 대립물들이 행하는 기능입니다.

위에서 펼친 제 이야기를 참고하며 하나씩 살을 붙여보겠습니다.

1) 이 긴 여정에서 대립물인 생각과 말은 여전히 보존되고 있습니다. 생각과 말을 담당하는 뇌 영역은 여전히 보존되어 있습니다. 환자들의 사례를 통해 오래전부터 확인된 내용입니다.

2) 최초의 개별적이고 대립적인 관계가 이제는 석학도 구분하지 못할 만큼 하나처럼 밀접한 관계로 변했습니다. 폐기된 일반적인 관계는 개별적

이고 대립적인 관계입니다. 지금도 개체발생에서, 아이들의 발달에서 최초 3년 동안 이런 일반적 관계를 어느 집 아이에게서나 관찰할 수 있습니다.

3) 최초에는 생각은 시각적 자극에 근거하여 기능했습니다. 시각장의 영향을 강하게 받았습니다. 생각은 감각적 자극에 지배받았습니다. 말은 조음 기관에 근거하여 기능했습니다. 즉흥적 발성의 영향을 강하게 받았습니다. 말은 감정적 자극에 지배받았습니다. 지금 책을 읽고 있는 독자라면 당신의 생각은 상징적 자극(기호, 글말)에 근거하여 펼쳐질 것입니다. 당신의 말은 조음 기관을 작동하지 않고 속내 말(내적 말)로 생각과 어울리며 기능하고 있습니다. 당신의 생각은 말을 통제하거나 활용하며 경험을 더 듣거나 논리적 적절함을 판단하고 있어야 합니다. 처음에는 생각과 말이 개별적으로 각각의 발달 수준에 맞게 작동했습니다. 지금은 생각과 말이 하나인 것처럼 함께 힘을 모아 발현되고 있습니다. 필요에 따라 생각을 말로 표현하고 말의 도움을 받으며 생각을 하게 됩니다. 이것을 전문가들은 각 기능이 하나의 체계를 이루었다고 합니다. 자세한 설명은 3부 10장 '유네스코가 추천한 비고츠키'에 있습니다.

도식으로 정리하겠습니다.

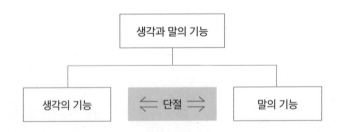

더 많은 구체적 사례를 쉽게 이해할 수 있도록 추상화해보겠습니다.

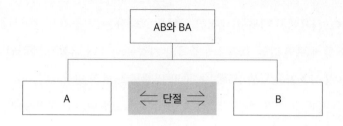

앞의 도식과 연결해보면, A는 생각의 기능이고 B는 말의 기능입니다. AB는 생각을 말로 표현하는 기능입니다. BA는 말의 도움을 받으며 생각을 펼치는 기능입니다. 생각과 말의 기능은 대립물의 투쟁 양상에 따라 다른 방식으로 섞이며 발현됩니다.

A와 B는 AB와 BA로 기능 체계를 갖추면서 다른 역할을 하게 됩니다. 서로 다른 둘이 하나처럼 작동하는 것입니다. 도식적인 비유를 들어보겠습니다. A는 남자, B는 여자입니다. 둘은 지리적으로도 너무 먼 곳에 떨어져 모르고 살았습니다. 우연한 기회에 만나 공유된 경험을 누적하다 결혼을 하게 됩니다. 그러면 둘의 관계가 변합니다. 각각의 기능도 달라집니다. 각각이 행하는 역할이 달라집니다. 결혼 후에 한 단계 높아진 단계에서 그들이 펼치는 활동은 AB의 결과일 수도 있고 BA의 결과일 수도 있습니다. 남자가 주도하기도 하고 여자가 주도하기도 합니다. 상황에 따라 수시로 변합니다. 둘의 관계가 어떻든 처갓집에서는 부인 주도의 관계로, 시댁에서는 남편 주도의 관계로 귀결되는 경우가 많습니다.

추상화된 도식을 대립물의 투쟁과 통일 법칙에서 들었던 사례인 그리기 활동과 연결해보겠습니다. A는 행동(그리기)입니다. B는 생각입니다. AB는 그림을 그리면서 그림을 근거로 생각하는 것을, BA는 무엇을 할 것인지 생각하면서 그에 따라 그림을 그리는 것을 보여줍니다. 그림의 제목을 정한 후에 거기에 맞게 그림을 그리는 과정에서 학생은 대립물의 투쟁을 겪게 됩니다. 의식에서 서로 지배적인 위치를 교대하는 것입니다.

이렇게 보면 발달 교육에서 주목할 지점은 단절을 극복하는 것입니다. 처음에는 각 기능이 발현되는 시차가 별개로 느껴질 만큼 컸습니다. 변증법적 지양을 거친 후에는 각 기능이 연속적으로 발현되어 시차를 거의 느낄 수 없습니다.

발달 과정을 진단하는 데 도움이 되는 이야기입니다. 그림을 완성한 후에, 그림을 2/3쯤 그리다가, 절반쯤 그리다가, 1/3쯤 그리다가 제목을 이야기할 수 있는지는 질적 전환에 필요한 양의 누적이 얼마나 이루어지고 있는지를 파악하는 직관적 지표가 될 수 있습니다.

현상에서, 경험에서, 활동에서 대립물 중 두드러진 하나를 고집하는 것을 이분법적 사고라고 했습니다. 이를 넘어서야만 한다는 의미에서 어렵다는 변증법적 유물론을 언급했습니다. 간단하게 3대 법칙만 이야기했습니다. 맛만 보았습니다. 사례를 들며, 발달 교육과 연결해 풀어갔습니다. 이제 마침표를 찍을 차례입니다. 지금까지도 너무 많은 이야기를 했습니다. 그래도 마지막으로 동료에게 당부하고 싶은 것을 압축해 제시하고 끝내겠습니다.

현상에서, 경험에서, 활동에서 대립물의 투쟁과 통일을 인식해야 합니다. 이에 근거하여 학생을 질적으로 다른 수준으로 발달시키기 위해 학생에게 어느 정도의 양적 누적이 이루어지고 있는지 진단해야 합니다. 대립물이 조화롭게 통일되는 과정은 지남철처럼 좌우로 끊임없이 흔들리는 과정입니다.

창만 들고 있는 병사와 방패만 들고 있는 병사가 있습니다. 상대편 병사는 창과 방패를 같이 들고 있습니다. 어느 편 병사가 병사의 기능을 더 잘할지 누구라도 알 것입니다.

공격과 수비를 잘 조화시켜야 합니다. 죽지 않으려면, 노예가 되지 않으려면, 수세 속에 공세를 예비해야 한다는 이순신 장군의 말씀에 담긴 변증법적 유물론의 깊은 이치를 잊지 말아야 합니다.

20세기 중반은 격렬한 계급 투쟁의 세월이었습니다. 청년 A는 도서관에서 책만 읽고 있었습니다. B는 정글에서 총만 들고 있었습니다. C는 총과 책을 동시에 지니고 있었습니다. 대립물은 책과 총입니다. 저는 하나만 옳다고 고집하는 것을 편협한 이분법적 사고라고 계속해서 욕했습니다. 총과 책을 조화시킨, 이순신 장군처럼 문무를 겸비한, 변증법적 지양을 실천해낸 체 게바라와 호찌민은, 발달 교육 측면에서 보면, 분명히 한 단계 더 높은 수준의 문화 발달을 쟁취한 인간이었습니다.

7

우리 전통
교육학

1부 7장에서 대한민국 주류 교육학을 식민주의 교육학이라고 험하게 욕했습니다. 교육과정, 교수학습, 평가 영역이 그렇습니다. 그 배경에 놓인 행동주의와 구성주의로 대변되는 교육심리학이 특히 그렇습니다. 공학을 빗대어 주류 교육학은 자체적인 개념설계능력이 바닥이라고 고발했습니다. 자성의 목소리를 길게 인용하면서 교육과정 연구의 노예적 태도를 드러냈습니다.

미국에 의존하는 수입 교육학이 지속되려면 적어도 두 가지 전제가 충족되어야 합니다. 그래야 지속할 명분을 얻을 수 있습니다. 하나는 수입되는 미국 교육학이 최고 수준이어야 합니다. 다른 하나는 미국의 교육 환경이 적절해야 합니다. 『우리가 아는 미국은 없다』와 『학교 교육 제4의 길』은 이 두 전제도 환상이라고 고발하고 있습니다. 미국 제품을 수입하는 식민주의 교육학이 지속되어야 할 최소한의 명분도 없는 현실을 직시해야 합니다.

이 장에서는 백 년을 내다보며 세워야 할 대한민국 교육학의 모습을 그려보고자 합니다. 크게 보면 저의 제안은 두 가지입니다. 하나는 우물 밖의 세계를 제대로 살펴보자는 것입니다. 미국을 위주로 한 서방 세계의 교육학이 아닌, 국내에 낯선 러시아를 위주로 한 세계의 교육학을 참고해보자는 것입니다. 핀란드 교육학을 참고해보자는 것입니다. 쿠바 교육학도 참고하자는 것입니다. 이 세 나라의 교육학의 이론적 토대인 비고츠키의 발달 교육을 제대로 살펴보자는 것입니다. 80년 이상 누적되어온 다양한 연구 성과를 살펴보자는 것입니다.

다른 하나는 우리 전통 교육을 발달 교육과 관련하여 새롭게 재해석해보자는 것입니다. 저의 직관적 판단입니다. 우리의 전통 교육에는 발달 교육의 정수가 녹아 있습니다. 경험적 발견이라는 한계가 있지만 그 내용을 모아 체계화하면 세계 최고 수준의 발달 교육학을 창조할 수 있습니다.

여기서는 후자, 즉 우리 전통 교육을 발달 교육과 연결하여 새롭게 재해석하는 작업에 첫걸음을 내딛고자 합니다. 학식 있는 분이 제대로 된 해석 작업을 하는 밑거름이 되었으면 좋겠습니다. 연구 자료는 화석화된 유물인 문화적 산물(말)입니다. 문화적 표현인 한자성어입니다. 창작의 고통을 노래하겠습니다.

1) 지행일치(知行一致)

지행일치란 아는 것과 행하는 것이 같아야 한다는 의미입니다. 누구나 아는 말입니다. 비슷한 말은 지행합일입니다. 심오한 뜻을 독자와 공유하고자 원불교대사전의 설명을 인용하겠습니다.

아는 것을 그대로 실천하는 것. 또는 아는 만큼 실행하는 것을 말한다. 또는 말을 앞세우지 않고 말과 행동이 일치하는 것을 뜻하기도 한다. 지행합일(知行合一)과 그 뜻이 통한다. 왕양명(王陽明)은 지식을 사물의 위에 두지 않고 자기의 마음에서 구하고 지와 행은 서로 병진하여야 하며, 알고도 행하지 않으면 진실로 아는 것이 아니고, 진실한 지식은 반드시 실행을 가져오며, 지식과 행위는 항상 서로 표리(表裏)의 관계라고 주장했다.

소태산 대종사는 "그대들은 한 번 들은 법을 듣고 또 듣는다 하여 거기에 쉬운 생각을 내지도 말며, 아는 그대로 바로 실행이 다 되지 못한다 하여 스스로 타락심을 내지도 말고, 듣고 또 들으며 행하고 또 행하면 마침내 지행이 겸전한 완전한 인격을 이루리라."(『대종경』 수행품 61)라고 말하여 지행이 일치된 인격이 완전한 인격임을 말하고 있다. 또한 정산 종사는 "배움에 세 가지가 있나니, 하나는 밖으로 모든 학문을 듣고 배워 알아감이요, 둘은 안으로 연마하고 궁구하여 자각으로 지견을 기르는 것이요, 셋은 배우고 깨친 바를 실지에 베풀어서 지행이 일치하게 하는 것인바, 세 가지 중에 실지 공부가 가장 중요하나니라."(『정산종사법어』 근실편 15)라고 하여 역시 지행일치 공부의 중요함을 강조하고 있다.

— [네이버 지식백과] 지행일치(知行一致) / 『원불교대사전』, 원불교100년기념성업회

먼저 대립물이 눈에 띄었습니다. 지(知)와 행(行)을 대립물로 파악하고 있습니다. 표리라 하여 동전의 앞뒷면의 관계로 서술했습니다. 서로 병진한다는 표현에서 알 수 있듯이 대립물이 서로서로를 키워주며 함께 나아가는 것으로 파악했습니다. 이 대립물은 인간의 활동을 전제합니다. 그러

한 현상에서 펼쳐지는 대립물의 투쟁과 통일을 언급한 것입니다.

이어서 심오한 발달 교육의 의미가 눈에 들어왔습니다. 투쟁을 통해 대립물을 조화롭게 담는 인간의 격이 높아지는 측면을 언급했습니다. 완전한 인격에 이르는 방법도 설명했습니다. 자만하지 말고, 좌절하지 말고, 배우고 배우며 익히고 익히라고 했습니다. 인내심을 가지고 학습에 전념하라는 것입니다.

마지막으로 세 가지 공부 수준을 보여주었습니다. 하급이 듣고 배워 아는 공부입니다. 중급이 연마하고 궁구하여 깨달아 아는 능력을 배양하는 공부입니다. 상급이 배워 깨친 바를 자연스럽게 현실에 펼치는 공부입니다.

지행일치, 간단한 사자성어에 우리 문화가 담아낸 의미는 심오합니다. 발달 교육 측면에서 세 가지 공부 수준을 진술해보겠습니다. 가장 낮은 수준이 배우는 공부입니다. 중간 수준이 익히는 공부입니다. 최고 수준이 완벽하게 익혀 자연스럽게 펼치는 공부입니다.

최고 수준의 교육은 도인이나 성인에 이르는 길입니다. 모두를 위한 공교육에서 고민할 내용이 아닙니다. 개개인이 미래에 자연스럽게 펼쳐야 할 깨달음을 공교육에서 책임진다는 것은 논리적으로 타당하지 않습니다. 어불성설입니다.

이렇게 보면, 우리 전통 교육은 중간 수준의 교육을 강조한 것 같습니다. 하나를 가르치면 열을 안다는 속담이 이를 지지하고 있습니다. 전통 교육은 학교 교육에서 행해지는 교과 내용의 체계를 깨달아 알 수 있는 능력을, 개념형성능력을 중시했습니다. 이에 이르는 과정에서 사물의 이치를 따지는 교육 혹은 추상화·일반화 능력을 키워주는 교육이 강조되었습니다. 사극에서 듣게 되는 "이런 경우가 또 있겠느냐?", "이런 일들이 벌어진 까닭이 무엇이냐?" 따위의 질문이 여기에 해당됩니다.

하나만 더 언급하고 다른 화석을 들여다보겠습니다.

지가 행보다 앞에 위치하고 있습니다. 시간 순서가 지가 행보다 먼저라는 것입니다. 발달 교육의 용어로 표현하면 발생 순서상 개념 체계를 파악하는 능력이 현실에 적용하는 능력보다 먼저라는 것입니다. 강원도 창의공감교육의 핵심 능력에서 이런 발생 순서를 이야기했습니다. 중학교에서 개념형성능력, 고등학교에서 의지능력이라고 했습니다. 중·고등학교 시기가 가장 민감한 시기라고 했습니다. 개념형성능력과 의지능력이 발달의 중심 노선으로 작동하는 시기입니다.

지행일치에 담긴 우리 문화의 의미를 들여다보면서 비고츠키의 발달교육에 담긴 정수의 맹아를 볼 수 있었습니다. 어떤 측면에서 보면, 포괄적 깨달음을 볼 수 있었습니다. 발달 교육의 주요 원칙이 이미 다 드러나 있었습니다. 저의 주관적인 해석입니다.

2) 청출어람(靑出於藍)

국어사전에 따르면, '청출어람'은 "쪽에서 뽑아낸 푸른 물감이 쪽보다 더 푸르다는 뜻으로, 제자나 후배가 스승이나 선배보다 나음을 비유적으로 이르는 말"입니다. 한국 바둑계에서는 이러한 스승과 제자의 대표적 예로 조훈현과 이창호 기사를 듭니다.

다음은 김승환 전라북도교육감의 페이스북에 있는 글입니다. 청출어람을 가지고 발달 교육에 대한 이야기를 풀어가기 위해 인용했습니다.

11세 때 일본으로 건너가 기타니 마코토와 함께 일본 바둑의 양대

산맥을 이루었던 세고에 겐사쿠의 집에서 18세까지 9년 동안 바둑을 배웠던 바둑 기사 조훈현.

그가 낸 자서전과도 같은 책 『조훈현, 고수의 생각법』(2015. 6. 인플루엔셜)을 읽어봤습니다.

조훈현은 1980년, 1982년, 1986년 세 차례나 국내 기전 전관왕에 오릅니다. 최초의 국제 기전인 후지쯔배를 비롯하여 잉창치배, 동양증권배, 춘란배 등 국제 기전에서 우승을 합니다. 자신의 표현대로 20년간 한국 바둑사를 질주합니다.

조훈현이 바둑의 고수로 성장하는 데 결정적 역할을 한 사람은 그의 스승 세고에 겐사쿠였습니다. 그는 평생 단 세 명의 제자만을 두었다고 합니다. 첫 제자인 하시모토 우타로, 둘째 제자인 우칭위안 그리고 조훈현입니다.

스승은 제자인 조훈현에게 이렇게 말합니다. "답을 주는 건 스승이 아니야. 그냥 길을 터주고 지켜봐주는 게 스승이지."(61쪽), "내가 답을 줄 수 있다고 생각하느냐? 답이 없는 게 바둑인데 어떻게 너에게 답을 주겠느냐. 그 답은 스스로 찾아라."(35쪽)

스승은 제자에게 무언가를 구체적으로 가르치려 하기보다는 삶의 모습을 보여주었습니다.

스승의 그 모습을 조훈현은 이렇게 회고합니다. "세고에 선생님은 나를 9년 동안 데리고 살면서 정말로 당신의 모든 걸 나에게 주셨다. 바둑에 대해 알고 있는 모든 것, 바둑을 대하는 자세, 그리고 그 정신 세계까지 다 주셨다. 그것은 앞에 앉혀 놓고 일일이 가르치고 주입시키는 방식은 아니었다. 그저 매일 함께 밥을 먹고 생활하면서 당신이 살아가는 모습을 통하여 조금씩 스며들게 하신 것이다."(61쪽)

세월이 흘러 조훈현 또한 자신의 제자를 받아들입니다. 바로 이창호. 이창호는 스승인 조훈현의 집에서 10세 때부터 15세 때까지 6년간 기거하면서 바둑 수업을 받습니다.

그가 제자인 이창호에게 가르쳐준 것은 무엇이었을까?

"나는 창호에게 바둑을 가르치지 않았다. 그저 내가 사는 모습을 있는 그대로 다 보여주었다. 세고에 선생님이 나에게 당신이 가진 모든 것을 물려주신 것처럼, 나도 그렇게 창호에게 내가 가진 모든 것을 물려줬다. 나에게 좋은 점이 있었다면 창호가 알아서 판단했을 것이고, 나에겐 나쁜 점이 있었다면 그 역시 알아서 판단했을 것이다."(67쪽)

그는 제자인 이창호에게 1990년 최고위전 5번기 결승 제5국에서 반집패를 하고 맙니다. 이 기전은 최초의 사제 대결이었다고 합니다.

정상에서 오랫동안 머물기도 했고, 무관의 설움도 겪어야 했던 조훈현. 그의 삶은 마치 구도자의 그것과도 같아 보입니다.

— 김승환 페이스북, 2015. 12. 30.

스승을 넘어선 자랑스러운 제자를 키워낸 거장의 일면을 엿볼 수 있습니다. 발달 교육과 관련해서 챙길 것을 정리해보겠습니다. 발달 교육에 임하는 스승의 교육 목적은 제자를 자신을 넘어서는 능력자로 키워내는 것입니다. 스승의 교육 방법을 압축하면 모범과 협력입니다. 자신의 삶 자체까지 모범을 보였습니다. 매일 같이 대국하면서 바둑의 기예를 향상시키는 동반자처럼 협력했습니다. 드러나게 가르치려는 시도도 없었습니다. 진정한 친구처럼 제자와 함께했습니다. 그저 수담을 나누었습니다. 조훈현은 학교에서 스승의 집으로 귀가하다 전자오락실에서 놀고 있었습니다. 할아버지뻘인 스승은 전자오락실에 있는 제자를 나무라지도 않고 등에 업고 돌아왔다고 합니다. 타향살이의 고초를 이해했습니다. 어린 제자를 같은 길을 가는 구도자로 인정하고 있었습니다.

스승의 모범과 협력은 제가 이미 여러 글에서 발달 교육의 핵심 개념으로 위치시켰습니다. 근접발달영역을 창출하는 주요 기제임을 강조했습니다.

공동체 문화나 '우리'라는 개념이 풍부하지 못한, 개인주의 문화나 '나'라는 개념이 풍부한 국가에 사는 학자는 비고츠키의 발달 교육의 전개 과정을 보며 다른 곳에 방점을 찍습니다. 미국의 사회적 구성주의 교육학자 콜린스(H. M. Collins)는 비고츠키의 이름으로 '인지적 도제 수업'을 제안합니다. 국내에도 소개되었습니다. 매뉴얼 같은 절차도 제시했습니다.

인용한 조훈현 기사의 일화에서 도제 관계를 찾아내는 것은 어렵지 않습니다. 두드러지게 드러나는 관계에만 주목합니다. 현상을 본질로 쉽게 받아들였습니다. 스승이 보여준 모범의 일면만 제대로 포착했을 뿐 그 모범의 깊이는 담지 못했습니다. 가르치려 하지 않고 강제로 끌고 가지 않고, 긴 세월을 스스로 느끼고 받아들이게 하는 그 모범의 깊이를 이해하지 못했습니다. 모범은 곧 구도자와 같은 삶을 사는 것이며 그 자체가 목적입니다. 미국의 학자들은 수단으로서의 모범만 본 것 같습니다.

사회적 구성주의에 담기면서, 협력은 도움주기로 축소되었습니다. 도움을 쉽게 주지 않았던 우리네 스승의 모습과 너무 다릅니다. 동반자처럼 함께 매일 수담을 나누는 친구 같은 스승과 제자의 관계가 증발되어버렸습니다. 정해진 시간 내에 어디엔가 도달시켜야 하는 교사의 조급증이 부글부글 끓고 있는 것 같습니다. 제자의 고민을 담아내는 교류가 보이지 않습니다. 영화 「모던 타임스」에 등장하는 컨베이어 벨트 시스템 위에 놓인 제자들의 절규가 요동치는 것 같습니다. 스승과 제자의 인간관계가 사라지고, 생동하는 대화가 차단되고, 동반자 관계는 박멸되었습니다. 사회적 구성주의는 진짜 제자가 아니라 소프트웨어와 같은 인지 구조를 대상으로 꿈과 끼에 하면 된다는 우주의 기운을 담아내려는 것 같습니다.

3) 괄목상대(刮目相對)

국어사전에 따르면, '괄목상대'는 "눈을 비비고 상대편을 본다는 뜻으로, 남의 학식이나 재주가 놀랄 만큼 부쩍 늘어남을 이르는 말"입니다. 글자의 지시적 의미와 문화적 의미 사이에 간격이 있습니다.(같은 것도 확장되고 새롭게 사용하고 하면서 의미가 변합니다.) 다음과 같은 고사가 있기 때문입니다.

여몽은 삼국 시대, 오나라의 장수이다. 어려서 집안이 가난해 공부를 하지 못했다. 오왕 손권은 여몽이 비록 어리고 못 배웠지만, 성품이 용맹하고 호탕해 중책을 맡겼다. 손권은 여몽에게 분부했다.

"이제 중임을 맡게 되었으니, 마땅히 많은 사서와 병서를 읽어 일을 잘 처리하라."

여몽은 속으로, '독서는 공부하는 사람들의 일이다. 나는 군대를 이끌고 나가 싸워 이기면 될 뿐이지 공부는 무슨 공부인가?'라고 생각하며 대답했다.

"군중의 일이 너무 많은데 독서할 시간이 어디 있겠습니까?"

손권은 크게 꾸짖었다.

"너의 말은 옳지 않다. 시간이란 만들어내는 것이다. 나도 책 읽기를 좋아한다. 나라를 맡아 매우 바쁘지만, 어떻게든 시간을 내어 읽고 또 읽는다. 조조 또한 늙도록 책을 즐겨 읽는다고 한다. 너는 젊고

유망하니, 시간을 만들어 공부하지 않을 이유가 무엇이 있겠느냐?"

여몽은 감동하고, 한편 몹시 부끄러웠다. 이후, 그는 전쟁터에서도 '손에서 책을 놓지 않고' 밤낮으로 정진했다. 얼마 후 현명하고 박식한 손권의 참모 노숙이 여몽의 진영을 방문했다가 크게 놀랐다.

"여보게, 언제 그렇게 공부했나? 자네는 예전에 알았던 그 여몽이 아닐세."

여몽은 웃으며, "무릇 선비란 헤어진 지 사흘이면 마땅히 '눈을 비비고 다시 보아야' 하는 법입니다."라고 했다.

마침내 여몽은 지혜와 용맹을 갖춘 오나라의 대장군이 되었다. 적벽 대전 등 여러 전투에서 큰 공을 세웠고, 후에 관우를 사로잡고 형주 땅을 되찾았다. "끼니는 걸러도 책은 거르지 않는다."라는 말이 있다. 공부의 참맛과 즐거움이 그 속에 있다.

— 신흥근, 2011. 07. 06.

여몽은 실천만 하던 용맹한 장수였습니다. 싸움만 잘하는 장수였습니다. 하지만 손권의 질타를 통해 이론과 실천을 조화시킬 수 있는 장수로 거듭납니다. 사서와 병법을 읽으며 자신이 했던 전쟁을 반성합니다. 추상을 구체에 연결해봅니다. 자신이 겪었던 전쟁 경험을 사서와 병법의 원칙과 연결합니다. 구체를 추상에 연결합니다. 눈에 보이는 이런 활동을 지속하면서 여몽의 의지와 총체적으로 공부하려는 태도는 습관을 넘어서게 됩니다. 이런 능력이 자연스럽게 자신의 것으로 내재화되었습니다. 이렇게 변화하는 것이 양적 누적을 통해 질적 전환에 이르렀습니다. 질적 변화가 이루어지면 전과 후가 너무도 달라 전의 사람과 후의 사람을 같은 사람으로 대할 수 없게 됩니다.

쓴소리 하겠습니다. 무릇 교사란 헤어진 지 사흘이면 마땅히 눈을 비비고 다시 보아야 할 사람입니다. 선생님 여러분, 맞지요?

마르크스는 포이에르바흐에 관한 테제 3번에서 교육자의 자세를 언급했습니다. "환경이 인간에 의해 변화되고 교육자 자신이 교육받아야만 한다.", "환경의 변혁과 인간 활동 혹은 자기 변혁의 일치는 오직 혁명적 실천으로서만 파악될 수 있으며, 또 합리적으로 이해될 수 있다." 교사는 가르침과 배움을 병진해야 합니다. 교사는 실천과 이론을 같이 키워가야 합니다. 교사는 스스로를 발달시키기 위해 노력해야 합니다. 교사는 자신의 문화적 능력을 향상시키기 위해 실천을 통해 자신의 이론을 정립하고 자신의 이론에 근거해서 혁명적 실천으로 스스로를 담금질해야 합니다.

교사는 자신을 담금질하여 괄목상대한 자신을 창조해야 합니다. 이 과정을 제자에게 모범과 협력으로 보여주어야 합니다. 수업을 통해 변해야 할 대상은 학생과 교사 둘입니다. 이제까지 이분법의 미몽에 빠져 학생의 변화만 보고 생각했다면 동전의 양면을, 한 흐름의 두 과정을 아울러 종합적으로 보고 반성하고 정리해야 합니다. 특히나 관찰하고 질문하고 전체 내용을 쉽게 파악할 수 있는 동전의 면, 흐름의 한 과정, 자기 자신을 용기를 내어 냉정하게 직시해야 합니다. 교사의 변화, 교사의 변화가 이루어지는 과정, 자기 자신을 관찰 대상, 연구 대상, 변화 대상으로 설정해야 합니다.

4) 대기만성(大器晚成)

국어사전에 따르면, '대기만성'은 "큰 그릇을 만드는 데는 시간이 오래 걸린다는 뜻으로, 크게 될 사람은 늦게 이루어짐을 이르는 말"입니다.

최근 교육은 대기만성의 인재를 사장하고 있는 것 같습니다. 대기만성에서 발달 교육의 의미를 찾아보겠습니다. 대기만성의 유래를 찾아보았습니다.

『노자(老子)』41장에서 나온 말이다. 노자는 이 장에서 옛글을 인용하여 도(道)를 설명하였는데 "매우 밝은 도는 어둡게 보이고, 앞으로 빠르게 나아가는 도는 뒤로 물러나는 것 같다. 가장 평탄한 도는 굽은 것 같고, 가장 높은 덕은 낮은 것 같다. 몹시 흰빛은 검은 것 같고, 매우 넓은 덕은 한쪽이 이지러진 것 같다. 아주 건실한 도는 빈약한 것 같고, 매우 질박한 도는 어리석은 것 같다."라고 말하였다.

또 "그러므로 아주 큰 사각형은 귀가 없고(大方無隅), 큰 그릇은 늦게 이루어진다(大器晩成). 아주 큰 소리는 들을 수 없고(大音希聲), 아주 큰 형상은 모양이 없다(大象無形). 왜냐하면 도는 항상 사물의 배후에 숨어 있는 것이므로 무엇이라고 긍정할 수도, 또 부정할 수도 없기 때문이다."라고 설명하였다. 여기에서 보듯 만성(晩成)이란 본래 아직 이루어지지 않았다는 말로, 거의 이루어질 수 없다는 뜻이 강하다. 그런데 후일 이 말이 늦게 이룬다는 뜻으로 쓰이게 된 것은 다음과 같은 일화에서 비롯된 듯하다.

삼국 시대 위(魏)나라에 최염(崔琰)이라는 이름난 장군이 있었다. 그에게는 최림(崔林)이라는 사촌 동생이 있었는데, 외모도 빈약하고 출세가 늦어 친척들로부터 멸시를 당하였다. 하지만 최염만은 그의 재능을 꿰뚫어보고 이렇게 말하였다. "큰 종이나 큰 솥은 그렇게 쉽사리 만들어지는 것이 아니다. 그와 마찬가지로 큰 인물도 성공하기까지는 오랜 시간이 걸리는 법이다. 내가 보기에 너도 그처럼 대기만

성형이다. 좌절하지 말고 열심히 노력해라. 그러면 틀림없이 네가 큰 인물이 될 것이다." 과연 그의 말대로 최림은 후일 천자를 보좌하는 삼공(三公)에 이르게 되었다. 오늘날에는 나이 들어 성공한 사람을 가리키는 말로 흔히 사용되고 있다.

— [네이버 지식백과] 대기만성(大器晚成) / 두산백과

대기만성의 문화적 의미가 최초 사용자인 노자가 담고자 한 의미와 많이 다른 것 같습니다. 사전적 의미를 살펴보았습니다. 큰 인물은 오랜 단련을 거쳐야 한다는 것입니다. 노자가 담고자 한 의미는 자구 해석에 충실하면, 큰 그릇은 완성될 수 없다는 것 같습니다. 본질적 드러냄에 충실하면, 큰 그릇은 이미 완성되어 있다는 뜻 같습니다. 변증법의 대가다운 표현 방식입니다.

대기만성을 이룬 위인을 검색해보았습니다. 이순신 장군도 포함되어 있었습니다. 특징은 늦게 사회적 지위를 얻었지만 큰 공을 세운 분들입니다. 현상을 분석해보겠습니다. 무과에 장원 급제하기 전까지는 작은 그릇이었고, 후에는 큰 그릇이 된 걸까요? 한산도 대첩에서 왜적을 물리치기 전까지는 작은 그릇이고, 그 후에는 큰 그릇일까요? 아니면 그 경계선이 명량 해전이면 작은 그릇과 큰 그릇을 판별하는 데 적절할까요? 잘 모르겠습니다.

변증법적 유물론에 근거해 본질을 분석해보겠습니다. 이순신의 인격에 작은 그릇과 큰 그릇이 다 담겨 있었습니다. 작은 그릇은 사회적 잣대에 순응하는 능력이고, 큰 그릇은 어려운 과제를 창조적으로 해결하는 능력입니다. 젊어서는 작은 그릇이 투쟁의 주도권을 잡았고, 노년의 특정 시기에 맞은 위기 상황에서 큰 그릇이 투쟁의 주도권을 잡은 것으로 분석할 수 있습니다. 백의종군을 하는 등의 우여곡절은 두 대립물이 지속적으로

주도권을 다투는 과정의 결과로 이해할 수 있습니다. 큰 그릇은 죽음으로 그 최종 형태를 완성했습니다. 큰 그릇은 청년 시절부터 그에게 이미 내재해 있었습니다. 이렇게 보면 노자가 처음 사용했던 의미도 이해하는 데 별 어려움이 없습니다.

비고츠키의 발달 교육 측면에서 담고 싶었던 주장을 풀어놓겠습니다. 위에서 느낌을 제대로 전달하고자 이순신 장군의 문제해결능력과 순응능력을 큰 그릇과 작은 그릇에 비유했습니다. 이번에는 **문화적 능력과 자연적 능력**을 큰 그릇과 작은 그릇에 담아보겠습니다. 수백만 년 이상 진행된 인류의 전체 발달 과정에서 보면, 큰 그릇은 인간(호모 사피엔스)이 쟁취한 문화적 능력입니다. 학교 교육에서 책임지고 해결해야 할 학력(학교에서 키워야 할 능력)의 본질을 이루는 능력입니다. 작은 그릇은 큰 그릇에 대립되는 자연적 능력입니다. 유전으로 전수되는 능력입니다.

위키백과의 '사람' 설명을 참고하여 큰 그릇의 성질을 드러내보겠습니다.

사람 또는 호모 사피엔스(라틴어: Homo sapiens)는 두 발로 서서 걸어다니는 사람과의 영장류 동물이다. 지구 상의 사람을 통틀어 인류(人類)라고도 한다.

사람은 추상적인 사유, 언어 사용, 자기반성, 문제 해결을 할 수 있고, 감정을 느낄 수 있는 고도로 발달한 두뇌를 지니고 있다. 이로써 인간은 개인이 자신을 통합적으로 인식하는 주체가 된다. 그러나 환경의 영향에 따라 자신을 통합화하는 데 많은 영향을 받는다. 이러한 지적, 심리적 능력과 함께, 직립 보행 때문에 자유롭게 쓸 수 있는 앞다리(팔)를 이용해 다른 종보다 훨씬 정교한 도구를 만들 수 있다.<중략>

대부분의 고등 영장류와 마찬가지로 사람은 사회적 동물로서, 자기표현, 생각의 교환, 조직화를 할 수 있도록 언어를 비롯한 의사소통 체계를 이용하는 데 능숙하다. (……) 사람끼리의 사회적 상호작용은 인간 사회의 기반이 되는 다양한 전통, 의식, 윤리, 가치, 사회 규범, 법을 만들었다. 사람의 미를 감상하는 능력과 자기표현의 욕망이 결합하여 예술, 글, 문학, 음악과 같은 문화적 혁신을 이끌었다.

사람은 사람을 둘러싼 세계를 이해하고 영향을 미치려는 욕망 때문에 과학, 철학, 신화, 종교를 통해 자연적인 현상을 설명하고 다루려고 한다. 이 자연스러운 호기심은 도구와 기술의 발전을 가져왔고, 사람은 스스로 불을 만들고 요리하고 옷을 입으며, 수많은 기술을 다루고 발전시키는 유일한 종이 되었다. 사람은 <u>이러한 기술과 지식을 교육함으로써</u> 다음 세대에 물려준다.

— https://ko.wikipedia.org/wiki/%EC%82%AC%EB%9E%8C

큰 그릇에 담을 수 있는 문화적 능력은 ① 추상적으로 생각하는 능력, ② 언어를 사용하는 능력, ③ 자기 경험을 반성하는 능력, ④ 삶의 문제를 해결하는 능력, ⑤ 타인의 감정을 파악하는 능력, ⑥ 자기를 통합적으로 인식하는 능력, ⑦ 정교한 도구를 제작하는 능력, ⑧ 능숙한 의사소통 능력, ⑨ 미를 감상하는 능력, ⑩ 자연 현상을 설명하는 능력, ⑪ 새로운 도구와 기술을 창조하는 능력, ⑫ 문화적 능력을 다음 세대에 물려주는 능력입니다. 그렇다면 이에 대립되는 작은 그릇에 담을 수 있는 생물학적 능력은 무엇일까요?

생물학적 능력은 ① 구체적으로 생각하는 능력, ② 몸짓과 그림을 사용하는 능력, ③ 자기 경험을 신뢰하는 능력, ④ 삶의 문제를 회피하는 능력, ⑤

타인의 감정을 무시하는 능력, ⑥ 자기를 감정적으로 인식하는 능력, ⑦ 간단하고 편리한 도구를 제작하는 능력, ⑧ 미숙한 의사소통 능력, ⑨ 대상을 충동적으로 감상하는 능력, ⑩ 자연 현상을 기술하는 능력, ⑪ 기존 도구와 기술을 사용하는 능력, ⑫ 문화적 능력을 편리하게 사용하는 능력입니다.

대기만성을 음미하면서 제가 하고 싶은 주장에 필요한 재료를 추출했습니다. 우리는 큰 그릇과 작은 그릇을 다 지니고 있습니다. 학교 교육은 생물학적 진화를 통해 누적시켜 유전을 통해 후손에게 전달하고 있는 자연적 능력을 넘어서야 합니다. 학교 교육은 역사를 통해 누적시켜 문화를 통해 후손에게 계승하고 있는 문화적 능력에 주목해야 합니다. 물리적 결손이 심각하지 않은 사람이라면 누구나 큰 그릇을 지닐 수 있습니다. 가소성과 가능성 측면에서 누구나 문화적 능력을 숙달할 수 있습니다. 하지만 각 개인이 지니게 되는 큰 그릇은 죽음으로 완성됩니다. 평생 문화적 능력을 발달시켜야 한다는 것입니다. 교육은 목적의식적으로 인간을 인간답게 만드는 문화적 행위입니다. 인간다움의 내용은 문화적 능력으로 채워집니다. 이렇게 보면 학력이 문화적 능력입니다. 전인 교육은 여러 영역의 문화적 능력을 키워주는 교육입니다. 지금까지 전개한 논의는 대기만성을 매개로 발달 교육으로 키워야 하는 능력을 문화적 능력으로 위치시키는 작업이었습니다.

하나 덧붙이겠습니다. 자연적 능력과 문화적 능력의 관계를 간단하게 언급하겠습니다. 첫째, 자연적 능력을 가지고 문화적 능력을 쟁취합니다. 둘째, 문화적 능력을 쟁취하게 되면 기존의 자연적 능력을 다른 차원에서 활용할 수 있습니다.(3부 10장에서 이야기하는 발달 교육 모델 1과 연결됩니다.) 셋째, 자연적 능력(선택하는 능력)과 자연적 능력(집중하는 능력)이 변증법적 지양을 하여 문화적 능력(자발적 주의능력)이 창조됩니다. 즉, 자연적 능력들의 기능 체계가 새롭게 형성되어야 초보적인 문화적 능력이 태동합니다.(발달 교육 모델 2와 연결됩니다.)

이 관계를 직시하면 교사와 학생의 역할을 다르게 파악할 수 있습니다. 자연적 능력과 문화적 능력의 투쟁에서 문화적 능력이 주도권을 장악하도록 모범과 협력으로 이끌어가는 전문가가 교사입니다. 학생은 문화적 능력을 주도적으로 사용할 수 있는 주체가 되어야 합니다.

교사와 학생의 관계에 대해 간단하게 부연하겠습니다. 자연적 능력(물건을 만지며 대상의 개수를 연산하는 능력)에 능숙한 초등학교 1학년 학생에게 문화적 능력(추상적인 기호를 사용하여 암산으로 연산하는 능력)을 전수하는 게 교사의 역할입니다. 학생은 자신이 능숙하게 사용할 수 있는 자연적 능력을 계속 사용하려고 하고 교사는 학생이 미숙한 문화적 능력을 사용하도록 인도하는 과정에서 대립이, 갈등이, 위기가 펼쳐집니다. 구성주의의 처방은 원칙적으로 자연적 능력 사용을 허락합니다. 문화역사적 이론의 처방은 의도적으로 자연적 능력 사용을 자제시킵니다. 7차 교육과정 동안 대한민국 수학 교과서는 구성주의적 교육 처방을 담았습니다. 핀란드 수학 교과서는 비고츠키의 처방을 담았습니다. 둘은 가장 이질적인 수학 교과서입니다. 가장 반대되는 입장을 담은 수학 교과서입니다.

5) 과유불급(過猶不及)

국어사전에 따르면, '과유불급'은 "정도를 지나침은 미치지 못함과 같다는 뜻으로 중용이 중요함을 이르는 말"입니다. 대기만성에 이르기 위해 명심해야 할 과유불급의 의미를 추출해보겠습니다. 우선 과유불급의 문화적 의미를 살펴보겠습니다.

> 너무 지나치면 미치지 못하는 것과 마찬가지라는 말. 과불급과 같은 의미. 능력·지혜·예의·의욕·사랑 같은 것이 너무 지나치거나 보통에 미치지 못하는 것을 말한다. 과불급(過不及)과 같은 내용으로 중도를 잡지 못하거나 중용을 얻지 못하는 것을 의미한다. 또한 무슨 일이나 너무 지나치는 것은 오히려 부족함만 못하다는 의미도 들어 있다. 친절이 지나치면 비례(非禮)가 되고, 의욕이 지나치면 과욕(過慾)이 되며, 사랑도 지나치면 미움이 따르게 된다.
>
> ― [네이버 지식백과] 과유불급 (過猶不及) 『원불교대사전』, 원불교100년기념성업회

과유불급은 인간관계에서 너무 부족하거나 너무 지나친 것은 다 잘못된 것이니 중용을 유지하라는 처세의 원칙을 담고 있습니다. 지혜, 예의, 의욕, 사랑의 사례는 쉽게 이해가 됩니다. 지나친 사랑, 지나친 의욕, 지나친 예의(친절), 지나친 지혜의 문제는 이해가 갑니다. 제 꾀에 제가 빠졌다는 속담을 생각하면 쉽게 납득이 됩니다. 하지만 지나친 능력이 부족한 능력과 같은 것인지 저는 이해하기 어렵습니다.

발달 교육의 측면에서 다른 접근을 해보겠습니다. 인간 발달은 총체적인 것입니다. 전면적인 발달입니다. 다양한 자연적 능력들을 가지고 여러 영역의 문화적 능력들을 쟁취하는 과정입니다. 발달의 측면에서 동일한 능력이라면 지나친 능력과 부족한 능력은 같이 취급할 수 없습니다. 열매를 맺은 것과 새싹이 트는 것을 동일하게 볼 수는 없습니다.

능력과 과유불급의 의미를 연결하기 위해서는 연결할 대상으로 동일

한 능력이 아니라 다른 능력들을 설정해야 합니다. 영어 팝송을 유창하게 백 곡 이상 부를 수 있는 7세 아이의 능력과 친구와 소꿉놀이를 제대로 하지 못하는 7세 아이의 능력을 과유불급과 연결해보겠습니다. 총체적인 인간 발달을 고려하면, 7세에 유창하게 팝송을 불러대는 같은 연령대 아이들보다 지나치게 빨리 발달한 능력과 소꿉놀이도 제대로 못하는 지나치게 느리게 발달한 능력은 둘 다 비정상입니다. 특수한 발달 사례입니다.

그러나 전문가의 식견은 다를 수 있습니다. 21세기는 최첨단 과학 시대 그리고 지식 폭발을 넘어 지식 혁명의 시대이지만, 우리는 천형처럼 크기와 구조에서 이러한 변화에 대응하지 못한 뇌를 지니고 살아가야 합니다. 벗어날 수 없는 굴레처럼 자연적 능력을 담당하도록 진화된 신경 센터만을 가지고 세상에 나왔습니다. 너무도 살아남기가 어려워서 인간은 자연의 영역을 넘어서는 문화적 능력을 창조하게 되었습니다. 그러나 천형과 굴레를 짊어져야 했습니다. 문화적 능력은 자연적 능력을 가지고 창조한 것입니다. 자연적 능력의 발달은 신경 중추와 그 신경계의 발달과 어느 시기까지는 궤를 같이합니다. 그 신경 중추와 신경계를 새롭게 연결하고 동시에 작동시켜야 문화적 능력이 발현될 수 있습니다.

발달 측면에서의 교훈을 정리하겠습니다. 자연적 능력을 넘어 너무 빠르게 문화적 능력을 습득하면 장기적으로 발달이 느린 것보다 더 해롭다는 것입니다. 자연적 능력을 담당하는 신경 중추와 신경계를 최대로 활성화시키지 못함에 따라 심각한 후유증을 겪게 됩니다. 교육 선진국은 초등학교에서 글말 교육을 시작합니다. 미리 글말을 교육시키면 아동 학대처럼 사회적 눈총을 받게 됩니다. 초등학교에 입학했을 때, 다른 아이들은 글말을 읽지 못하는데 혼자 유창하게 읽어대면 당장 보기는 좋지만 나중에 더 큰 어려움을 겪게 됩니다. 자폐아가 된 독서 천재 사례를 들어보셨습니까?

국어과 교육과정을 담당하는 분들은 절대 잊지 말아야 합니다. 초등 1년 동안 천천히 글말을 익히도록 교육과정을 구성해야 합니다. 올바른 발달 교육을 위한 최소 조건을 충족시켜야 합니다. 이런 상황이라, 발달 교육적 측면에서 과유불급의 의미에 새로운 내용을 담아야 합니다. **지나치게 빠른 발달은 느린 발달보다 100배는 더 문제입니다.**

발달 교육의 관점에서 현행 독서 교육을 보면, 과유불급이 연상됩니다. 가장 적기인 중·고등학교에서는 입시 교육으로 독서 교육을 홀대합니다. 입말도 못하는 세 살 아이에게 독서 교육을 시작합니다. 초등학교 1학년에 낱말 교육이 시작됩니다. 출발점을 초등학교 1학년의 낱말 교육으로 정확하게 위치시켜야 합니다. 중학교, 고등학교, 대학교까지 어느 정도로 독서 교육을 확장시킬 것인지 고민해야 합니다. 성인이 일주일에 책 한 권은 읽을 수 있도록 하겠다는 식으로 독서 교육의 목표를 명확히 해야 합니다.

교사는 어느 시기에 독서 교육을 집중할 것인지, 어느 시기에는 어느 수준으로 할 것인지 심각하게 고민해야 합니다. 무식하면 용감하다는 조언을 잊지 말아야 합니다. 모르면 바보 만드는 교육을 성실하게 열정적으로 할 수밖에 없습니다.

6) 맹모삼천지교(孟母三遷之敎)

국어사전에 따르면, '맹모삼천지교'는 "맹자가 어렸을 때 묘지 가까이 살았더니 장사 지내는 흉내를 내기에, 맹자 어머니가 집을 시전 근처로 옮겼더니 이번에는 물건 파는 흉내를 내므로, 다시 글방이 있는 곳으로 옮겨 공부를 시켰다는 것으로, 맹자의 어머니가 아들을 가르치기 위하여 세 번이나 이사를 하였음을 이르는 말"입니다.

발달 교육과 연결할 수 있는 자료를 인용하기 위해 조사를 했습니다. 사실 관계가 모호했습니다. 두 번 이사를 간 것인지, 세 번 이사를 간 것인지 명확하지 않습니다. 표로 정리해보겠습니다. 세 번 이사한 것으로 가정하겠습니다. 그리고 문제점을 명확히 하고 검증해보겠습니다.

살던 곳	이사 간 곳	비고
?	공동묘지	처음
공동묘지	저잣거리(시장)	중간
저잣거리(시장)	서당	마지막

자료를 조사한 결과 '?'에 들어갈 내용이 문제 해결의 열쇠였습니다. 세 번 옮겼다는 설명에도 불구하고 실제로는 두 번 이사를 했다는 해석이 우세했습니다. 처음부터 공동묘지 부근에 살았다는 것입니다. 저는 몇 가지 근거에서 처음에 살던 곳은, 즉 출생한 곳은 주택가였다는 가설을 제시하고자 합니다. 제가 아는 한, 이런 가설은 제가 처음 제시하는 것입니다.

[근거 1] 맹자의 아버지와 관련된 내용입니다. 그는 맹 손이라는 이름의 귀족 출신입니다. 맹자가 세 살 때 세상을 떠났습니다.
[근거 2] 맹자의 어머니와 관련된 내용입니다. 맹자가 세 살 때부터는 가정 경제를 책임졌습니다. 장(仉)씨라는 성을 가지고 있었습니다. 베짜기로 생계를 유지했습니다.
[근거 3] 주거지의 시세와 관련된 내용입니다. 공동묘지 부근은 가장 저렴한 가격입니다. 저잣거리 부근은 상가처럼 비싼 가격입

니다. 서당은 중간 정도의 가격일 것입니다. 주택가도 중간 정도였을 것입니다.

[근거 4] 주거지 사이의 거리와 관련된 내용입니다. 여행자들의 기록에 따르면, 공동묘지에서 저잣거리까지의 거리는 7km, 저잣거리에서 서당까지의 거리는 2km 정도라고 합니다. 제가 추정한 주택가에서 공동묘지까지의 거리는 3~5km입니다.

[근거 5] 이사를 한 시기와 관련된 내용입니다. 마지막 이사는 7~8세 학령기로, 중간 이사는 5~6세로, 첫 이사는 3세 때로 추정했습니다.

5가지 근거를 가지고 직관적 판단을 내리면서 부모의 역할을 신중하게 고려했습니다. 이하 내용은 모두 제가 꾸며낸 이야기입니다. 제가 조사를 통해 발견하여 사회적으로 구성한 그럴듯한 창조물입니다.

부와 모는 권세에서 물러난 귀족 가문의 후예였습니다. 맹자가 3세 되던 해에 아버지가 죽고, 젊은 미망인 장(仉) 씨가 하나뿐인 외아들을 키우게 됩니다. 먹고살기 위해 집을 처분하여 베틀과 대마 농사를 위한 밭을 구입했습니다. 그리고 그 옆에 있는 허름한 주거지로 이사를 갑니다. 독을 품고 운명과 싸운 맹모는 어느 정도 재산을 축적했습니다. 혼자 자라는 맹자가 보고 배운 것으로 놀이를 하는데 귀족 출신 어머니가 인내할 수 없었습니다. 가장 하층민의 문화를 흉내 내는 것이었기 때문입니다. 결단을 내리고 재산을 처분하여 저잣거리에 가게를 마련하고 부근에 거처도 정합니다. 새로운 친구와 사귈 수 있기를 희망했습니다. 경제 활동에 전념하다 보니, 맹자는 친구들과 보고 배운 것으로 놀고 있었습니다. 귀족 출신 어머니의 자존심을 훼손하는 놀이였습니다. 그래서 재산 축적을 포기하고 서당 옆으로 이사를 갑니다. 집에서 베를 짜는 것으로 근근이 먹고살아야 했지만 맹자 교육에 전념했습니다. 엄한 어머니 밑에서 서당 교육을 받으며 맹자는 성공적인 학문의 길에 들어서게 되었습니다. 그 와중에, 한석봉의 모처럼 맹모단기(孟母斷機)의 일화를 남겨야 하는 일도 당연히 있었습니다.

이런 가설에 근거하면, 맹모삼천지교에 대한 새로운 해석, 현명한 맹모가 자식 교육을 위해 고의로 삶과 죽음을 위한 장소로, 인간들이 어울려 경제 활동을 하는 곳으로 이사했다는 것은 지나친 억측입니다. 그저 젊은 미망인이 삶의 무거움을 정면으로 지고 나아간 고단한 여정이었을 뿐입니다.

맹자의 성공에 기여한 우연적 요소를 발달 교육의 측면에서 정리하겠습니다. 먼저, 말을 배우기 시작할 때부터 대자연과 벗하며 성장했습니다. 감정에 호소하는 삶의 장면을 경험하며 친구와 어울려 그 의미를 상상하며 놀았습니다. 다음으로, 초등학교 입학 전까지 저잣거리에서 구체적인 사례를 체험하면서 경제 활동을 경험했습니다. 복잡한 역할극인 시장놀이를 통해 친구와 함께 인간 세상에 대한 이해를 심화할 수 있었습니다. 마지막으로 초등학교에 입학하면서, 글말의 세계에 입문했습니다.

지나치지도 느리지도 않은 적절한 자연적 능력 발달을 거쳐 문화적 능력 발달의 세계에 입문했습니다. 당시 관점에서는 조금 느리게 글말의 세계와 마주한 것일 수 있지만, 21세기 관점에서는 적절한 속도의 발달이며 교육 환경의 변화였습니다.

8

21세기
진보 교육학

1부 8장에서 국내에 소개된 진보 교육학이 시대적 흐름과 맞지 않은 낡은 것임을 보여드렸습니다. 구성주의를 넘어서자는 의견을 강력하게 피력했습니다. 제3세계 교육학자는 구성주의에 '**서구 제국주의의 트로이 목마**'라는 올바른 명칭을 붙였습니다. 우리 역사를 반영하여 표현하면, 대한민국 교육학은 행동주의라는 **쓰레기차**를 피하려다 구성주의라는 **똥차**에 치여 중태에 빠져 있는 형국입니다.

앞 장에서 그 해결 방안을 찾아보았습니다. 먼저, 전통 교육학에서 제대로 된 발달 교육의 깨달음을 찾아보았습니다. 식견이 부족하여 대중적으로 널리 알려진 한자성어 몇 개만 조사했습니다. 이 장에서는 국내에 제대로 소개되지 않은 우물 밖 진보 교육학의 내용을 살펴보자는 제안을 하고자 합니다.

우리가 제대로 음미하지 않은 해외의 진보 교육학을 소개하기 전에 이미 국내에 널리 알려진 내용을 간단하게 평가하고자 합니다. 제가 소개된 내용의 이론 측면을 전달하고자 합니다.

첫째, 존 듀이의 진보주의 교육을 언급하겠습니다. 제가 험악하게 존 듀이를 비판하면 어떤 일이 벌어질지 근심입니다. 친한 주변 사람들에게 눈총 받을 걱정이 앞섭니다. 도올 선생님의 의견으로 대신하겠습니다.

존 듀이 철학을 왜곡하지 말라

그런데 진보주의 교육이 왕왕 자유주의로 오해된다. 그리고 자유주의는 개인주의적 가치를 지상의 테제로 삼는 성향이 있다. 개체 지상주의는 결국 방종으로 귀결된다. 몬테소리, 서머힐 같은 '열린 학교'가 초창기의 건강한 혁명적 성격과는 달리 실패로 끝나는 이유가 결국 '방종'과 '훈육의 결여', '결과적 진부성'의 문제를 해결할 수 없기 때문이다. 나는 개인적으로 나의 철학적 선배로서 존 듀이를 매우 존경하지만 그의 자유주의적 교육관의 계승자들이 시행한 교육 방법론의 파탄은 미국의 공교육을 망쳐버리고 미국 사회를 근원적으로 해체하는 데 공헌한 측면이 있다고 생각한다.

학생은 결코 온전한 개체라고만 말할 수 없다

듀이 철학이 역동적 과정을 중시하지만, 교육이 '과정 그 자체'에 대한 신화적 예찬에만 머물게 되면 아무런 목표 설정이나 '휴먼 빌딩'의 결실이 부재하게 된다. 한국의 학부모들이 초창기의 대안 학교를 불안하게 바라보았던 제1의 이유였다. 어설프게 혁신 교육을 외치는 자들이 흔히 말한다.: 학생은 온전한 개체이므로 그 온전한 개체의 가능성이 스스로 발현되도록 돕는 것이 교사의 임무이다. 말인즉 매우 근사하게 들린다. 그러나 학생의 현실태는 온전한 개체가 아니다. 학생은 교육받기 위해서 학교에 오는 것이다. 목가적인 에밀의 반교육적인 체험을 반복하려는 것은 아니다. 학생이 온전한 개체라는 것은 학생을 바라보는 시각 설정의 이상적 형태의 좌표일 수는 있으나 그것이 곧 학생의 현실태일 수는 없다.

— 김용옥, 2014: 77~79

둘째, 구성주의를 비판하겠습니다. 개인주의적이든 사회적이든 구성주의에는 구성주의의 일반 원칙이 관철됩니다. 플라톤의 주장에 따르면 전생의 기억 때문에 학생이 사물의 본질과 반영물인 이데아를 구성할 수 있습니다. 학생이 살았던 전생의 삶들이 다 다르기 때문에 구성한 내용도 다 다릅니다. 그런데 전생의 기억은 사회적 상호작용이 있어야 작동합니다. 이게 구성주의 교육학의 대전제라고 정리하면 다들 웃을 것입니다. 2천 년 이상의 세월이 지난 지금, '전생의 기억'이 '생득적 인지 구조'로 포장되었다고 웃지 못하는 분들이 있습니다. 21세기 지식인이라면 누구나 구성주의 교육학의 대전제가 사기임을 알 수 있어야 합니다. 객관주의(행동주의)의 미몽에서 벗어나야 하듯이, 주관주의(구성주의)의 무지몽매에서도 헤어나야 합니다. 이분법의 야만에서 해방되어야 합니다.

셋째, 프레네 교육을 언급하겠습니다. 오랜 시간에 걸쳐 특정 집단에서 인증을 받았습니다. 급진적 노동자의 자녀를 교육하면서 교육과정의 적절성이 검증되었습니다. 투쟁을 위해 지배 계급의 언론을 대신하여 길거리 언론을 창출하는 능력을 발달시키는 교육 활동은 그 무엇보다 중요합니다. 그러나 공교육의 교육과정으로 프레네 교육 전부를 채택하기에는 미흡합니다.

넷째, 발도르프 교육도 마찬가지입니다. 독실한 신자를 키워내는 교육과정으로 적절하다고 평가받았습니다. 종교적 감흥에 대한 민감성을 키워주는 교육 활동은 독보적입니다. 그러나 프레네 교육과 마찬가지로 공교육의 교육과정으로 그대로 채택하기에는 부족합니다.

다섯째, 배움의 공동체를 간단하게 언급하겠습니다. 앞에서 구성주의, 사회적 구성주의 일반을 비판했습니다. 배움의 공동체는 구성주의와도 궁합이 잘 맞는 주장을 현실에 옮기고 있습니다(3부 4장 참조). 따라서 그들이 내적 체계를 제대로 갖추려면 비고츠키가 아니라 피아제를 공부해야 합니다. 2016년 초 제주도 배움의 공동체가 피아제를 공부한 것은 논리적으로 적절한 활동입니다.

이어서 국내에 제대로 소개되지 않은 진보 교육학을 소개하겠습니다. 핀란드, 러시아, 쿠바 이렇게 세 나라를 살펴보겠습니다. 진보 교육학의 단면을 가볍게 전하겠습니다.

1) 핀란드

핀란드를 이야기하겠습니다. 국내에 핀란드 교육을 소개하는 책자가 많아 그 내용을 세세하게 언급하지 않겠습니다. 인터넷에서 검색한 재미있는 사실 20가지를 살펴보고, 2016 핀란드 핵심 국가 교육과정의 특징을 정리하고, 핀란드 교육의 이론적 토대를 안내하겠습니다.

먼저, 「핀란드 교육: 우리가 몰랐던 재밌는 사실과 제도 20가지」입니다.

244

1. 핀란드 학생들은 영재든 문제아든 모두 같은 반에서 공부합니다. 따로 특수반이나 영재반이 없죠.

2. 과학 수업 같은 경우 16명 정원이 정해져 있어서, 학생들 각각 개인이 실험들을 직접 해볼 수 있게 제도가 마련되어 있습니다.

3. 학생들은 숙제를 꼭 해와야 되는 건 아닙니다.

4. 핀란드에서 교사가 되기 위해서는 학급 상위 10% 성적으로 졸업해야 되고 석사 과정은 필수죠.

5. 이 나라 교사는 변호사나 의사와 똑같은 대우를 받습니다.

6. 영국 신문 가디언에 따르면 핀란드 국가 교육 가이드라인은 정말 대강 제시되어 교사들의 자율성을 최대로 보장해줍니다.

7. 모든 학교는 100% 국가가 재정을 지원해줍니다. 사립학교가 존재하지 않죠.

8. 학생들은 16살이 되어서야 국가 기준 시험을 한 번 보게 되는데 그 전과 그 후로 절대 큰 시험은 없습니다.

9. 모든 어린이들은 만으로 7살 때 학교를 시작해서 9년만 법적으로 수업을 듣게 되어 있습니다.(*의무교육이 9년이라는 이야기 같습니다. -인용자)

10. 첫 숙제와 시험은 학교마다 다르지만, 대부분 10살이 넘어서야 처음 주어집니다.

11. 핀란드 교육은 학교가 시작해도 첫 6년 동안은 성적에 전혀 구애를 받지 않도록 제도화되어 있습니다.

12. 추가로 도움이 필요한 학생들은 9년의 학교생활 동안 국가에서 지원을 해주는데, 약 30%의 학생들이 이 도움을 받는다고 합니다. 도움의 종류는 개인 튜터부터 방과 후 프로그램 등이 있죠.

13. 핀란드 교육 시스템은 한 학생당 미국이 연간 사용하는 교육 비용의 32%밖에 안 사용합니다.

14. 전체 학생의 66%가 대학교에 진학하게 되는데, 유럽에서는 최고 높은 진학률이죠.

15. 전체 고등학생 중 93%가 마지막 해에 졸업을 합니다.(*졸업 비율만 계산하면 우리나라도 높습니다. OECD에서 1위죠. -인용자)

16. 43%의 고등학교 졸업생들은 직업 학교 또는 전문 학교로 진학합니다.

17. 초등학생들은 하루에 점심시간을 제외하고 75분의 쉬는 시간이 주어지죠. 미국 같은 경우는 27분입니다.

18. 뉴욕타임스에 따르면 교사들은 하루에 4시간만 수업하는 교실에서 시간을 보내고, 일주일에 2시간씩 '자기 개발' 시간이 주어지죠.

19. 역시 뉴욕타임스가 보고하기를 핀란드 국가 전체 교사 수와 뉴욕 교사 수가 비슷한데, 학생 수는 뉴욕이 두 배나 많습니다(60만 대 115만 명).

20. 피사에 따르면 핀란드 교육의 꽃이라고 할 수 있는 교사들은 2014년 기준으로 첫해 연봉 42,000유로(약 5,368만 원)를 받는다고 합니다.

— http://smartincome.tistory.com/321

인상적인 단편적 사실을 통해 강렬한 느낌을 전하고 싶었습니다. 20가지 중 제가 강렬한 느낌을 받은 것 두 가지만 언급하겠습니다. 저에게 충격이었던 것은 점심시간을 제외하고 쉬는 시간이 75분 보장된다는 것이었습니다. 유엔 아동권리협약에 명시된 '쉴 권리'를 보장하기 위한 조치임을 쉽게 알 수 있습니다. 자기가 선 곳에서 관심 있는 것을 바라보게 됩니다. 다른 하나는 신규 교사 연봉이 5천 3백 6십 8만 원이라는 사실입니다. 대한민국 상위 소득자 15%에 해당하는 높은 임금입니다.

다음으로, 2016년 9월에 적용될 2016 핀란드 핵심 국가 교육과정의 특징을 세 가지만 전달하겠습니다. 첫째, 핵심 능력을 사용합니다. 핵심 역량이 아니라 핵심 능력입니다. 프랑스도 마찬가지입니다. 이제 핵심 역량이 황혼으로 사라질 기미가 저 멀리서 시작되었습니다. 초등과 중등은 핵심 능력을 교과 간 연계와 학년 간 위계를 갖추어 교육과정에 반영했다고 합니다. 핀란드 신문인 LUMA(2015. 09. 24.)에 따르면, 장기간에 걸쳐 교육과정 개정 작업을 추진해서 교육과정 내에서 모든 과목의 구조가 통합되었고 핵심 능력 영역이 모든 과목에 반영될 수 있었다고 합니다.(교육 정책네트워크 정보센터, 해외 교육 동향, 핀란드, 670 「고등학교 교육과정 개정 작업이 올 가을에 완료될 전망」. 핀란드 기사 원문은 http://luma.fi/artikkelit/3975/lukion-opetussuunnitelman-perusteet-valmistuvat-syksylla)

핵심 역량이라는 용어를 사용하지 않습니다. 2004 핀란드 핵심 국가 교육과정도 핵심 역량이라는 표현을 담고 있지 않습니다. 프랑스도 핵심 역량이라는 개념을 사용하지 않습니다. 사회주의 정당이 국정을 담당하고 있는 국가는 미국 자본가 계급이 확산시키는 용어를 의도적으로 회피하고 있는 것인지, 아니면 학술적으로 적절한 개념이 아니라 폐기한 것인지는 확인하지 못했습니다.

둘째, LUMA(2015. 09. 24.)에 따르면, 고등학교 과학과 교육과정에서는 "연구 중심 및 질문 기반 학습과 사고능력의 발달"이 강조되었다고 합니다. "학습이 단순히 지식과 암기를 넘어서 이해, 적용, 분석, 평가, 창조로" 나아갈 수 있도록 노력했다고 합니다.

셋째, 교육과정에 '현상 기반 학습(Phenomenon Based Learning)'을 담았다고 합니다. 핀란드 교육부가 그 개념을 발표했다는 뉴스를 처음 접하고 제가 떠올린 생각이 있었습니다. 한 세기 동안 중등 교육의 최대 난제는 교과 교육을 통해 추상적인 개념을 가르쳤지만 구체적인 현실과 연결하지 못하는 것이었습니다. 학생의 입장에서 구체에서 추상으로 접근하는 경로를 좀 더 명확하게 제시하겠다는 뜻으로 읽었습니다. 지금도 대다수 국가는 교사의 입장에서 추상에서 구체로 접근하는 경로로 교과서와 교육과정을 만들고 있습니다. 개념형성능력을 길러주어야 하지만 구체로 연결되지 못하니 중등 교육이 의도한 만큼 효과를 내지 못하고 있는 난제를 해결하려는 적절한 방법이라고 판단했습니다.

그래서 인터넷 검색을 통해 좀 더 산뜻하게 '현상 기반 학습'을 소개하려 여행을 다녔습니다. 학자들 사이에 논쟁이 치열하게 전개되고 있음을 알게 되었습니다. 현상 기반 학습의 성격을 규정하는 문제를 둘러싸고 다양한 의견이 교류되고 있습니다. 대충 이런 것입니다. 수업이 있습니다. 구성주의적으로 전개되는 수업이 있고, 행동주의적으로 전개되는 수업도 있습니다. 문화역사적으로 전개되는 수업도 있습니다. 이런 것처럼 현상 기반 학습도 수업이 전개되는 과정에서 구성주의적으로 흘러갈 수 있고, 행동주의적으로 펼쳐질 수도 있고, 문화역사적으로 운영될 수도 있습니다.

현상 기반 학습에서 현상에 기반을 두고 학생이 학습을 하게 한다는 명제를 도출한 것인지, 아니면 현상에 기반을 두고 학생이 학습을 한다는 명제를 추출한 것인지 다투고 있습니다. 이러한 차이가 수업 흐름에서는 천지 차이로 귀결됩니다. 각각의 명제를 현실에 구현하는 방법은 다를 수밖에 없습니다.

2014년 미국 물리교사협회 자료는 후자의 명제로 학생이 스스로 현상에 기반을 두고 학습을 하는 방식의 수업을 상정하고 있습니다. 자료집 중간에는 코헨의 2014년 책에 있는 내용이 강조되어 있습니다. "학생들이 교사를 필요로 하지 않는 대부분의 시간에, 학생들은 그들이 해낸 연결과 발견으로 즐거워하고 있으며 교사에게 보여주고 싶어 안달을 하고 있습니다." 교실에서 교사는 가만히 있으라는 구성주의의 행동 강령이 현상 기반 학습을 소개하는 자료에도 등장합니다.

그 자료집에 핀란드에서 하는 현상 기반 학습이 아주 간단하게 소개되어 있습니다. 건질 만한 내용은 한 문장뿐이었습니다. "교사는 학생이 현상에 기반을 두고 학습하게 하여 더 큰 개념들과 유용하게 생각하는 능력을 가르칩니다." 교사의 모범과 협력으로 전개하는 수업 과정이 미국과 다르다는 것을 잘 파악하고 있었습니다. 이게 문화역사적 이론에 따라 수업을 전개하는 일반적인 방식입니다.

간단하게 현상 기반 학습이 2016 핀란드 핵심 국가 교육과정에 담겼다고 핀란드 교육부가 자랑했다고 전하면 되는데, 이야기가 길어졌습니다. 그 까닭이 무엇일까요? PBL(Phenomenon Based Learning), 현상 기반 학습, 이것이 곧 국내에 도입될 것이기 때문입니다. 미국에서 수입하여 국내에 판매된 문제 기반 학습과 마찬가지로 현상 기반 학습도 곧 대대적으로 유통될 것입니다. 하지만 제품명이 같다고 제품이 같은 것은 아닙니다. 자동차라고 다 똑같은 자동차가 아닙니다. 벤츠도 있고 장난감 자동차도 있습니다. 마찬가지로 미국산 구성주의적 '현상 기반 학습'도 있고 핀란드산 문화역사적 '현상 기반 학습'도 있습니다. 이 책을 읽고 있는 교사라면, 이 둘을 구분해야 합니다. 주체적으로 고민하고 선택하셔야 합니다.

마지막으로, 핀란드 교육의 이론적 토대를 간단하게 언급하겠습니다. 핀란드는 오랫동안 지리적으로 소비에트 연방공화국(이하 '구소련'으로 약칭)의 인접국이었습니다. 소련의 '활동 이론'은 핀란드 교육에 많은 영향을 주었습니다. 지금도 그 영향은 여전한 것 같습니다. 핀란드 헬싱키 대학의 행동과학연구소는 연구소 운영의 기조가 되는 이론을 '문화역사적 활동 이론'으로 홈페이지에 적시하고 있습니다. 문화역사적 이론은 비고츠키 학파의 이론입니다. 정리하면 핀란드 교육의 내적 체계는, 즉 교육과정—교수학습—평가 체계는 소련 교육학과 복원된 비고츠키 교육학을 참고로 하여 구축되었습니다. 미국 교육학의 식민지인 대한민국과 정반대라고 보시면 됩니다. 핀란드를 방문하여 본 교실 풍경이 우리의 교실 풍경과 비슷했다고 하더라도 그 속에 관철되고 있는 기조, 원칙, 이론은 가장 이질적인 것입니다. 보이는 것에 현혹되면 안 됩니다. 그 너머를 봐야 합니다. 본질을 직시해야 합니다.

2) 러시아

1930년대 중반 이후 러시아 교육은 비고츠키 학파의 이론뿐입니다.

스탈린 치하에서 '활동 이론'으로 명명되었습니다. 독재자의 특징은 더 이상의 갈등을 원하지 않습니다. 여기가 지상 천국이라고 생각하는 것입니다. 지금이 역사 발전이 최고에 이른 마지막 시기라고 믿는 것입니다. 자기가 제일 잘하고 있다고 맹신하는 것입니다. 그러다 보니, 철학에서 변화가 생겼습니다. 소련의 공식 철학은 변증법적 유물론입니다. 독재자는 모순과 갈등 때문에 흔들리는 지남철처럼 계속 소련 사회가 변화해야 한다는 것을 부정했습니다. 프로이센이 역사 발전의 정점이라고 국왕에게 아부해야 했던 헤겔처럼, 비고츠키 학파의 학자들도 모순과 갈등을 빼버리게 됩니다. 모순과 갈등을 규명하는 추상적인 용어 대신에 구체적인 용어를 채택하게 됩니다. 그 결과로 만들어진 것이 '활동 이론'입니다.

지금은 문화역사적 이론이 복원되었습니다. 포괄적으로 전체를 아우르는 이론은 실감하기가 어렵습니다. 교육의 여러 영역에서 조금 더 구체적인 측면을 다루는 많은 원리들이 80년 이상의 긴 세월 동안 개발되어 교육 현장에 적용되었습니다. 특출한 교사의 창조적 기법들도 양산되었습니다. 우리가 상상할 수 없을 만큼 많은 구체적이고 세세한 방법들이 실천되고 검증되어 전수되고 있습니다.

이러한 상황을 맛보고자 한다면, 팽영일 교수의 논문들과, 『선생님들에게 드리는 100가지 제안 : 수호믈린스키의 전인 교육론』, 『발달을 선도하는 교수학습』을 참고할 수 있습니다. 『레프 비고츠키』 3부 1장을 활용할 수 있습니다. 아직 대한민국 교육학은 원류인 비고츠키도 제대로 소화하지 못한 상황입니다. 국내에 소개된 러시아 교육학 자료가 있는지 궁금합니다. 참고할 만한 자료를 찾기 어렵습니다.

정막래·아파나시예바(2009; 124~128)는 러시아 상황을 상상할 수 있는 내용을 소개했습니다.

오늘날 러시아에는 세 가지 주요한 초등 교육 체계가 존재한다. 이 세 체계는 전통적인 교육 체계뿐만 아니라 구소련 시절의 교육학자들인 잔코프, 옐코닌, 다비도프 등의 이론들에 입각한 것이다. 이 체계들은 모두 피교육자의 지성 발달과 도덕성 발달에 초점을 두고 있다. 이 이론들은 러시아 학교에서 교육 프로그램으로 사용되고 있으며 내용을 살펴보면 다음과 같다.

1998년 교육부는 초등학교 교육에 있어서 다음의 세 교육 프로그램을 공식적으로 채택하였다.

① 전통적인 교육 체계

② 잔코프의 프로그램

　　※ 5개 원칙

　　　　㉠ 힘들고 높은 수준에서의 교육

　　　　㉡ 이론적인 지식의 선도적 역할

　　　　㉢ 빠른 속도의 자료 습득

　　　　㉣ 학습 과정 자체에 대한 학생들의 인식

　　　　㉤ 모든 학생의 발달에 대한 체계적인 연구

③ 옐코닌과 다비도프의 프로그램

이 교육 체계들은 아이가 '어떻게' 지식을 얻게 되는지에 따라 차이가 있다.<중략>

　　※ 샤탈로프 교육론의 7개 원칙

　　　　㉠ 힘들고 높은 수준에서의 교육

　　　　㉡ 무분쟁

　　　　㉢ 빠른 진보

　　　　㉣ 열려 있는 전망

　　　　㉤ 여러 번에 걸친 반복

　　　　㉥ 이론적인 지식의 선도적 역할

　　　　㉦ 공개성

두 원칙의 눈에 띄는 공통점은 '힘들고 높은 수준에서의 교육'과 '이론적인 지식의 선도적 역할'입니다.『생각과 말』6장을 읽어보신 독자라면 비고츠키 이야기임을 쉽게 알 수 있습니다. 근접발달영역과 관련된 이야기입니다.

다비도프의 프로그램에 대한 이해를 얻는 데 도움이 되는 자료가 있습니다. 제가 감수한 다비도프의『발달을 선도하는 교수학습』이 그것입니다. 그의 저작은 영문으로 번역된 것도 많습니다. 인터넷에서 찾아 파일을 다운받을 수 있습니다.

샤탈로프는 '구소련에서 전 민중의 선생님'으로 불렸고 '천재적인 교사이자 가장 뛰어난 선생'으로 평가받는 분이라고 합니다.

3) 쿠바

『교육 천국, 쿠바를 가다』를 통해 쿠바 교육을 처음으로 접하게 되었습니다. 자본주의 국가가 미국 교육학의 영향을 받았듯이, 사회주의 국가는 소련 교육학의 영향을 받았습니다.

쿠바 교육을 소개하는 저자의 수준이 낮습니다. 구성주의와 문화역사적 이론을 구분할 수 없다는 문제가 있습니다. 예를 들면, "엥게스트룀 이론의 토대가 된 것이 '사회적 구성주의'라고 불리는 학습 이론이다. 이름에서 알 수 있듯이 '아이들 스스로가 지식을 구성한다.'라는 부분은 피아제의 주장과 같지만 지식이 어떻게 구성되는가에서 달라진다."라는 진술은 문제투성이입니다. 엥게스트룀은 핀란드 학자입니다. 마이클 콜의 지도하에 미국에서 박사 학위를 받았습니다. 엥게스트룀은 현재 헬싱키 대학 행동과학연구소에 근무하고 있습니다. 그는 구소련의 '활동 이론'에 정통합니다. 그의 활동 체계 삼각형은 레온티예프의 활동 체계 삼각형을 확장한 것입니다. 이 책의 저자는 유물론자를 관념론자로 오판하고 있습니다.

하지만 사실을 전하는 부분은 참고해도 별 무리가 없습니다. 쿠바의 교육 현실을 알 수 있는 다른 국내 자료도 전무한 형편입니다. 사실 관계만 주의해서 읽으시면 됩니다. 쿠바 교육은 우리가 경험하고 있는 구성주의 교육과는 너무 다르다는 것과 우리 전통 교육에 맥이 닿아 있다는 것을 확인하시면 좋겠습니다.

아메리카 대륙에서 쿠바 교육은 학력 향상에서 최고의 성과를 낳았습니다. 비교가 되지 않을 정도로 독보적입니다. 비고츠키의 교육 이론에 근거한 체계적인 교육 때문이라고 합니다. 예로 제시한 것이 과거에 우리나라 초등학교 1학년 교실에서 볼 수 있었던 국어 '낭독 교육'입니다. 엘코닌은 '낭독 교육'을 수학에도 적용했으니, 사실 그렇게 놀라운 일은 아닙니다. 놀랄 일은 유네스코가 이 방법을 공히 인증하여 파울루 프레이리의 문맹 퇴치 방법을 이것으로 대체했다는 사실입니다.

저에게 가장 인상적인 내용은 중학교도 두 명의 담임 교사가 3년 동안 가르친다는 것이었습니다. 영어와 과학은 전담 교사가 담당합니다. 초등학교 6년을 책임지고 계속 가르치는 것보다 더 충격이었습니다. 학급당 학생 수도 초등학교는 25명이고, 고등학교는 30명인데, 중학교는 20명이라는 사실은 쉽게 납득할 수 없는 현실입니다. 오직 비고츠키의 발달 교육의 관점에서 볼 때 이해할 수 있는 내용입니다. 중2병을 앓고 있는 현실을 반추하면 이해할 수도 있을 것입니다. 인간 발달 과정에서 '질풍노도의 시기'인 중학교 시절이 중요하다고 판단하면 쿠바의 중학교 교육 체제가 당연하기도 합니다.

대한민국 진보 진영의 교육 연구자는 역사에 족적을 남긴 진짜 진보 교육학을 제대로 직시한 적이 없습니다. 절름발이를 벗어나려면, 이론과 실천이 서로를 이끌며 나아가기 위해 사회주의권의 교육 이론과 실천을 제대로 연구해야 합니다.

어려운 작업이 될 것입니다. 1960년대 초 미국은 소련 교육을 집중 연구했습니다. 첫 번째 소련 방문 보고서에 따르면, 소련의 예비 교사는 변증법적 유물론을 9학점 이수해야 합니다. 변화무쌍한 교육 현장의 변화와 학생의 발달을 제대로 파악하는 데 필요한 안경입니다. 제대로 이 난제를 해결하려면 변증법적 유물론으로 쓰인 글말을 관념론의 안경을 끼고 읽는 어리석은 짓은 그만두어야 합니다. 변증법적 유물론의 안경을 구입할 수 없다면, 빌려 써야 합니다.

9

관료주의
혁신

1부 9장에서 관료주의가 진보 교육청이 나아가는 데 늪과 같은 걸림돌이라고 했습니다. 교육 전문직이 특권으로 인식되고 있고, 자체 동력으로 작동하고 있다고 진단했습니다. 잦은 순환보직으로 장학사나 연구사는 신병과 같이 성가신 존재라고 험담했습니다. 양으로 측정되는 실적 평가에 복종하여 진보적 사업의 정신이 훼손되었다고 신고했습니다. 장기적인 안목도 없이 눈앞의 사업 하나에 정신없이 매달린다고 조롱했습니다. 이를 넘어서지 못하면, 진보 교육이 전쟁에서 패배하게 된다고 경종을 울렸습니다.

이 장에서는 관료주의를 혁신하는 방안에 대해 정제되지 않은 제안을 몇 가지 나열해보겠습니다. 제가 고민한 적이 있었던 내용을 다듬어 세 가지 제안을 만들었습니다.

무엇보다도 강조하고 싶은 것은 '원칙'입니다. 원칙을 지켜야 합니다. 교사가 하는 교육 활동을 지원하는 것이 교육 전문직의 존재 이유라는 사실을 잊지 말아야 합니다. 현재 강원도교육청의 현실을 보면, 초등과 중등 교육 전문직은 다른 어려움에 직면해 있습니다. 초등 교육 전문직은 너무 빨리 교감으로 승진하게 되는 두려움에 휩싸여 있습니다. 7년 근무한 장학사를 교감으로 승진시키면 울고불고 죽을상입니다. 중등 교육 전문직은 아무리 노력해도 너무 늦게 교감으로 승진하게 되어 업무에 대한 의욕이 낮습니다. 10년 근무한 장학사를 교감으로 승진시키면 무덤덤합니다. 일견 전혀 다른 고민입니다. 하지만 같은 문제의 다른 양상일 뿐입니다. 장학사직을 교감으로 승진하는 길목으로 인식하고 있습니다. 이것이 법령에 없는 관행이라는 문제를 외면하고 있습니다.

왜 장학사나 연구사로 전직할 수 있는 자격 조건을 교직 생활을 5년 이상 한 교사로 법령에 못 박았는지 고민해봐야 합니다. 교사가 잠깐 장학사나 연구사로 근무하다 다시 전직하여 교사로 근무하는 것을 전제로 한 법령의 취지를 직시해야 합니다. 교육부에 있는 장학사와 연구사가 얼마나 젊은지 확인해봐야 합니다. 교육 활동을 지원하는 데 적합한 교사의 연령대는 30대와 40대입니다.

전직을 하는데 고시처럼 분위기 잡는 공개경쟁을 하는 것도 모양새가 이상합니다. 교육 활동을 지원해야 할 과제가 있다면, 그에 적합한 능력이 있는 교사를 선별하면 됩니다. 몇 년이면 그 지원 사업을 마무리할 수 있는지를 예측하여, 선발할 때 몇 년 정도 어떤 사업 지원을 담당한다고 알려야 합니다. 사업 지원을 제대로 못하면, 즉시 원직으로 전직시켜야 합니다. 선발에서 떨어진 다음 순위 교사에게 그 기회를 주면 됩니다.

지원 업무에 집중하게 하려면, 교사로 전직해서 근무하는 것을 당연하게 여기는 풍토를 만들어야 합니다. 사업이 끝나면, 늦어도 5~7년 하고 나면 교사로 돌아가야 한다는 것을 강제해야 합니다. 교사들이 고생하는 것을 자기 일처럼 고민하게 해야 합니다.

　다음으로, 지원 업무를 함께 창조적으로 해결할 수 있는 '근무 방식'을 제시해야 합니다. 교육감의 몫입니다. 개인별 1/N 방식의 협동의 방식으로 근무하게 하면 안 됩니다. 이런 방식은 심리적으로, 실제적으로도 경쟁을 전제로 합니다. 팀별로 협력의 방식으로 업무를 해결하게 해야 합니다. 동료 장학사나 연구사의 도움을 받아 일을 하면서 스스로 발달해야 합니다. 능력이 향상되어야 합니다. 세상을 보는 넓은 시야를 확보해야 합니다.

　해결할 과제 단위의 팀을 구성하여 업무를 처리할 때, 계급장을 떼야 합니다. 장학사, 장학관, 과장이 함께 특정 업무 처리 팀을 구성할 때, 박근혜 정부처럼 윗사람이 지시하면 아랫사람은 수첩에 적고 추진하는 방식으로 팀이 운영되어서는 안 됩니다. 대통령이 젊은 검사들과 맞짱 토론한 노무현 정부처럼 과장도 원탁에 참여한 동등한 자격의 한 참석자가 되어야 합니다.

　팀이 과제를 해결했다면, 대한민국 교육계에서 그런 과제를 더 이상 고민하지 않아도 될 수준으로 마침표를 찍어야 합니다. 교육 현장을 지원하는 최선의 방법을 발견하고 그 방식을 제도화하거나 체계화해야 합니다. 그 과제와 관련된 모두의 업무를 줄이는, 가능하다면 그 업무를 없애는 방식으로 마무리해야 합니다.

　마지막으로 '적재적소의 원칙'을 위해 교육감이 해야 할 일을 언급하겠습니다. 세상일은 녹록한 게 없다고 합니다. 어떤 교육 지원 업무를 담당할 적임자를 찾기가 어려운 경우가 자주 발생할 것입니다. 그러면 공개적으로 업무를 담당하고자 하는 지원자를 받아야 합니다. 그러기 위해서는 먼저 업무의 성격과 해결 방향의 개요를 정리해야 합니다. 지원자 중에서 적임자를 고르기 위해서는 꼭 직접 대면해서 듣고 질문하는 절차를 거쳐야 합니다. 바쁠수록 기본에 충실해야 합니다.

곽노현 전 서울시교육감의 모범을 본받아야 합니다. 그는 퇴근 후 7시든 9시든 상관없이 시간이 날 때, 교육감실에서 지원자와 만나 그의 소신을 듣고 질문하는 절차를 거쳤습니다. 교육감도 인간인데 정답만 고를 수는 없습니다. 오답을 골랐다 하더라도, 교육감의 의중이 무게 있게 전달되었다는 사실은 변하지 않습니다. 적어도 폐해는 최소화할 수 있습니다.

지원자에게 질문할 때, 질문거리가 부족할 수 있습니다. 그때 참고할 질문거리를 만드는 원칙을 이야기해보겠습니다. 먼저, 왜라는 질문을 하는 것입니다. 왜 지원했는지를 묻는 것입니다. 왜 그 사업이 해결되어야 하는지를 묻는 것입니다. 왜 그 사업을 해야 하는지를 묻는 것입니다. 왜 그 사업이 발생했는지를 묻는 것입니다. 교육감이 왜라는 질문을 입에 달고 살아야 교육 전문직이 생각을 합니다. 교육감이 왜라는 질문을 달고 산다는 소문이 나면 교육청에서 근무하는 교육 전문직이 변합니다.

다음으로, 그 사업의 전체 경로를 묻는 것입니다. 그 사업은 언제부터 시작되었는지 묻는 것입니다. 그 사업은 어떤 사업에서 떨어져 나왔는지 묻는 것입니다. 그 사업은 정부의 누가 어떤 목적으로 시작한 것인지를 묻는 것입니다. 이어서 그 사업은 어디로 가야 하는지를 묻는 것입니다. 언제쯤 그 사업이 끝나게 될 것인지를 묻는 것입니다. 언제쯤 끝나야 하는지를 묻는 것입니다. 언제쯤이면 사업이 다른 성격으로 변할 것인지를 묻는 것입니다. 예를 들어보겠습니다. 인성교육법 관련 업무가 융단 폭격처럼 전국의 모든 교육청과 학교에 떨어졌습니다. 언제쯤 이 사업이 마무리되어야 하는지를 업무 담당자에게 묻는 것입니다. 대답에 따라 왜 그렇게 생각하는지를 질문하면 됩니다. 사업의 전체 흐름을 예상할 수 있게 되면 지금 하고 있는 업무를 더 효과적으로 해결할 수 있습니다.

마지막으로, 현재 진행하고 있는 교육청 사업들과의 관계를 묻는 것입니다. 상위 사업과 유기적으로 연결된 사업인지 물어보는 것입니다. 다른 부서의 업무와 중복되는 부분은 없는지 묻는 것입니다. 업무 담당자가 종합적인 시각에서 교육청 사업 전체와 연결해서 그 사업을 유기적으로 처리하도록 도와주는 질문을 던져야 합니다.

하나 덧붙이겠습니다. 교육감도 스스로에게 질문을 던져야 합니다. 내가 추진하고 있는 사업이 대한민국 교육의 미래를 여는 사업과 얼마나 관련이 있는 것인지 물어야 합니다. 전투에 한정하지 않고 전쟁의 큰 시야 속에서 사업을 볼 수 있어야 합니다.

「이미테이션 게임」이라는 영화가 있습니다. 제2차 세계대전을 배경으로 한 영화입니다. 튜링이라는 실존 인물이 등장합니다. 독일군의 '에니그마' 암호를 해독하는 사업을 진행하며 벌어진 일을 줄거리로 하고 있습니다. 튜링 팀은 그 사업을 성공적으로 해결합니다. 그런데 1995년까지 영국 정부는 이러한 사실을 공식적으로 인정하지 않습니다. 왜? 영국은 전쟁 중에 독일이 자신의 암호가 해독되었다는 사실을 모르게 하고자 적의 움직임을 알면서도 전투에 패배하는 경우가 많았습니다. 알면서도 병사들이 죽게 내버려두었습니다. 하나의 전투만이 아닌 전쟁 전체의 흐름을 함께 고민했기 때문입니다. 냉정해야 하는 시절입니다. 긴 흐름을 내다보고 현명하게 판단하고 강력하게 실천해야 하는 격변의 세월입니다.

10

혁신 학교의
미래

1부 10장에서 혁신 학교에 대한 환상을 걷어내자고 했습니다. 이론적 접근을 통해 욕심 많은 연구자의 이분법적 주장을 담았습니다. 모든 운동은 현실에 발 딛고 있어야 합니다. 앞에서 했던 비난은 혁신 학교에 대한 환상(지나친 기대)을 드러내고자 이상적인 혁신 학교 모습과 비교하는 일종의 '생각 장난'을 한 것입니다.

제가 한 '생각 장난'이 무엇인지를 보여드리기 위해 앞에서 인용한 비판을 냉정하게 돌아보겠습니다. 권재원 선생님은 혁신 학교의 문제에 대한 생각을 전개하면서 네 가지 문제를 제시했습니다. 먼저 그것을 정리한 다음, 그 내용을 뒤집어보겠습니다.

첫째, 교사들의 노력과 열정에 비해 기대만큼의 교육적 성과가 없다.
둘째, '혁신 학교'와 '진보 교육'을 연결할 수 있는 지점과 방향이 불분명하다.

셋째, 혁신 학교에서 이루어진 교육은 어떤 학생관, 인간관에 기초하
고 있는지, 그 과학적 정당성이 불분명하다.

넷째, 혁신 학교에서 이루어지는 교육과 그 사회가 요구하는 능력과
의 관계가 정립되어 있지 않다.

권재원 선생님은 혁신 학교가 봉착한 문제들은 결국 '혁신 학교의 교
육철학'과 '혁신 학교의 교육학'의 부재라고 결론을 내렸습니다. 저는 이
러한 결론에 적극 동의합니다. 현실과 구체적 실천을 체계적으로 설명할
수 있는 포괄적인 이론이 없는데 제대로 성과가 나오기를 기대하는 것, 연
결 지점이 분명하기를 바라는 것, 과학적 정당성을 제시하라는 것, 교육과
능력 발달의 관계를 혁신 학교 교원에게 규명하라는 것은 억지입니다. 혁
신 학교에서 최선을 다해 실천한 교원에게 그 책임을 묻는 것은 어불성설
입니다. 시간이 조금 더 지난 후에 비판을 받아야 할 단위가 명확해진다
면, 그 단위는 13명의 '진보 교육감들의 모임'이 될 것입니다. 절대 다수가
신규 교육감이라 아직 진보 교육감들의 연대 활동에 책임을 묻기에는 시
기상 너무 이릅니다.

1) 혁신 학교의 과거와 현재 그리고 미래

1980년대 초반부터 시작된 소규모 학교 통폐합 정책은 신자유주의 교
육 정책의 초기 모습을 보여주고 있습니다. 이 정책은 자본이 이윤을 증식
할 수 있도록 숨통을 열어준 대학 설립 확대 정책, 학생들이 일상에서 심

리적 경쟁을 하도록 강요했던 내신 제도(졸업 정원제 포함)와 함께 광주 항쟁의 피 위에 군림한 전두환 군사 독재 정권이 장기 집권을 위해 취한 3대 교육 정책입니다.

역사가 증언하고 있듯이, 강력한 교육 탄압은 대한민국 진보 교육의 희망이 된 혁신 학교를 잉태한 모태였습니다. 폐교 반대 투쟁과 작은 학교 살리기 운동을 통해 지역 주민과 함께 교육 문제를 해결하는 큰 흐름이 전국 방방곡곡에서 생성되었습니다. 당시에는 전교조도 없었으며, 전교조가 결성된 후에도 본부의 조직적 지도를 받으며 이 문제를 직시한 적이 없었습니다. 개별 교사의 열정에 근거한 진정한 의미의 자발적 투쟁이었습니다.

주민의 지지를 받는 교사의 당당한 교육 실천은 학교 교육의 새로운 모습을 여는 씨앗이 되었습니다. 부부 조합원 교사가 2학급 분교에서 벌인 교육 활동은 혁신 학교 교육 실천의 원형이었습니다. 이렇게 해방구가 된 조그만 학교에서 전개된 교사의 전문성에 근거한 다양한 교육 실천이 누적되었습니다.

지방 자치 시대의 개막을 준비하며 전교조 본부는 진보 교육의 구체적 대안으로 혁신 학교를 개념 정립하는 사업을 진행했습니다. 아무도 가지 않았던 길을 그려내는 창조 작업은 내용 창작의 고통뿐만 아니라 확확 흔들리는 지남철처럼 격렬한 갈등을 동반합니다.

이와 관련된 야사입니다. 2008년 전교조는 조직적으로 남한산 초등학교를 혁신 학교의 모범으로 제시했습니다. 초기 혁신 학교가 제대로 정착하는 성과를 낳았습니다. 가장 어렵다는 상륙 작전에 성공한 것입니다. 혁신 학교 확산의 밑거름이 되었습니다. 2008년, 전교조 본부가 처음에 혁신 학교의 모범으로 제시하려던 학교는 그 학교가 아니라 강원도 산골 4학급 분교였습니다. 전교조 본부는 긴 안목으로 종합적인 판단을 내릴 여유가 없었습니다. 전국으로 확산시킬 혁신 학교의 모범으로 교장 선생님도 없는 지상 천국의 해방구, 분교를 홍보하고자 했습니다. 이 야사에서 알 수 있듯이 전교조 본부는 혁신 학교에 대한 지도 방향도 제대로 정립하지 못하고 다가오는 지방 자치 시대에 밀려 사업을 추진했습니다. 야사의 교훈입니다. 역사를 창조하는 작업은 철저한 준비보다는 해야 하기 때문에 격렬하게 흔들리면서도 나아가는 과정에서 만들어지는 경우가 많습니다.

혁신 학교의 오늘, 대한민국이 인정하는 성공적인 학교의 전형으로 혁신 학교가 공인되는 데는 지방 자치 시대에 처음으로 당선된 김상곤 경기도교육감의 결단과 추진력이 결정적이었습니다. 2009년 4월 그는 혼자였습니다. 2010년 진보 교육감은 6명이 되었고, 2014년 13명이 되었습니다. 대한민국 국민에게 혁신 학교는 진보 교육의 가장 구체적인 모습으로 다가갔으며, 상징적인 모습으로 정착되었습니다. 누구라도 혁신 학교를 성공적인 사업으로 인식하고 있습니다. 주관적인 심리적 판단은 현실에서 접하는 다른 학교와 혁신 학교를 비교하면서 내려집니다. 이 판단은 혁신 학교의 성공을 부정할 수 없습니다.

2014년 6월 서울시교육감 선거에서, 선거 막판에 혁신 학교 학부모들이 자발적으로 선거 운동을 전개했던 일이나 혁신 교육 지구 사업에 대한 지역 주민의 지지는 혁신 학교의 성공 이미지를 콘크리트같이 견고하게 만들고 있습니다.

앞으로 5년 후인 2021년, 혁신 학교를 어떻게 평가할 것인지 그 내용을 점쟁이가 아니기 때문에 장담할 수는 없습니다. 하지만 크게 세 가지 흐름을 예상할 수 있습니다. 하나, 혁신 학교는 좋은 학교입니다. 둘, 혁신 학교는 정말 좋은 학교입니다. 셋, 혁신 학교는 대한민국 교육의 미래를 열었습니다. 하나는 관성과 타성에 젖어 성공 사례 위주로 일반 학교로 대충 확산되는 경우에 나올 수 있는 평가입니다. 둘은 성공한 혁신 학교에 근무하는 교사들의 전문적 연구 공동체가 꽃피어 계속해서 구체적인 성공 사례를 만들어가는 경우에 나올 수 있는 평가입니다. 이런 평가가 가능하려면, 혁신 학교 교사들의 독서 동아리와 연구 동아리 따위를 집중해서 지원해야 합니다. 셋은 교육감들이 연대하여 대학민국 진보 교육학을 정립하는 사업을 추진하고 어느 정도 성공적인 결과를 내놨을 때 나올 수 있는 평가입니다.

미래는 주체들의 의지로 열어가는 가능성의 시공(時空)입니다. '혁신 학교는 대한민국 교육의 미래를 열었습니다.' 이런 결과를 원하는 사람이 많았으면 좋겠습니다. 미래를 내다보는 교육감 참모들의 현명한 정책적 판단이 요구되는 대목입니다. 중·장기적인 대한민국 진보 교육학을 정립하는 작업과 단기적인 혁신 학교 백서를 만드는 작업을 전체와 부분의 관계로 파악할 수 있는 참모들이 많았으면 좋겠습니다.

2) 진보 교육감의 연대에 대하여

대한민국 교직에도 직장 문화가 있습니다. 교사가 교육감들에게 이렇게 하면 좋겠다는 제안을 하는 것도 탐탁하게 여기지 않는 분위기입니다. 하물며 이렇게 하지 못하면 어떻게 하겠다는 거냐고 따지는 글은 드물 것입니다. 격이 맞는 분의 글을 인용하고자 합니다. 곽노현 전 서울시교육감의 글입니다. '교육을 바꾸는 사람들' 홈페이지 『공교육 희망』 칼럼에서 전문을 읽어보실 수 있습니다.

진보 교육감들의 집단적 목소리를 듣고 싶다

진보 교육감들은 작금의 퇴행 일변도 정치 판도 안에서도 그나마 의미 있는 변화와 개혁의 공간을 만들어내고 있다. 다른 곳은 몰라도 교육계만큼은 이분들의 리더십 아래 진일보하며 희망과 활력으로 꿈틀댄다. 진보 교육감들은 특히, 진보 성향의 시·도지사나 시·군·구장이 있는 일부 지역에서 지방 행정 자치와 전례 없이 탄탄한 협치 모델을 선보이고 있다. 서울을 위시한 그런 지역에서는 학교를 매개로 한 마을 공동체 만들기의 열정으로 지역 사회가 들썩거린다. 한마디로 전국에서 진보 교육감발 조용한 교육 혁명이 진행 중이라 해도 과언이 아니다.

그럼에도 무상 급식과 학생 인권, 혁신 학교와 학교 혁신 등의 대형 의제를 던졌던 1기에 비해 진보 교육감 2기는 소리가 크게 나지 않는 편이다. <중략>

물론 2기 들어서도 이재정 경기도교육감의 9시 등교제 전면 실시 등 주목할 만한 혁신 정책 실험이 적지 않았다. 보기 나름으로는 13인의 진보 교육감 각자가 형편에 따라 조금씩 특색 있는 교육 혁신 기지를 선보이며 서로를 자극하는 가운데 공교육의 새 표준을 만들어나가고 있다고 할 수 있다. 그럼에도 불구하고 지난 지방 선거를 통해 진보 교육감 시대가 활짝 열릴 때 기대했던 것만큼 진보 교육감의 집단적 목소리와 사회적 영향력이 더 커진 느낌은 들지 않는다. 진보 교육감 시대가 활짝 열렸지만 뭔지 성에 차지 않는 미진함이 있는 것이다.

무엇보다도 아쉬운 점은 진보 교육감들이 공교육의 중·장기 철학과 비전을 설득력 있고 권위 있게 집단적으로 내놓는다든가 공교육에 직접적 영향을 미치는 정치, 경제, 노동, 복지 등 다양한 분야에 대해 강력한 집단적 목소리를 내는 데 실패하고 있다는 점이다. 나는 작년 7월 1일 취임 1주년 기념일에 공교육 관련 공동 선언이 나오기를 은근히 기대했지만 결과적으로는 13인의 공동 기자 회견조차 없이 지나갔다. 진보 교육감들은 금년 7월 1일 취임 2주년을 맞으며 임기 반환점을 지나게 된다. 진보 교육감들이 지금부터 철저하게 준비해서 2주년 기념일에는 역사에 남고 인구에 회자될 만한 교육 개혁 공동 선언을 해줄 것을 기대한다. <중략>

교육감의 1차 책무도 학생을 민주 시민으로 길러내는 것은 물론 민주 시민을 길러내야 하는 교사를 성숙한 민주 시민으로 성장시키는 데 있다. 교육감은 평생 교육의 지원 주체로서 학부모에 대해서도 적절한 시민 교육을 제공해서 민주 시민성을 강화해야 할 책무가 있다.

다행히 진보 교육감은 학교 교육을 매개로 교사와 학생, 학부모에 얼마든지 접근하며 발언하고 대화할 수 있다. 21세기 생태민주주의 사회의 공교육에 걸맞은 미래 비전과 철학을 공론화하고 그에 필요한 정책을 펴고 예산을 지원할 수 있다. 대한민국의 다양한 권력 집단과 이익 집단, 여론 주도층 누구와도 공식적 대화와 협의가 가능하며 민주주의적으로 구성된 정치 권력으로서 유권자와 직접 대화하고 토론하고 설득해야 한다. 현상 유지와 개량 조치에 만족하는 보수 교육감이 아니라 구조 개혁과 의식 혁명을 꿈꾸는 진보 교육감이라면 교육 행정 관료 기구의 최고 책임자를 넘어 민주주의의 기관에 고유한 민주주의 발전 책임을 적극적으로 껴안는 것이 바람직하다.

시·도 교육감은 한두 명이 움직일 때보다 집단적으로 공론을 모아내고 협의하고 대안을 제시할 때 더 큰 힘을 얻을 수 있다. 비교적 단일한 영역을 다루기 때문에 진보 교육감 사이의 이해 충돌은 다루는 범위가 다양한 시·도지사보다 크지 않을 수 있다. 공통의 뜻을 형성하고 추진할 수 있는 사항이 시·도지사나 시·군·구장보다 많다는 뜻이다. 언제나 혼자서 할 수 없는 것은 함께 해야 한다. 중앙 정부의 전국적 방침에 대해서는 함께 목소리를 내는 것이 바람직하다. 누리 과정 재정 문제와 역사 교과서 국정화 문제가 대표적이다. 전국 단위의 협상 파트너가 있거나 전국적으로 일관성을 갖춰야 하는 경우에도 함께 움직여야 효과적이다.

진보 교육감들이 우선적으로 나서야 할 분야는 물론 교육 의제들이다. 나는 진보 교육감들이 교장 승진 제도, 장학사 제도, 교원 양성 제도, 교·사대 교육과정 등에 대해, 영어 교육, 수학 교육, 과학 교육, 예술 교육, 체육 교육 등에 대해, 인성 교육과 노동 인권, 학생 자치와 민주 시민 교육 등에 대해, 특성화고 개혁과 일반고 혁신 등에 대해 권위 있고 설득력 있게 집단적 목소리를 내기를 기대한다. (……) 절대다수가 공감할 수 있는 대전환기의 공교육 비전과 전략이 뚜렷해지기를 기대한다.

교육은 교육계만의 힘으로 풀 수 있는 사안이 아니다. 당장 대학 입학 제도, 대학 서열 구조, 노동 시장, 기업 구조, 경제 체제, 사회 보장 제도 등이 모두 교육에 큰 영향력을 미친다. 따라서 직선 교육감은 이런 사안들에 대해서도 교육적 관점, 미래적 관점, 민주주의적 관점에서 당당하게 견해를 밝힐 수 있어야 한다. 자칫 정치적 발언으로 치부될 수 있는 이런 사안일수록 교육적 관점에서 전문적 연구 조사를 통해서 설득력 있는 집단적 목소리를 내야 한다. 단순히 목소리를 내는 것을 넘어서 핵심 관계자들과 지속적이고 정례화된 협의의 장을 마련하여 하나하나씩 합의의 폭을 넓히면서 교육 친화적으로 개선할 여지를 찾아야 한다.

이런 기준에서 볼 때 진보 교육감들은 각개 약진에서는 성공했을 수 있어도 집단적 목소리를 내는 일에는 다소 소홀했다고 할 수 있다. 진보 교육감 13인이 똘똘 뭉치는 모습에 대해서는 찬반양론이 있을 수 있다. 얼핏 보기에는 가급적 교육감 17인이 한목소리를 내는 게 바람직하다고 할 수도 있다. 그러나 지금 같은 상황에서는 그렇지 않다. 13인의 진보 교육감은 공식적으로 대한민국의 학생과 교사, 학교와 교육 예산의 85%를 책임진다. 만약 시대와 사회가 교육감에게 객관적으로 기대하는 일을 하지 못하면 그것은 전적으로 절대다수파 진보 교육감들의 책임이지 절대소수파 보수 교육감들의 책임이 될 수 없는 구조다. 그렇기 때문에 내부적으로 보수 교육감에 동참할 기회를 주되, 합의를 이루지 못할 경우에는 진보 교육감들만의 집단적인 목소리를 내는 것에 주저해선 안 된다.

13명이 따로 움직이는 것을 망설이거나 겁낼 이유가 없다. 어차피 진보 교육감 시대의 주역은 진보 교육감이다. 언론도 보수 교육감은 안중에 없다. 지금까지 어떤 의제 형성 능력도 보여주지 못했기 때문이다. 보수 교육감 4인이 기꺼이 동참할 수 있는 의제는 많지 않다. 더욱이 보수 교육감을 다 끌어안으려면 너무 많은 부분에서 절충과 희석이 이뤄지며 힘이 빠지기 쉽다. 그보다는 진보 교육감표 교육철학과 사회 인식, 대안 처방을 뚜렷이 보여줌으로써 보수 교육감 지역에서도 다음에는 진보 교육감을 뽑고 싶은 마음이 들도록 적극적으로 움직이는 편이 낫다. 만약 13명의 진보 교육감이 공동의 입장과 행동계획에 따라 책임 있고 당당하게 움직이면 교육적 파장은 물론 정치

사회적 파장이 만만치 않을 것이다. <중략>

지금까지처럼 중앙 정부의 정책과 조치에 수동적으로 반대와 저항의 목소리를 내는 데 그칠 것이 아니라 공통의 대안적 철학과 비전, 정책을 만들어내고 적극적이고 건설적인 목소리를 내야 한다. 교육 개혁의 큰 그림을 갖고 관계 집단과 협의를 계속해야 한다. 교육부와 대교협, 국회와 여야 정당은 물론 대학 총장이건, 전경련과 경총이건, 교·사대학장이건, 문화예술위원회건, 노사정위원회건 다 만나서 협의하고 의견을 제시하고 변화를 이끌어내야 한다. <중략>

진보 교육감들이 집단적인 목소리를 내는 방식을 바꿔보면 어떨까? 의장단이 교육부 장관을 만나거나 기자 회견을 하는 종래의 방식으로는 별다른 효과가 없다. 판을 더 키워서 가시성을 더욱 확보해야 한다. 획기적인 선언과 가이드라인 발표, 전문적인 입장 표명과 무게 있는 보고서 공표, 1천인 원탁회의나 대규모 협의체 구성, 또는 가장 영향력 있는 여론 주도층과의 회의나 포럼 개최 등 모든 효과적인 방식을 동원해서 개혁적이고 진보적인 교육 의제의 공론화에 앞장서야 한다.

교육계에는 아주 강력한 중앙 집권 행정의 잔재들이 법과 제도, 관행으로 구축돼 있다. 교육감의 업무 수행 기본 틀은 교육부가 쥐고 있다고 해도 과언이 아니다. 이런 상황에서 교육부에 대해서도 공동의 전선을 펴지 못한다면 교육 개혁은 바로 한계에 부닥친다. (……) 진보 교육감 2기는 이런 타성을 돌파하지 않는 이상 교육 개혁의 진전을 확보하기 어려운 시점과 상황에 이미 와 있다고 생각한다.

결론적으로 (……) 사안별로 간헐적으로 이뤄지는 집단적 반대와 저항을 넘어 대안적인 교육철학과 교육 비전을 권위 있게 제시하며 교육 관련 영역의 시대적 현안에 대해서도 적극적으로 발언하고 행

동하는 모습을 진보 교육감 2기에 기대한다. 우리들의 진보 교육감들
은 이렇게 할 수 있는 역량을 갖췄다.

— http://21erick.org/bbs/board.php?bo_table=11_5&wr_id=100362

진보 교육감의 연대를 촉구하는 저자의 내용에 제가 더 추가하고 싶은
내용을 찾지 못했습니다. 분량에 대한 고민과 그대로 인용하는 것에 대한 부
담으로 살짝 살짝 생략했습니다. 전문을 읽어보시면 더 감흥이 클 것입니다.

3) 진보 교육학 정책 연구에 대하여

혁신 학교 연구, 학력 연구, 진보 교육학 연구는 밀접하게 연결되어 있
습니다. 혁신 학교 연구는 실천의 결과를 분석하여 학교 교육의 체계를 잡
아가는 연구입니다. 학력 연구는 학교 교육이 나아가야 할 방향을 정립하
는 이론을 세우는 연구입니다. 진보 교육학 연구는 대한민국 교육 전체의
틀을 만드는 연구입니다. 새로운 진보 교육학은 혁신 학교의 실천과 학력
규명의 이론적 성과를 유기적으로 연결한 활동의 결과물입니다.

불행하게도 이 세 가지 연구는 복사해서 붙여넣기를 할 만한 자료를 발
견할 수 없습니다. 연구 결과를 도출하기 위해 고민하는 데 도움이 될 내용
하나하나를 찾기도 쉽지 않습니다.

이미 앞에서 이런 실태를 이야기했습니다. 학력에 대한 정책 연구 과
정이 그랬습니다. 정확한 사업명은 '핵심 역량 연구'였습니다. 12년 이상
국가가 정책 연구비를 지원하여 진행된 정책 연구 결과가 6개 핵심 역량
을 선정한 것입니다. 근거가 무엇이냐는 질문이 쏟아졌습니다. 왜 이 6개

냐 하면, '미래 사회의 요구'이기 때문이라고 근거를 제시했습니다. 제대로 된 연구자라면 도저히 연구 보고서에 적을 수 없는 주장과 근거가 공문서에까지 적시되었습니다. 2015 개정 교육과정 총론에 담겨 있습니다.

연구자들이 자주 하는 말처럼 맨땅에 헤딩해야 하는 연구들입니다. 유럽에서는 백 명이 넘는 최고 전문가들이 6년의 세월 동안 학력을 교육과정에 반영하는 연구를 했습니다. 그 결과물을 2016년 9월 핀란드 핵심 국가 교육과정을 통해 구체적으로 확인할 수 있습니다. 우물 밖으로 나오지 않으면, 미국 교육학을 벗어나지 않으면 절체절명의 정책 연구 과제를 해결하는 데 도움이 될 자료도 얻을 수 없습니다.

아래에 인용한 내용은, 2016년 전국정책연구소 네트워크에서 정책 연구 과제로 제안한 것입니다. 이후 사업을 담당할 정책 연구자에게 조금이라도 도움이 되었으면 좋겠습니다. 혁신 학교의 새로운 실천을 모색하는 데 도움이 되었으면 좋겠습니다.

1. 배경과 목적

- 학교 교육의 목적은 학생의 전인적 발달을 추구하는 것이지만, 이에 근거한 학력 개념은 선언적 수준에 머물고 있음
  - 이런 현실로 인해 똑같은 학력 향상을 요구하면서 중앙 정부와 17개 시·도 교육청이 서로 다른 용어를 사용하는 혼란을 겪고 있음
  - 학교 현장에서는 시·도 교육청이 요구하는 학력 향상을 위한 실천을 자의적이며 형식적으로 흉내만 내고 있음
- 교육학계가 발달 교육의 관점에서 학력 개념에 맞게 교육학을

새롭게 정립하는 계기를 제공하여 21세기 교육 선진국 수준의 교육학 이론을 현장에 제공하는 물꼬를 틈

- 20세기 행동주의와 구성주의 담론 수준에서 학력을 접근하는 구태의연한 학계의 관행에 경종을 울려야 함
- 세계적 추세에 뒤진 미국산 수입 교육학을 넘어서는 교육계 전반의 혁신 과제를 대한민국 교육 혁신의 가장 시급한 당면 과제로 전면에 부각하고 해결해내야 대한민국 교육의 장기적이며 체계적인 발전이 가능함

• 혁신 학교를 통해 학교 혁신을 추구한다는 교육 혁신의 방향이 성과를 내려면 이제는 교사의 자발적 헌신을 넘어선 올바른 방향 정립이 필요함

- 이제까지 이룩한 혁신 학교 성과를 체계적으로 분석하여 장학 교육학의 이론 수립을 시도해야 함
- 이러한 과업은 학력 개념이 실천의 지침이 될 수준으로 명확하고 체계적이고 종합적으로 제시되어야 결실을 맺을 수 있음
- 혁신 학교의 성과를 학교 혁신으로 확산하여 대한민국 교육 전반을 혁신하려면 이론적 체계가 없이는 불가능하다는 역사의 교훈을 잊지 말아야 함

• 혁신 학교에서 싹튼 진보 교육학이 대한민국 교육 방향과 나아가 세계 교육 방향을 새롭게 정립하려면 보수 교육학과의 발전적 교류와 교사 개개인의 창조적 실천이 필요함

- 관점이 다른 교육학과 발전적 교류를 추구하려면 용어 사용, 즉 개념이 명확해야 함
- 교사가 올바르게 현장에 적용하고 이를 넘어선 창조적 실천을

펼쳐 진보 교육학의 구체적인 내용을 풍부하게 해야 함

- 이러한 노력이 누적되어야 백 년을 내다보는 대한민국의 교육 방향을 제시할 수 있으며, 이를 바탕으로 세계 교육에 우리의 성과를 당당하게 참고하도록 제시할 수 있음

2. 현황과 문제점

가. 현황

• 중앙 정부도 학력 개념을 제시하고 체계를 수립하려 노력하고 있음

- 2003년 역량 담론이 제시된 후 지속적인 정책 연구가 수행되었음

- 최근 2015 개정 교육과정 정책 연구에서도 학력 개념을 제시하려는 정책 연구를 수행하였으나 실패하였음

  • 학교 교육을 통해 길러야 할 기본적이고 보편적인 능력이라는 방향 제시 수준을 넘어서지 못했음

  • 학력 개념이 선언적 수준이라 교육과정, 교수학습, 평가와 연계하여 제시하겠다는 처음 의도와 달리 용두사미로 끝났음

  • 그 결과로 2015 개정 교육과정을 담당한 연구자들은 핵심 역량 중심 교육과정이 아니고, 핵심 역량 기반 교육과정도 아니고, 제시한 핵심 역량 6가지를 반영한 교육과정으로 교육과정의 성격을 변경하였음

• 시·도 교육청도 학력 개념을 제시하고 체계를 수립하려 노력하였음

- 2012 경기도 창의지성 교육과정
- 2013 강원도 창의공감 교육과정
- 대구, 광주 등도 교육과정 편성·운영 지침에 선언적으로 학력의 내용 몇 가지만 제시하였음
- 미국 등 서방 세계의 학력 연구도 계속되고 있으나 한계를 노정하고 있음
  - 주로, 핵심 역량을 추출하는 것에 초점을 맞추고 있으며, 학력(학교에서 가르쳐야 할 능력)의 개념과 체계에 대한 연구로 나아가지 못함
  - 연구 방법의 근거가 되는 인간관이 행동주의와 구성주의에 머물러 있어 해답을 찾을 수 없을 것으로 전망됨

나. 문제점

- 15년 이상 학력 개념을 규명하여 학력 체계에 맞게 교육 환경(교육과정-교수학습-평가 등)을 조직하려는 정책 연구가 추진되었지만 성과를 내지 못함에 따라, 교사들이 학력을 키우는 교육은 말로만 했다고 하면 되는 잡것으로 취급하는 냉소적 분위기가 퍼지고 있음
- 시·도 교육청 전문직도 마찬가지로 뭔지도 모르는 것을 하라고 전달하는 식으로 취급하는 패배주의에 젖어 있음
  - 교육과정 업무 담당을 회피하는 교육 전문직 문화가 자연스럽게 생성되었음
  - 이런저런 능력을 키우라는 지시만 할 뿐 결과에 대해 판단할 수 없어 업무 스트레스를 심하게 받고 있음

- 혁신 학교 업무 담당 교육 전문직도 교사의 자발적 헌신을 넘어선 내용이 나오지 않는 현실에 갑갑해할 뿐 지도할 제대로 된 학력 개념이 없어 세계적 수준으로 혁신 학교의 창조적 교육 활동을 조장하지 못함
• 대한민국 교육계에 실천과 이론을 별개의 것으로 간주하는 이분법적 풍토가 만연되고 있어, 교육 발전의 전망을 어둡게 하고 있음
  - 실천과 이론이 병진하고, 서로를 키워주는 올바른 발전 방향이 정립되기 위해서는 대한민국 교육계가 한마음으로 학력 개념을 돌파하는 데 힘을 모아내야 함
• 학력 개념을 돌파해낸 교육 선진국(핀란드, 러시아, 쿠바 따위)을 참고하려는 학계의 노력이 보수적 정치풍토 때문에 전무한 형편임. 진보 교육학이 발달 교육의 관점에서 학력 개념을 올바르게 정립해낸 동구 세계의 교육학을 참고하여 돌파해야 함
  - 제대로 된 학력 개념에 따라 교육학을 정립하고 교육 전반을 체계적으로 정립한 국가 사례가 있어, 방향만 잘 잡으면 정책 연구가 큰 성과를 낼 수 있음
- 강원도교육청이 장기적인 과제로 교원의 힘으로 이러한 과제를 해결하고자 정책 연구를 추구하고 있으나 수작업으로 진행되어 속도가 느리고 체계가 없음
- 국내에서 참고할 자료가 도움이 되지 않는 행동주의와 구성주의에 근거한 자료가 대부분임. 참고할 자료는 이념적 문제로 접근하지 않은 러시아, 핀란드, 쿠바를 위시한 사회주의 정부가 권력을 장악한 국가에 지천으로 널려 있음. 국내에서 참고할 수 있는 주요 자료는 이 흐름의 원류인 비고츠키 관련 자료와 서울시교

육청에서 2007년에 번역한 핀란드 교육과정 정도임

3. 연구 내용

- 학력 개념을 체계적으로 규명하여 교육과정에 어떻게 반영할 것
  인지, 나아가 이를 수업에 반영하는 검증된 교수학습 방법이나
  원칙 그리고 학생의 학력이 향상되는 정도를 진단하는 방법이
  나 원리를 정리
  - 교육 현실에 적합한 학력 개념을 조사하여 제시할 것. 나아가
    이러한 정의의 이론적 배경을 규명하여 교사가 이해할 수 있
    는 수준에서 설명할 것
- 학력을 키워주기 위해, 즉 문화적 능력을 발달시키기 위해 교육
  과정에 급별로 어떤 위계를 두고 있는지, 교과 간 연계는 어떻게
  구현되었는지를 규명하여 교사가 이해할 수 있도록 설명할 것
  - 2004 핀란드 핵심 국가 교육과정과 2016 핀란드 핵심 국가
    교육과정을 분석·종합하여 설명의 구체적 사례로 제시할 것
  - 러시아 교육과정이나 쿠바 교육과정을 가능하면 참고하고, 국
    내에 소개되어 있는 중국 교육과정도 점검하여 비교·대조하
    여 활용할 것
- 학력을 키워주기 위해, 즉 문화적 능력을 발달시키기 위해 교사
  가 어떻게 교수학습을 전개해야 하는지 방법과 원칙을 설명하
  고, 이러한 방법과 원리가 도출된 이론적 근거를 제시하고 설명
  할 것
  - 핀란드, 러시아, 쿠바 등의 교수학습 방법과 원칙을 조사하여

정리하고 체계적으로 설명할 것

  - 대표적인 교수학습 방법과 원칙은 구체적으로 그 내용을 제
시할 것

  - 교수학습 방법과 원리의 이론적 근거를 근접발달영역과 연결
    하여 이론적으로 설명할 것

• 학력을 키워주기 위해, 즉 문화적 능력을 발달시키기 위해 교사
  가 어떻게 학생의 문화적 능력이 발달하는 상태를 진단할 수 있
  는지 방법과 원리를 정리하여 체계적으로 제시할 것

  - 핀란드, 러시아, 쿠바 등의 진단 (평가) 방법과 원리를 조사하
    여 정리할 것

  - 대표적인 진단 (평가) 방법과 원리는 구체적으로 그 내용을 제
시할 것

  - 진단 (평가) 방법과 원리의 이론적 근거를 근접발달영역과 연
    결하여 이론적으로 설명할 것

아래 내용은 강원도 창의공감교육 정책연구위원을 위해 쓴 내용입니
다. 출처는 『2014 창의공감교육 총론 연구회 보고서』입니다. 논의와 토론
그리고 연구를 통해 획득한 지식을 일반화하여 개념을 세우는 작업을 하
는 데 도움이 되었으면 좋겠습니다.

제 개인 경험입니다. 맨땅에 헤딩할 때는 국민학교(초등학교) 때 배웠
던 육하원칙이 최고입니다. 백 번, 천 번 스스로에게 육하원칙에 맞게 질
문을 던지면 대충 해결의 빛이 느껴집니다. 서로에게 던지면 어느 정도 해
결의 윤곽이 보입니다.

가. 과학적으로 개념을 제시한 사례를 패러디하자

생성되고 있는 개념이라면, 동료 교사가 이해하기 쉽게 개념을 제시하기가 어렵다. 이럴 경우, 먼저 쉽게 고민을 해결하는 방법은 좋은 사례를 창조적으로 패러디하는 것이다. 아래는 협력 수업, 협력 중심 수업을 설명하기 위하여 경기도 배움 중심 수업을 설명한 자료집(『교육시선, 오늘』 2014년 4호)을 패러디한 것이다.

행복 교육, 수업으로 구현하자!

- 강원도 교육청에서는 협력 중심 수업을 통해 수업 혁신을 모색하고 있음. 협력 중심 수업은 특정한 수업 모형이나 방법이 아니라 수업 혁신의 철학이자 기본 방향이기 때문에 학교 현장에서 이를 이해하는 데 다소 어려움을 겪을 것임. 따라서 협력 중심 수업을 실천하고자 하는 교사들을 위하여 이 수업이 가지는 의미와 특징, 실천을 위한 방안을 밝힐 필요가 있음.
- 협력 중심 수업의 특징은 1) 반성적 통찰에서 시작하는 수업, 2) 가르침에 앞서 긍정적 인간관계가 우선되는 수업, 3) 학생 각자가 자기 학습의 주인공인 수업, 4) 대기만성을 꿈꾸는 수업, 5) 삶으로 이어지는 발달이 있는 수업이라 할 수 있음.
- 이러한 협력 중심 수업을 실천하기 위해 교사들의 협력적 관계를 바탕으로 한 전문적 학습 공동체가 필요함.

1. 왜 협력 중심 수업인가?

• 협력 중심 수업은 교육 내용을 학생들에게 전달하려고만 하는 (행동주의) 수업 또는 학생끼리만 배워가야 한다는 (구성주의) 수업만으로는 변화하는 사회와 미래를 대처할 수 없고, 교육의 본질을 구현할 수 없다는 반성과 통찰에서 제시됨.

• 강원도교육청이 제안하는 협력 중심 수업은 기존의 '학습자 중심 수업'이 갖는 장점을 수용하되 교사의 역할을 소극적으로 규정하지 않고, 교사와 교사, 학생과 학생, 교사와 학생 간의 협력에 의한 지식의 탐구를 넘어서 새로운 지식을 창조해가는 과정을 강조함.

• 그러나 이러한 정의는 매우 추상적이기 때문에, 교사들이 학교 현장에서 이를 이해하고 실천하는 데에 어려움을 겪고 있음.

• 따라서 협력 중심 수업을 실천하려는 교사들에게 이 수업이 가지는 의미와 특징을 미리 확고하게 인식시켜야 할 필요가 있음.

• 여기서는 창의공감 총론연구회 배희철 회원의 연구 결과를 토대로 협력 중심 수업의 특징을 드러내고자 함.

2. 협력 중심 수업의 특징은?

(1) '반성적 통찰'에서 시작하는 수업

• 지금까지 학생관, 교사관, 수업관, 지식관 등의 질문에 대한 답은 훌륭한 학자들의 몫이었음. 교사들은 굳이 '학생이란 무엇인가?', '교사란 누구인가?', 더군다나 수업이나 지식에 대한 특별한 관점을 갖도록 요구받지도, 요구하지도 않았음.

• 협력 중심 수업을 실천하려는 교사들은 지금까지 습관적으로 해오던 수업, 교사의 역할, 학생과의 관계를 낯설게 바라보고 학

생관, 교사관, 수업관, 지식관 등에 대해 반성하고 통찰해야 함.

(2) 가르침에 앞서 '긍정적 인간관계'가 우선이 되는 수업

• 수업에서 교사와 학생의 관계가 중요하다는 주장은 새로운 것
이 아님. 그러나 협력 중심 수업은 교사와 학생, 학생과 학생 사
이의 긍정적 인간관계 없이는 불가능함.

• 협력 중심 수업에서 교사는 학생들이 수업을 통해 자발적으로
배우고 익힐 수 있다는 믿음이 있어야 하며, 가르치는 사람으로
서의 규범적인 태도를 내려놓는 열린 마음 자세를 가져야 하고,
자유롭고 편안하게 학생들이 활동할 수 있는 분위기를 조성할
수 있어야 함.

• 또한 교사들은 수업이라는 틀 속에서만 긍정적 인간관계를 형
성하는 것이 아니라 수업의 안과 밖, 학교의 안과 밖에서 학생들
과 긍정적 인간관계를 만들어야 함.

(3) 학생 각자가 '자기 학습'의 주인공인 수업

• 협력 중심 수업을 실천하려는 교사들은 학생들이 지식을 이해
하는 방식이 다르고, 기술과 능력을 습득하는 시간과 방법도 다
양하다는 것을 명심해야 함.

• 모든 학생이 같은 수준으로 발달한다는 전제에서 벗어나 학생
개개인의 성향과 상황에 따라 개별적인 학습이 이루어져야 함.
이 과정에서 학생 각자는 자기 학습의 주인공이라는 능동적 자
세로 수업에 참여해야 함.

(4) 대기만성을 꿈꾸는 수업

• 교사들은 학생들이 답을 찾아가는 과정을 중요하게 생각하며, 정
답을 가르치고자 하는 욕구를 내려놓고 학생들의 이야기를 끝까

지 들어주며 올바른 방향을 스스로 찾을 수 있도록 도와주어야 함.

- 학생들이 학습을 포기하지 않도록 기다리고, 들어주고, 격려하면서 학생 스스로가 배워 익힐 수 있도록 따뜻한 안내자의 역할을 해야 함.

- 배우고 익히는 과정이 오래 걸리는 학생들이 나중에 더 큰 진전을 이룰 수도 있다고 믿으며, 다양한 기회와 충분한 시간을 제공하면서 차분하게 기다릴 수 있어야 함.

(5) 삶으로 이어지는 발달이 있는 수업

- 학생들의 학습이 수업 활동으로만 끝나는 것이 아니라, 학생들의 삶과 연결되도록 해야 함.

- 교과와 학생의 삶의 간격을 좁혀 의미 있는 학습이 되도록 개별 학생을 배려하는 교사 교육과정을 운영해야 함.

- 학생들은 표준화된 교육과정과 교과서를 그대로 배우는 것이 아니라 교사의 교육적 통찰력과 상상력을 통해 해석되고 구안된 교육 자료와 활동을 매개로 학습을 함.

- 협력 중심 수업을 실천하려는 교사들은 학생들의 학습을 더 이상 교육과정과 교과서의 활자 안에 가두지 않고, 학습이 학생들의 지속적인 발달과 삶의 변화에까지 이르도록 교수해야 함.

3. 협력 중심 수업, 그 실천을 위하여

- 협력 중심 수업에는 정해진 틀과 방식이 없음. 그저 함께 계획하고, 정해진 방식대로 활동하고, 수업을 반성하는 과정의 큰 흐름이 있을 뿐임. 따라서 이를 실천하는 교사들은 수업에 대한 확신을 갖기 어려워 불안해할 수 있음.

- 교사들은 협력 중심 수업 실천 과정에서 발생한 어려움을 동료 교사와 협의하며 극복해가야 함.
- 교사 간 학습이 일어나는 수업 동아리, 전문적 학습 공동체 등이 필요함. 이런 교사 공동체가 교사들이 자신의 수업을 협력적으로 반성하며 학생을 이해하는 폭을 넓히는 발달의 장이 되어야 함.
- 교사 공동체 안에서 발달과 성장을 경험한 교사들은 학생들이 수업에서 스스로 배우고 익힐 수 있다는 확신과 신념을 가짐. 이러한 교사들의 발달과 성장 경험 그 자체가 학생들의 발달과 성장을 일으키는 원동력이 됨.

나. 관련된 개념들과의 관계를 살펴보자

너무 큰 개념은 그 하나를 살피는 것도 교사에게는 벅차다. 그 적절성을 파악하기는커녕, 그 개념의 늪에 빠져 허우적거리기 십상이다. '구성주의'라는 개념을 작업 틀로 하여 7차 국가 수준 교육과정을 만들었다고 교육부는 2000년 교육마당 3월호에서 대대적으로 홍보했다. 7차 국가 수준 교육과정은 다양한 현상 너머에 있는 본질인 '구성주의'를 근간으로 작동한다는 것이다. 현실에서 이를 창조적으로 활용하려면 본질을 제대로 이해해야 하지만, 주변에 '구성주의'를 제대로 알고 있는 교사를 만나기 어렵다. 이럴 경우에는 비슷한 다른 개념들과 어떤 관계를 맺고 있는지 살펴보는 것이 좋은 해결 방안이다. 아래 자료는 이런 식으로 쓴 글이다. 행동주의, 구성주의, 문화역사적 이론의 차이점을 정리한 글이다.(구체적인 내용은 3부 2장 참조)

다. 전문가의 체계적 설명을 비판적으로 참고하자

개념을 과학적으로 정립하기 위해 가장 많이 사용하는 방법이 전문가의 이야기에 귀 기울이는 것이다. 애매하고 모호한 개념을 제대로 된 개념으로, 낱말로 바꾸자는 제안이다. 학교 교육과정을 잘 만들기 위해서 필요한 능력은 교육과정 재구성 능력일까, 아니면 교육과정을 읽어내고 창조적으로 적용하는 능력일까? 이런 경우에 교육과정 재구성과 교육과정 리터러시에 대한 책이나 논문을 비판적으로 읽으며 올바른 개념을 찾자는 것이다. 교육과정 재구성에 대해 논쟁을 야기한 논문 「교육과정 재구성의 개념적 애매성과 모호성 비판」의 일부다. <중략>

라. 다양하게 질문을 던지자

문제가 있어 보이는 내용을 선별하고 다양하게 질문을 던져야 한다. 의혹을 자아낸 지점이 명쾌하게 규명될 때까지 질문을 던져야 한다. 교사는 호기심·창의성 교육을 한다고 생각하고 다양한 질문을 던지는 습관을 가져야 한다. 깐깐한 비평가처럼 전문가의 글에도 질문을 던져야 한다. 간단한 예를 들어보겠다. 간단하게 보여주고자 한 예문마다 세 가지 질문만 던졌다.

"직접 보고 느끼는 것이 '진짜 아는 것'이라는, 체험 학습의 교육적 의미에 대해 학교 구성원 모두가 합의할 수 있을 때 교사 개인의 부담도 줄고 학교의 적극적인 지원도 가능해진다."

Q : 직접 보고 느끼는 것이 과연 진짜 아는 것일까?

1) (간접적인 방법인) 독서를 통해 아는 건 가짜로 아는 것일까?

2) 보고 느끼는 건 앎의 긴 과정에서 겨우 초입에서 벌어지는 일은 아닐까?

3) 직접 보고 느껴서 배운 건 언제나 진짜일까?

"수업은 기술이 아니라 관계라고 봐야 한다. 사람과 사람이 배움과 가르침을 매개로 만나는 일이다. 교사와 교사가 서로 협력하는 법을 배우면서 저절로 교실 문화도 달라졌다."

Q : 수업은 어떤 관계일까?

1) 기술과의 관계가 등위의 개념일까?

2) 기술로 펼쳐지는 수업에서도 교사와 학생의 끈끈한 관계가 형성되지 않을까?

3) 수업을 통해 교사와 학생의 끈끈한 관계를 형성하는 건 기술이지 않을까?

질문을 던질 때, '육하원칙'은 기본이다. 더 나아가 전제를 분명하게 드러낼 수 있는 질문을 던지는 게 중요하다. 두루뭉술하게 넘어가고 있는 게 무엇인지 확인하는 질문을 던져야 한다. 교실 밖에서나 통용되는 것이 전제되어 있는데, 그걸 감추어 드러내지 않고 교실에서 이렇게 하라고 처방하고 있는 것은 아닌지 의문을 제기해야 한다. 일부분을 가지고 얻은 결과를 전체에서도 당연하게 얻게 될 것이라고 전제하고 있는 것은 아닌지 날카롭게 의혹을 제기해야 한다.

연구를 하면서 던져야 할 질문에 원인과 결과가 적절한가를 따지는 것도 있다. 실행을 담당한 교사에게 이것은 너무도 중요한 지점이다. 어떤 능력이 태어날 때 가지고 있던 원인에 해당하는 것인지, 아니면 태어난 이후에 자연스럽게 습득한 능력으로 결과에 해당하는 것인지 구분해야 한다. 교사라면 적어도 한국어를 사용할 수 있는 능력은 결과에 해당한다는 것을 스스로 규명할 수 있어야 한다.

여명을 느꼈으면 좋겠습니다. 앞으로 가야 할 길이 얼마나 먼지 저도 모릅니다. 하지만 진보 교육의 미래를 열어 인간이 인간답게 사는 시대를 예비하는 우리가 되겠다는 결의를 다질 수 있었으면 좋겠습니다. 저들의 의지가 아니라 우리의 의지를 대한민국 역사에 새겨야 합니다. 꿈꾸고 희망을 함께 노래합시다.

3부

우리, 힘차게 전진하자

1

학생의
발달 단계에 맞는 교육

안내

2015년 5월 17일 『교육희망』의 '교사들이 들려주는 교양 강좌' 칼럼에 실린 글의 초안을 다듬었습니다. 신문에는 학생의 발달 단계에 맞는 교육 「□ + □ = 7을 가르치다」라는 제목으로 실렸습니다.

청탁을 수락한 까닭이 있었습니다. "학생의 발달 단계에 맞는 교육은 적어도 두 가지 종류가 있다."라는 사실을 전달하려는 의도였습니다. 교육계에서 자연스럽게 사용하고 있는 것을 거부하자고 주장했습니다. 설득하고자 두 입장의 차이를 드러내는 방식으로 글을 구성했습니다. 이런 계획에 따라 초안에서는 제목이 「무엇이 학생의 발달 단계에 맞는 교육인가?」였습니다.

무엇이 학생의 발달 단계에 맞는 교육인가?

‘학생의 발달 단계에 맞는 교육’을 홍보하는 교육부 동영상을 본 적이 있습니다. 장애물 달리기 상황을 통해 ‘학생의 발달 단계에 맞는 교육’을 홍보하고 있었습니다. 달리는 학생과 장애물 높이의 관계를 통해 이러한 교육의 당위를 전달하고 있었습니다. 학생이 넘을 수 없는 장애물을 넘게 해서는 안 된다는 전제와 키 작은 학생에게 높은 장애물을 넘게 하지 말자는 당연한 주장이 담겨 있습니다.

하지만 달리기와 교육을 같은 수준의 활동으로 비유하기에는 무리가 있습니다. 기술과 공부는 다릅니다. 자연적 능력을 키우는 활동과 문화적 능력을 키우는 활동은 다릅니다.

홍보 내용을 교육 영역에 직접 적용하는 것은 문제가 있습니다. 공정한 경쟁이라는 스포츠의 가치를 교육에 적용하는 것도 받아들이기 어렵습니다. 스포츠의 가치가 경쟁이라면, 교육의 가치는 협력이기 때문입니다. 비고츠키 연구자로서 저는 이러한 내용이 ‘학생의 발달 단계에 맞는 교육’의 올바른 모습이 아니라고 확신합니다.

제가 반대하는 까닭은 생물학적 발달 단계에 맞게 배움이 전개되어야 하는 학교 밖 교육과 문화적 발달 단계에 맞게 교수학습이 전개되어야 하는 학교 내 교육의 차이 때문만은 아닙니다. ‘발달 단계에 맞는 학교 교육’은 두 가지 다른 의미가 있습니다. 하나는 이미 발달되어 혼자 스스로 할 수 있는 것을 교육해야 한다는 구성주의 교육학자의 주장입니다. 다른 하나는 스스로 혼자서는 할 수 없지만 성인이나 동료와의 협력으로 할 수 있는 것을 교육해야 한다는 문화역사적 이론의 주장입니다. 1부 1장을 열며 도종환 시인의 시를 통해 대비했던 내용입니다.

1) 언제나 혼자 스스로 할 수 있는 것을 교육하자
- 구성주의 입장의 '발달 단계에 맞는 학교 교육'

구성주의 교육에 따르면, 초등학교 학생은 구체적 조작기라는 인지 발달 단계에 있습니다. 초등학생은 학교 교육을 하면서 구체물을 조작하여 수업의 내용을 체계적으로 이해하면서 개념, 원리, 법칙을 발견하거나 창조해야 합니다. 교육 활동에서, 수업에서, 구체물을 조작하며 발견에 이르는 과정에서 학습자를 평가해야 합니다.

초등학교 교육과정은 구체적 조작기에 맞게, 중학교 교육과정과 고등학교 교육과정은 형식적 조작기에 맞게 교육 내용이 배열되어야 합니다. 초등학교 6년은 구체물과 구체적 상황에 근거하고, 중·고등학교 6년은 형식 논리와 추상적 상황에 근거하여 교육 활동이 구성되어야 합니다. 하지만 이 기준에 따라 교과 교육과정을 체계적으로 배열하기가 어렵습니다. 미국이나 한국에서 구성주의 교육과정을 수시로 개정하고 있는 까닭이기도 합니다.

초등학교 수업은 학생이 스스로 구체적 조작 활동을 통해, 중학교 수업은 추상적 조작 활동을 통해 개념, 원리, 법칙을 발견하거나 창조해야 합니다. 교사가 간섭을 하지 않으면 않을수록 학생 스스로 한 것이 되기 때문에 수업은 더욱더 잘된 것입니다. 교과서도 교사가 간섭할 여지를 남기지 않으면 않을수록 잘 만들어진 것입니다. 수업이 끝날 때까지 학생 스스로 발견하거나 창조하지 못할 것 같으면 교사는 최소한의 도움을 제공해야 합니다. 비계를 설정하거나, 스토리텔링을 제공하거나, 과제와 관련된 다양한 내용을 모아 제공해야 합니다. 전제에 어긋난 방법도 처방전으로 나왔습니다. 동료와 함께 과제를 해결하게 해야 합니다.

교사와 함께 과제를 해결하게 하는 처방은 나오지 않았습니다. 오직 이것만이, 즉 교사와 함께 하는 것을 처방전으로 내지 않는 것만이 서방 구성주의 교육학에 남아 있는 마지막 자존심이었습니다. 2015 개정 교육과정의 최종 고시 내용을 보았습니다. 그 마지막 자존심마저 무너졌습니다. 대한민국 교육학이 미국 교육학을 배반한 것입니다. 지난 20여 년 동안 지속되었던 관제 구성주의 교육학의 위세가 하락세로 돌아섰다는 상징적인 사건입니다. "교사와 학생의, 학생과 학생의 협력"이 교수학습 방법의 기조로 채택되었습니다.

2) 스스로 혼자서는 할 수 없지만 성인이나 동료와의 협력으로 할 수 있는 것을 교육하자
- 문화역사적 이론에 적합한 '발달 단계에 맞는 학교 교육'

문화역사적 이론에 따르면, 유치원에서 친구와의 놀이 활동을 통해 신체적 자기 규제 능력이나 구체적인 물건을 매개로 상상능력을 펼칠 수 있는 상태에서 초등학교에 입학합니다. 하지만 추상적인 기호를 주체적으로 다룰 수는 없습니다. 스스로 경험한 것을 오래 기억하고자 체계적으로 기록하는 것은 꿈꿀 수도 없습니다. 초등학생은 앞 시기에 배운 능력을 숙달하면서, 동시에 혼자서 할 수 없는 추상적인 기호에 집중하며 제시된 과제를 해결하는 능력을 교수받으며 학습해야 합니다.

이러한 목적에 적합한 개념, 원리, 법칙을 배열하여 교과 교육과정을 편성합니다. 교과서를 통해 제시된 개념, 원리, 법칙을 익히는 과정에서 능력을 습득하게 됩니다. 교사가 모범을 보이고 학생과 협력하면서 수업은 시작됩니다. 학생들끼리 서로 도와가며 익히는 방식으로 이어집니다. 과제를 스스로 숙달하면서 수업 흐름이 마무리됩니다. 평가는 학생의 능력이 어느 수준으로 발달했는지를 진단하는 활동이어야 합니다. 수업 중에도, 수업 전후에도 학생의 발달 상태를 진단하는 활동이 이어져야 합니다.

학교에 재학하는 동안 키워져야 할 능력은 많습니다. 그중에서 시기별로 가장 중요한 능력을 발달의 중심 노선이 되는 능력(간단하게 '핵심 능력'으로 약칭)이라고 합니다. 초등학교 단계에서 핵심 능력의 역할을 하는 자발적 주의능력(집중능력)과 논리적 기억능력을 중심으로 학년별로 키워야 할 교육 활동을 배열하며 초등학교 교육과정이 만들어집니다. 중학교에는 개념형성능력을, 고등학교에서는 다른 능력을 이끌어가는 의지능력을 핵심 능력으로 하여 중·고 교육과정은 유기적으로 만들어집니다. 이렇게 교육과정을 만들면 필요에 따라 교과서를 개정할 수는 있지만 국가 교육과정을 수시로 개정할 필요는 없습니다. 21세기 들어 러시아나 쿠바 같은 사회주의 국가들이 국가 교육과정을 개정할 기미도 보이지 않는 까닭입니다.

이러한 교육과정을 운영하는 수업은 외관상 기존의 우리나라 교육과 흡사해보입니다. 핀란드에 다녀온 사람들이 핀란드와 우리나라의 수업 방식이 별반 다를 게 없다는 후일담을 남긴 것처럼 말입니다. 교사가 모범이나 협력으로 개념, 원리, 법칙을 제시하고, 학생들끼리 협력해서 과제를 해결하게 하고, 최종적으로 스스로 해보게 하는 수업의 각 장면은 누구에게나 친숙한 교실 풍경입니다. 핵심은 배열하는 '순서'에 있습니다. 개념, 원리, 법칙, 그리고 문화적 능력을 먼저 배치하느냐 나중에 배치하느냐가 정반대의 성격을 지닌 교육으로 드러납니다.

핀란드 수학 초·중등 교과서에서 핵심 능력을 키우기 위한 치밀한 방책도 확인할 수 있었습니다. 텔레비전 광고에도 나왔던 수학 문제입니다.

3 + 4 = ( ) 이런 한국식 수학 문제와 대비되는 ( ) + ( ) = 7 이

런 핀란드식 수학 문제 말입니다. 현상을 보면, 정답이 제한되어 있는 닫힌 문제를 푸는 한국과 정답이 열려 있는 문제를 푸는 핀란드의 대비가 눈에 띕니다. 하지만 그 너머에 발달 교육의 비밀이 있었습니다. 이 문제에는 수학적 기호로 제시된 문제 풀이 활동에 주의를 기울이면서 여러 개의 가능한 답변 중에 스스로 어느 하나를 선택하는 정신 과정이 얽혀 있습니다. 이런 수업 활동을 통해 자발적 주의능력을 체계적으로 목적의식적으로 키우고 있었습니다. 초등학교 저학년 핵심 능력인 자발적 주의능력(집중능력)이 교과 교육 활동을 통해 키워지고 있었습니다.

전교조는 이제 5·31 신자유주의 교육 공세 20년을 끝장내기 위한 실천 목록에 구성주의 교육학, 교육과정, 교수학습, 평가를 혁파하는 과제를 추가해야 합니다. 지난 세월 잘못된 교육은 학생에게 문제가 있었던 것이 아니었습니다. 잘못된 근거를 드러내지 못하고 구성주의 교육학을 도입한 국가를 맹신한 교사에게 잘못이 있었습니다. 깊은 자성이 필요합니다. 가만히 있는 학생은 가만히 있는 무지한 교사의 삶을 모범으로 만들어진 것은 아닌지 깊은 반성이 있어야 합니다. 구성주의 교육학이라는 기만의 산을, '서구 제국주의의 트로이 목마'를 역사의 무덤으로 옮겨야 합니다.

2

교육과정의
철학적 기저

안내

2013년 3월에 강원초등교육과정 연구모임(아이마중) 회원을 위해 작성했던 글을 다듬은 것입니다. 그 후 쉬운 내용으로 진행해야 하는 연수에서 많이 사용했던 내용입니다. 처음부터 제목은 「교육과정의 철학적 기저: 인간관과 인식론을 중심으로」입니다. 비고츠키 연구회 카페에서 고치기 전의 내용을 확인할 수 있습니다. (http://cafe.naver.com/vygotsky/1262)

교육과정을 체계적으로 점검하는 작업의 출발점이라 할 수 있습니다. 이론적으로 가장 상위에 놓일 수 있는 세 가지 개념을 명확히 제시하고자 했습니다. 첫걸음이라 깊은 내용을 다루지 않았습니다. 부제는 어려운 내용이 나올 것을 예상하게 하지만, 내용은 교사라면 쉽게 접했

던 현상을 풀어내는 수준입니다. 현상을 분류하여 세 가지 개념에 적합
한 것끼리 모았습니다. 각 개념에 담긴 현상의 비슷한 점과 다른 점을
드러내는 방식으로 글쓰기를 했습니다.

1) 들어가며 : 교육과정을 보는 세 관점

발달 교육에 대한 이해를 돕기 위하여, 사전 준비 차원에서 교육과정을
보는 세 관점을 도식적으로 쉽게 안내하고자 합니다. 세 관점은 발달을 서로
다르게 이해하고 있습니다. 당연히 발달 교육을 풀어가는 실천도 다릅니다.

스스로에게 질문해보십시오. 나는 발달 교육에 대한 상을 어떻게 설정
하고 있는지 자문해보셔야 합니다. 자신의 이론은 아니더라도, 자신의 원
리는 아니더라도, 자신의 경향성에 맞는 내용이 무엇인지는 정리해보셔야
합니다. 이런 작업에 필요한 준비 운동을 한다 생각하시고 편하게 읽어주
시면 고맙겠습니다.

교육과정은 인간 발달을 그려놓은 청사진입니다. 하지만, 대다수 교사
에게 교육과정은 수업을 위해 교과들을 차시에 따라 배열한 수업 차시 계
획서일 뿐입니다. 게다가 초등학교 교사는 전체 12년의 교육과정이 아닌
6년의 초등 교육과정에 해당하는 내용만을 접할 뿐입니다. 분절적 방식으
로, 협동적 방식으로, 학년별로 교육 활동에 임하다 보니 전체를 보는 안목
을 지닐 수 없게 되었습니다. 현실이 이렇다 보니, 왜 교육 기본법에서 전
인 교육을 강제하는지, 전면적 발달을 위한 교육을 해야만 하는지 그 까닭

을 질문하지 못합니다. 하루하루 매 수업이 즐겁고 보람차게 진행되기만을 기대할 뿐입니다. 혹독하게 표현하면 국가 교육과정이라는 거대한 기계의 일개 톱니바퀴로 전락하여 멈추지 않고 계속 작동하기만 바라는 피로에 찌든 존재로 전락했습니다. 전인 교육이나 전면적 발달이라는 핵심 과제를 스스로 어떻게 수행할 것인지 고민을 제기할 기력조차 없는 것 같습니다.

게다가 대한민국 공교육의 최종 종착 지점은 무한 경쟁의 대학 입시입니다. 이렇다 보니, 우리 초등 교사들은 수업들이 누적되어 최종적으로 구현될 전체 국가 교육과정의 모습에 대해 고민할 필요가 없습니다. 18세에 봉건적 신분 서열이 매겨지는 현대판 과거 제도가 막강한 위세를 떨치고 있습니다. 초등학교 교사는 함께 지낸 제자가 먼 미래에 있을 입시에서 낙오하지 않기만을 바랄 뿐입니다. 다 똑같은 심정일 듯합니다. 이러한 교육 후진국, 대한민국에서 국가 교육과정이 <u>체계적으로 인간 발달의 여정을 그려놓은 청사진</u>이라는 개념적이며 추상적이고 이론적인 진술은 교사에게 너무나 공허한 이야기입니다.

우리의 인식은 이런 척박한 현실 때문에 혼란 속을 헤매고 있습니다. 그렇지만 현실의 세속적 요구에 굴복한 실천은, 감각적 경험의 원칙에 경도된 실천은, 멀리 내다보지 못하고 하루하루 버티어내는 힘겨운 실천은 맹목적일 수밖에 없습니다. 우리 모두 철저하게 이를 자각하고 각성해야 합니다. 2010년쯤부터 혁신 학교 운동을 통해, 특히 학교 교육과정을 지역 현실에 맞게 편성하고 운영하려는 실천을 통해 교사는 교육과정에 대한 이해를 조직적으로 확장하고 있습니다.

좀 더 체계적으로 실천하기 위하여 저는 <u>세계적 차원에서 전개되었던 교육과정을 세 흐름으로 분류하여 소개하고자 합니다.</u> 교육과정의 배경에 놓인, 기저에 깔린 **인간관**과 **인식론**을 잣대로 분류하였습니다. 다른 경향을 보이는 세 교육과정을 제 기준에 따라, <u>운명론적 교육과정</u>, <u>기계론적 교육과정</u>, <u>인생 역정 교육과정</u>이라고 칭하겠습니다. 엄격한 표현을 사용한다면 <u>관념론의 교육과정</u>, <u>유물론의 교육과정</u>, <u>변증법적 유물론의 교육과정</u>이라 칭해야 합니다. 지나치게 단순한 도식이라는 위험을 무릅쓰고 각 교육과정을 현실에 적용했었던 대표적인 국가를 선별하라면, <u>미국</u>, <u>소련</u>, <u>핀란드</u>라고 대답하고자 합니다.

2) 평등을 지향하는 기계론적 교육과정

한국에 널리 알려진 기계론적 교육과정은 **행동주의**의 영향을 받은 교육과정입니다. 국내에 알려지지 않았지만 게다가 결도 많이 다르지만 소련 교육에 영향을 미친 **활동 이론**에 근거한 교육과정도 여기에 속합니다. 공교롭게도 냉전 시대 양대 강국이 동일한 기조의 교육과정을 채택했습니다.

두 교육과정의 **전제**는 똑같습니다. 무엇보다도 먼저 지적할 점은 <u>익혀야 할 객관적인 지식과 능력이 인식 주체(학습자)의 **외부 세계에 존재**</u>한다는 명제를 전제하고 있다는 것입니다. 이러한 지식과 능력은 교육 활동을 인도하는 교사에 의해 교실에서 먼저 펼쳐져야 합니다. 성전(聖典)과 같은 교과 지식과 체계화된 교육 활동이 교육과정의 중심에 놓입니다. 이 원리에 따라 교과 지식과 교육 활동이 교과서에 체계적으로 배열됩니다. 교육과정을 배열하는 방식은 <u>지식 구조의 어려움, 교과 체계의 계열성, 교육 활동의 복잡성</u>에 따라 결정됩니다. 학습자의 성장과 발달이 아니라 배워야 할 교과 지식과 교육 활동이 교육과정의 위계를 결정합니다. 앞서 배운 지식이 없다면 다음 수업 시간에 학습할 지식을 제대로 배울 수 없다는 결론이 자연스럽게 도출됩니다. 이런 연유로 기계론적 교육과정에서는 출발점을 파악하는 진단 평가가 교육 활동의 시작이 되고, 배운 지식을 습득했는지 묻는 성취도 평가가 교육 활동의 대미를 장식할 수밖에 없습니다.

학습자의 자유 의지, 자기만의 해석, 주체적인 결정과 같은 학습자마다 다른 개별적인 주관적 측면은 무시되었습니다. 이것은 기계론적 교육과정의 결정적인 약점입니다. 그 치명적인 약점 때문에 기계론적 교육과정은 학술적으로 몰락의 길을 걷게 되었습니다. 이 표현에는 주목해야 할 점이 있습니다. 교육 실천 측면에서 몰락의 길을 걸었다고 표현하지 않고 오직 학술적으로만 몰락의 길을 걸었다고 표현한 것입니다. 왜 제가 그렇게 표현했을까요?

다음으로, 기계론적 교육과정은 인간은 교육과정에 제시된 지식과 활동을 다 배울 수 있다는 것을 **전제**로 합니다. 실천의 영역에서 그러한 전제를 극한까지 밀고 나간 학습 방법이 악명 높은 **완전 학습**입니다. 저는 1970년대에 완전 학습을 경험했습니다. 문제 하나를 풀고 맞으면 몇 번 문제로 가라고, 틀리면 몇 번 문제로 가라고 친절하게 안내합니다. 이런 문제들의 미로를 쥐처럼 이리저리 오고 가다 보면 이제 문제를 그만 풀어도 된다고 합니다. 완전 학습을 해낸 것입니다.

이러한 교육과정의 배경에 놓인 행동주의의 **전제**는 인간 발달은 학습자가 연합한 지식의 양만큼 발달한다는 명제입니다. 인간 발달을 질적 비약을 도외시하고 양의 누적으로만 제한했다는 것이 결정적인 단점입니다. 또한 행동주의는 모든 인간은 학습을 통해 교육과정이 목표로 한 인간 발달에 도달할 수 있다는 것도 전제하고 있습니다. 이러한 전제에 따라 행동주의는 매 수업마다 도달해야 할 목적지인 수업 목표와 교육과정의 성취기준을 세밀하게 제시합니다. (이제 독자들은 기계론적 교육과정이 학문적으로만 몰락했을 뿐 실천의 영역에서는 여전히 대한민국에서 전성기를 구가하고 있음을 알아챘을 것입니다. 국가 교육과정의 세세한 성취 기준에서 그 끈질긴 생명력을 확인할 수 있습니다. 전국 일제 고사로 악명을 떨치고 있는 미국, 영국, 일본, 한국에서 행동주의의 위세가 어떠한지 설명할 필요도 없습니다.)

교과 지식이 능력(고등정신기능)으로 대체되었다는 게 차이일 뿐이지 소련의 활동 이론에 근거한 교육과정도 별반 다른 게 없습니다. 교육과정에 인간 발달의 질적 변화를 제대로 반영하지 못한 것은 행동주의와 오십보백보입니다. 헤겔이 절대정신이 구현된 프러시아가 역사 발전의 끝이라고 단정했듯이, 소련의 레온티예프를 위시한 활동 이론 학자들은 역사의 변증법적 발전의 종착지가 소비에트 연방공화국이라고 선언했습니다. 소비에트 사회가 갈등과 모순이 없는, 더 이상의 질적 도약이 필요 없는 사회라고 선언했습니다.

그렇지만 활동 이론에 근거한 소비에트 교육과정은 인간 발달의 주요 계기를, 핵심 활동을 교육과정의 전면에 배치했습니다. 이는 중요한 진전이며, 그 의미를 깊이 새겨봐야 합니다.

3) 태생적 능력을 선별하는 운명론적 교육과정

구성주의 교육과정은 대한민국에서는 7차 교육과정으로 널리 통용됩니다. 7차 교육과정, 즉 구성주의 교육과정은 운명론적 교육과정입니다. 미국, 영국, 일본을 거쳐 20세기 말에 한국에 도착했습니다. 미국의 학문적 영향력 아래 있는 국가들이라면 정도의 차이가 있을 뿐 모두 구성주의의 영향을 받았습니다. 그 폐해가 드러난 21세기에 바우어(2007)는 구성주의를 "서구 제국주의의 트로이 목마"라고 단호하게 비판했습니다.

운명론적 교육과정의 인식론적 **전제**는 인식 주체(학습자)가 지식과 능력을 스스로 구성한다는 것입니다. 학습자가 그렇게 구성할 수 있는 능력은 태어나면서부터 지니게 된다는 것입니다. 구성의 원천이 플라톤의 관념인지, 칸트의 선험적 지식인지, 피아제의 인지 구조인지는 중요하지 않습니다. 핵심은 그 원천을 태어날 때 각자 지니고 태어났다는 것입니다. 이런 전제를 받아들이면 교과 지식과 능력을 교육하기 위하여 교사가 시범을 보이거나 모범을 제시할 필요가 없습니다. 당연하게도 그런 교육 활동은 지양되어야 합니다. 마찬가지로 학습자가 알아야만 하는 절대적인 객관적 교과 지식과 능력을 중심으로 교육과정이나 교과서를 만들 필요도 없습니다. 운명론적 교육과정은 타고난 **인지 발달 단계**에 따라 위계를 두며 학습자가 스스로 할 수 있는 활동을 중심으로 구성되어야 합니다. 교과서는 특정 발달 단계에 있는 학습자가 스스로 **발견**하고 **창조**할 수 있는 교육 활동을 담아야 합니다. 그래서 구성주의 교육과정에서는 출발점을 진단하는 진단 평가가 필요 없습니다. 발달의 차이를 확인하는 영재 판별 검사가 중요합니다. 왕후장상의 씨를 선별하거나 될성부른 떡잎을 골라내는 게 중요합니다.

발달된 인지 구조가 스키마를 제대로 구성하도록, 인지 구조가 정교하게 다듬어지도록 교육 활동을 제공하는 것으로 수업의 역할은 한정됩니다. 논리적으로는 수업의 역할은 딱 거기로 한정되어야만 합니다.

교사는 인지 구조가 스스로 법칙, 원리, 방법을 발견하고 창조할 수 있도록, 발달된 인지 능력이 제대로 펼쳐질 수 있도록, 지식을 혼자서 구성할 수 있도록 수업을 전개해야 합니다. 학습자의 인지 구조가 수월하게 이런 활동을 하려면 정의적, 사회적 영역을 배려하는 수업 활동이 요구됩니다. 교사는 학습자의 인지 구조가 구성한 것이 틀렸더라도 다시 한 번 더 도전하도록 격려하기만 하면 됩니다. 격려가 잘 통하지 않으면, 협동 학습 방식으로 서로 통제하여 학습자의 인지 구조가 교육 활동에 전념하게 해야 합니다.

행동주의 교육과정의 패러다임과 달리 구성주의 교육과정의 패러다임에서는 객관적인 성적이나 점수가 의미가 없습니다. 학습자가 구성하는, 발견하는, 창조하는 과정을 평가하는 수행 평가가 딱입니다. 수행 과정에서 학습자의 인지 구조가 해낸 활동을 점수로 서열화하지 않고 여러 측면에서 기술하기만 하면 됩니다. 이러한 측면은 현상학적 수업 관찰과 문화적 수업 분석과 맥을 같이합니다.

운명론적 교육과정의 **전제**는 인간 발달은 출생과 함께 결정된다는 것입니다. 즉, 학습자가 학교에서 배운 지식과 능력은 인간 발달의 질과 무관하다는 것입니다. 인간 발달은 '**타고난 저마다의 소질과 능력**'으로 이미 숙명처럼 결정되어 있다는 것입니다. 1950년대 중반 인류가 도달한 인식 수준은 이렇게 미개했습니다. 대석학인 피아제마저 인지 발달을 결정하는 인지 구조가 RNA에 의해 결정된다고 했습니다. 구성주의 교육학자들은 학교 교육은 발달의 열매를 활용하여 인지 구조를 정교하게 다듬어내는 활동 기회를 제공할 뿐이라고 지금도 그렇게 믿고 있습니다. 구성주의 교육과정은 이러한 측면에서 인간의 삶이란, 태어나면서 이미 예정되어 있는 운명의 길을 걸어가는 과정일 뿐이라는 믿음을 바탕으로 합니다. 왕후장상의 씨가 따로 있다는 중세 이전의 인간관으로 되돌아갔습니다. 핏줄이 아니라 유전자가 무지몽매한 인간관의 중심에 놓여 있을 뿐입니다. (이제 예민한 독자는 신자유주의 시대에 왜 구성주의 교육과정이 미국, 영국, 일본, 한국에서 정부 주도로 위로부터 아래로 강요되었는지, 그 배경에 놓인 정치교육학적 의미를 느낄 수 있을 것입니다.)

구성주의 수업에서 교사는 학습자가 행한 것에 이렇다 저렇다 자로 재는 행위를 하지 않습니다. 학습자가 너무도 명백하게 틀렸다 하더라도 교사는 격려하고 칭찬해야 합니다. 독립적인 학습자가 다시 할 기분이 들게 하는 게 교사의 중요한 역할이기 때문입니다. 학습자가 엉터리로 하는 것은 타고난 팔자소관입니다. 학습자가 결국 잘하게 되는 것도 타고난 운명입니다. 이러한 가정에 따르면, 학습자의 인지 구조가 수업마다 도달해야 할 목적지인 수업 목표와 교육과정의 성취 기준이 꼼꼼하게 미리 설정될 수 없습니다. 학습자가 도달한 곳이 목적지인 수업 목표이며 성취해야 할 기준일 뿐입니다. 사후적으로 확인되는 이런 자명한 사실을 운명처럼 받아들이지 않는 교사는 운명론적 교육과정의 기조와 맞지 않는 분입니다. (이런 분은 발견 학습이 이루어질 것이라는 믿음을 강화해야만 합니다.) 하지만 학습자의 인지 구조가 발견 학습을 스스로 제대로 하지 못하다 보니, 유도된 발견 학습이라는 모순의 학습 방법이 생겨나게 되었습니다. 2013년에 수학 수업에 선보인 스토리텔링은 그런 모순의 변종입니다. 교사가 유창한 스토리텔링을 통해 학습자가 상황을 잘 인식하게 하면 스스로 발견할 수 있다는 모순에 근거하고 있습니다. (그런 기적이 펼쳐지기를 기도하고 기도했지만, 유도된 발견 학습을 적용한 국가의 사례들을 보면 암울하기만 합니다.)

구성주의 교육과정은 피아제의 빛나는 발상들 중에서 일부만 교육학에 도입하여 수정한 운명론적 교육과정의 최신 버전입니다. 피아제의 학문 성과를 제대로 반영했는지 의문이 듭니다. 피아제가 발달이라는 핵심 개념을 교육의 전면에 도입한 것은 소중한 진전입니다. 피아제는 발달이 질적인 것이라는 사실을 드러냈습니다. 발달의 질적 내용을 단계별로 나열하기까지 했습니다. 이는 교육 활동의 옳은 방향을 정립하는 데 일정 정도 공헌했습니다. 발달 교육을 과학적으로 정립하는 데 큰 한 걸음이었습니다.

하지만 이러한 발달에 대한 이해의 진전이 개별화 교육이 아닌 수준별 교육으로 악용되었습니다. 인지 발달 단계에 따라 학습자 개개인의 발달이 질적으로 다르다는 피아제의 인지 발달 단계 가설의 한계 때문입니다. 이 가설에 따르면, 동일한 시기에 같은 발달의 질을 가진 학습자를 모아 교육하자는 결론에 도달할 수밖에 없습니다. 게다가 미국처럼 실용주의 문화가 강한 곳이라면 다른 길이 없을 듯합니다.

또한 피아제는 인과 관계와 같은 인지능력이 중요함을 보여주었습니다. 인지능력의 발달 단계가 보편적이라는 가설은 이미 일반적 경향성일 뿐이라고 정정되었습니다. 가장 아쉬운 점은 피아제가 질적으로 다른 발달 단계로 넘어가는 기제를, 계기를 설명하지 못했다는 것입니다. 그저 적절한 때가 되면 매미가 탈피를 하듯이 숙명처럼 질적으로 다른 단계로 넘어간다는 기술에 머무른 것은 아쉬운 장면입니다. 피아제가 사회주의자였다는 것을 고려하면 정말 이해하기 어려운 학문적 결말입니다.

4) 자유 의지를 강조하는 인생 역정 교육과정

자유 의지를 강조하는 교육과정은 비고츠키의 문화역사적 이론에 근거한 교육과정입니다. 2004년 세상에 나온 핀란드 핵심 국가 교육과정은 다른 어떤 교육과정보다 인생 역정 교육과정의 내용을 많이 담고 있습니다. 2015년에 유로 교육위원회에서 제안하고 2016년 가을부터 유럽 각국 교육과정으로 구현될 협력 중심 교육과정은 좀 더 강화된 인생 역정 교육과정이 될 것 같습니다.

인생 역정 교육과정의 인식론적 전제는 실재론입니다. 행동주의 교육과정이 전제한 "인식 주체(학습자)의 외부 세계에 객관적인 지식과 능력이 존재한다."라는 주장이나, 구성주의 교육과정이 전제한 "인식 주체(학습자)가 지식과 능력을 주관적으로 구성한다."라는 주장도 크게 틀리지는 않았습니다. 하지만 변증법적 유물론처럼 역동적으로 그 전체를 보지는 못했습니다. 고정된 어느 하나만이 언제나 옳다고 우기는 것은 어리석은 일입니다. 학습자가 제각각 덧셈의 교환 법칙을 구성해나가지만 객관적인 덧셈의 교환 법칙은 존재하고 있습니다. 지남철의 떨림이 지속되는 주관과 객관의 변증법적 통일로 이해해야 합니다.

교사는 교과 지식을 다루며 객관적인 학문적 개념과 올바른 문화적 능력을 학생에게 전수하려고 합니다. 학생은 교과 수업을 받으며 주관적으로 교과의 개념과 문화적 능력을 형성하게 됩니다. 교사와 학생은 이런 긴장 관계를 해소하기 위해 지속적으로 노력해야 합니다. 쉽게 이야기하면, 교사는 학생이 객관적인 학문적 개념과 올바른 문화적 능력을 습득하도록 지속적으로 인도해야 합니다. 교사는 모범과 협력을 통해 긴 시간 인도해야 합니다. 그래야 학습자가 긴 여정을 거쳐 학문적 개념과 문화적 능력을 습득하게 된다는 것을 명심해야 합니다. 상대적으로 행동주의 교육과정이 교수를 강조하고, 구성주의 교육과정이 학습을 강조한다면, 문화역사적 교육과정은 교수와 학습이 통일된 현상인 교수학습을 강조합니다. 서당식 교육처럼 교학과 수습을 강조해야 합니다. 교사가 가르치고 동시에 학생이 배우고, 교사가 준 것을 학생이 익혀야 한다는 것입니다.

다음은 심화된 내용입니다. 마찬가지로 교수학습 과정을 통해 학생이 가르치고 동시에 교사는 배우고, 학생이 준 것을 교사가 익혀야 합니다. 교수학습은 학생의 발달뿐만 아니라 교사의 발달에도 원천입니다. 가능하다면, 교사는 학생이 학습한다는 것에 대한 심오한 깨달음을 얻어야 합니다.

306

교사는 농담 삼아 이야기합니다. 수업을 어떻게든 하고 나면 적어도 한 사람은 수업에서 다루었던 학문적 개념이나 문화적 능력을 알게 된다고 합니다. 그 한 사람이 누구일까요? 교사라면 다 아는 싱거운 문제입니다. 정답은 교사입니다. 교사는 정직해야 합니다. 자신도 모르겠다면, 정말 심각하게 반성해야 합니다.

교사가 객관적인 교육 내용을 교육과정의 위계에 따라 가르치는 것도 옳고, 학습자가 주관적으로 이리저리 탐색하다 충분히 익숙해져서 이를 제대로 발견할 수 있도록 하는 것도 옳은 일입니다. 둘이 배타적인 것이 아니라 내적 연관을 가지고 있습니다. 교사는 이 전체 과정을 볼 수 있어야 합니다.

문화역사적 교육과정의 **전제**는 학습자가 학교에서 배운 학문적 개념과 문화적 능력이 인간 발달과 깊은 관계가 있다는 것입니다. 이런 전제는 구성주의 교육과정과 대립됩니다. 또한 행동주의 교육과정의 전제인 "교육과정에 제시된 지식과 능력을 모든 학습자가 다 배울 수 있다."라는 주장과 궤를 달리합니다. 학생의 흥미와 사전 경험에 의해 자기만의 발달 노선을 겪게 되기 때문에, 역사의 풍랑에 따라 펼쳐지는 사회라는 무대에서 인생 역정에 따라 자신의 것으로 내재화하는 내용과 정도는 다 다를 수밖에 없습니다. 그렇기 때문에 인생 역정 교육과정에 포함되어 강조되는 능력은 핵심 역량과 달리 가장 기본적인 능력들입니다. 비고츠키의 발달 교육은 특히 집중하는 능력(자발적 주의능력), 문화적인 기억능력(논리적 기억능력), 개념형성능력, 의지능력을 강조합니다.

혼자서 스스로 학습하는 능력이니, 창의능력이니 하는 것은 인생 역정 교육과정에 담기지 않습니다. 왜 그럴까요? 자신에게 솔직하게 자문해보세요. 대학 교육까지 다 이수하신 교사들 중에 혼자서 스스로 학습하는 능력이나 창의능력을 자유자재로 발현하고 계신 분이 얼마나 될까요? 발달 중심 교육과정을 스스로 혼자서 학습할 수 없어 이 책을 읽고 계십니다. 이런 어려운 문화적 능력을 어린 학습자에게 요구하는 것은 지적 폭력입니다. 그런 수준 높은 문화적 능력에 이르기 위해 초등학교에서 습득해야 할 기초적인, 필수적인, 보편적인 능력을 학생에게 제공하여 습득하게 하는 게 우리가 할 수 있는 적절한 최상의 교육입니다. 우리 아이들이 어른이 되어 창의능력을 펼치게 되는 것은 우리 손을 떠나 사회에서 살아가며 펼치는 인생 역정에서 결정될 문제입니다.

문화역사적 교육과정에서는 근접발달영역을 창출하는 수업만이 좋은 수업이라고 합니다. 학생이 이런 경험을 통해 특정 문화적 능력을 자신의 것으로 제대로 습득하는 것은, 냉정하게 말하면, 삶 속에서 개개인이 선택하고 노력할 문제입니다. "말을 물가까지 데려갈 수는 있어도 강제로 물을 먹게 할 수는 없다."라는 격언을 잊지 말아야 합니다. 인류의 지혜를 습득하여 자연스럽게 펼칠 수 있어야 합니다.

3

발달을 선도하는
교수학습

안내

이 글은 2015년 봄 강원도 『교육연구정보』에 「수업 복지와 창의공감교육」이라는 제목으로 실은 글을 다듬은 것입니다. 발달을 선도하는 교수학습이나 협력 수업에 관한 글을 여러 편 썼지만, 이 글이 짧고 깔끔합니다. 이 책의 흐름과 맞지 않는 내용은 과감하게 삭제했습니다. 예를 들면, 서론 부분의 '수업 복지'와 '창의공감교육'의 개념 부분은 삭제했습니다.

계속해서 구성주의를 비판하고 있습니다. 구성주의를 철저하게 부정하고 있습니다. 여기도 마찬가지입니다. 다른 점이 있다면, 이야기를 이끌어가는 주제가 교수학습이라는 것뿐입니다.

1) 발달 교육을 위해 고민해야 할 네 가지 전제

학습자의 다양한 문화적 능력과 잠재적 능력을 제대로 꽃피우기 위해 교육자가 고민해야 할 지점을 언급하고자 합니다. 우리 교육의 현실을 근본적으로, 비판적으로 돌아보는 데 중요한 몇 가지 전제를 고민거리로 내놓았습니다. 글의 성격을 고려하여 기본적인 전제만 언급했습니다.

(1) 수업은 교사와 학생의 오케스트라

수업은 어떠해야 할까요? 수업은 어떻게 진행되어야 할까요? 학생의 잠재적 능력을 실행 가능한 능력으로 전환시킬 수 있는 수업은 어떤 모습이어야 할까요? 학생이 사회에서 자신의 문화적 능력을 제대로 펼치려면 수업 시간에 무엇을 해야 할까요? 어떤 수업이 발달을 구현하는 수업인지 구별하기 위해 던져야 할 질문은 더 많을 것입니다. 여기서는 먼저 현실에서 펼쳐지고 있는 극단적 편향을 지적하고자 합니다. 이 문제는 다른 어떤 과제보다 교사가 해결하기 쉽습니다. 현실에서 즉시 개선할 수 있습니다. 그렇게 되면 발달을 구현하는 수업에 좀 더 가까워질 수 있습니다.

교사 중심 수업을 지양해야 합니다. 행동주의(객관주의)에 대한 공격은 일방적으로 지식을 전달하는 교사 중심 수업을 겨냥했습니다. 은행 적금식 수업, 암죽식 수업을 비판한 것입니다. 학생은 '빈 서판(tabula rasa)'처럼 수동적으로 교사가 수업 시간에 전달한 것을 받아들이기만 하는 존재가 아닙니다.

수업 시작종이 울리면, 교사는 교실에 들어와 쪽지를 나눠줍니다.

모든 학생은 전 시간에 배운, 공책에 필기했던 내용을 쪽지에 옮깁니다. 교사는 쪽지 시험 결과에 따라 암기능력이 떨어지는 학생을 체벌합니다. 그리고 교사는 칠판에 교과서 내용을 체계적으로 요약하여 판서합니다. 학생은 공책에 적습니다. 수업 끝 종이 울립니다.

30여 년 전 겪었던 전형적인 교사 중심 수업 모습입니다. 이런 극단적인 교사 중심 수업은 사라졌습니다. 그럼에도 불구하고 완화된 형태로 여전히 지속되고 있습니다. 그 배후에는 교과 내용에 대한 학생의 기억능력을 측정하는 무한 경쟁의 입시 제도가 자리하고 있습니다. 성전으로 격상된 EBS 교재를 중심으로 진행되는 주입식 수업이 그렇습니다. 이처럼 교사 중심 수업은 완화된 형태로 여전히 재연되고 있습니다. 학습자를 수동적 존재로 전락시키는 교사 중심 수업은 어떤 형태든 교육 현장에서 사라져야 합니다. 1부 5장 '노예 교육'에서 언급했습니다. 학습자를 수동적 존재로 타락시키는 그 과정에서 교사도 수동적 존재로 전락한다고 했던 경고를 잊지 말았으면 좋겠습니다.

학생 중심 수업도 지양해야 합니다. 구성주의(주관주의)에 대한 공격은 학생 혼자서 스스로 하는 배움을 강조하는 학생 중심 수업을 겨냥해 폭탄이 집중되었습니다. 학력 저하 논쟁은 논외로 하더라도 학생이 발달 장애를 겪고 있는 교육 현실의 문제를 회피할 수는 없습니다. 구성주의 교육과정이 전면적으로 도입된 미국, 영국, 일본, 한국의 현실은 모두 비극적입니다. 학생은 독립적으로 수업 시간에 해야 할 것을 위대한 발견으로 귀결시킬 수 있는 그 분야의 천재가 아닙니다. 동료와 같이한다고 해도 학생은 매 수업 시간마다 방법, 원리, 법칙을 발견해낼 수 있는 영재도 아닙니다.

수업이 시작되면, 교사는 학생들의 주의를 끌기 위해 '박수 세 번

짝짝'을 합니다. 교사는 수업 목표를 제시하고, 모둠별 과제를 협의합니다. 협의 결과에 따라 모둠별로 학생은 협의를 해가며 과제를 해결합니다. 교사는 창밖의 가을 풍경을 감상합니다. 학생은 발표 준비를 합니다. 모둠별로 나와 재치 있는 발표를 합니다. 각 모둠의 발표 내용이 다 합쳐지면, 수업 시간에 해야 할 과제가 해결됩니다. 교사는 다음 시간에 해야 할 내용을 안내합니다. 수업이 끝납니다.

15년 전에 연구 학교 발표 행사에서 참관했던 전형적인 학생 중심 수업 모습입니다. 이런 학생 중심 수업은 다양한 명칭으로 불리며 오늘날까지 위세를 떨치고 있습니다. 그 배후에는 국가가 구성주의 교육 방법을 적극 지원하는 정책이 놓여 있습니다. 거기다 입시 위주 교육에 대한 교육자의 증오도 자리하고 있습니다. 증오로 이성이 마비된 듯합니다. '지금 여기'가 글자 그대로 오직 '지금 여기'만을 의미하고 있는 천박한 철학과 현실이 기저에 놓여 있음을 보지 못합니다. 자발적 주의능력이 부족하고, 어휘력도 부족하고, 공책 정리도 할 줄 모르는 채 졸업을 하게 될 학생의 미래를 누구도 고민하지 않습니다. 온갖 잡무와 평가에 치여 혁신의 대상으로 전락한 교사는 자기 앞날을 고민하기도 바쁩니다. 다양한 신자유주의 경쟁 기제와 어울려 학생 중심 수업은 오늘도 "원래 그래요.", "그냥요." 같은 공허한 답변만 토해내고 있습니다.

추상화해 단순하게 보면, 교실에는 교사와 학생 두 부류가 있습니다. 교사가 일방적으로 주입하는 것도 문제지만, 학생이 스스로 발견하는 것도 큰 문제입니다. 수업이 교사의 독주나 학생의 독주로 이루어지는 것은 심각한 문제입니다. 교실에는 학생들이 있습니다. 그들이 왜 교실에 함께 있게 되었는지 자문해봐야 합니다. 1부 1장과 2부 1장에서 확인했듯이, 시인 도종환(2010)은 "아는 걸 다시 배우는 게 아니라/모르는 걸 배우는 게 공부"라고 통곡했습니다. 모르는 자들과 아는 자, 문화를 전수해야 하는 자와 문화를 전수받아 창조해야 하는 자들, 이들이 교육의 장에서 어울려야 한다는 사실을 잊지 말자고 노래했습니다. 학교 교육이 개인 과외가 아니라면 '교사와 학생의 이중주'일 수 없습니다. 교실에서 연주되는 음악은 **교사와 학생의 오케스트라**라야 합니다. 수업이 진행되는 교실에는 교사와 학생들이, 학교에는 교사들과 학생들이 있습니다. 우리는 이런 자명한 현실에 근거하여 수업을 전개해야 합니다.

(2) 수업과 발달의 관계

발달 교육이라면, 수업을 진행하며 현상은 지식을 다루지만 본질은 발달을 다룹니다. 전인 교육, 전면적 발달을 지향하는 교육을 수행하는 것입니다. 발달은 인간의 변화를 전제합니다. 인간에 대한 관점이 제대로 정립되어야 발달을 이해할 수 있습니다. 『교육학 개론』(황정규·이돈희·김신일, 2003)에서는 인간의 본성을 세 가지로 나누어 설명합니다.

첫째는 학습자로서 인간은 선하다는 주장이다. 이는 공자, 맹자, 소크라테스, 루소 등의 입장이다. 그러므로 가능한 한 자연스럽게 성장하도록 내버려두어야 한다고 주장한다.

둘째는 학습자로서 인간은 악하다는 주장이다. 이는 순자, 칼빈, 마키아벨리, 마르크스 등의 입장이다. 그러므로 인간의 악은 어떤 형태로든 통제되고 약화시켜야 한다는 주장이 성립된다.

셋째는 학습자로서 인간은 중립이라는 주장이다. 이는 노자, 로크 등의 입장이다. 학습자는 백지 상태와 같으므로 어떻게 처방하느냐에 따라 다르게 성장할 수 있다고 주장한다.

발달이라는 관점에서 보면, 첫째 주장과 둘째 주장은 똑같습니다. 두 주장에 따르면 발달은 삶에서의 변화와 무관한 것입니다. 태어날 때 인격의 질이 결정되기 때문입니다. 핵심적 차이라면, 하나는 최선의 상태이고, 다른 하나는 최악의 상태라는 사실입니다. 첫째 주장이 학생 중심 수업의 배경을 이룹니다. 셋째 주장은 환경 결정론입니다. 사회적 환경의 영향으로 무에서 시작하여 어떤 것으로든 변화할 수 있다는 것입니다. 이 주장은 교사 중심 수업의 철학적 토대입니다.

대한민국 교육학 개론에는 수업을 교사와 학생의 오케스트라, 교사와 학생의 협력으로 파악하는 인간관이 없습니다. 이렇기 때문에 대한민국 교사는 무의식적으로 밖에서 강요하는 수업 혁신에 반감을 갖게 되는 것 같습니다. 이성적으로 판단해보니, 어디로 가야할지 모르기 때문입니다. 적어도 학교 교육에서만큼은 인간 발달의 관점을 견지하고 학습자의 변화를 살펴야 하지만, 그것을 가능하게 하는 인간관이 대한민국 교육학에는 없습니다.

아동심리학, 발달심리학, 교육심리학에서는 발달을 세밀하게 다룹니다. 심리학은 능력의 변화를 발달이라고 단정합니다. 발달에 대한 내용을 셋으로 나누어 범주화할 수 있습니다. 셋의 차이를 그래프를 통해 시각화해보았습니다. 그리고 각 그림의 함축된 의미를 설명했습니다. 이러한 설명은 학술적인, 이론적인, 논리적인 것입니다. 설명처럼 현실은 그렇게 단순하지도, 체계적이지도, 합리적이지도 않습니다. 현실은 복잡하게 얽혀 있습니다.

[그림1]은 인간이 태어날 때 글로 생각을 표현하는 능력이 0이었지만 수업을 통해 지속적으로 능력이 향상된다고 주장합니다. 그 능력의 향상은 정확하게 수업의 양과 일치합니다. 여기서는 발달이 오직 양적인 차이

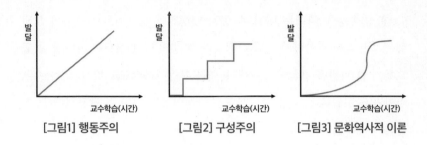

[그림1] 행동주의   [그림2] 구성주의   [그림3] 문화역사적 이론

만으로 설명됩니다. 그래서 주어진 수업 시간마다 할당된 양의 발달을 달성하기 위해 학습자는 **완전 학습**을 해내야 합니다. 이런 관점에서는 제대로 발달되었는지를 확인하는 작업이, 완전 학습이 이루어졌는지를 점검하는 작업이 중요합니다. 교사가 학생이 매 시간 제대로 학습했는지를 확인하는 절차로 수업을 마무리하는 것은 필연입니다. 행동주의에서는 인간 발달이 학생이 연합한 지식의 양과 일치하기 때문입니다.

[그림2]는 발달이 수업과 무관하다고 주장합니다. 수업을 아무리 해도 발달에 영향을 줄 수 없습니다. 특정 시간이 경과하면, 유전적 영향으로 '사회적 상호작용'을 통해 저절로 질적으로 비약하는 발달이 이루어집니다. 사회에서 벌어지는 작용과 반작용과 무관하게 생물학적 기제에 의해 질적으로 다른 발달 상태로 이행합니다. 글로 생각을 표현하는 능력이 발달하는 데 학교 교육은 쓸모가 없습니다. 학교 교육은, 수업은 단지 발달의 결과인 인지 구조를 정교하게 다듬는 데 도움이 될 뿐입니다. 구성주의 용어로 표현하면, 수업은 실내 장식을 하듯 인지 구조가 스키마를 구성하는 데 도움을 줄 뿐입니다. 여기서는 발달된 인지 구조가 펼치는 능력이 자연스럽게 펼쳐지도록 수업이 조직되어야 합니다. 학습자는 발견 학습을 해내야 합니다. 글로 생각을 표현할 수 있는 능력이 있으므로 그 능력으로 생각을 표현하는 방법과 원리를 발견할 수 있도록 수업을 진행해야만 합니

다. 학생의 능력 차이는 어쩔 수 없는 태생적인 문제이므로 목표에 도달했는지를 굳이 파악하지 않아도 됩니다. 학생의 발달 정도를 파악할 수 있도록 수업 과정을 관찰하고 수행 능력을 확인해야만 합니다. 다양한 수행평가가 강조됩니다. 최종 산출물에는 관심이 없습니다. 발달은 수업과 무관하기 때문입니다.

[그림3]은 발달은 가파른 절벽을 오르는 것처럼 어려운 과제라고 합니다. 지속적으로 수업을 통해 견인해야 학생은 겨우 질적으로 다른 발달 상태에 이를 수 있습니다. 글로 생각을 표현하는 능력은 초등학교 1학년 학생이 도달하기 어려운 발달 상태입니다. 제대로 흉내 내기도 어려운 발달 상태입니다. 그러나 몇 년에 걸친 교과 수업을 통해 조금씩 양적 누적이 이루어지다 어느 순간 비약적으로 발달하여 혼자서도 자신의 생각을 글로 자유롭게 표현할 수 있는 능력에 이르게 됩니다. 양질 전환의 법칙이 관철됩니다. 하지만 그때가 언제인지 초등학교 고학년 때 도달할지, 고등학교 때 도달할지, 성인이 되어 도달할지 누구도 장담할 수 없습니다.

그러므로 수업은 먼저 교사와 학생이 함께 생각을 글로 표현하는 과제 해결을 경험하도록 조직됩니다. 동료가 만든 우수한 결과물을 모범으로 제시하기도 합니다. 이것이 근접발달영역을 창출하는 수업입니다. 학생이 혼자서는 아직 자신의 생각을 글로 표현할 수 없기 때문에, 교사는 친구들과 함께, 짝과 함께 협력하여 생각을 글로 표현하는 활동을 경험하도록 배려합니다. 생각을 글로 표현할 때 지켜야 할 방법과 원칙을, 참고(활용)할 수 있는 문화적 도구를 제시합니다. 최종적으로는 혼자서 과제를 해결하게 합니다. 저는 발달을 견인하는 이런 수업 과정을 협력 수업이라 명명하자고 오래전에 제안했습니다.

인간 발달을 어떻게 보느냐에 따라, 공교육 기간 동안 교수학습과 발달의 관계를 어떻게 보느냐에 따라 이렇게 다른 형태의 수업을 올바른 수업으로 인식하게 됩니다. [그림3]을 기조로 한 협력 수업이 학생의 발달을 위한 올바른 수업을 찾는 데 도움이 될 것입니다. 학문적으로, 이론적으로 행동주의와 구성주의의 인간 발달관은 20세기의 유물이 되었습니다. 하지만 한국에서는 정치 현실과 마찬가지로 역사의 무덤에서 기어나와 좀비처럼 어둠 속에서 활개 치고 있습니다.

(3) 발달 단계에 맞는 수업

전인 교육을 위한 올바른 수업, 복지적 차원의 수업은 학습자의 전면적 발달을 지향하는 수업이어야 합니다. 이와 관련하여 교육계에 널리 퍼져 있는 발달과 관련된 통념을 살펴보았습니다. '발달 단계에 맞게' 수업한다는 게 무엇인지 살펴보겠습니다. 이 과정을 거치면 수업 복지를 구현하는 수업에 대한 상이 좀 더 명확해질 것입니다. 발달 단계에 맞게 수업한다는 것은 [그림2]와 [그림3]의 차이를 명확하게 드러냅니다. 구성주의와 문화 역사적 이론의 차이를 더욱 분명하게 합니다.

구성주의는 학습자가 발달하여 할 수 있는 것을 학습해야 한다고 합니다. 학습자가 스스로 할 수 있는 것을 학습해야 합니다. 그게 어렵다면 비계 설정을 하든 스토리텔링을 하든 약간의 도움을 제공하여 학습자가 스스로 발견하게 해야 한다고 합니다. 구성주의에 따르면, 특정 능력이 발달하여 학습자가 스스로 할 수 있는 것을 학습하는 것이 발달 단계에 맞는 수업입니다. 학습자의 현재적 발달 수준에 맞는 내용과 활동으로 교육하라는 것입니다. 이것의 출처는 피아제의 인지 발달 단계입니다. 대다수 교사가 알고 있는 발달 단계에 맞게 수업한다는 것은 이런 것입니다.

교사를 혼란스럽게 하는 상황이 벌어지고 있습니다. 혼자서 발견을 하지 못하고, 문제를 해결하지 못하다 보니 학습자들이 함께 법칙, 원리, 방법을 발견하거나 문제를 해결하는 것으로 후퇴했기 때문입니다. **사회적 구성주의**로 변신했기 때문입니다. 하지만 이런 수업도 본질적으로 발달된 학습자의 능력을 발휘하는 것이 수업이라는 기조를 유지하고 있습니다. 그렇기 때문에 사회적 구성주의입니다. 여전히 학습자의 현재 능력을 넘어선 것은 수업하지 말아야 합니다. 학습자가 그런 것을 학습해서는 안 됩니다. 하지만 현실은 그렇지 못합니다. 우리가 잘 알고 있는 것처럼, 발견을 할 수 있도록 비계 설정이나 스토리텔링 같은 교사의 도움이 제공됩니다. 그래도 소용이 없었습니다. 그래서 교사를 더 혼란스럽게 하는 상황이 전개되고 있습니다. 특정 교과의 지식을 다루는 것으로 발견 학습이 이루어지지 않자 다양한 교과의 비슷한 지식을 모아 함께 제시하여 발견 학습을 가능하도록 하는 융합(STEAM) 수업까지 시도되고 있습니다. 이덕환(2016. 02. 02.) 논설위원은 대학도 융합 수업이 어렵다는 현실을 고발했습니다. 「엉터리 융복합의 환상」이라는 논설 제목은 정말 자극적입니다.

어떤 변종으로 진화하였든, 구성주의 수업은 발달된 학습자의 능력으로 과제를 스스로 해결하는 발견 학습 혹은 문제 해결 학습이 기본 틀입니다. 하지만 이것은 발달 단계에 맞게 수업한다는 것을 퇴행적으로 해석한 것입니다. 앞에서 지적했듯이 도종환 시인은 이런 퇴행을 핀란드 사례를 들어 질타했습니다. 비고츠키는 『생각과 말』에서 이런 수업을 발달의 열매를 따먹는 수업이라고 비난했습니다. 실천과 이론 두 측면에서 파경에 처한 구성주의 수업이 현재도 지속되고 있는 까닭은 무엇일까요?

교사는 심정적으로, 현상적으로, 실천적으로 이 문제에 접근합니다. 아니 지금도 학생이 어려워서 과제를 해결하지 못하는데, 더 어려운 것을 수업한다는 게 논리적으로 말이 되지 않는다는 것입니다. 누가 봐도 일리가 있는 말입니다. 하지만 수업의 본질을 고민한다면 다른 관점을 고민하게 됩니다. 수업은 학생의 독주가 아닙니다. 구성주의 수업이 제대로 진행되지 않은 것은 학생이 혼자서, 스스로 학습한다는 잘못된 가정 때문입니다. 그런 수업에 적합한 교육과정과 교과서에 문제가 있는 것입니다. 최종적으로는 이런 현실을 몰라 제대로 대처하지 못한 교사에게 책임이 있습니다.

근접발달영역은 발달 단계에 맞게 수업해야 하는 것이 무엇인지를 풀어가는 [그림3] 문화역사적 이론의 핵심을 드러내는 비유입니다. 학습자가 현재적 발달 수준으로는 해결할 수 없는 그 공동체의 핵심 문화에 근거한 방법, 원리, 법칙, 과제가 있습니다. 이를 교사의 모범을 따라, 교사와 함께, 교사의 도움을 받아, 동료와 함께 해결할 수 있는 것을 교수학습해야 합니다. 이게 근접발달영역이라는 비유에 핵심이 되는 내용입니다. 여기서 중요한 것은 학습자가 스스로 할 수 없는 것을 수업한다는 것입니다. 그래서 교사가 협력으로 그러한 과제를 해결할 수 있는 능력을 학습자 앞에 펼치는 것이 수업의 핵심이고 절정이며 화룡점정(畵龍點睛)이라는 것입니다.

대한민국 대다수 교사는 비고츠키가 제안한 근접발달영역을 창출하는 수업을 자신의 것으로 내재화하지 못하고 있습니다. 이론적으로는 비고츠키의 명성을 팔아 기생하는 사회적 구성주의의 사기 행각에 그 원인이 있습니다. 현실적으로는 구성주의에 근거한 교육과정과 교과서가 걸림돌입니다. 게다가 행동주의에 근거한 세세한 성취 기준의 방해도 있습니다. 행동주의의 평가 관행은 장기간에 걸친 능력 발달을 고민할 수 없게 만들고 있습니다. 학습자가 스스로 자신의 생각과 느낌을 글로 표현하는 능력은 적어도 3~4년 이상 걸리는 장기간의 발달 과제입니다. 1년 단위로 학습자가 바뀌는 상황에서 교사가 근접발달영역을 창출하는 발달 과제를 혼자서 해결한다는 것은 어불성설입니다. 국가 교육과정은 이러한 발달 과제를 제대로 담아내지도 못하고 있습니다. 이런 현실에서 돌파구가 있다면, 학교 교육과정에 발달 과제를 장기 교육 목표로 설정하고 교사들이 협력하여 이를 해결하는 것입니다. 몇몇 혁신 학교는 학교 교육과정에 이러한 내용을 담으려 노력하고 있습니다. 많은 혁신 학교에서 교사 학습 공동체를 운영하며 이런 난제를 논의하고 있습니다.

(4) 무엇을 언제 발달시킬 것인가?

단편적 지식의 누적이 아니라 다양한 능력을 발달시켜야 한다는 것은 시대적 조류가 되었습니다. 특정 능력들을 모아 **핵심 역량**이나 **핵심 능력**이라고 제시하는 것은 세계적 차원에서도 유행하고 있습니다. 능력을 발달시키는, 전면적 발달을 도모하는 교육은 21세기에 시대적 대세가 되었습니다.

그러나 자세히 들여다보면, 거기에는 상반된 흐름이 있습니다. 한쪽에는 소속 학교 학생의 부족한 능력을 발달 과제로 삼는 흐름이 있습니다. 다른 쪽에는 미래 사회에 필요한 능력을 발달 과제로 삼아야 한다는 주장이 있습니다. 편의상 앞의 흐름이 강조하는 것을 교육을 위한 능력으로, 뒤의 흐름이 고집하는 것을 경제와 정치의 요구에 맞는 능력으로 나누고자 합니다. 전자는 핵심 능력으로, 후자는 핵심 역량으로 범주화하겠습니다.

교육자가 제기하는 능력과 경제인이나 정치인이 요구하는 능력은 다를 수밖에 없습니다. 살아 있는 학습자의 현실에서 도출한 발달 과제와 미래 사회에 필요한 발달 과제는 다를 수밖에 없습니다. 수업에 집중하는 능력과 눈으로 바라만 봐도 작동하는 컴퓨터를 만드는 능력이 그러한 경우입니다. 이런 극단적 대비일 경우 교사는 고민할 게 없습니다. 후자가 공교육을 하는 동안에 길러질 가능성이 현재로서는 전무하기 때문입니다.

하지만 교사가 판단하기에 모호한 능력도 있습니다. 예를 들면, 자기주도적 학습능력이 그렇습니다. 실제로 초등학교 1학년부터 자기주도적 학습능력을 키워주기 위한 교육 활동을 전개하는 경우가 적지 않습니다. 그럼에도 불구하고 현실에서 자기 스스로 주도적으로 학습을 하지 못하는 대학생이 있고 교수도 있을 듯합니다. 평생 똑같은 강의 노트를 사용하는 교수는 의심을 받아 마땅합니다.

밖에서, 사회에서 요구하는 능력은 너무 높은 수준의 것입니다. 안에서, 교육 현장에서 주목하는 능력은 그런 높은 능력의 기반이 되는 기본 능력이어야 합니다. 교사가, 사회인이 자기 스스로 주도적으로 문제를 해결하기 위해 학습하는 능력은 초등학교에서 교육 활동을 정서적으로 즐겁게 경험하는 것에서부터 시작되는 것은 아닐까요? 문제 상황과 학습하려는 내용을 체계적으로 기억하는 능력이 있어야 하는 것은 아닐까요? 그 후에도 참고하려는 자료를 비판적으로 읽을 수 있는 문자해독능력도 있어야 하는 것은 아닐까요? 개념 간의 관계를 체계적으로 고민하며 문제를 파악할 수 있는 능력이 있어야 하는 것은 아닐까요? 문제를 해결하겠다는 확고한 의지능력이 있어야 자기주도적 학습능력이 발현될 수 있는 것은 아닐까요?

학생의 문화적 능력을 발달시키는 수업을 설계할 때, 교사는 이렇게 능력에 위계가 있다는 사실을 잊지 말아야 합니다. 문화적 능력을 교육해야 할 적절한 시기가 있다는 비고츠키의 주장을 기억해야 합니다. 시기와 위계를 고려하며 교육할 발달 과제를 선정하고 수업으로 풀어내야 합니다. 과유불급(過猶不及)의 지혜로 난제를 풀어내야 합니다. 기초적이고 기본적인 문화적 능력부터 꼼꼼하게 챙겨야 합니다.

2) 나오면서

(1) 정리하며

학습자의 온전한 인격 발달, 전면적 발달을 지향하는 수업을 펼쳐야 합니다. 이러한 수업을 위한 노력은 지속적으로 이루어져야 합니다. 강원도 교육과정 편성·운영 지침에 반영된 창의공감교육의 운영 방향은 그러한 노력의 성과를 담았습니다. 이러한 성과는 완결된 것이 아니라 조직적인 시작을 위한 주춧돌일 뿐입니다.

발달을 지향하는 수업을 제대로 구현하려면, 한국 교육 현실에 장애가 되고 있는 인식의 장벽을 헐어내야 합니다. 먼저, 교사가 주도하는 수업, 학생이 혼자서 하는 수업은 혁파되어야 한다고 단정했습니다. 매 수업 시간마다 연주할 곡목을 바꿉니다. 오케스트라의 구성원들이 연주하는 악기와 담당 부분도 바꿉니다. 지휘자인 교사가 학생 하나하나를 배려하며 조화를 이끌면서 개개인의 능력을 향상시키는 것이 수업임을 분명히 하고자 노력했습니다.

다음으로, 문화 식민지의 잔재로 21세기에도 꿈틀거리고 있는 행동주의나 구성주의적 인간 발달상을, 수업과 발달의 관계에 대한 관점을 폐기하고, 지난 30년 동안 세계적 패러다임으로 군림하고 있는 문화역사적 이론에 관심을 기울이자고 제안했습니다. 신규 교사라면 누구나 다 숙지하고 있는 근접발달영역의 의미를 제대로 파악해야 한다고 강조했습니다. 나아가, 신줏단지처럼 받드는 발달 단계에 맞는 수업에 대해 주의하자고 제안했습니다. 우리가 알고 있었던 피아제식의 인지 발달 단계에 맞게 수업하는 것이 아니라 비고츠키가 제안한 근접발달영역을 창출하는 수업이 발달을 지향하는 수업의 취지에 더 적합하다고 주장했습니다.

마지막으로, 수업해야 할 문화적 능력은 학교 교육과정과 무관하게 미래 사회의 요구에 의해 선정되어서는 안 된다고 주장했습니다. 핵심 역량은 2015 개정 교육과정에도 발달 경로가 없습니다. 또한 발달 단계에 맞지도 않습니다.

(2) 더 나아간다면

교사 학습 공동체에서 더 고민해야 할 내용을 간결하게 언급하겠습니다. 먼저, 인간 능력이 발달하는 단계에 대한 인식이 명확해야 합니다. 각 능력이 내재화되어 자동적으로 발현되기까지의 과정을 숙지해야 합니다. 그리고 각 단계에 적합한 수업 방법을 창조적으로 모색해야 합니다. 다음으로, 시기별로 어떤 능력을 집중적으로 발달시켜야 하는지, 그리고 그 방법은 무엇인지를 분명하게 인식해야 합니다. 교육과정과 교과서 분석을 통해 해내야 하는 작업입니다. 하지만 아직까지 분명한 성과가 없는 것은 하나만, 미국 교육학만 분석했기 때문입니다. 이러한 반성에 기초하여, 핀란드 핵심 국가 교육과정이나 핀란드 수학 교과서를 우리 것과 비교·대조하며 분석하는 작업이 조직적으로 시작되고 있습니다. 마지막으로, 능력을 발달시키는 데 유용한 문화적 도구를 체계화해야 합니다. 핵심 개념, 구구단, 육하원칙, 생각 지도(Thinking Map) 같은 문화적 도구를 어떻게 어떤 능력을 키우기 위해 언제 사용할 것인지 급별로 정리해야 합니다. 모든 교사가 나서서 협의하고 논쟁하며 해나가야 할 과제입니다.

수업 개선은 무에서 유가 창출되는 게 아닙니다. 기존의 수업 방식에서 벗어나는 것은 쉽지 않은 일입니다. 자신이 하던 다양한 교수학습 방법에서 경쟁적인 요소를 줄여가면서 협력적인 측면을 조금씩 확대하는 방식으로 나아가자고 2014년 서울시교육청에서 열린 협력 학습 토론회에서 제안하기도 했습니다.

하지만 이러한 전환은 "새는 알을 깨고 나온다. 알은 곧 세계다. 태어나려는 자는 한 세계를 파괴하지 않으면 안 된다."라는 표현처럼 혁명적인 인식의 변화를 동반해야 합니다. 지식 너머의 개념을, 지식 누적 너머의 지식 활용을, 인지 능력 너머의 정서적·사회적 능력을, 학급 너머의 학교를, 학교 교육 너머의 가정 교육과 사회 교육을 볼 수 있어야 합니다. 너무 낯설고 어려운 과제라 동료 교사와 함께 해야 합니다. 교사 연구 공동체가 부각되는 까닭입니다.

교육의 질은 교사의 질을 넘어설 수 없습니다. 가정과 사회의 역할도 있기에, 교사가 할 수 있는 일에는 한계가 있습니다. 하지만 거기까지라도 제대로 나아가려면 교사의 전문적 능력이 발달해야 합니다. 여러 가지로 나누어 이야기했지만 결국은 하나의 개념을 강조했을 뿐입니다. 학교에서 키워야 할 문화적 능력, 즉 학력(學力)에 대해 이야기했을 뿐입니다. 학력 개념을 체계화하면 할수록 교사의 전문성은 깊어지고 넓어질 것입니다. 동료 교사와 협력해보지 않은 교사가 학생과 협력할 것이라고 예상하기는 어려울 것입니다. 우리 자신과 학생의 발달을 위해, 먼저 교사가 모여 함께 협의하고, 연구하는 경험부터 쌓아야 합니다. 그럴 때만이, 발달을 구현하는 수업의 실현은, 학습자의 전면적 발달을 쟁취하는 교육은 가능합니다.

배움의 공동체
비판

2011년 5월 20일, 진보교육연구소 월례 발표회에서 「배움의 공동체에 대한 교육학적 검토」라는 제목으로 글을 발표했습니다. 이 글은 발표한 원고의 일부를 다듬은 것입니다. 학습자 중심 교육, 구성주의 관련 내용은 제외했습니다. 배움의 공동체를 이론적으로 검토하는 글을 청탁받고 토론회에서 발표한 일은 2010년 7월에도 있었습니다. 배움의 공동체를 실천하시는 분들과 토론하는 일은 팽팽한 긴장을 유발하기 때문에 기억에 잘 남습니다.

앞에서 이미 대한민국 교육 생태계는 쓰레기차(행동주의)를 피하려다 똥차(구성주의)에 치인 꼴이라고 험하게 비난했습니다. 너저분한 쓰레기와 요동치는 오물로 개판이 되었다고 고발했습니다. 깊은 계곡의 맑은 물인지 수입산 똥물인지 정도는 구분해야 합니다. 이를 구분할 수 있는 지혜가 한반도에 은총처럼 쏟아지는 날이 빨리 오기를 기도합니다.

배움의 공동체를 다룬 첫 글을 쓴 지도 벌써 5년이 넘었습니다. 마침표를 찍는 의미에서 이 글을 다듬었습니다. 또한 3부 1, 2, 3장에서 이어졌던 구성주의에 대한 공격을 마무리한다는 뜻도 담고자 합니다. 새로운 측면을 담았습니다. 실천을 담았습니다. 무미건조한 이론만 다루지 않고 구체적인 인간의 땀과 노력을 담았습니다. '비판'의 국어사전의 의미대로, "사물의 옳고 그름을 판단하여 밝히거나 잘못된 점을 지적"하고자 합니다. 철학적 의미처럼, "사물을 분석하여 각각의 의미와 가치를 인정하고, 전체 의미와의 관계를 분명히 하며, 그 존재의 논리적 기초를 밝히는 일"을 하고자 합니다. 여러분은 짧은 분량이지만, 대학민국 교육 생태계에서 보기 드문 '무엇을 비판'하는 제목으로 된 글을 마주하셨습니다.

1) 배움의 공동체의 장점은 무엇인가?

(1) 배움의 공동체

배움의 공동체가 대한민국에서 교사들에게 인기를 끌고 있는 데는 그 나름대로 까닭이 있을 것입니다. 주관적인 판단이지만, 국내에서 교사들이 경험한 수업 방식 중에 가장 좋은 것이라고 많은 교사들이 판단했기 때문에 인기를 끌고 있다고 단정하지 않을 수 없습니다. 게다가 그 인기가 프레네 교육이나 발도르프 교육과는 비교할 수 없는 수준입니다. 매년 여름 '부흥회'를 연상시키는 행사를 언급할 필요도 없습니다. 이런 정황을 빤히 알면서도 이를 비판하고자 합니다. 배움의 공동체를 지지하는 대중의 저항에 직면하는 일은 피할 수 없는 숙명과 같은 것입니다.

이런 경우에는 간결하게 쟁점을 정리하여 글을 전개하는 방식을 피하게 됩니다. 가능하면 비판하고자 하는 상대의 글을 날것으로 인용하면서 글을 구성하게 됩니다. 불필요한 공격을 피하자는 의도가 반영된 글쓰기 방식입니다. 동시에 철저하게 분석하기 위한 방편이기도 합니다. 손우정 (2009) 교수는 배움의 공동체가 무엇인지를 다음과 같이 정리했습니다.

> '배움의 공동체'는 현재 일본에서 학교 개혁을 주도하고 있는 핵심적인 **원리**로서 일본 동경 대학교 사토 마나부(佐藤學) 교수에 의해 주창되어 **수업 연구를 위한 실천적인 개념**으로 정착되어 있다.
>
> 사토 마나부는 '배움의 공동체'의 구축을 "학교 교육이 하는 일을 사람들(학생, 교사, 학부모, 교육 행정 담당자)의 연대를 기초로 구성되는 실천으로 전환하고 학교라는 장소를 사람들이 공동으로 서로 배우고 성장하며 연대하는 공공적인 공간으로 재구축"하는 개혁으로 설명하고 있다. 그리고 **학교**를 이러한 배움의 공동체로 재생시키기 위해서는 우선 일상의 수업을 통해서 **교실**이 '배움의 공동체'로 재생되어야 한다고 주장한다. 그것이 바로 **수업 개혁**인 것이다.

손우정 교수가 행한 정리에 따르면, 배움의 공동체는 이론이나 법칙이 아니라 핵심적인 원리일 뿐입니다. 수업 연구를 위한 실천적인 개념입니다. 더 정확하게 표현하면, 수업 개혁을 위한 실천적인 개념입니다. 배움의 공동체는 교실에서 시작되어 학교로 확대되어야 합니다.

사토 마나부 교수가 이러한 개념을 형성할 수 있었던 배경을 전현곤·한대동(2007)은 다음과 같이 정리했습니다.

수업을 중핵으로 한 배움의 학교 공동체란 진정한 배움이 실현될 수 있도록 수업을 **공동체적인 배움**으로 전환시키고 동시에 교사들의 동료성에 바탕을 둔 교사 상호 간의 배움과 대화적 관계가 형성되도록 **교사들의 전문적 공동체를 구축**하고, 이러한 교실에서의 공동체적 배움과 교사들의 전문적 공동체가 가능하도록 학교 내적으로는 행정 시스템을 개혁하고 외부적으로는 학부모와 지역 사회의 긴밀한 유대와 지원의 구조가 형성되어 있는 학교를 말한다.

수업을 중핵으로 한 학교 공동체에 대한 논의는 새로운 것이 아니다. 일찍이 듀이(Dewey, 1900)는 '학교와 사회'에서 교사와 학생 간의 공동체적 관계, 학교와 지역 사회와 역동적인 관계를 논의하였으며, 근래에 와서는 세르조반니(Sergiovanni, 1994)가 학교는 조직으로부터 공동체로 그 관점이 전환되어야 함을 주장하고 학교가 좋은 교육을 제공하는 데 가장 큰 장애 요인은 공동체성의 상실임을 주장함으로써 촉발되었다. 또한 일본의 사또 마나부(佐藤學, 2004)는 학교가 다양한 개성을 존중하고 이질적인 문화가 서로 교류하는 공간, 아동과 교사가 배움의 진정한 의미를 발견하고 동료와 함께 서로 가르치고 배우는 관계를 형성하는 공간, 나아가 학교 구성원들 간에 연대감을 체험할 수 있는 민주주의의 공공 공간으로 재구성되어야 함을 주장하고 이를 '배움의 공동체'로 개념화하였다. 그는 '배움의 공동체' 구축을 위해 우선적으로 해결되어야 할 과제의 핵심을 **개인주의적인**

배움을 공동체적인 배움으로 전환하고, 학교를 교사들이 함께 성장하는 장소로 개혁하는 일임을 지적하고 있다.

전현곤·한대동의 정리에 따르면, '배움의 공동체'라는 개념은 존 듀이로부터 시작되었습니다. 학교가 지닌 공동체성을 재생하고자 하는 의도를 담고 있습니다. 사토 마나부는 다양한 사례를 종합하여 이를 체계적으로 개념화했습니다. 또한 이를 추상적인 개념에 머물게 하는 것이 아니라 학교 개혁 운동으로 실천에 옮겨 생명을 불어넣었습니다. 학교 개혁의 핵심 과제는 1) 개인주의적 배움을 공동체적 배움으로 전환하는 것과 2) 학교를 교사들이 함께 성장하는 장소로 개혁하는 것입니다. 개혁 과제를 달성하기 위한 최전선으로 일상의 수업이 펼쳐지는 교실을 위치시켰습니다. 거기서 배움의 공동체의 씨앗이 발아되어야 합니다. 그러므로 배움의 공동체 구축이라는 핵심 과제의 달성 여부는 수업 개혁의 성패에 좌우됩니다.

혁신 학교가 추구했던, 추구하는 길과 사토 마나부의 학교 개혁의 핵심 과제는 너무도 비슷합니다. 누구도 부정할 수 없는 사실입니다. 실천 측면에서 '배움의 공동체' 개념은 혁신 학교 운동에 지대한 영감을 주었고, 첫걸음을 내딛는 데 큰 영향을 미쳤습니다.

(2) 배움의 공동체 수업 방식

손우정(2009)에 따르면, 배움의 공동체를 구현하는 데는 수업 혁신이 중요합니다. 수업 혁신을 위해 사토 마나부 교수는 여섯 가지 선결 과제를 제시했습니다.

1) 교실에서의 배움을 개인적인 경험을 기반으로 하는 공동체적인 실

천으로 재구성하는 일이다.

2) 학교를 교사들이 공동으로 함께 성장하는 장소로 개혁하는 일이다.

3) 학부모와 시민이 교사와 협력하여 교육 활동에 참가하고 자신도 성장하는 학교를 건설하는 일이다.

4) 학교의 자율성을 학교 내부에서부터 수립하여 학교 조직의 구조와 교육 행정과의 관계를 민주화하는 일이다.

5) 학교를 자율적인 '전문가 조직'으로 재조직하는 일이다.

6) 수업의 사례 연구를 중심으로 한 교내 연수이다.

여섯 가지 선결 과제가 해결된 후에 펼쳐지는 배움의 공동체 수업 방식의 특징은, 다른 수업 방식과 구별되는 특색은, 수업 방법의 기법은 두 가지로 압축될 수 있습니다. 손우정(2009)에 따르면, 모든 아이들에게 배움을 보장하고 한 명도 빠짐없이 배움이 성립하게 하려면 수업을 다음과 같이 해야 합니다.

첫째, 수준을 높이는 것이다. 교과서보다 높은 수준을 설정하는 것이다. 그러면 교사들은 반론을 제기할 것이다. 제일 밑에 있는 3분의 1의 아이들은 어떻게 되느냐는 것이다. 이에 대한 대답은 수준을 올리는 것과 함께 모르는 아이들의 "모르겠다."라는 목소리를 교사가 담아내는 것이 중요하다. 즉, 가장 높은 수준의 아이들과 가장 낮은 수준의 아이들을 함께 담아갈 수 있는 그런 수업이 필요하다. 그런데 이것은 교사만의 힘으로는 불가능하다.

공부를 못하는 아이일수록 자기 노력으로 문제를 해결하려 한다. 공부를 잘 못하는 아이들일수록 다른 사람에게 물어보려고 하지 않고 어떻게든 자기가 해결해보려고 한다. 지혜를 발휘하여 다른 방법으로 해결하려 하지 않고 열심히 암기하려 하고 같은 것을 몇 번이고 반복하려 한다.

여기에서 중요한 것은 못하는 아이에게 옆의 친구에게 "이것 어떻게 하는 거야?"라고 물어보게 하는 것이다. 교사에게 물어보는 아이는 많지만 옆 친구에게 물어보는 경우는 드물다. 그런데 교사에게 물어보는 것은 '날 가르쳐달라'고 기다리는 것이다. 그런 방법으로는 성장하기 힘들다.

<u>친구에게 물어볼 수 있도록 해야</u> 하는데 이런 아이들에게 필요한 것이 두 가지 있다. 하나는 자신의 힘으로 곤경을 넘어갈 수 있도록 하는 힘, 또 하나는 친구를 믿을 수 있는 힘이다. 즉, 친구로부터 도움을 끌어낼 수 있는 힘이다.

이를 실천하기 위해 수업에서는 반드시 <u>소집단</u>을 만드는 일을 추천한다. 예로, 어떤 작업에서 프린트가 주어지면 잘하는 아이는 1분 안에 다 풀어버리고 못하는 아이는 가만히 있게 된다. 이때 함께 배울 필요가 생기는 것이다. 그냥 베껴 적어도 된다. 그러면 교사들은 또 반론할 것이다. "그렇게 되면 의존적인 아이가 되지 않을까요?" 그러나, 의존하지 않고 자립할 수 있는가?

자립하는 아이는 어딘가에 의존하면서 자립하게 된다. 자립과 의존을 대립되는 것으로 생각하는 것은 잘못된 것이다. <u>의존할 수 있는 아이는 자립할 수 있고 자립할 수 있는 아이는 의존할 수 있는 것</u>이다. 흉내를 내는 아이들도 있다. 그것도 잘 봐주기 바란다. 처음에는 흉내 내지만 다음에는 자존심 때문에 똑같이 흉내 내지 않는다.

두 번째는 수업 안에 점프할 수 있는 과제를 포함시킬 것을 제안하다. 혼자의 힘으로는 풀 수 없는 과제를 넣는 것이다. 이렇게 협동적인 배움을 통해서 한 명도 빠짐없이 배움에 도달할 수 있게 된다.

한국과 일본의 교실 수업의 문제는 쉬운 것을 몇 번이고 반복하게 하는 것에 있다. 쉬운 것을 몇 번이고 반복적으로 하게 하는 교사들은 이렇게 이야기한다. "그래도 모르는 아이들이 있으니 어쩔 수 없잖아요?" 그렇다. 하지만 한 가지 잊고 있는 것이 있다. 못하는 아이들일수록 쉬운 것을 반복하는 수업을 싫어한다. 그리고 어려워하고 공부를 못하는 아이일수록 도전할 수 있는 수업을 좋아한다. 그렇기 때문에 서로 협동하면서 서로 떠받쳐주는 것 그리고 그것을 통해서 높은 수준으로 점프하는 일이 필요하다. 협동하고 점프하는 것은 학력이 좀 낮은 아이들을 위해 필요하다. 정서적인 문제, 의사소통의 문제로 수업에 참여하지 못하는 아이들이 많이 있다. 그러한 아이들의 문제를 교사 혼자의 힘으로 해결한 사례는 본 적이 없다.

아무리 훌륭한 교사라고 하더라도 40명의 아이들, 중등 교육에서는 200여 명의 아이들을 한 명 한 명 돌본다는 것은 불가능하다. 교사는 자신에게 한계가 있다는 것을 인정해야 한다. 학력이 낮거나 의사소통의 문제를 가진 정서적인 문제가 있는 아이들이 그러한 문제로부터 벗어난 사례를 많이 알고 있다. 지금 학교 개혁의 가장 큰 문제는 교사들의 힘으로만 바꾸려는 데 있다. 아이들에게 책임을 묻지 않는 것이다.

어떤 학급에서 공부가 싫어지거나 목표에 도달하는 것을 포기하는 아이가 생기는 것은 교사뿐 아니라 그 학급의 다른 아이들에게도 책임이 있다. 아이들에게 더 책임을 물어도 된다.

수업이 성립되지 않았는데 배움이 성립된 교실은 많이 있다. 그리고 그런 교실의 교사를 보면 굉장히 못 가르친다. 그냥 아이들의 마음을 들어주기 위해 열심히 노력한다. 어떻게든 교재에 있는 내용을 무너뜨리지 않고 잘 전달하려고 필사적이다. 배움의 공동체에서는 이런 교사를 지원하려 한다. 즉, 아이들 한 명 한 명의 존엄을 존중하며 교재 하나하나의 가치를 무너뜨리지 않고 잘 전달하려는 신중함과 자신의 가르침에 대한 철학을 가지고 열심히 하는 교사들을 지원하려 한다.

'아이들을 존중하는 일, 철학을 가지고 열심히 하는 일, 교재의 가치를 존중하는 일' 이 세 가지를 동시에 존중하는 일은 힘들다. 하지만 어떻게든 이것을 실현하려고 하는 교실에서는 성실한 배움이 일어날 것이다.

너무도 긴 인용입니다. 관련된 설명 전부를 인용한 까닭은 좀 생소한 제안이고, 제안 배경을 이해하기가 쉽지 않고, 다른 이의 설명을 참고할 수도 없었기 때문입니다. 가장 결정적인 까닭은 이 부분이 실천적으로 중요한 쟁점이 펼쳐지는 부분이고, 이론적으로 사토 마나부 교수의 관점을 찾을 단서도 놓여 있는 곳이기 때문입니다.

배움의 공동체에서는 모든 학생의 배움을 보장하기 위해 수업은 1) 교과서보다 높은 수준으로 진행해야 하고, 2) 수업 중에 혼자서는 풀 수 없는 과제를 포함해야 합니다.

실천 측면에서 검토하겠습니다. 25년 전 이야기임을 고려한다면, 비고츠키의 근접발달영역을 현실 수업에 풀어낸 구체적 사례라 할 수 있습니다. 정상적이라면 교과서가 근접발달영역을 창출하는 문화적 도구여야 합니다. 하지만 현실에서 미국, 영국, 일본, 한국의 구성주의 교과서는 제시한 내용 수준은 낮고, 요구하는 과제 해결 수준은 높습니다.

초등학교 수학 교과서를 예로 들어보겠습니다. 교과서 내용 수준이 낮다는 것은 구체적 조작 활동을 배열했기 때문입니다. 누구나 다 할 수 있는 것입니다. 빨대를 활용하여 더하기 활동을 하는 것입니다. 과제 해결 수준이 높다는 것은 법칙, 원리, 방법을 발견하라고 했기 때문입니다. 학원 등에서 예습을 하지 않았다면, 누구도 대답할 수 없는 것입니다. 정상적이라면 누구도 두 자리 수 더하기 두 자리 수를 해결하는 방법 세 가지를 발견할 수 없습니다. 『교과서를 믿지 마라』에서 그 사연을 확인할 수 있습니다.

이런 현실의 문제를 해결하기 위해 쉽게 제시될 수 있는 처방이 낮은 수준은 조금 올리고 높은 수준은 낮추는 것입니다. 먼저, 교과서 내용 수준을 올리는 것입니다. 예를 들면, 구체적 조작 활동을 더 정교하게 하거나 구체적 조작 활동 대신 공책을 활용하게 하는 것입니다. 다음에, 과제 수준을 낮추는 것입니다. 예를 들면, 혼자서 법칙, 원리, 방법을 발견하는 과제를 친구들과 함께 해결하게 하는 것입니다. 교사와 함께 해결하는 것입니다. 교육 선진국처럼 맨 앞에 발견해야 할 법칙, 원리, 방법을 체계적으로 제시하는 것입니다.

실천 측면에서 보면, 배움의 공동체는 문제투성이 구성주의 교육과정의 두드러진 문제를 잘 해결한 것처럼 보입니다. 적절한 해결책을 제시한 것일 수 있습니다. 위에서 내려보낸 교육과정을 어찌되었든 운영해야만 한다는 전제를 넘어설 수 없다면 최선의 해결 방안일 수 있습니다. 이 해결 방안의 최대 장점은 교사가 현장에 적용하기 쉽다는 것입니다. 게다가 세세한 매뉴얼까지 있다면 현장에 확산하는 것은 식은 죽 먹기입니다.

이론 측면에서 검토하겠습니다. 개인주의적 배움과 공동체적 배움으로 구분 정립한 것은 연구의 첫 단계에서는 큰 진전입니다. 혼자 배우는 것과 함께 배우는 것을 대립물로 추출했습니다. 정말 중요한 발견입니다.

하지만 이게 수업을 분석하는 것으로 나아가야 하는데 배움에 대해 이야기하는 것에 머물렀습니다. 적어도 혼자 배우는 것과 함께 배우는 것의 내적 연관을 설명해야 하는데 이 부분이 빠져 있습니다.

"자립하는 아이는 어딘가에 의존하면서 자립하게 된다. 자립과 의존을 대립되는 것으로 생각하는 것은 잘못된 것이다. 의존할 수 있는 아이는 자립할 수 있고 자립할 수 있는 아이는 의존할 수 있는 것이다."

이렇게 자립과 의존 사이에서 펼쳐지는 대립물의 전환을 발견한 연구자가 혼자 배우는 것과 함께 배우는 것의 투쟁과 통일을 언급하지 않은 것은 납득하기 어렵습니다. 혼자 배우는 것과 함께 배우는 것의 관계를 규명했어야 합니다.

실용적 측면에서 혼자 배우는 것을 촉진하기 위해 함께 배우는 것을 이용한 것은 아닌지 의구심이 듭니다. 가장 먼저 문제를 해결한 학생이 교사 역할을 하게 해서 혼자 해결하지 못한 학생을 책임 지도하는 것은 교사 측면에서는 책무성을 다한 좋은 증거 같습니다. 하지만 남에게 설명할 수 있어야 진정한 배움이 이루어진 것이라는 변명으로 도움을 준 학생을 위로하는 것은 적절하지 못한 것 같습니다. 학생의 자발성이 아니라 협동의 강제성에 기인한 활동이기 때문입니다. 또한 진정한 배움에 도달하지 못한 나머지 학생을 어떻게 봐야 할까요? 교사가 책무성을 다했다는 증거 자료만 제출하는 수준의 배움을 해내면 되는 것인가요?

이론적 측면에서 보면, 구성주의 안경을 쓰고 본 뒤틀린 근접발달영역을 그려냈을 뿐입니다. 일본 문화가 자랑하는 세세하고 꼼꼼한 매뉴얼 같은 실용주의적 처방이 있을 뿐입니다. 검토할 체계적인 이론은 없습니다. 이는 배움의 공동체는 수업에 대한 **원리**라는 설명에서 사토 마나부 교수가 이미 밝힌 내용입니다. 하지만 거기에도 이론의 역할을 하는 것이 있습니다. 이론과 같은 잣대 역할을 하고 있는 것은 **실용주의**입니다. 저의 주관적 단정입니다.

(3) 수업에서의 교사의 역할

손우정(2010)은 수업 시간에 주의해야 할 교사의 역할을 세 가지로 나누어 제시했습니다. 교사는 '듣기', '연결짓기', '되돌리기' 활동을 잘해야 합니다.

배움에 있어서 가장 중요한 일은 교사나 아이들이 다른 사람의 이야기를 진지하고 겸허하게 들을 수 있는가의 문제라고 본다. 이를 위해서 교사는 아이들의 발언을 있는 그대로 받아들여 정중하게 대응하는 자세를 보이는 일이다. 아이들이 잘못 발언하더라도 그 아이는 그 아이 나름대로의 생각이 있다. "틀렸어. 자, 다음 사람?"이라고 간단하게 처리하지 않고 왜 그렇게 생각했는가를 함께 생각해보는 것도 때에 따라서는 필요하다.

교사는 수업에서 교재와 아이들을 연결 짓고, 이 아이와 저 아이를 연결 짓고, 오늘 수업과 내일 수업을 연결 짓고, 어떤 지식을 다른 지식과 연결 짓고, 어제 배운 것과 오늘 배울 것을 연결 짓고, 교실에서 배우는 것과 사회에서 일어나는 일을 연결 짓고, 아이들의 현재와 미래를 연결 짓는 일을 한다.

함께 탐구해가는 수업을 창조하는 교사는 '되돌아가기'의 의의를 숙지해야 할 것이다. 학습 과제가 어려울 때에는 그 전 단계로 되돌아감으로써 재출발할 수 있으며, 모둠 지도에서는 (그 전 단계로-인용자) 되돌아감으로써 한 사람 한 사람의 참가를 촉진하고 다양한 개인들의 충돌을 조정하여 높은 배움을 실현할 수 있다.

여기서 교사의 역할은 행동주의 방식의 수업에서 교사가 하는 역할과 너무 다릅니다. 학생의 인지 활동을 활성화하기 위해 노력하는 교사의 모습이 보이는 것 같습니다. 구성주의 방식의 수업에 문제가 발생했을 때 대처하는 모습이 그려졌습니다. 현실에서 교사가 직면하는 일상적인 고민을 해결하는 적절한 처방전입니다. 제가 봐도 실천적으로 유용한 대처 요령입니다.

그런데 한 가지 의문이 생깁니다. 아주 특수한 제 경험에 근거한 사소한 의문입니다. 제가 담당한 학급의 급훈은 언제나 "잘 보고 잘 듣는 어린이"입니다. 왜 잘 보는 것은 처방전에 없는 것일까요? 듣는 행위는 주체가 펼치는 주관적인 인지 활동을 분석하는 출발점입니다. 보는 행위는 주체가 객관적 실체를 파악하는 인지 활동의 출발점입니다. 교과서에 담긴 교과 내용에 객관적으로 접근하는 교사나 학생의 역할이 약화되었다는 느낌을 지울 수 없습니다.

2) 배움의 공동체의 단점은 무엇인가?

(1) 무엇을 가르칠 것인가

구성주의 교육학이 범람하면서 수업에 관한 논의는 "무엇을 가르칠 것인가?"나 "왜 가르치는가?"에 대한 고민에서 "어떻게 가르칠 것인가?"라는 실용적인 처방 찾기로 넘어갔습니다. 배움의 공동체 수업은 이런 면에서 첨단의 흐름과 맥을 같이하고 있습니다. 하지만 개별적인 정답 찾기 게임은 시들해졌습니다. 학습에 도움이 되는 하나의 방법이 아니라 여러 가지를 합치는 방식이 나오고 있고, 심지어 전부 다를 아우르자는 방법까지 제안되고 있습니다.

위에 인용한 자료를 아무리 봐도 교사가 수업을 어떻게 할 것인가에 대한 진술만 있습니다. 무엇을 가르칠 것인가에 대한 내용은 전무합니다. 무엇을 왜 가르쳐야 하는가라는 질문 없이 대답에 해당하는 방법을 규명하려는 작업은 맹목적일 수밖에 없습니다. 실천 없는 이론이 공허하듯이, 이론 없는 실천은 맹목적입니다. 말기 암 환자에게나 처방해야 할 단기 응급 처방입니다. 지나치게 맹목적 실천에 의존하는 것은 경계해야 합니다.

겉으로 드러나지 않았다고 없는 것은 아닙니다. 무엇을 다루지 않는 수업이란 상상할 수 없습니다. 배움의 공동체에도 가르칠 어떤 내용이 있습니다. 그것을 명확하게 언급하지 않았을 뿐입니다. 우리는 무엇을 가르칠 것인가를 드러내지 않은 까닭을 논리적으로 규명해야 합니다.

미국에서 태동하여 일본을 거치며 완성되어 한국에 도입된 배움의 공동체 수업 방식은 이 문제, 무엇을 가르칠 것인가를 고민할 필요가 없습니다. 미국, 일본, 한국의 교육과정은 구성주의에 근거하여 만들어졌기 때문입니다. 배움의 공동체는 구성주의 수업 방식이기 때문입니다. 국가가 가르치라는 국가 교육과정의 내용을 성실하게 가르치면 되는 것입니다. 손우정과 사토 마나부는 교수학습을 배움으로, 학습을 배움으로 전환하는 세 가지 과제를 명확하게 드러냈습니다.

공부를 배움으로 전환하는 첫 번째 과제는 '매개된 활동'을 조직하는 일이다. 공부가 좌학(座學)에 의한 뇌 시냅스의 결합인 것에 비하여 배움은 사물과 도구와 소재와 사람에 의해 매개된 활동이다. 관찰하고 조사하고 실시하고 토의하고 표현하는 구체적인 작업이 조직되지 않으면 안 된다. 매개된 활동을 조직하는 일은 교실에 배움이 성립하는 첫 번째 요건이다.

공부를 배움으로 전환하는 두 번째 과제는 '협동(모둠 활동)'을 실현하는 일이다. 공부는 개인적 활동이지만 배움은 협동적 활동으로 성립한다. 지금까지 자립 해결이나 자학자습을 내건 공부 문화에서는 누구의 도움도 빌리지 않고 혼자 힘으로 문제를 해결하는 것이 좋은 학습으로 여겨져왔다. 그러나 배움의 문화에서는 타자의 다양한 아이디어를 적극적으로 수용하고 자신의 아이디어를 아낌없이 제공하여 서로 배우는 '호혜적인 배움(reciprocal learning)'이 추구되어야 한다. 배움은 하나하나가 서로 부딪치면서 다시 맞추어가는 것을 수행하는 '협동'을 통해서 실현되는 것이다.

공부를 배움으로 전환하는 세 번째 과제는 지식이나 기능을 '획득'하여 '정착'시키는 학습으로부터 '표현'하고 '공유'하는 학습으로 이행시키는 일이다. 배운 것을 표현하고 친구와 공유함으로써 아이들은 지식이나 기능을 반성적으로 음미하고 확실한 것으로 만들어갈 수 있다. 표현과 공유에 의한 반성적인 사고는 배움의 최대 추진력이다. 활동적이고 협동적이고 반성적인 배움의 실현이 교육과정 개혁의 과제인 것이다

- 사토 마나부, 2006; 165~166

제가 조사한 바로는, 길게 인용한 부분이 저자가 이야기하고 있는 '활동적이고 협동적이고 반성적인 배움'에 대해 직접적으로 진술한 내용 모두입니다. 그런데 이상하게도 위에서 이야기하고 있는 교수학습 방법은 우리의 교과서 체계와 크게 어긋나는 바가 없습니다. 매개된 활동을 촉진

하기 위해 교과서 뒤쪽에 자료까지 제시되어 있고, 서로 의견을 공유하도록 과제가 제시되어 있고, 발표한 후에 반성하도록 되어 있는 우리 교과서와 너무도 잘 맞아떨어지는 교수학습 방법입니다. 학습자 중심, 유도된 발견 학습, 문제 해결식 수업, 프로젝트 수업 등 그가 강조하고 있는 것은 교사용 지도서에 다 들어 있습니다.

국가 교육과정의 내용을 가르치라는 전제는 배움의 공동체가 무엇을 가르치려고 하는지를 분명하게 드러냈습니다. 하지만 구성주의 교육과정의 질곡 때문에 무엇을 가르쳐야 한다는 내용을 채우기 어렵습니다. "활동적이고 협동적이고 반성적인 배움의 실현이 교육과정 개혁의 과제"라는 표현에서 알 수 있듯이 인지 구조가 행하는 "활동적이고 협동적이고 반성적인 배움"에 적합한 것이면 되지 꼭 특정한 교과 내용을 가르칠 필요는 없습니다.

융합 수업에 적합한 것을 교육과정의 내용으로 만들면 되는 것입니다. 이게 구성주의 교육과정에서 교육과정을 개혁하는 방식입니다. 수도 없이 교육과정을 개정해야 하는 까닭입니다. 구성주의 교육학에 따르면, 방법이 '무엇을'이고 목적이 '어떻게'이기 때문입니다.

이렇게 보면, 구성주의 교육학에서 이야기하는 '무엇을'이 계속 반복적으로 언급되었습니다. 하지만 '어떻게'할 것인지는 아직도 계속 개정 중이라 언급하지 못하고 있는 것 같습니다. 배움의 공동체, 구성주의 교육학의 최대 단점은 어떻게 목적을 달성할 것인지, 그 경로를 객관적으로 진술할 수 없다는 것입니다. 더 불행한 사실은 이런저런 훈수를 하는 학자는 많지만, 주관적으로 그 내용을 진술하려는 학자는 찾아보기 어렵다는 것입니다. 우물 밖 학계 사정을 안다면, 어떤 교수가 그런 시도를 하겠습니까?

(2) 왜 가르쳐야 하는가

무엇을 가르쳐야 하는가라는 문제를 정면에서 대응하지 않은 것처럼 왜 가르쳐야 하는가라는 문제도 직접적으로 다루어지지 않았습니다. 공공성, 민주성, 탁월성은 원칙에 가깝습니다. 왜를 설명하지는 못합니다.

탁월성에서 배움의 공동체에서 왜 교육을 하는가에 대한 대답을 추출할 수 있는 단서를 찾을 수 있습니다. "개개인의 능력을 최대한 발휘하는 가능성을 열어주는 것"을 탁월성 혹은 수월성이라고 합니다. 문화적 능력처럼 개인 밖에서 유래하는 능력을 다루고 있지 않습니다. 지니고 있는 능력, 인지 구조가 발달하여 펼칠 수 있는 능력을 대상으로 합니다. 인지 구조를 정교하게 구성하는 것으로 개개인의 능력을 최대로 발휘할 가능성을 현실화하는 것을 목적으로 하고 있습니다.

이렇게 보면 배움의 공동체는 능력을 발달시키는 교육을 해야 한다는 입장입니다. 단지 그 대상이 되는 능력이 유전에 의해 지니고 태어난 능력일 뿐입니다. 스스로 배우며 최대로 개발할 수 있는 능력입니다. 배움을 강조하는 까닭이 여기에 있습니다. 구성주의 교육의 대전제를 공유하고 있습니다.

무엇을 가르쳐야 하는 것도 어떻게 가르쳐야 하는 것도 결국 어린이의 전면적 발달을 지향하는가에 의해 그 적절성이 평가될 수밖에 없습니다. 이 부분을 학자들은 냉철하게 파고들어야 하는데, 그런 작업이 대한민국에서는 눈에 띄지 않습니다. 20세기 중반 이후, 학문이 유통되는 흐름을 돌아보면, 한국만 그런 것이 아니라 일본도 미국도 그렇습니다.

일본의 배움의 공동체 소개를 보면, '학습론과 발달론의 재검토'를 중요한 과제로 설정하고 있습니다. 하지만 특별히 진전된 내용 체계를 담아내지 못했습니다. 국내 사정과 비슷한 까닭이라고 추정합니다. 참고할 만한 자료를 접할 수 없는 것입니다. 국내에 행동주의와 구성주의를 빼고 인용할 학술적 성과를 찾기 어려웠습니다. 교사가 인용하고 반영할 수준으로 정리된 자료를 일본이나 미국도 마찬가지로 찾기 어려운 것 같습니다. 이런 전개 과정을 추론해보면 배움의 공동체에서 왜 가르쳐야 하는가를 철저하게 질문하고 답하지 못했는지 나름 이해가 됩니다.

(3) 교사와 학생의 관계는 어떠해야 하는가

배움의 공동체에서 교사와 학생의 관계는 어정쩡합니다. 먼저 교사 측면에서 살펴보겠습니다. 행동주의처럼 교사가 주도적으로 이끌어가는 것도 아니고 구성주의처럼 교사가 학생의 활동에 간섭하지 않는 것도 아닙니다. 행동주의처럼 꼭 전달할 무엇을 학생에게 전해주는 역할을 하는 것도 아니고 구성주의처럼 학생의 활동이 부드럽게 흘러가도록 내버려두는 것도 아닙니다. 학생들의 흐름에 간섭하여 전체를 연결 짓는 모범을 보여주고 있습니다. 구성주의에서 문화역사적 이론으로 이동하는 교사 역할의 단면처럼 보이기도 합니다.

다음으로 학생 측면에서 살펴보겠습니다. 행동주의처럼 꼭 숙지해야할 교과 내용을 암기하느라 고생하는 것도 아니고, 구성주의처럼 자기 진도에 맞게 학습 내용을 구성하는 것도 아닙니다. 행동주의와 달리 성전의 내용을 암기했는지 평가받지 않고, 구성주의와 달리 교사가 종합하는 모범을 익혀야 합니다. 행동주의와 구성주의의 중간 어디에 학생이 있는 것 같습니다. 일본이나 한국의 입시 문화와 밀접한 관련이 있는 것 같습니다.

종합적으로 교사와 학생의 관계를 살펴보겠습니다. 창조적 협력으로 나아가는 교사와 학생의 관계는 찾아보기 힘듭니다. 함께 해나가는 모습이 틀 내에 제한되어 있습니다. 현실의 제약에 충실하게 복종하며 만들어진 교사와 학생의 관계는 기형적입니다. 교사는 학생의 활동을 종합하여 새로운 모범을 보이는 앞서가는 역할을 보이지만, 학생은 입시의 제약으로 구성과 모방(암기)의 중간쯤으로 퇴행한 역할을 수업에서 보여주고 있습니다. 구성주의 교육과정을 운영하며 입시 지옥을 돌파하기 위한 고육지책으로 이런 특수한 교사와 학생 관계가 생성된 것 같습니다.

5

발달
교육

안내

발달 교육을 세세하게 진술할 능력이 없습니다. 제가 고민하고 있는 바를 독백처럼 이야기하겠습니다. 이야깃거리는 2008년 참교육연구소 정책 연구 결과물과 2015년 학력 연구 결과입니다. 정책 연구 보고서에 있던 발달 이론에 대한 주요 개념 설명을 옮겨왔습니다. 그리고 교육에서 발달시켜야 할 것이 무엇인지를 드러내는 방안을 고민하면서 제가 현재 도달한 지점을 안내하는 것입니다.

대한민국 교육학이 주체적인 교육학으로 새롭게 태어나려면, 이런 난제를 해결해야 합니다. 도대체 학교에서 교육하는 것이 무엇이냐는 문제, 나아가 도대체 왜 의무라는 미명하에 어린이와 청소년을 학교에 강제로 모아놓느냐는 질문에 대답하지 못하면, 교육을 체계적으로 설계하는 작업은 한 걸음도 나아갈 수 없습니다. 무엇을 그리고 왜 사이에는 밀접한 관계가 있습니다. 서로가 서로를 규정합니다. 동전의 양면처럼 하나입니다. 교육의 핵심 골격을 이룹니다. 모든 교육 행위의 적절성을 판단하는 최종심급의 역할을 합니다. 논리적이고, 합리적이고, 체계적인 실천과 이론을 누적하여 대한민국 교육학을 우뚝 세우는 것을 목적으로 하는 여정을 시작했으면 좋겠습니다.

1) 대한민국 주류 교육학의 핵심 역량 모색

대한민국 주류 교육학은 20세기 초부터 지금까지도 핵심 역량을 정책적으로 연구하고 있습니다. 초기에는 설문지를 돌려, 초등학생의 핵심 역량 10개, 중학생의 핵심 역량 10개, 고등학생의 핵심 역량 10개, 한국인의 핵심 역량 10개를 찾았습니다. 응답의 숫자에 따라 선정했습니다. 행동주의적 연구 방법입니다. 설문 대상자의 판단을 모아 핵심 역량 10개를 선정했습니다. 구성주의적 연구 방식입니다.

연구 결과는 너무도 허망했습니다. 초등과 중등에 없던 기억능력이 고등학생의 핵심 역량 10개 중에 포함되었습니다. 설문 대상자가 고등학교 교사였던 것 같습니다. 대학 입시에 성공하려면 기억능력이 있어야 한다는 것을 계산하면 이러한 설문 결과가 납득이 됩니다.

하지만 실제로 무엇이 핵심 역량이냐는 문제는 조금도 진전되지 못했습니다. 설문 대상자가 누구냐에 따라, 더 정확하게 표현하면 핵심 역량 정책 연구 담당자가 어떻게 설문 대상자를 선정하느냐에 따라 결과가 달라졌을 뿐입니다. 핵심 역량의 본질을 규명하는 근본적인 작업은 정책 연구자의 관심 밖에 있었습니다. 아마도 이 작업을 수행할 수 있는 미국의 참고 자료를 찾지 못했다고 설명하는 것이 더 진실에 가까울 수 있습니다.

초기 연구는 설문 대상자의 현재 필요에 의해 좌지우지되었습니다. 교직 사회의 현재 요구가 핵심 역량의 종류를 결정했습니다.

최근 연구는, 2015 개정 교육과정 정책 연구로 행해진 핵심 역량 연구는 핵심 역량의 본질을 규명하는 작업에 근접했습니다. 학력의 본질을 규명하는 작업과 궤를 같이하는 듯합니다. 학력 연구는 정체되어 있습니다. 아마도 서방 세계 자료에서 참고할 내용을 찾지 못했기 때문일 듯합니다. 손쉽게 꼭 가르쳐야 할 능력들의 본질을 규명하는 작업으로 그 맥이 연결되었습니다.

최근의 핵심 역량 정책 연구는 엄밀한 의미에서 정책적으로 학력 연구를 포기한 것입니다. 교육적 측면에서 필요한 능력을 연구하기보다는 정치적·경제적 측면에서 요청되는 능력을 연구하는 것으로 중심 추가 이동한 것입니다. 또한 이런 방향 전환은 핵심 역량 정책 연구가 현재보다 '미래'를 중시하게 했습니다.

이런 변화를 반영하여 핵심 역량의 본질이 규명되었습니다. 핵심 역량의 정의가 그럴듯하게 제시되었습니다. 2015 개정 교육과정을 만드는 과정에서 교육부가 채택한 핵심 역량의 정의는 다음과 같습니다.

핵심 역량은 사회 공동체 구성원으로서의 역할을 성공적으로 수행하기 위해 학습자에게 요구되는 지식, 기능, 태도의 총체를 말하는 것으로, 초·중등 교육을 통해 모든 학습자가 길러야 할 기본적이고,

필수적이고, 보편적인 능력이다.

검토해보겠습니다. 현재가 아닌 미래는 "사회 공동체 구성원으로서의 역할을 성공적으로 수행하기 위해"라는 표현에 녹아 있습니다. "학습자에게 요구되는 지식, 기능, 태도의 총체"라는 표현에서 본질 규명의 미진함이 드러났습니다. 본질 규명의 긍정적 내용은 "초·중등 교육을 통해 모든 학습자가 길러야 할 기본적이고, 필수적이고, 보편적인 능력"이라는 내용에 담겨 있습니다. 2008년 보고서와 비교하면, 핵심 역량 정의에서 '현재'가 '미래'로 바뀌었음을 알 수 있습니다. 7년 전, 핵심 역량 정의는 "<u>다양한 현상이나 문제를 효율적으로 혹은 합리적으로 해결하기 위해</u> 학습자에게 요구되는 지식, 기능, 태도의 총체. 개개 학습자가 보유하고 있는 차별화되고 독특한 능력이라기보다는 초·중등학교 교육을 통해 누구나가 길러야 할 기본적이고 보편적이며 공통적인 능력"(한국교육과정평가원, 연구 자료 ORM 2008-14)이었습니다. 밑줄 친 부분의 내용이 미래 사회의 요구를 담기 위해 바뀌었습니다.

'미래 사회의 요구'는 6가지 핵심 역량을 선정한 기준입니다. 고시에 명시되어 있습니다. 그 기준에 따라 '자기관리능력, 창의·융합 사고능력, 정보처리능력, 심미적 감성능력, 공동체의식, 의사소통능력'이 선정되었습니다. 최종 고시에는 '자기관리역량, 창의적 사고역량, 정보처리역량, 심미적 감성역량, 공동체역량, 의사소통역량'으로 정리되었습니다.

총평하겠습니다. 주류 교육학의 성과는 첫째, 학력을 모든 학생이 성취해야 할 기본적이고, 필수적이고, 보편적인 능력으로 정의한 것입니다. 둘째, '초·중등 교육을 통해 길러야 하는' 학력은 생물학적 능력이라기보다는 문화적 능력에 가깝다고 인식한 것입니다. 셋째, 12년의 교육을 전제함으로써 능력이 장기적인 발달 과정에서 생성되는 것으로 가정한 것입니다. 넷째, 지식, 기능, 태도를 개별적인 것으로 인식하던 교육 관행을 넘어서 학력을 셋의 총체로 파악한 것입니다.

주류 교육학의 한계는 첫째, 학생의 발달 과정에 따라 급별로 중요한 능력을 선정하지 못한 것입니다. 둘째, 지식, 기능, 태도의 총체를 능력과 같다고 정의했지만, 왜 같은지를 설명하지 못한 것입니다. 셋째, 12년의 학교교육의 현재를 포기하고 언제인지도 모르는 미래와 학생이 생활할 가능성이 낮은 사회를 기준으로 6가지 학력을 선정한 것입니다. 넷째, 교육은 지식의 누적을 넘어 지식의 활용을 강조해야 한다고 지속적으로 주장했지만, 지식의 누적을 전제로 핵심 역량을 정의했다는 것입니다.

2) 발달 개념의 개념 체계 모색

연구 대상을 학력에서 핵심 역량으로 축소했지만, 주류 교육학의 성과는 미미합니다. 이런 질문을 던지면 돌 맞을 분위기입니다. 핵심 역량을 언제, 어떻게 키워줄 것이냐고 질문하면 발표자는 토론장에서 도망갈 것입니다. 2015 개정 교육과정은 교수학습 방법과 평가 방법에 이런 대답을 담지 못했습니다.

대한민국 주류 교육학의 최고 전문가들이 이렇게 미로 속을 헤매고 있는 까닭은 개념이 없기 때문입니다. 속된 말로 뭘 모르기 때문입니다. 학력이나 핵심 역량과 이리저리 얽히는 여러 개념이 있습니다. 그중에서 발달 하나만 살펴보겠습니다. 발달과 관련된 강의를 하며 받았던 질문에 대답했던 것을 종합하여 개념 체계를 세워봤습니다.

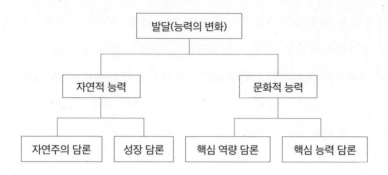

제가 정립한 발달 개념의 개념 체계를 설명하겠습니다. 쉽게 이야기하면 발달은 학생의 능력이 변화하는 것입니다. 학교 교육은 당연히 바람직한 쪽으로 변화하는 것을 전제하고 있습니다.

학생이 키워야 할, 학생이 지니고 있는 능력은 자연적 능력과 문화적 능력으로 구분 정립할 수 있습니다. 학생의 능력이라는 현상에 있는 가장 이질적인 능력을 변별한 것입니다. 대립물을 추출한 것입니다. 조심해야 할 것은 앞에서도 언급했듯이, 이분법적으로, 별개의 것으로, 서로 고립된 것으로 파악하면 안 된다는 것입니다. 자연적 능력과 문화적 능력이 투쟁하는 과정을, 통일되는 과정을, 역동적으로 변화하는 과정을 파악할 수 있어야 합니다. 『어린이 자기 행동 숙달의 역사와 발달』은 이런 내용을 담고 있습니다. 자연적 능력과 문화적 능력의 역동적 관계 변화를 반영하여, 3부 10장의 저자인 이반 이빅(Ivan Ivic)은 비고츠키의 발달 교육은 자연적 능력을 키우는 모형1과 문화적 능력을 키우는 모형2를 가능하게 했다고 주장합니다.

위 표의 1층에 있는 담론은 2층에 있는 능력을 키우는 위한 방법을 둘러싸고 벌어졌습니다. 자연적 능력을 키우기 위해 루소는 내버려두라고 주장했습니다. 사회의 찌꺼기가 묻지만 않는다면, 모두가 다 태어날 때 가지고 나온 자연적 능력을 꽃피울 수 있다는 주장입니다. 이와 비슷한 주장을 자연주의 담론에 담을 수 있습니다. 이에 반하여 성장 담론은 유치원(Kinder garden)이라는 표현에서 알 수 있듯이 좋은 환경을 제공해야 자연적 능력이 꽃피울 수 있다고 주장했습니다. 내버려둔다고 될 문제가 아니라는 주장입니다.

무수히 많은 문화적 능력 중에서 학교 교육에서 치중해야 할 문화적 능력을 무엇으로 할 것이냐를 둘러싸고도 첨예한 논쟁이 전개되고 있습니다. 예를 들면, 프랑스와 핀란드는 핵심 능력을, 미국과 한국은 핵심 역량을 교육과정 문서에 담았습니다.

제가 아는 한, 대한민국에서는 별 논쟁이 없습니다. 음, 제가 시비를 거는 것 빼고는 찾아볼 수 없습니다. 물론 어떤 문화적 능력을 핵심 역량으로 할 것이냐를 두고 다툼이 벌어지기는 합니다. 하지만 한 집안 내 다툼일 뿐입니다. 게다가 다투는 사람도 핵심 역량에 문화적 능력을 담고, 그것을 자연적 능력처럼 키우려고 하는 것 같습니다. 제대로 주장을 하지 않기 때문에 단정할 수는 없습니다. 핵심 역량을 어떻게 키워야 한다는 주장을 하는 사람을 찾아보기 어렵습니다.

이런 교육 식민지의 초라한 학문적 수준을 고려하면, 핵심 능력 담론이 무엇인지를 아는 사람이 거의 없다는 것은 자연스러운 일입니다. 핵심 능력은 문화적 능력 중에서 학생의 발달 과정에서 시기별로 가장 중요한 능력을 담아낸 것입니다. 이런 능력을 중심으로 관련된 문화적 능력과 섞어가며 학교 교육에서 가르쳐야 한다는 주장이 핵심 능력 담론입니다. 이는 비고츠키의 발달 교육을 21세기 학교 교육에 적용하려는 실천과 궤를 같이합니다.

강원도 창의공감교육 핵심 능력은 자발적 주의능력, 논리적 기억능력, 개념형성능력, 의지능력입니다. 비고츠키의 연구 성과를 받아들인 것입니다. 핀란드, 쿠바, 러시아 등의 국가는 이미 핵심 능력을 중심으로 국가 교육과정을 만들어 적용하고 있습니다. 국내에 제대로 소개되지 않았지만, 2부 8장 '21세기 진보 교육학'에서 언급한 것처럼 아주 세세한 기법까지 활용하고 있으며, 발달 교육(핵심 능력 교육과정)을 지원하는 총체적인 체계를 갖추고 있습니다.

[표] 핵심 능력과 핵심 역량

	핵심능력	핵심역량	비고
국가교육 과정	핀란드, 프랑스	미국, 한국	국내 자료를 통해 확인한 내용 중에서
공통점	• 교육을 통해 길러지는 능력 • 문화적 능력		
기원	형식 도야	미국 기업 채용 기준	서양을 기준으로 제시하였음
학문적 배경	비고츠키의 발달 교육	미국 경영학과 심리학	
국내 확산 경로	강원도창의공감 교육과정의 6가지 핵심능력	기업>대학>실업고교>2015 개정 교육과정	
비슷한 개념	급별 교육목표	• 국가 교육과정의 인간상 • 지역 교육과정의 교육 목표 • 학교 교육의 목표	핵심역량과 비슷한 개념 예시 창의지성과 공감지성 배려와 자존감 성실, 건강, 지혜
추구하는 교육	모두를 위한 교육, 전인 교육	소수를 위한 교육, 직업·진로 교육	
내용 변화	교육의 최종 결과	기업이 처한 환경의 변화에 따라 변함	

교육과정에 반영된 중요한 문화적 능력	• 자발적 주의능력 • 논리적 기억능력 • 개념형성능력 • 의지능력 • 협력능력 • 상상능력	• 자기관리능력 • 창의적 사고능력 • 정보처리능력 • 심미적 감성능력 • 공동체능력 • 의사소통능력	2015개정 교육과정 (역량을 능력으로 옮겼 음)과 2013 강원도 창 의공감교육과정을 중심 으로
강조되는 것	교육 시기별 과정	교육의 최종 결과	
교육과정 개정 간격	긺	짧음	상대적 표현임
교육과정을 만드는 주체	교사	교수	

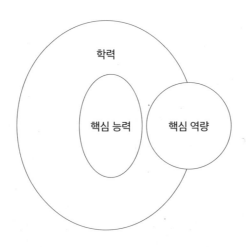

[그림] 학력, 핵심역량, 핵심능력의 관계

　학교에서 배우는 문화적 능력의 총합인 학력의 골간이 핵심 능력입니다. 핵심 능력이 습득되어야 학력 전반을 쉽게 습득할 수 있습니다. 핵심 역량은 학력을 토대로 하지만 사회에서 요구하는 문화적 능력입니다. 많은 경우 학력과 핵심 역량은 일치하지 않는 부분이 있습니다.

3) 발달

이제부터는 2008년 참교육연구소 보고서에 있던 내용입니다. 야후 백과사전에서는 '발달'을 다음과 같이 설명하고 있습니다.

사람이 태아 때부터 죽음에 이르기까지 일어나는 심신의 기능과 형태 변화 중 일시적·우발적인 것을 제외한 오랜 기간에 걸친 계통적·지속적·정방향적인 변화. 이와 같이 정의된 발달은 증대와 진보 등의 상승적 과정뿐만 아니라 보통은 발달이라고 하지 않는 축감(縮減)이나 퇴행(退行) 등의 하강적 변화도 포함한다는 사실에 주의해야 한다. 술어로서의 발달은 이상과 같이 주로 개체의 생애에 걸친 변화에 대해서 쓰이나, 다시 이를 확장해서 개개의 집단이나 조직 또는 하나의 문명 성장의 과정에 대해 적용하는 경우도 있다. 동물로부터 인간으로의 발전과 같은 계통발생적 진화의 과정이나 이와 같은 진화론적 발상이 뒷받침된 이상심성으로부터 정상으로의 진전, 미개로부터 문명에로의 발전 과정 등에도 동일하게 발달이라는 낱말을 적용한다.

비고츠키는 인간의 발달을 정확하게 이해하기 위해서는 질적으로 상이한 발생의 네 영역을 이해해야 한다고 주장합니다. 이러한 주장은 다음과 같은 그의 서술에 잘 나타나 있습니다.

우리의 과제는 행동의 발달에서 세 가지 주요 노선 즉 진화적, 역사적, 그리고 개체발생적 노선을 추적하여 문화적 인간의 행동이 발달의 세 가지 노선 모두의 산물이라는 것을 보여주고, 그 행동은 인간 행동의 역사를 형성하는 세 가지 상이한 길을 분석함으로써만 과학적으로 이해되고 설명될 수 있다는 것을 보이는 것이다.(한순미, 1999; 55)

유인원에 의한 도구의 발명과 사용은 진화 계열에서 유기체의 행동 발달 단계에 종식을 가져왔고 모든 발달적 변화를 위한 길을 새로운 경로로 마련하였으며, 따라서 역사적 행동 발달의 주요 심리적 선행 조건을 창출하였다. 노동과, 그것에 연계된 것으로서, 행동을 통제하기 위해 원시인이 사용한 말과 여타 심리적 기호의 발달은 문화역사적 행동의 시작을 의미한다. 마지막으로 아동 발달에서 유기체의 성장과 성숙 과정에 대응하는 이차적 발달 노선을 보게 된다.(Ibid; 54)

하나의 발달 과정은 변증법적으로 다음의 계속되는 발달 과정을 가능하게 하고 변형되어 새로운 발달의 형태로 넘어간다. 우리는 세 가지 과정(계통발생, 문화역사적 발달, 개체발생) 모두를 하나의 연속선에 배열시키는 것이 가능하다고 생각하지는 않는다. 오히려, 우리는 앞선 발달의 유형이 끝나는 곳에서 각각의 고등의 발달 유형이 나타나기 시작하여 새로운 방향으로 계속해서 발달이 연속된다고 제안한다. 발달의 방향과 기제에서 이러한 변화는 결코 한 발달 과정과 다른 발달 과정의 연결 가능성을 미리 배제하지 않는다. 사실 이러한 변화는 이와 같은 연결을 전제한다.(Wertsch, 1985; 39)

계통발생은 동물에서 동물과 질적으로 다른 인간으로 나아가는 장구한 진화의 과정을, 문화역사적 발달은 생물학적 계통발생과 대비되는 '문화적 계통발생'이 펼쳐진 역사적 발전 과정을 지칭합니다(이완기 & Kellorg

D, 2006; 65). 호모 사피엔스의 한 개체가 유적 존재로 변화해가는 개체발생 과정은 양적인 변화와 질적인 변화가 전개되는 변증법적인 변화 과정입니다. 우리가 겪는 역동적인 변화를 담아내는 발달이라는 개념이 얼마나 파악하기 어려운 것인지 비고츠키는 주의하라고 당부하고 있습니다.

우리의 발달에 대한 개념은 인지 발달이 각각의 분리된 변화들을 점진적으로 누적시켜놓은 결과라고 하는 관점을 거부한다. 우리는 아동 발달이 상이한 기능들이 발달하는 데 있어서의 주기성(periodicity)과 독특성(uneveness), 한 형태에서 다른 형태로의 변화나 질적 변형으로 특징지어지는 복잡한 변증법적 과정으로서, 발달에는 외적 요인들과 내적 요인들, 아동이 직면하는 장애들을 극복하는 적응 과정이 얽혀 있다고 믿는다. 진화론적 변화에 대한 견해에 열중함으로써 대부분의 아동심리학자들은 아동 발달사에서 매우 빈번하게 일어나는 전환점, 즉 돌발적이고 혁명적인 변화들을 무시한다.(Vygotsky, 1978; 73)

발생의 마지막 영역인 미소발생은 짧은 시간 동안에 벌어지는 감각, 사고, 이미지의 대상, 혹은 표현과 관련하여 변화가 이루어지는 과정을 지칭하는 개념입니다(Rosentaal, 2002). 미소발생은 심리 과정 혹은 지각적 개념적 행위가 실제로 이루어지는 발생의 실제적 과정입니다(Daniels, 2007; 10). 미소발생은 수 초, 수 시간, 혹은 며칠에 걸려 전개되는 과정이며 인간이 문화적 도구를 활용하는 실제적 과정입니다.(Valsiner & Veer, 2000)

발달은 양적인 누적으로 한정되는 것이 아니라 질적인 새로운 것의 출현으로 파악됩니다(Vygotsky, 1997; 189). 새로운 것이 발달하는 것이 아니라 발달은 과거에 있었던 것(시작부터 이미 존재했던 것)의 결합과 수정과 동시적 실현으로 표현됩니다(Ibid; 190). 또한 발달은 이전 단계에는 존재하지 않았던 새로운 것의 형성과 지속적 출현으로 성격 지어지는 스스로 추진하는 지속적 과정입니다(Ibid; 190). 이렇게 보면, 흔들리는 지남철처럼 한 사람의 인격이 발달하는 과정은 죽는 순간까지 지속됩니다.

4) 발달 시기

비고츠키는 다음과 같이 연령에 따른 발달 시기를 구분했습니다.

신생아의 위기
　유아기(생후 2개월에서 한 살까지)
한 살에서의 위기
　초기 아동기(한 살에서 세 살까지)
세 살에서의 위기
　입학 전 시기(세 살에서 일곱 살까지)
일곱 살에서의 위기
　학령기(여덟 살에서 열두 살까자)
열세 살에서의 위기
　사춘기(열세 살에서 열여덟 살까지)
열일곱 살에서의 위기

— Vygotsky, 1998; 196

왜 위기가 도래했는지에 대한 비고츠키의 구체적인 설명을 이제는 『연령과 위기』(비고츠키, 2016)를 통해 쉽게 찾아볼 수 있습니다. 일곱 살부터의 위기는 공교육 체계와 밀접한 관계가 있습니다. 초등학교 입학, 중학교 입학, 고등학교 졸업과 관계가 있습니다. 현대 발달심리학에서 사용하는 발달 과제와 연결해서 위기를 이해하시면 좋을 듯합니다.

이러한 시기 구분은 점진적인 양적인 누적과 급격한 질적인 도약을 통해 발달이 이루어진다는 것을 보여줍니다. 이러한 시기 구분을 좀 더 정교하게 다듬는 연구(Karpov, 2005., Gredler & Shields, 2008; 7장)가 최근에도 지속되고 있습니다. 스탈린 시대에 비고츠키의 후예들은 발달을 선도하는 활동을 국가 교육과정에 담았습니다. 이를 피아제의 인지 발달 단계와 비교할 수 있도록 하나의 표에 모았습니다.

공교육 체계	피아제의 인지 발달 단계	활동 이론의 선도적 교육 활동
유아원	감각 운동기	정서적 반응/대상 중심적 활동
유치원	전 조작기	사회 역할극/놀이 활동
초등학교	구체적 조작기	학교에서의 학습 활동
중·고등학교	형식적 조작기	동료와의 협력 활동
대학과 직장	변증법적 사고 단계 (박덕규, 1992; 179)	직장에서의 노동 활동

피아제와 비고츠키를 교육에 적용했을 때 생기는 차이점을 찾을 수 있습니다. 피아제는 발달의 꼬랑지를 따라갑니다. 이미 성숙한 능력을 사용하는 데 적합한 교육을 제안합니다. 이에 반하여 비고츠키는 발달의 미래를 개척합니다. 아직 성숙하지 않은 능력을 모범과 협력으로 제시하는 교육 활동으로 시작하여 자유롭게 그 능력을 펼칠 수 있는 교육 활동으로 마

침표를 찍습니다.

5) 발달의 결정적 요인

비고츠키는 유전적 요인을 발달의 결정적 요인으로 받아들이는 생득
론자가 아닙니다. 비고츠키는 특정한 문화·역사적 환경하에서 이루어지는
인간 서로 간의 교류를 발달의 결정적 요인으로 보고 있습니다. 에겐과 코
책(Eggen & Kauchak, 2006; 99)은 말, 사회적 의사소통, 문화를 병렬적으로
배열하면서 이것들을 발달에 영향을 미치는 요인으로 설명하고 있습니다.
이러한 설명은 비고츠키의 이론 체계를 이해하는 데 도움이 되지 않습니다.

카르포프(Karpov, 2005; 10~11)의 설명에 따르면, 발달에 결정적 영향을
미치는 "환경적 요인은 아동이 발달할, 그리고 그들이 적응하려 노력해야
할 단순한 맥락이 아닙니다. 아동 주변에 펼쳐지는 사회적 환경의 대표자인
성인은 아동에게 심리적 도구를 제공합니다. 이 도구는 아동에 의해 획득되
고 내재화됨으로써 아동의 정신 과정을 매개하게 됩니다. (……) 게다가 정
신 과정의 발달은 아동과 사회적 교류의 맥락하에 있는 성인에 의하여 매
개됩니다. 그래서 비고츠키와 그의 추종자들은 **사회적 교류의 맥락하에서
이루어지는 매개**를 아동 발달의 가장 중요한 결정적 요인으로 간주합니다."

매개를 행하는 매개체가 무엇이며, 매개체가 매개 작용을 하도록 촉발
하는 것은 무엇이며, 어디에서 어디로 매개를 하는 것인가라는 질문을 제
기하지 않을 수 없습니다. 루리야(2006; 44)는 "비고츠키 이론의 문화적 측
면은 성장하는 아동이 직면하는 과제의 종류와, 그 아동에게 그러한 과제
를 숙달하도록 제공되는 정신적인·물질적인 도구의 종류를 사회가 조직

하고 구조화하는 방식과 관련되어 있습니다. 인류에 의해 발명된 중요한 도구 중 하나가 말입니다. 그리고 비고츠키는 생각 과정의 조직화와 생각 발달에서 말의 역할에 특별한 강조점을 두었습니다."라고 하였습니다. 여기서 매개체는 정신적인 것과 물질적인 것이 될 수 있습니다. 말, 기호, 도식 등은 정신적인 매개체이고 컴퓨터, 책, 연필 등은 물질적인 매개체입니다. 둘을 합하여 문화적 도구라 칭할 수 있고 전자를 정신적 도구로 후자를 문화적 산물로 구분할 수도 있습니다.

사회 구성원이 가하는 이런저런 압력으로 아동은 매개체를 사용하게 됩니다. 아동은 매개체를 사용하여 자신이 의도하는 바를 동료 인간에게 전달하게 됩니다. 아동에게 있어서 매개는 먼저 외부에서, 나중에 내부에서 이루어집니다.

6) 발달 법칙

문화적 도구를 능숙하게 사용하게 되는 과정을 통해 문화적 능력을 습득하는 과정을 설명하면서 비고츠키(1997; 106)는 자신의 설명을 문화 발달의 일반 법칙이라고 단정했습니다. 원리가 아니라 법칙이라고 했습니다. 문화역사적 이론을 뒷받침하는 법칙이라고 했습니다.

아동의 문화 발달에서 모든 기능은 무대에 두 번, 즉 두 수준에서 나타난다. 먼저 사회적 수준에서 연후에 심리적 수준에서, 즉 먼저 사람들 사이에서 하나의 정신 간 범주로서 연후에 아동 내에서 정신 내 범주로서 나타난다. 이것은 자발적 주의, 논리적 기억, 개념 형성 그리고 의지의 발달에 똑같이 적용된다. 우리가 제시한 명제를 법칙으로 보는 것이 타당하다. 그러기 위해선 우리가 외부로부터 내부로의 이행이 그 과정 자체를 변형시키고, 그 구조와 기능들을 변화시킨다는 것을 이해해야 한다. 발생 측면에서 보면, 사회적 관계에서, 즉 실제적인 인간관계에서 모든 고등기능과 그 기능 간의 관계가 나오게 된다.

"모든 문화적인 것은 사회적이다."라는 명제에 비추어보면 사회적인 것은 문화적인 것과 본능적인 것으로 나누어질 수 있습니다. 더 나아가 문화를 "인간의 사회적 삶과 활동의 산물"로 정의하고 있습니다(Ibid,106). 비고츠키(1987; 112~116)가 행한 생각과 말의 발생적 근원에 대한 설명을 참고하면서 네 수준의 발생 법칙을 제시한 학자(Mescharyakov, 2007; 163)도 있습니다. 그가 정리한 내용을 다음과 같이 도식으로 제시할 수 있습니다.

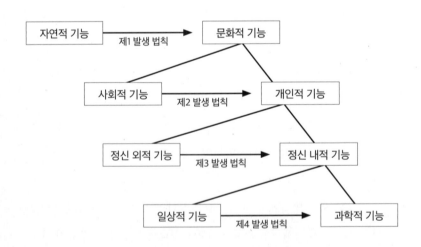

[그림] 고등정신기능 발달의 법칙과 단계

제1 발생 법칙은 자연적 기능들이 문화적 기능들에 앞서 발달한다는 것입니다. 어느 시점에 이르게 되면, 문화적 기능들은 자연적 기능들을 변형시키고 지배할 수 있습니다. 예를 들면, 집을 지을 수 있는 능력은 자연적 주거 환경을 변형시키는 것을 가능하게 해줍니다. 옷을 만들 수 있는 능력은 신체 온도를 통제할 수 있게 해줍니다.

제2 발생 법칙은 사회적 기능들이 개인적 기능들에 앞서 발달한다는 것입니다. 어느 시점에 이르게 되면, 개인의 정신적 능력으로 사회적 관계에서 얻은 것을 내재화하는 것이 가능하게 됩니다. 예를 들면, 질문에 답할 수 있는 능력은 질문을 만들어낼 수 있는 능력이 됩니다. 일종의 대립물의 전환입니다.

제3 발생 법칙은 정신 외적 기능들이 정신 내적 기능들에 앞서 발달한다는 것입니다. 어느 시점에 이르게 되면, 온전히 정신 내에서 이런 기능들을 수행하는 것이 가능하게 됩니다. 예를 들면, 손가락으로 수를 헤아리는 능력이 숫자를 가지고 조용히 작업할 수 있는 능력이 되고, 큰 소리로 책을 읽는 능력이 묵독의 능력이 되고, 혼잣말을 하는 능력이 말을 사용하며 생각하는 능력이 됩니다.

제4 발생 법칙은 일상적 개념들이 과학적 개념에 앞서 발달한다는 것입니다. 어느 시점에 이르게 되면, 과학적 개념들은 일상적 개념들을 포괄하게 되고, 일상적 개념을 변형시키면서, 일상적 개념들과 결합하게 됩니다. 예를 들면, 낮 12시는 하루 24시간의 중간 시각으로 심지어 날짜 변경선 개념과 연결되는 정도로 확대됩니다.

7) 근접발달영역

미닉(Minick)(Vygotsky, 1987; 17~36)은 비고츠키가 말년(1933~1934)에 집중했던 것이 기능적 차별화와 단위에 입각한 분석이라고 합니다. 이런 측면을 고려하며 비고츠키가 제시한 근접발달영역(ZPD)과 관련된 내용들을 정리했습니다.

> 우리는 근접발달영역을 통해 아직 성숙하지 않았지만 성숙 과정에 있는 기능들을, 즉 내일이 오면 성숙하게 될 그러나 지금은 발아기에 있는 기능들을 규명할 수 있다. 이러한 기능들을 발달의 '열매'라기보다는 발달의 '싹' 혹은 '꽃'이라 부를 수 있을 것이다.(Vygotsky, 1978; 86)

> 아동의 정신 연령의 이러한 차이를, 즉 아동 발달의 실제적 수준과 어른과의 협력으로 아동이 성취할 수 있는 수행 수준과의 차이를 통해 근접발달영역을 규정할 수 있다.(Vygotsky, 1987; 209)

> 아동이 오늘 협력 활동으로 할 수 있었던 것을 내일은 혼자서 할 수 있을 것이다.(Ibid; 211)

근접발달영역은 발달이 펼쳐지는 복잡한 과정을 간명하게 설명하기 위하여 도입된 비유입니다. 비유를 통해 보여주고자 한 것은 다른 학자들이 발달 과정에서 놓치고 있었던 중요한 장소와 계기였습니다(Chaiklin, 2003; 45~46). 이 비유의 적절함으로 인해 많은 이들이 비고츠키 이론을 대표하는 개념으로 근접발달영역을 떠올립니다. 여기서 교육 활동이 발달을 선도한다는 명제가 자연스럽게 도출됩니다. 세부적으로는 회고적 평가(IQ)를 넘어선 전망적 평가가, 교육 실천을 위한 지침이, 비고츠키의 놀이 이론이 나오게 됩니다(Kinginger, 2002; 244).

근접발달영역의 폭발적인 회자는 개념을 느슨하고 편협하게 사용하는 결과를 낳았습니다(Chaiklin, 2003; 40~42). 한국에서 사용되고 있는 비계라는 용어도 그러한 예입니다(Ibid; 59). 근접발달영역을 좀 더 쉽고, 정확하게 이해하기 위해 참고할 만한 우리말 자료는 『초등 영어 놀이와 게임』 7장이 유일했었습니다. 그러나 2016년 지금은 아닙니다. 『레프 비고츠키』에는 훨씬 많은 근접발달영역에 대한 설명이 담겨 있습니다. 이 책은 아마도 세상에서 가장 풍부하게 근접발달영역을 설명하고 있는 단행본일 것입니다.

8) 근접발달영역과 교육

활동 이론에 따르면, 선도적 교육 활동이라는 개념은 적어도 세 가지 개념과도 연결되어 있습니다. 정신 과정의 주 원천인 사회적(예: 아동과 성인) 교류, 심리적 기능이 펼쳐지는 것을 매개하는 문화적 도구, 그리고 발달이 경과해야 할 주요 관문인 근접발달영역이 그것입니다(Stetsenko, 1999; 235). 여기서는 근접발달영역과 교육에 대한 비고츠키의 설명을 정리하여 제시하는 작업만 하겠습니다.

모든 고등정신기능의 공통된 기반은 의식적 자각과 의지적 숙달이다.(Vygotsky, 1997; 208)

실제적 발달 수준보다는 근접발달영역이 지적 발달의 역동성과 교수학습의 성공에 더 중요하다.(Ibid; 209)

아동은 자신의 지적 잠재력의 영역 내에 놓인 것만을 모방할 수 있다. (……) 협력 활동이 아동의 수행에 공헌할 수 있는 것은 자신의 발달 상태와 지적 잠재력에 의하여 결정된 (근접발달영역의) 상한선으로 제한된다.(Ibid; 209)

협력과 모방에 근거한 발달이 모든 특정한 인간 의식을 특징짓는 원천이다. 교수학습에 근거한 발달은 근본이 되는 사실이다. 그러므로 교수학습을 대상으로 하는 심리학 연구의 핵심은 협력을 통하여 고등의 발달 수준으로 아동을 끌어올리는, 즉 현재 그가 가지고 있는 것에서부터 모방을 통해서도 가질 수 없는 것으로 움직이게 하는 아동의 잠재력을 분석하는 것이다. 이것이 발달을 위한 교수학습의 중요성이다. 또한 이것이 근접발달영역이라는 개념의 내용이다.(Ibid; 210)

아동에게 유용할 수 있는 유일한 교수학습은 발달의 방향으로 앞서 나아가는, 즉 발달을 선도하는 교수학습이다. 그러나 아동이 배울 수 있을 때만 가르치는 것이 가능하다. 교수학습은 모방을 할 수 있는 잠재력이 있는 경우에만 가능하다. 이것은 교수학습이 이미 일어난 발달 주기의 하위의 경계에 적응해야만 한다는 것을 의미한다. 그래도 발달은 성숙한 기능들에 의존하기보다는 성숙하고 있는 기능들에 의존한다. 그 이유는 발달은 늘 아동에게서 아직 성숙하지 않은 것으로부터 시작하기 때문이다. 교수학습의 잠재력은 근접발달영역에 의해 결정된다. (……) 학교에서 배우는 어떤 주제에 대한 교수학습도 늘 아직 완벽하게 성숙하지 않은 원천에 근거하여 세워져야 한다.(Ibid; 211)

교사는 자신의 노동을 어제의 아동 발달에 맞출 것이 아니라 내일의 아동 발달에 맞춰야 한다. 이러한 경우에만 교사는 교수학습을 통해 지금 근접발달영역에 놓인 것들의 발달 과정을 촉발할 수 있다.(Ibid; 211)

교수학습과 발달은 일치하지 않는다. 그것들은 매우 복잡한 상호 관련성을 가진 서로 다른 두 과정이다. 교수학습은 그것이 발달의 방향으로 앞서 나아가는 경우에만 유용하다. 그럴 때, 교수학습은 근접발달영역에 놓인 성숙의 단계에 있는 모든 일련의 기능들을 촉발하거나 깨운다. 이것이 발달을 위한 교수학습의 중요한 역할이다. (……) 교수학습은, 발달 과정에서 이미 성숙해진 것을 단지 활용하기만 한다면, 즉 발달의 원천이 될 수 없다면, 완벽하게 불필요한 것이다.(Ibid; 212)

교수학습은 각각의 연령 수준에 맞는 특정한 형태를 취한다. 게다가 그 수준마다 교수학습은 발달과 독특한 관계를 맺게 된다.(Ibid; 212)

발달에 대해 이야기될 수 있었던 것이 과학적 개념에도 똑같이 적용된다는 것을 강조하는 것은 중요하다. 과학적 개념 발달의 기본적인 특징은 학교에서 행해지는 교수학습을 발달의 원천으로 한다는 것이다. 그러므로 교수학습과 발달의 일반적 문제들은 과학적 개념의 출현과 형성을 분석하는 데도 핵심이 된다.(Ibid; 214)

9) 일상적 개념과 과학적 개념

그레들러(Gredler, 2008; 137)는 일상적 개념과 과학적 개념을 아래 표와 같이 정리했습니다.

[표] 일상적 개념과 과학적 개념

	일상적 개념(자연 발생적 개념)	과학적 개념(학문적 개념)
기원	• 사물에 대한 아동의 직접적 경험에서 출현	• 수업 과정에서 이루어지는 언어적 정의로 시작
발달	• 더 기초적인 특성에서 고차원적인 것으로 • 귀납적 • 주변 환경과의 일상적 경험의 풍부함	• 더 복합적 성격에서 기초적인 것으로 • 연역적 • 교사와 동료 사이에서 이루어지는 체계적인 협력적 교수 활동을 통해
성격	• 개념의 논리적 구조보다는 구체적 경험의 기억들과 연결되어 있음	• 논리적 범주나 대립의 체계 속에서 다른 개념과 연결되어 있음
언어적 생각과의 관련성	• 종종 의미에 대한 의식적 자각 없이 사용됨 • 종종 언어적 정의를 진술할 수 없음 • 관심은 대상에 있음	• 언어적 수단을 통해 도입 • 개념을 언어화할 수 있으나 유창하게 사용하지 못함 • 의식적, 의지적 사용 • 관심은 자신의 생각에 있음
장점	• 경험의 누적	• 자신의 생각과 의지에 대한 의식적 자각
약점	• 추상의 결여 • 개념에 근거하여 집요하게 적용하지 못함	• 구체적 경험의 불충분한 누적 • 언어적 표현에 그침
인지 발달과의 관련성	• 구체적 경험에 언어적 상징을 최초로 연결하는 역할	• 체계적인 인지 과정을 통해 의식적 파악으로 나아가는 문의 역할

카르포프(Karpov, 2003; 65~82)는 비고츠키가 과학적 개념을 논하면

서 단점으로 절차적 지식 습득의 중요성을 과소평가했다고 지적했습니다 (Ibid; 78). 저는 비고츠키를 옹호하겠습니다. 70~80년 전에, 절차적 지식 이라는 개념이 있었을까요? 1930년대 학자에게 1980년대에 생성된 개념 을 가지고 왈가왈부하는 것은 예의가 아닌 것 같습니다.

여기서도 비고츠키의 설명을 정리하여 제시하는 작업만 하겠습니다.

과학적 개념의 발달은 **의식적 자각과 의지적 파악의 영역에서 시 작된다.** 이것은 구체성의 영역으로, 즉 개인적 경험의 영역으로 점차 내려간다. 대조적으로 일상적 개념의 발달은 구체성과 경험적인 영역 에서 시작된다. 그것은 개념의 고등 성질을 향하여, 즉 의식적 자각과 의지적 파악을 향하여 이동한다. 이 두 발달 노선의 연계는 그들의 진 정한 성질을 반영한다. 이것이 근접발달영역과 실제 발달의 연계이다.

개념을 의식적으로 자각하고 의지적으로 파악하여 사용하는 것은 전적으로 학령기 아동의 아직 발달하지 않은 근접발달영역 내에 놓 여 있다는 사실은 논박의 여지가 없다. 그것은 성인과의 협력 활동 과 정을 통해 출현하거나 실제적인 것이 된다. 이처럼 과학적 개념의 발 달은 자연 발생적 개념이 어느 정도 발달해야 가능하다.

과학적 개념과 연결되어 의식적 자각과 의지적 파악이 근접발달 영역에서 출현한다. 과학적 개념은 그것의 근접발달영역을 형성하면 서 고등 수준으로 자연발생적 개념을 재구조화하고 고양시킨다. 아 동이 오늘 협력 활동으로 할 수 있었던 것을, 내일 독립적으로 할 수 있게 될 것이다.(Ibid; 220)

과학적 개념을 교수학습하는 것이 아동의 정신 발달에 결정적인

역할을 한다.(Ibid; 220)

아동은 의식적으로 자각하지 않고 혹은 특별한 의지도 없이 모국어를 배운다. 이에 반하여 의식적 자각과 의지적 숙달을 통해 외국어를 배운다. 모국어의 발달은 밑에서 위로 이동한다. 이에 반하여 외국어의 발달은 위에서 밑으로 이동한다. 모국어의 경우에, 말의 하등의더 기초적인 특징이 먼저 드러난다. 모국어의 더 복잡한 형식은 모국어의 음성 구조, 문법 형식, 그리고 의지적 사용과 연결되어 나중에발달한다. 외국어의 경우에, 고등의 더 복잡한 말의 특징이 먼저 발달하고, 이것들이 의식적 자각과 의지적 숙달과 연결된다. 더 초보적인말의 특징, 즉 말의 일상적이고 자유로운 사용과 연합된 특징은 나중에 발달한다.(Ibid; 221)

낱말의 의미는 하나의 일반화다. 이런 일반화들의 독특한 구조는 사고에서 실재를 반영하는 독특한 양식을 표상한다. 이것은 개념들 사이에 일반성의 다른 관계들이 있을 수 있다는 것을 함축한다.(Ibid; 238)

새로운 낱말이 학습되는 순간 상응하는 개념의 발달이 완결되는것이 아니라 이제 시작되는 것이다. 새로운 낱말은 한 개념 발달의정점이 아니라 시작이다. 점진적이며 내적인 그 낱말의 의미 발달은그 낱말 자체의 의미가 원숙해지는 것으로 귀결된다. 여기서 말의 의미가 풍부해지는 측면의 발달은 아동의 생각과 말의 발달에 기본적이며 결정적인 역할을 한다는 것이 입증되었다. 통상적으로 낱말이준비되면 개념이 준비된다고 추정되지만, 톨스토이가 적절하게 지적

한 바와 같이 "개념이 있으면 그에 상응하는 낱말이 거의 언제나 준비된다."(Ibid; 241)

6

전면적
발달

2014년 12월, 서울시교육청에서 주관한 토론회에 참석했습니다. 협력 수업을 주제로 발표 글을 작성했었습니다. 발표 글의 일부를 다듬어 옮겨왔습니다.

발달 교육이 낯설지 모릅니다. 하지만 법률적으로 우리가 하는 교육은 발달 교육이어야만 합니다. 교육 기본법 9조는 이 내용을 담고 있습니다. 백과사전에 따르면, '전인 교육'이 학생의 전면적 발달을 추구하는 교육이기 때문입니다. 교육과정—교수학습—평가는 결국 전면적 발달이라는 목적에 복종해야 합니다. 적어도 법을 지키고자 한다면, 교사가 가장 관심을 두어야 할 것은 교육의 목적인 전면적 발달입니다. 교육의 이념, '홍익인간'을 구현하기 위해 전면적으로 발달된 인간을 키워내야 합니다.

이 장에서는 우리가 전면적 발달의 개념을 형성하는 데 도움이 될 내용에 집중했습니다. 전면적 발달과 관계된 교육 실천도 간결하게 살펴보겠습니다. 과제를 해결하기 위해 낱말 풀이로 접근했습니다.

1) 전면(全面)

성열관(2014; 5)은 전통적으로 가장 이의 없이 받아들여지는 교육의 목적은 법적 강제 사항이기도 한 전인 교육이라고 단정하고 있습니다. 다음이나 네이버 백과사전에 따르면, 전인 교육은 전면적 발달을 지향하는 교육입니다. '전면적 발달'은 인간의 다양한 측면이 총체적으로 발달하는 것입니다. 지적 측면만 강조하는 편향은 지양되어야 하며, 감성과 신체적 발달도 중요하게 다루어야 합니다.

"인간의 다양한 측면이 무엇이냐?"라는 물음에 대한 대답은 학자마다 다를 것입니다. 즉, 전면적 발달의 전면에 대해 그려내는 방식이 다를 것입니다. 제가 전면적 발달의 '전면'에 대해 들었던 것들을 이야기해보겠습니다. '지·덕·체' 들어보셨습니까? '든 사람, 난 사람, 된 사람'도 들어보셨지요? 많은 초등학교 학교 교육과정은 그 학교가 추구하는 인간상을 이렇게 제시했었습니다. 아주 오래전부터 그랬습니다.

평가와 관련하여 '인지적 영역, 정의적 영역, 심동적 영역'으로 구분하는 것도 친숙하실 것입니다. '사회성, 인성, 도덕성, 문제해결능력, 지구력,

협동심, 인내심, ……' 학생이 지닌 이런 다양한 문화적 능력도 진단해보셨을 것입니다.

'건강한 사람, 심미적인 사람, 능력 있는 사람, 도덕적인 사람, 자주적인 사람' 기억나십니까? 오래전 표현입니다. 제4차 교육과정에 언급된 인간상입니다. '건강한 사람, 자주적인 사람, 창조적인 사람, 도덕적인 사람' 짐작하실 수 있겠지요? 제5차·제6차 교육과정의 인간상입니다.

2015 개정 교육과정에서는 추구하는 인간상을 '자주적인 사람, 창의적인 사람, 교양 있는 사람, 더불어 사는 사람'으로 정했습니다. 이를 구현하기 위해 이 교육과정이 기르고자 하는 6가지 핵심 역량도 제시했습니다. '자기관리역량, 정보처리역량, 창의적 사고역량, 심미적 감성역량, 의사소통역량, 공동체역량' 이렇게 6가지 역량을 지닌 사람을 키우겠다고 합니다. 추구하는 인간상이 전통적인 방식으로 전면을 제시한 것이라면, 기르고자 하는 핵심 역량은 최근 방식으로 전면을 제시한 것입니다. 한 문건에 이어지는 부분에 이렇게 과거와 현재가 혼재되어 있는 것은 모호해보입니다. 개념 없는 2015 개정 교육과정입니다.

경기도교육청(2012; 27)은 '자기주도학습능력, 자기관리능력, 협력적 문제발견·해결능력, 문화적 소양능력, 의사소통능력, 대인관계능력, 민주시민의식'을 핵심 역량으로 제시했습니다. 강원도교육청(2013; 16)은 '자발적 주의능력, 논리적 기억능력, 개념형성능력, 의지능력, 협력능력, 상상능력'을 핵심 능력으로 제시했습니다. 광주시교육청(2013; 7)은 '창의성, 비판적 사고능력, 문제해결능력, 정보활용능력, 생태·인문학적 감수성, 자기주도적 학습능력, 소통능력, 시민의식, 기초학습능력'을 핵심 역량으로 제시했습니다. 대구시교육청(2014a; 7~8)은 '신체적 역량, 정서적 역량, 사회적 역량, 도덕적 역량, 지적 역량'에 유·초·중·고 내용을 담아 급별 계열성을 살려 제시했습니다.

지금까지는 교육부, 교육청, 학교가 전면(全面)을 어떻게 이해하고 현실 교육에 적용했는지를 알아보았습니다. 이번에는 두 학자가 하는 이야기를 잠깐 듣겠습니다.

성열관(2014; 6)은 지성(이성과 합리성, 학업에의 충실, 높은 단계의 사고력, 새로운 아이디어의 창안), 감성(남의 처지를 공감, 인간성의 회복, 역경을 극복, 예술성과 심미안), 시민성(참여와 주체적 의사결정, 협력하는 마음, 불의에 맞서는 태도, 글로벌 책임의식), 건강(신체적 건강, 마음의 건강, 안전에 대한 의식성, 위험 사회에의 대처)을 부각했습니다. 원동연(2003; 335)은 "인간을 구성하고 있는 다섯 가지 요소인 지력, 심력, 체력, 자기관리능력 그리고 인간관계능력을 전면적으로 교육해야 한다."라고 주장했습니다.

우물 밖 이야기도 하고 싶지만, 국내에 외국 사례가 많이 소개되어 있어 생략하고자 합니다. 가장 유명한 게 '가드너의 다중지능'입니다. 외국 사례를 봐도 전면이 똑같은 경우를 찾는 것은 너무도 어려운 일입니다. 국가마다 다 다르다고 단정하고자 합니다.

국내 사례나 국외 사례를 봐도 모두 전면을 다양하게 인식하고, 색다르게 정리했습니다. 누가, 언제, 어떤 목적으로 규정하느냐에 따라 다를 수밖에 없습니다. 심지어 동일한 사람이 시간이 경과하면 전면을 다르게 규정할 수도 있습니다. 동일한 행정 기관에서 책임자가 바뀌면 전면이 바뀌는 경우도 비일비재합니다.

교사도 자신의 입장에서, 역사적 아이들과 특정 교육 활동을 하며 필요하다고 판단한 것을 전면으로 분류하면 됩니다. 함께 생활하는 학생의 현실적 필요에 따라 기르고자 하는 능력을 파악하여 교육해야 한다는 뜻입니다. 문서에 A라는 능력을 키우라고 되어 있지만, 우리 반 특정 학생에게는 A 능력을 키우는 교육 활동이 너무 쉬워서 혹은 어려워서 A1 혹은 A2 능력을 키우는 교육 활동으로 변형합니다. 학생의 현재적 상황, 학생의 현재적 필요와 요구에 따라 교사는 생생하게 키워야 할 전면에 합당한 능력을 선별해야 합니다.

이렇게 보면, 전면(全面)이 무엇이냐는 문제에 정답은 없습니다. 즉, 정답이 너무도 많습니다. 정답이 시간이 흐름에 따라 변하기도 합니다.

어려운 난제를 던지기만 하고 다음 이야기로 넘어가겠습니다. 변증법적 유물론을 이야기하면서 이질적인 것들의 내적 관계를 고립된 것으로, 별개의 것으로 보면 안 된다고 했습니다. 전면을 담아낼 사람은 한 사람입니다. 전면으로 파악한 각각은 어떻게 밀접하게 연결되어 있을까요? 질문을 조금 더 구체적으로 던지겠습니다. 2015 개정 교육과정에서 제시한 더불어 사는 사람과 교양 있는 사람은 무슨 관계가 있을까요? 자주적인 사람과 교양 있는 사람은, 창의적인 사람과 더불어 사는 사람은, ……

2) 발달

수업은 발달과 무관하다

교사는 우리 아이의 전면(全面)을 고루 발달(發達)시켜야 합니다. 그런데 어떻게 하는 게 발달시키는 것일까요? 네이버 검색을 통해, 서울대학교 교육연구소가 1995년에 펴낸 교육학용어사전에서 정의한 내용을 보게되었습니다. 20년 전 내용입니다. 최근 내용을 찾지 못했습니다. 발달은 교육 활동을 통해 우리가 추구하는 것입니다. 길지만 중요한 지점이라 자세히 살펴보겠습니다.

유기체가 그 생명 활동에 있어서 환경에 적응하여 가는 과정. 동물과 인간의 발달은 생후부터 사망까지 전 기간에 걸쳐 일어나며, 인간의 경우에는 아동 발달에 특히 중점을 둔다.

발달의 개념은, 첫째는 카마이클(L. Carmichael)이 주장하는 것처럼 성장과 양적인 증가로 발달을 간주하는 것이며, 둘째는 뷜러(K. Bühler)와 게젤(A. Gesell)의 입장과 같이 발달을 보다 나은 단계로 전개되는 질적인 변화로 이해하는 것이다. 셋째는 스턴(W. Stern)의 주장과 같이 발달의 개념에 결정적 요인, 즉 유전과 환경의 영향을 고려하는 것이다. 이러한 개념 규정은 현재에는 그렇게 중요시되지 않는다. 발달과 학습의 차이는 발달이 학습의 특수한 유형이라는 점에 있다.

다른 각도에서 보면 발달은 보다 넓은 뜻으로 유기체의 성장과 성숙의 과정이며 학습과는 독립적인 것으로 간주될 수 있다. 발달 과정은 다양한 연령 수준을 종단적 또는 횡단적으로 비교함으로써 단기간의 효과를 규명할 수도 있다. 근자에는 전생애 발달(life-span development)을 전후 맥락 속에서 연구하는 새 경향이 나타나고 있다.

— [네이버 지식백과] 발달 / 교육학용어사전, 1995.6.29, 서울대학교 교육연구소

사람이 태어나 죽을 때까지 변화해가는 과정을 발달(개체발생)이라고 합니다. 학자들은 인간 발달을 연구하면서 아동 발달에 중점을 두고 있습니다. 그래서 교육학에 아동심리학, 발달심리학의 내용이 많이 들어왔습니다. 교사라면, 특히 학교에 들어와서 이루어지는 발달에 대해 알아야 하고, 폭넓게 공부한다면, 학교 들어오기 전 단계도 알아야 합니다. 적어도 교사라면 학교 다니는 시기에 벌어지는 발달에 대해 알아야 합니다. 바쁘더라도 최근 연구 성과를 들여다봐야 합니다. 아무리 시간이 없더라도 EBS 다

큐프라임에서 보여주는 최근 성과는 봐야 합니다.

위에 인용한 내용을 보면, 발달이 어떻게 이루어지느냐에 대해 상이한 두 입장이 있습니다. "양적인 증가냐 질적인 변화냐" 하는 것입니다. 발달을 양적인 증가, 양적인 것의 누적으로 보는 것은 행동주의의 입장이고, 양적인 변화 없는 질적인 변화로 보는 것은 구성주의의 입장입니다. 이미 몇 번을 언급한 내용입니다. 행동주의는 y=x 그래프를 연상하시면 됩니다. 구성주의는 피아제의 인지 발달 단계 그래프, 계단식 그래프, 가우스 함수를 나타내는 y=[x] 그래프를 연상하시면 됩니다.

발달을 촉발하는 요인에 대해서도 상이한 두 입장이 있는 듯합니다. "유전이냐 환경이냐"라는, "천성이냐 양육이냐"라는 교사라면 누구나 아는 논쟁을 연상하시면 됩니다. 행동주의는 환경과 양육에, 구성주의는 유전과 천성에 방점을 찍고 있습니다. 특정하게 교육이 발달을 촉진, 선도하느냐에 대해서는 둘 다 부정적인 입장을 기술하고 있습니다. 행동주의는 교육과 발달은 동일한 것이라고 주장합니다. 구성주의는 교육과 발달을 별개의 것이라고 주장합니다.

마지막으로 발달을 연구하는 방법에 대해 기술하고 있습니다. 발달 과정을 동일한 연령대의 학생을 대상으로 연령 수준을 비교하는 방법, 특정 학생들의 발달 과정을 생애 동안 추적하여 비교하는 방법을 소개하고 있습니다. 지금도 서구 세계에서 사용하는 연구 방법을 안내했습니다. 동구 세계에서 사용하는 연구 방법은 무엇일까요? 추측건대, 서구 세계의 연구 방법과는 다를 것입니다. 비고츠키가 발달 과정을 연구할 때 사용한 방법은 달랐습니다. 역동적 내용을, 능력의 생성·발전·소멸의 과정을, 다양한 연구 결과를 비판적으로 종합하는 방법을 사용했습니다. 교사가 발달 그 자체를 연구할 일은 거의 없으므로 실제 내용을 살피지는 않겠습니다. 그저 서구와 동구의 발달 연구 방법도 다를 수 있다고 느끼실 수 있었으면 좋겠습니다.

교사가 백과사전에 기술된 것을 이해하는 데 필요한 부분을 찾아보겠습니다. 행동주의와 구성주의 관점에서 기술한 내용만 소개하고 있습니다. 대립되는 행동주의와 구성주의 중에 어떤 것이 타당한 것인지 서울대학교 교육연구소는 입장 표명을 명료하게 드러내지 않고 있는 것 같습니다. 하지만 마지막 단락의 내용을 참고하면, 즉 "학습과는 독립적인 것으로 간주될 수 있다."라는 표현을 참고한다면, 구성주의가 옳다고 약하게 주장하고 있는 듯합니다. 1995년 이야기입니다. 20년 전 주장일 뿐입니다. 대한민국에 구성주의 교육학의 미풍이 불기 시작할 때입니다. 결국 제7차 교육과정으로 연결되어 오늘날까지 구성주의 교육학의 광풍은 맹목적으로 지속되고 있습니다.

학습자가 스스로 발견할 수 있도록 교사가 나대지 말라는 국가 수준 교육과정의 교수학습 지침으로 구성주의 교육학은 대한민국 학교 수업을 규제하고 있습니다. 2015 개정 교육과정 초등학교 교육 목표 두 번째 진술에서도 그런 색채를 느낄 수 있습니다. "학습과 생활에서 문제를 발견하고 해결하는 기초 능력을 기르고, 이를 새롭게 경험할 수 있는 상상력을 키운다." 초등학교에서 길러줘야 할 기초 능력이 학습과 생활에서 문제를 발견하고 해결하는 문화적 능력이라는 진술은 전형적인 구성주의적 주장입니다. 교사들이 기초 능력을 읽기 능력, 쓰기 능력, 셈하기 능력 등으로 이해하고 있는 현실과도 거리가 있는 주장입니다.

정말 구성주의 교육학의 주장대로 학습이, 수업이, 교육이 인간의 발달과 무관하면 좋겠습니다. 아이들이 잘되고 잘못되는 것이 교사와 아이가 아닌 부모의 책임이면 좋겠습니다. 유전적인 문제이면 좋겠습니다. 인지 구조의 문제이면 좋겠습니다. 문화적 능력의 습득과 무관하면 좋겠습니다. 우리가 발달에 대해 고민할 필요가 없으면 좋겠습니다. 인간의 전면적 발달이 교육과 무관하면 정말 좋겠습니다. 교육을 통해 인간의 전면적 발달을 추구하라는 교육 기본법 제9조(교육의 목적)를 만든 사람들이 엉터리 법적 강제를 부과한 멍청이들이면 좋겠습니다.

수업은 발달을 선도한다

다비도프의 『발달을 선도하는 교수학습』의 번역을 감수했습니다. 동구권에서 발달 교육을 어떻게 보고 있는지 국내에 소개하기 위해 『발달을 선도하는 교수학습』을 번역 출판하도록 독려했습니다. 서구 세계의 최근 동향(2007년)을 소개하기 위해 『레프 비고츠키』도 소개했습니다. 비고츠키의 후계자로 통하는 루리야의 『비고츠키와 인지 발달의 비밀』도 번역했습니다. 발달 교육에 대한 세 가지 다른 접근을 느끼고 교사들이 주체적인 입장을 세우는 길에 나서기를 바라며 세 권을 비슷한 시기에 국내에 소개했습니다. 동서를 막론하고 최근에는 최고 수준의 학자 사이에서는 교육이 발달을 선도한다는 주장에 대해 반론이 없습니다. 세 권을 비교하며 읽어보시고 직접 확인하셨으면 좋겠습니다.

비고츠키의 『생각과 말』 6장을 옮기면서 교수학습이 발달을 선도한다는 비고츠키의 주장을 소개했습니다. 번역 과정에서 이 부분을 특히 강조했습니다. 이런 어려운 학술적 내용을 언급하지 않고 간결하게 수업이 발달을 선도한다는 제 주장이 옳다는 느낌을 전달해보겠습니다.

전면(全面)을 이야기하면서 교육에 이런 능력을 키워달라는 사회의 요구(핵심 역량)가, 이런 능력을 키우겠다는 교육의 약속이 열풍처럼 대지를 격렬하게 휩쓸고 있는 장관을 보여주었습니다. 의문이 생기지 않습니까? 교육 활동이, 수업이, 교육이 발달과 무관하다면, 왜 그런 요구와 약속이 대홍수처럼 구성주의 강둑을 넘어 대지를 뒤덮고 있을까요?

한국사 오천 년을 통해 이 땅 민중이 얻은 교육적 성찰은 구성주의 교육학의 이야기를 개소리라고 비웃고 있습니다. "서당 개 삼 년이면 풍월을 읊는다."는 속담을 모르는 한국인이 있을까요? 이 속담에 따르면, 사람이 아닌 개도 훈장(교사)이, 학동(동료)이 읊는 걸 삼 년만 듣게(배우게) 되면, 따라서 멍멍거리다(익히다), 나중에는 혼자서도 풍월을 읊게(문화적 능력을 습득하게) 된다고 합니다.

자존감과 배려를 전면에 내세우고 교육 활동을 전개하던 의정부 여중은 교육 활동이, 수업이, 교육이 학생의 문화적 능력(자존감과 배려)의 발달을 선도한다는 것을 생생하게 보여주고 있습니다.

3) 전면적 발달

(1) 조화로운 발달

전면적 발달을 추구하고자 한다면, 일면적 발달을 추구하는 교육을 하면 안 됩니다. 인지적 능력, 그것도 기억능력을 평가하는 데 학생의 인생을 걸게 하면 안 됩니다. 마찬가지로 특정 운동능력만 향상시키는 엘리트 체육 교육도 안 됩니다. 마찬가지로 너무도 많은 능력을 다 교육한다는 것은, 모든 능력을 일정한 수준에 도달하게 한다는 것은 불가능합니다. 발달이 죽을 때까지 지속되는 것이라면, 학교 교육에서 수업을 통해 발달시켜야 할 능력도 발달 시기별로 제한되어야 합니다. 처음에는 교육할 문화적 능력의 수준도 아주 낮아야 합니다. 나중에 대학 교육에서는 성인과 같이 높은 수준의 문화적 능력을 키워야 합니다. 비슷한 수준의 문화적 능력이라 하더라도 학습자의 의지와 취향에 따라 다른 문화적 능력을 키워줘야 합니다.

전면적 발달은 언어, 수학, 음악, 체육, 미술, 과학도 잘하고 인성과 사회성도 좋은 팔방미인을 추구하는 것이 아닙니다. 인간이 행복하고 가치있는 삶을 영위하도록 지성, 감성, 인성, 신체가 조화롭게 발달하여 각 부분이 서로 영향을 주고받으면서 총체적 인간으로 성장하는 것입니다(성열관, 2014; 5). 누구나가 건전한 인격을 형성할 수 있도록 인간의 타고난 능력과 그 사회의 문화적 능력을 조화롭게 발달시키는 것이 전면적 발달입니다. 원동연 교수는 조화롭게 발달한 다는 것을 멋진 비유로 보여주었습니다. 리비히의 영양소 최소량의 법칙을 패러디했습니다.

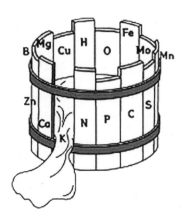

[그림] 리비히의 영양소 최소량의 법칙

조화를 이룬다는 것은 전면(全面)의 각각이 어느 정도까지 튼튼해야 한다는 것입니다. K(칼륨)이 부족한 경우 식물이 생존하기 어려운 것처럼, 공감능력이 부족하면 인격은 줄줄 흘러내려 손가락질받게 됩니다.

(2) 전면적 발달의 순서

학교 교육과정에 반영해야 할 정도로 정교하게 전면적 발달의 순서를 고민해보신 적이 있습니까? 이런 문제에 직면하면, 인간에 대한 관점이 그대로 드러나게 됩니다. 어떤 능력을 어떤 능력보다 먼저 교육해야 할 필연적 까닭을 제시하기가 어렵습니다. 우리는 창의성을 대학이나 유치원이나 다 동시에 열성적으로 교육하자는 대한민국에 살고 있습니다. 대구시교육청(2014a)도 하나의 능력을 유치원부터 고등학교까지 수준(난이도)을 달리해서 다 가르치자고 했습니다. 이런 환경에 살면서 어느 시기에는 어떤 문화적 능력을, 다른 시기에는 그에 근거해서 또 다른 문화적 능력을 가르쳐야 하느냐는 질문을 던지는 사람을 만나기 어렵습니다. 그런 문제를 제기한 글을 봐도 선뜻 이해하기 어렵습니다. 앞에서 전면(全面)에 나열했던 내용 중에 한 곳은 다른 곳과 달랐습니다.

그렇습니다. 강원도교육청(2013)은 확실히 달랐습니다. 자발적 주의능력, 논리적 기억능력, 개념형성능력, 의지능력을 제시했습니다. 다른 곳에서 찾아보기 어려운 능력을 나열했습니다. 게다가 시기별로 더 집중해서 가르쳐야 할 문화적 능력이 있다고 합니다. 초등 저학년에서는 자발적 주의능력을, 초등 고학년에서는 논리적 기억능력을, 중학교에서는 개념형성능력을, 고등학교에서는 의지능력을 집중해서 지도하는 게 효과적이라고 주장하고 있습니다. 비고츠키의 언급과 비고츠키 연구자들의 연구 성과를 반영하여 강원도교육청은 다른 길을 가고 있습니다. 우물 밖으로 나와, 세상 사람의 학문적 성과를 살펴보면, 강원도교육청은 너무도 평범한 결정을 한 것입니다. 세계 학계가 21세기 패러다임은 비고츠키의 문화역사적 이론뿐이라고 합니다. 선택하기 위해 고민할 거리도 없습니다. 학문적 토론과 논쟁을 통해 기각되지 않고 남아 있는 참고할 이론이 하나뿐이기 때문입니다.

7

핀란드
교육과정

안내

이 글은 2008년 참교육연구소 정책 연구 결과물을 참고한 글입니다. 당시 정책 연구 주제는 '비고츠키와 핀란드 교육과정'이었습니다. 2004 핀란드 핵심 국가 교육과정에 비고츠키의 문화역사적 이론이 얼마나 반영되었는지를 살피는 정책 연구를 수행했었습니다.

당시에는 2004 핀란드 핵심 국가 교육과정의 내용을 소개하는 것 자체도 큰 의미가 있었습니다. 그래서 원자료를 날것으로 소개하며 간단하게 평가하는 방식으로 보고서(배희철, 2008)를 작성했었습니다. 그러나 2016년 9월이면 2016 핀란드 핵심 국가 교육과정이 나오므로 지금은 내용 자체를 안내할 필요가 없습니다. 그래서 보고서 내용 중, 발달 교육을 이해하는 데 도움이 될 내용을 간추려 독자에게 고민거리로 던지는 방식으로 글을 구성하고자 합니다. 9월에 나올 2016 핀란드 핵심 국가 교육과정에는 제가 추린 내용이 어떻게 펼쳐지는지 확인해 보시면 재미있을 것 같습니다.

1) 대한민국과 핀란드 교육과정 비교

당시 연구는 초등학교와 관련 있는 내용을 중심으로 진행되었습니다. 비교하기 위해 사용한 자료는 서울특별시교육청(2007)과 교육인적자원부(2007, [별책2])였습니다. 서울특별시교육청 자료가 2004 핀란드 핵심 국가 교육과정을 번역한 자료입니다. 보고서 쓰기는 우리와 다른 핀란드 교육과정의 내용을 메모하는 수준으로 이루어졌습니다.

하나, 교육의 실제라는 큰 제목하에 학습의 개념, 학습 환경, 학교 문화, 효과적인 학습 방법이라는 항목에 대해 설명하고 있다. 이후 (대한민국) 교육과정 개정 과정에서는 아직까지도 빠져 있는 가장 기본적인 이런 내용을 채우려 노력해야 한다.

둘, 핀란드 교육과정에는 7차 교육과정에서도 그렇게 중시하는 '편제와 시간 배당 기준'이라는 것이 없다. 교과 이기주의의 잔재이며 공존을 위한 타협과 교육 관료들의 책임 회피의 상징인 이 부분이 언제까지 교육과정에 존재해야 하는지 핀란드 교육과정을 보며 질문하지 않을 수 없다.

셋, 핀란드 교육과정에는 또한 '교육과정의 편성·운영 지침'이라는 것도 없다. 일제 강점기부터 내려오는 통제적 교육 행정의 흔적을 계속 소중하게 간직해야 하는 것인지 국가 교육과정을 만드는 분들은 반성해야 한다. 헌법에 교사의 전문성을 명시했으면 이런 부분은 필요가 없다는 것을 이제는 알아야 한다.

넷, 핀란드 교육과정에는 학습 지원이라는 큰 제목하에 가정과 학교 사이의 협력, 학습 계획, 교육 상담 및 진로 지도, 보충 수업, 학생 복지, 계발 활동이라는 항목에 대해 설명하고 있다. 우리도 이런 항목들을 국가 교육과정에 명시하여 국가가 책임져야 할 내용을 확실하게 규정하려는 노력이 필요하다.

다섯, 핀란드 교육과정에는 특별한 지원이 필요한 학생에 대한 교육이라는 큰 제목하에 다양한 지원, 시간제 특수 교육, 특수 학교에 입학하거나 전입한 학생의 교육, 개별 교육 계획, 활동을 통한 교육이라는 항목에 대해 설명하고 있다. 우리도 특수 교육법에 명시된 내용을 책임지고 집행하겠다는 국가의 의지를 국가 교육과정에 적시해야 한다.

여섯, 대한민국 교육과정에는 교과마다 평가에 대한 항목이 있고 세분하여 평가 계획, 평가 목표와 내용, 평가 방법, 평가 결과의 활용을 서술하고 있다. 이에 반하여 핀란드 교육과정에는 큰 제목으로 평가가 설정되어 있고 과정 중간 평가, 총괄 평가, 졸업 증서와 성적표라는 항목을 설명하고 있다. 교과 교육과정에 학년군에 따른 교과별 학업 성취도 수준이 간단하게 제시되어 있다. 학업 성취도 수준은 매 학기, 매 학년 단위로 설정하지 않는다. 국어는 2학년 말, 5학년 말, 9학년 말 세 번 제시되어 있고, 음악은 4학년 말, 9학년 말 두 번 제시되어 있다. 9학년 말에는 대학 진학에 필요한 총괄 평가 8등급의 기준을 제시하고 있다.

일곱, 교과에 대한 서술 부분에서 특히 교과 내용에 대한 진술이 대한민국 교육과정은 핀란드 교육과정에 비해 과도하게 많다. 교수·학습 방법에 대한 진술도 우리 교육과정은 지루하게 교과마다 반복되고 있으나 핀란드 교육과정에는 그런 진술이 없다.

처음 접한 자료를 소화할 때는 이렇게 형식적인 측면에 치중하여 초등학생 수준의 비교를 하게 됩니다. 게다가 그 내용이 자신의 경험으로는 이해하기 어려운 너무 낯선 것일 때는 더더욱 그렇습니다. 지금이라면 한 단계 높은, 개념적인 접근을 통해 기술할 내용을 선별하고, 체계적으로 제시할 수 있을 것 같습니다. 비교한 결과를 묶어내어 그 배경에 있는 원칙을 찾아 추상적으로 진술하고, 그 밑에 관련된 내용을 묶어내는 식으로 글쓰기를 할 것입니다.

예를 들면, "국가 교육과정의 역할이 다릅니다."처럼 추상적인 명제를 도출하여 맨 위에 제시합니다. 이후에 이 명제를 풀어갑니다. 핀란드는 국가가 해야 할 의무를 중심으로 내용을 구성했습니다. 대한민국은 학생, 교사, 학교, 교육청의 의무를 중심으로 구성했습니다. 핀란드는 교육계의 자발적인 노력을 보장하기 위해 국가가 해야만 할 일을 담았지만, 대한민국은 교육계가 따라야만 할 내용을 중심으로 기술하고, 국가가 세세하게 간섭하겠다는 협박을 담고 있습니다. 지원(핀란드)과 통제(대한민국)라는 대립적인 교육과정의 역할이 두드러집니다.

2) 초·중학교 교육의 목표 비교

핀란드 2004 핵심 국가 교육과정의 내용(서울시 교육청, 2007; 5)과 대한민국 2015 개정 교육과정의 내용을 비교할 수 있도록 도표로 정리했습니다. 과거 보고서에 2015 개정 교육과정의 내용을 추가했습니다. 2015년 9월에 고시된 내용입니다. 이게 최종 내용인지는 확신할 수 없습니다.

핀란드(2004년)에서 눈에 띄는 점은 초·중학교 교육의 이념이 초·중학교 교육과정의 목표 앞에 제시되어 있다는 것입니다. 그 내용은 다음과 같습니다.

초·중학교 교육의 이념은 인권, 평등, 민주주의, 선천적 다양성, 환경 보존, 문화의 다양성 인정 등이다. 초·중학교 교육은 책임, 공동체 의식, 개인의 권리와 자유의 존중을 장려한다.

교육의 기초는 토착 문화, 노르딕, 유럽 문화 등과 교류하면서 발전해온 핀란드 문화이다. 특수한 국가적·지역적 특성, 국어, 종교, 원주민인 새미 인과 소수 민족을 고려하여 교육이 이루어져야 한다. 또한 타문화 민족의 유입을 통한 핀란드 문화의 다양성도 고려해야 한다. 초·중학교 교육은 학생이 문화적 정체성을 형성하고 핀란드 사회 및 세계화 속에서 자신의 역할을 찾을 수 있도록 하며 또한 관용 정신을 기르고 타문화에 대한 이해력도 신장시킬 수 있어야 한다.

초·중학교 교육은 지역과 개인의 평등을 증진하는 데 기여해야 한다. 학습자의 다양성을 고려하고, 사회·직장·가정 생활에서 동등한 권리와 책임을 바탕으로 행동할 수 있는 능력을 남녀 학생에게 부여함으로써, 양성평등을 조성해야 한다.

[표] 핀란드와 대한민국 교육 목표 비교

초·중학교 교육과정의 목표 (핀란드 2004)	초등학교와 중학교 교육 목표 (대한민국 2015)
초·중학교 교육은 기초적인 교육 보장 제도의 일부이다. 초·중학교 교육에는 일반적 교육 목표와 학습 목표가 들어 있다. 초·중학교 교육의 과업은 개인에게는 일반 교육의 습득과 교육 의무 완수의 기회를 제공하는 것인 한편, 사회적으로는 교육 인적 자원을 개발하고 평등과 공동체 의식을 고양하는 것이다. 초·중학교 교육은 학생들이 다양하게 성장하고 학습하며, 건전한 자기 존중 의식을 계발할 수 있는 기회를 제공해야 한다. 교육을 통해 학생은 삶에 필요한 지식과 기술을 습득하고, 더욱 심화된 학습을 하며, 시민의 일원으로 민주 사회를 발전시키는 데 참여할 수 있다. 또한 교육은 학생의 언어와 문화 정체성, 그리고 모국어를 발전시킬 수 있도록 지원해야 한다. 나아가 평생 교육에 대한 욕구를 불러일으키는 것을 그 목표로 한다. 사회적 연속성을 보장하고 미래를 설계하기 위하여, 초·중학교 교육은 다음 세대에게 **문화적 전통을 계승**하고, 지식과 기술을 발전시키며, 사회 기반을 형성하는 가치와 행동 양식에 대한 인식을 심화시키는 과제를 맡는다. 또한 **새로운 문화를 창조**하고, 사고와 행동에 활력을 불어넣으며, 학생의 비판적 평가 능력을 계발하는 것도 초·중학교 교육의 목표이다.	가. 초등학교 교육 목표 초등학교 교육은 학생의 일상생활과 학습에 필요한 기본 습관 및 기초 능력, 바른 인성을 함양하는 데 중점을 둔다. 1) 자신의 소중함을 알고 건강한 생활 습관을 기르며, 풍부한 학습 경험을 통해 꿈을 찾아 표현한다. 2) 학습과 생활에서 문제를 발견하고 해결하는 기초 능력을 기르고, 이를 새롭게 경험할 수 있는 상상력을 키운다. 3) 다양한 문화 활동을 즐기고 자연과 생활 속에서 아름다움과 행복을 느낄 수 있는 심성을 기른다. 4) 규칙과 질서를 지키고 협동 정신을 바탕으로 서로 돕고 배려하는 태도를 기른다. 나. 중학교 교육 목표 중학교 교육은 초등학교 교육의 성과를 바탕으로, 학생의 학습과 일상생활에 필요한 기본 능력과 바른 인성, 민주 시민의 자질 함양에 중점을 둔다. 1) 심신의 조화로운 발달을 바탕으로 자아 존중감을 기르고, 다양한 지식과 경험을 통해 적극적으로 삶의 방향과 진로를 탐색한다. 2) 학습과 생활의 문제를 분석하고 해결하는 능력을 바탕으로, 도전 정신과 창의적 사고력을 기른다. 3) 자신을 둘러싼 세계에 대한 경험을 토대로 우리나라와 세계의 다양한 문화를 이해하고 공감하는 태도를 기른다. 4) 공동체 의식을 바탕으로 타인을 존중하고 서로 소통하는 민주 시민으로서의 자질과 태도를 기른다.

초·중학교 교육의 다양한 주제는 특정 종교에 관계되지 않고 정치적으로 중립적이어야 한다.

지역 단위 초·중학교 교육과정에는 교육의 이념을 명시해야 하며, 명시된 이념은 교육 목표와 교육 내용, 일상생활에서 구현되어야 한다.

교육의 이념에 담긴 내용 중에서 우리와 확연히 다른 것을 추려봤습니다. 교육 활동을 통해 1) 개인의 권리와 자유를 존중하고 이를 장려한다. 2) 문화적 정체성을 형성한다. 3) 지역과 개인의 평등을 증진해야 한다. 4) 학습자의 다양성을 고려해야 한다. 5) 양성평등을 조성해야 한다. 교육할 주제는 6) 특정 종교와 무관하고, 정치적으로 중립적이어야 한다. 교육 활동을 지원하기 위해 7) 지역 교육청의 권리를 명확히 했습니다. 지역 단위 교육과정에는 교육의 이념을 명시하고 교육 목표와 교육 내용을 일상생활에서 구현해야 한다고 명시했습니다.

교육 목표를 비교해보겠습니다. 먼저, 질문 하나 하겠습니다. 앞에서 지적했던 통제(대한민국)와 지원(핀란드)이라는 가장 추상적인 차이를 드러내는 구체적인 표현을 느낄 수 있었습니까? 비교하고 있는 교육 목표에 따르면, 학생이 교육 목표에 도달하지 못하면 핀란드는 '기회를 제대로 제공'했는지를 확인해야 합니다. 대한민국은 하라는 것을 못한 학생의 책임과 교사의 책임을 확인해야 합니다.

핀란드(2004년)와 대한민국(2015년)의 차이는 분명해보입니다. 번역한 문건이라 매끄럽지 못한 측면도 있지만 세세한 내용에서 대한민국(2015)의 표현이 더 매끄러운 것 같습니다. "심신의 조화로운 발달"이 "사회적으로는 교육 인적 자원을 개발"한다는 표현보다 누가 보더라도 세련된 표현입니다.

저의 주관적 단정일지 모르겠으나, "다음 세대에게 문화적 전통을 계승하고", "새로운 문화를 창조"하게 하겠다는 교육 목표는 핀란드보다 대한민국의 표현이어야 합니다. "문화 정체성"(핀란드)을 확립하자는 교육 목표도 그렇습니다. "우리나라와 세계의 다양한 문화를 이해하고 공감하는 태도"(대한민국)와 느낌이 확 다릅니다. 우리 문화가 공감의 대상인지, 나아가 외국 문화가 공감의 대상인지 의문입니다.

학생이 비판적으로 생각하는 능력이 대한민국(2015)의 교육 목표에는 없습니다. 핀란드(2004)에는 있습니다. 학생이 자기가 경험하는 내용을 반성적으로 생각할 기회를 차단하고 있습니다. 정치·경제 등의 사회에서 벌어지는 일을 주체적으로 생각할 기회를 차단하고 있습니다. 국정 교과서를 도입한다는 2015 개정 교육과정에 담길 수 없는 내용입니다.

대한민국 교사는 고민거리를 안게 되었습니다. '학생의 학습과 일상생활에 필요한 기초 능력과 기본 능력'을 어떻게 구별할 수 있는지 모르겠습니다. 답이 없는 문제 같습니다. 초등학교는 기초 능력을, 중학교는 기본 능력을 키워야 합니다. 목표를 이렇게 모호하게 제시해도 되는 것인지 갑갑합니다.

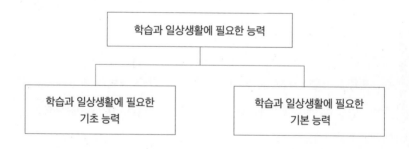

기본 능력은 기초 능력을 길러낸 성과를 바탕으로 하여 길러야 할 능력이라고 했는데 그게 무엇인지 누가 알고 있을까요? 누가 기초 능력 밑

에 일반화될 수 있는 구체적인 능력 열 가지를 제시할 수 있을까요? 마찬가지로 기본 능력 열 가지를 제시할 수 있을까요? 그 운명의 경계선이 무엇인지 설명할 수 있을까요? 이런 모호한 표현이 행정 문건에 담겨도 되는 것인지 걱정입니다. 앞으로 나오게 될 해설서에 이 의문이 어떻게 해결되어 제시될지 궁금합니다.

말장난으로 넘어가면 안 됩니다. 예를 들면, 초등학교는 읽기 기초 능력을, 중학교는 읽기 기본 능력을 키운다. 이렇게 말장난 수준일 것 같습니다. 기초 학력과 기본 학력 말장난이 떠오릅니다. 39점은 기초 학력이고 41점이 기본 학력인 것을 누구에게 설명할 수 있습니까? 학력이 점수에 의해 나누어지는 양적 개념도 아닌데 점수로 나누던 때가 생각납니다.

2015 개정 교육과정에서 칭찬할 점을 지적하면서 마무리하겠습니다. 초등학교에서는 상상능력을, 중학교에선 창조(창의)능력을 기르겠다는 목표 진술은 발달 교육 측면에서 대단한 일보 전진입니다. 상상능력이 개입되지 않는 창조능력은 상상할 수 없기 때문입니다.

3) 효과적인 학습 방법

핀란드처럼 국가가 주도적으로 학생의 학습 능력을 향상시키는 효과적인 방법을 제시해야 합니다. 부족하면 어떻습니까? 올바른 길을 가는 게 중요합니다.

나. 효과적인 학습 방법
학습 지도에 있어 과목의 특징에 맞는 교수 방법을 사용해야 하듯이, 학생의 학습을 지원하고 안내하는 데에도 도움이 되는 다각적인 방법이 사용되어야 한다. 효과적 방법을 통해 사회성, 학습, 사고, 연구, 문제해결능력을 개발하고 적극적인 참여를 유도할 수 있다. 그 방법은 정보와 의사소통 테크놀로지와 관련된 기술 개발을 촉진하는 것이어야 한다. 또한 창의적인 활동과 경험의 기회를 제공해야 하며 해당 연령 집단별 학생 모두를 지도하고 안내하는 것이 교사의 임무이다. 이를 위해 다음과 같은 효과적인 방법을 선택한다.

- 학습 욕구 자극
- 학습의 과정과 특성 고려
- 목적을 가지고 공부하도록 동기 부여
- 조직화된 지식 구조의 형성, 기술의 습득 촉진
- 정보의 습득·적용·평가 능력 개발
- 학생 상호 간의 학습 지원
- 사회적 유연성, 건설적인 협력에 기여할 수 있는 능력 증진
- 자신의 학습에 대해 책임지고, 그 학습을 평가하며, 반성을 목적으로 피드백을 추구할 수 있는 능력 개발
- 학습과 학습에 영향을 미치는 계기를 인식하도록 지원
- 학습 전략 개발과 새로운 상황에서 학습 전략을 적용하기

남학생과 여학생의 일반적인 차이, 개인 간의 발달 격차뿐만 아니라 학습 스타일과 배경 등을 고려해야 한다. 통합 학급이나 취학 전 집단과 연계한 학급을 지도할 때에는 학급을 구성하고 있는 서로 다른 집단의 목적과 특징에 유의해야 한다.

4) 국어과 교육과정과 문화적 능력

제 눈에 띈 문화적 능력만 간단하게 제시하겠습니다. 우리 교육과정에도 있는 문화적 능력은 생략하겠습니다. 과거 보고서를 읽으며 관계없는 부분을 삭제하는 식으로 작업했습니다.

(1) 개념형성능력
언어적 용어로 세상과 자신의 생각에 접근할 수 있는 개념을 배운다. 그리고 현실을 분석하는 수단뿐만 아니라, 현실을 뛰어넘어 새로운 세계를 구축하고 사물을 새로운 상황에 연결하는 가능성을 습득한다.

(2) 읽기 능력
◈ 읽기와 쓰기 능력 개발(1~2학년)
- 초기 읽기 단계에서 기본 기술이 강화된 단계로 발전한다. 연령 그룹에 맞는 텍스트를 읽을 수 있을 만큼 독서가 풍부해진다.
- 읽는 동안 자신이 읽는 내용이 이해되는지 관찰하기 시작한다. 자신이 읽고 있는 것의 결론을 도출할 수 있다.
- 글로 자신을 표현할 수 있고 일상생활에서 글쓰기 상황에 대처할 수 있다.

◈ 다양한 글을 해석하고 활용하는 능력 개발(3~5학년)
- 유창한 기본 독해 능력을 습득한다.
- 독해력 향상을 위한 전략을 사용할 줄 안다.
- 정보 습득의 주요 단계를 안다.
- 도서관을 능숙하게 이용하고 인쇄물과 전자 문서에서 필요한 정

보를 탐색할 수 있다.

- 단어, 소리, 삽화가 있는 글에서 주요 요소를 찾을 수 있다.
- 연령에 맞는 텍스트에서 의견을 구별해내고 텍스트의 신뢰성과 의미를 스스로 파악한다.
- 정보를 얻기 위한 독서와 흥미를 위한 독서를 모두 활용한다.

◈ 다양한 글을 해석하고 활용하는 능력의 발달(6~9학년)

- 적극적이고 비판적인 읽기와 듣기를 실천한다. 해석적, 평가적 독서와 듣기 능력이 발달한다.
- 글의 유형과 장르에 관한 지식이 발달하고, 텍스트의 장르와 목표가 요구하는 읽기, 듣기, 정보 습득 방법을 예측하는 데 익숙해진다.
- 정보를 획득하고 활용하는 과정에 익숙해지며, 많은 유형의 자료 활용 방법을 익힌다.

(3) 쓰기 능력

◈ 글쓰기에 자신의 상상력을 활용할 수 있다.(1~2학년)

- 손으로 쓸 때 글자를 연결할 수 있으며, 컴퓨터에서 원문을 만들 수 있다.
- 단순하고 익숙한 어휘를 정확하게 쓸 수 있으며, 문장 부호를 이용하기 시작하고, 문장을 대문자로 시작할 수 있다.

◈ 글을 쓰고 여러 가지 목적으로 그 글을 활용하는 능력 개발(3~5학년)

- 설명문, 묘사문, 지시문과 같은 다양한 글을 말로 또는 글로 만들어내는 방법을 안다.
- 글의 내용을 설계하고, 아이디어를 전개하며, 경험과 상상력을 바탕으로 글을 구성할 수 있다. 작문에 나타난 주장이 분명하고 어

휘가 증가한다.

- 글을 분석할 때 문장 구조와 문단의 중요성을 이해하며, 시간의 흐름에 따라 글을 배열하고 엮어낼 수 있다. 여러 가지 길이의 문장을 다양하게 사용하며, 그 문장들을 일관성 있게 결합할 수 있다.
- 인쇄체로 쓸 줄 알며, 읽기 쉬운 필기체를 익힌다.
- 컴퓨터상에서 글을 쓸 수 있다.
- 대문자, 소문자 복합어에 관한 철자의 기본을 완전히 익힌다. 문장 마침 부호를 올바르게 사용하며 다른 부호를 익숙하게 사용한다.

◈ 다양한 목적에 맞추어 텍스트를 생산하고 활용하는 능력의 발달
(6~9학년)

- 말과 글을 사용함에 있어 자신이 배운 언어 지식을 어떻게 활용해야 할지를 아는 재능 있고 독자적인 창작가로 발전한다.
- 자신의 관점을 대담하게 발표하고 타당성을 제시하며, 다른 사람의 생각을 건설적으로 논평한다.
- 자신이 전달하고자 하는 바를 계획하며 목적에 맞추어 말하기 및 쓰기 과제를 만들어내는 데 익숙해진다.
- 상황, 전달 매체, 독자 및 청자를 고려하는 법을 안다.

5) 수학과 교육과정과 문화적 능력

국어과 교육과정과 마찬가지 방식으로 독특한 것만 제시하겠습니다.

(1) 개념형성능력

수학 교육은 체계적으로 진행해야 하며, 수학적 개념과 구조를 통합할 기초를 다지도록 해야 한다. 수학이 갖는 구체성은 학생들이 자신의 경험을 사고 체계와 연결하는 데 중요한 역할을 한다. 따라서 학생들이 일상생활에서 만나는 문제들 중에서 수학적 사고나 조작으로 해결될 수 있는 문제를 효과적으로 활용해야 한다.

◈ 1~2학년 학습 목표
- 수학적 개념이 제시하는 여러 가지 방법을 다양하게 경험한다. 개념 형성의 과정에서 중요한 것은 말과 글, 도구, 상징이다.
- 개념에 의해 구조가 만들어진다는 것을 이해한다.
- 자연수의 개념을 이해하고 그것을 활용한 기초적인 계산법을 배운다.
- 그림, 구체적인 모형, 도구를 사용하여 말과 글로 자신의 해결 방식과 결론을 타당성 있게 제시하는 법, 현상 사이에 존재하는 유사, 차이, 규칙, 인과 관계를 찾는 법을 배운다.

◈ 3~5학년 학습 목표
- 조사와 관찰을 통해 수학적 개념과 개념 체계를 공식화하는 것을 배운다.
- 수학적 개념을 사용하는 것을 배운다.

◈ 6~9학년 학습 목표
- 수학적 개념과 규칙의 중요성에 대해 이해하고, 수학과 생활 사이의 연관성을 본다.

(2) 자발적 주의능력

◈ 1~2학년 학습 목표

- 집중하고, 듣고, 의사소통하고, 자신의 생각을 계발시킨다. 문제를 이해하고 해결하는 것으로부터 만족과 기쁨을 얻는다.

◈ 3~5학년 학습 목표

- 지속적이고 집중된 학습을 할 수 있고, 집단으로 같이 학습할 수 있다.

◈ 6~9학년 학습 목표

- 지속적이고 집중된 방식으로 작업을 하고, 집단으로 같이 일하는 법을 배우게 된다.

6) 4)와 5)에 대한 총평

국어과 교육과정에는 읽기 능력과 쓰기 능력이 중심을 이루고 있었습니다. 학년 변화를 반영하여 읽기 능력과 쓰기 능력을 향상시키는 교육 활동이 점점 복잡해지는 것과 다른 교육 활동과 연결되는 것이 특징이었습니다.

개념형성능력을 키우기 위한 노력이 의식적으로 행해지고 있었습니다. 낱말의 의미가 발달하는 과정과 밀접하게 연결되는 능력입니다. 국어 교육 그 자체라고 할 수 있습니다. 적어도 비고츠키의 발달 교육에서는 그렇습니다.

수학과 교육과정에서 개념형성능력과 자발적 주의능력을 제시했습니다. 개념형성능력이 초등학교 1~2학년 시기에 특히 강조되고 있었습니다. 이는 새롭게 접하는 문화적 능력이고, 경험적으로 많은 학생이 어려워하는 능력이기 때문입니다. 수학이 어렵다는 말은 개념형성능력이 제대로 길러지지 않았다는 표현일 뿐입니다.

자발적 주의능력이 문서에는 집중, 지속적인 집중처럼 별 의미 없이 기술되어 있습니다. 대한민국 어느 교과 학습 목표에 급별로 빠지지 않고 점점 강화되는 자발적 주의능력이라는 문화적 능력이 있는지 반추해봐야 합니다.

저의 주관적 판단입니다. 수학이 교과 학문의 왕이라는 표현이 사실이라면, 그 까닭은 자발적 주의능력을 키워주기 때문입니다. 핀란드의 초등학교 1학년에서는 문제 해결을 위해 사소한 선택을 하도록 유도하고 고등학교에서는 문제 해결을 위해 전제에 모순되지 않는 모든 선택을 자유롭게 하도록 합니다. 사소한 선택에서 결국 자유로 나아가는 그 긴 여정을 생각해보시면 수학에 그런 표현이 가능했던 까닭을 추측할 수 있습니다. 최종 종착지인 자유를 강조하는 격언, "수학의 본질은 자유다."를 생각하며 그 어설픈 출발을 돌아보아야 합니다.

자유란 주어진 냉정한 현실에 발 딛고 취할 수 있는 모든 상상을 통해 자신의 의지가 반영된 최선의 방안을 선택하고 이를 실천에 옮기는 행위입니다. 비고츠키에게는 그랬습니다.

8

핀란드 수학 교과서로 본
자발적 주의능력

- 발달 교육을 향한 첫걸음

안내

이 글은 똑같은 제목으로 『진보교육』 55호(2015. 01. 12.)에 실렸던 내용을 간추린 것입니다. 인터넷에서 검색하시면 전문을 쉽게 찾아볼 수 있습니다.

이 주제로 처음 글쓰기를 고민한 것은 2014년 참교육연구소 정책 연구를 수행할 때였습니다. 전국초등교육과정연구모임이 수행한 정책 연구였습니다.

전체 흐름을 살리며 온전하게 전체 내용을 담고 싶지만, 겹치는 부분 이 몇 군데 있어 해체 수준으로 토막토막 담았습니다.

1) 여기까지 온 과정

여기까지 오게 된 직접적 흐름의 발원지는 2007년 진보교육연구소에서 시작된 세미나였습니다. 구성주의 교육학을 비판하기 위해 시작된 세미나에서 비고츠키를 만나게 되었습니다. 사회적 구성주의자로 왜곡된 비고츠키를 만나게 되었습니다. 그렇게 진보 교육 운동 진영은 비고츠키를 처음 대면했습니다. 2010년 지자체 선거에서 '경쟁에서 협력으로'라는 최고 슬로건으로 비고츠키의 이야기가 대한민국 교육 실천 영역에 처음 등장했습니다. 2011년 그의 최고 저작 『생각과 말』을 국내에 소개하면서 국내 연구자들에게 비고츠키의 무게감을 보여주었습니다. 『대한민국 교육 혁명』(2012)을 통해 진보 교육 운동 진영이 제시한 일관된 실천 전략과 내용 체계는 비고츠키 연구 성과를 반영한 것이었습니다. 현재까지 비고츠키 연구를 통해 진보 교육 운동 진영에서 추출해낸 가장 중요한 개념은 **'협력'**과 **'발달'**입니다. 근접발달영역은 대한민국 주류 학계에서도 널리 회자되고 있습니다.

교수학습과 관련하여 살펴보면, 협력은 어디서나 공식적으로 최고 대우를 받고 있습니다. 2012년 새누리당 대선 후보는 공약에 '협력 학습'을 언급했습니다. 교육부, 시·도 교육청 문건에도 '협력 학습'은 대세를 형성하고 있습니다. 교사들끼리 함께 연구하여 수업을 진행하는 것을 협력 교수라고 합니다. 원어민 교사와 한국인 교사가 협력 교수하고 강사와 교사가 함께 수업을 진행합니다. 본교 교사와 분교 교사가 협력하여 학생을 지도하는 연구 수업 장면도 이제 흔히 볼 수 있는 장면입니다. 협력 수업(협력 교수학습)이라면 수업에서 교사와 학생의 관계가 협력이어야 한다는 저의 제안도 이제 제법 확산되었습니다. 2015 개정 교육과정에도 반영되었습니다. 교수학습 관련 부분에, "**교사와 학생의**, 학생과 학생의 **협력**"을 중시하라는 지침이 담겼습니다. 협력 수업만이 학계에서 강조하는 근접발달영역과 연결된다는 것을 다시 한 번 더 강조하겠습니다.

협력에 비해 발달은 잘 확산되지 않고 있습니다. 정확히 말하면 잘 알려지지 않고 있습니다. 비고츠키의 발달 개념이 잘 알려지지 않고 있다는 이야기입니다. 인지 발달 단계나 도덕성 발달 단계 때문에 (대부분 교사가 잘 모르고 있겠지만 구성주의적 의미에서 사용되고 있는) 발달이라는 낱말을 모르는 교사는 거의 없습니다. 하지만, 비고츠키의 역동적인 발달 개념을 아는 교사를 찾기는 너무 어렵습니다. 제가 아는 몇몇 교사가 전부인 듯합니다. 발달은 앞으로 진보 진영의 교육 연구가 집중해야 할 부분입니다. 처음 하는 일이라 혼자서 연구하면 좌절하기 쉽습니다. 모여서 함께 발달을 공부해야 합니다. 제가 보기에 발달을 이해하지 못하면 교육과정은 결국 절름발이일 수밖에 없습니다. 최소한 12년에 걸쳐 펼쳐질 발달의 청사진이 초·중·고 교육과정이기 때문입니다. 이 책을 쓰게 된 동기이기도 합니다. 이 책의 제목이 발달 교육인 까닭이기도 합니다.

우리가 한 작업은 전인 교육(전면적 발달을 지향하는 교육)을 시작하기 위하여 출발점을 살펴보는 거점 조사와 비슷합니다. 그저 여러 능력 중 대한민국에서 별로 각광받지 못하고 있는 문화적 능력인 자발적 주의능력 하나를 살펴보았습니다. 그것도 핀란드 수학 교과서에 어떻게 구현되었는지 살펴보았을 뿐입니다. 본격적인 발달 연구를 위한 탐색이었습니다. 더 이상 학계의 성과가 나오기를 참고 기다릴 수 없어 내딛는 작은 첫걸음입니다.

2) 발달 연구와 비고츠키

학교 교육의 효과를 이야기할 때 21세기 교육학은 '능력'의 습득과 활용을 중심으로 논의를 전개하고 있습니다. (아직도 '지식'의 획득과 활용을 중심으로 이야기하는 학자도 있기는 있습니다.) 20세기 초반 아동심리학에 도입된 발달이라는 개념이 교육학의 전면에 배치된 것입니다. 발달은 서구 교육학의 아버지 헤르바르트가 언급한 '형식 도야'에서 시작된 개념이며, 동양에서 회자되는 '하나를 가르치면 열을 아는' 아이로 변화하는 과정에 대한 발견적 탐구로 확보한 개념입니다.

대한민국 교육학계는 학교 교육에서 다양한 능력을 계승·발전시키는 과정에 대해 설명을 할 수 있어야 합니다. 발달을 이끄는, 발달을 도와주는, 발달을 선도하는 교육이 무엇인지에 대해 대한민국 교육학은 대답을 하지 못하고 있습니다. 논의도 하지 않고 있습니다. 정확히 말하면, 질문을 던지지도 못하고 있습니다. 이렇게 우리 같은 전교조 교사가 질문을 던지고 대답을 찾아나서고 있을 뿐입니다.

발달, 특히나 문화적 능력 습득에 대한 논쟁은 비고츠키의 문화역사적 이론을 패러다임으로 인정하면서 학술 차원에서는 마침표를 찍었습니다. 대한민국은 아직 시작도 하지 않았지만, 세계적 수준에서는 이미 한 세대 전에 끝난 이야기입니다. 2007년에 쓰여졌고, 2013년에 국내에 소개된 『레프 비고츠키』를 보면 구성주의 교육학자로 유명한 르네 반 더 비어도 비고츠키의 학문적 성과를 사회적 구성주의가 아닌 **문화역사적 이론**으로 정리하고 있습니다. 20세기 후반, 지식의 구조로 국내에 널리 알려진 브루너(1984)는 서구 학계에서 "피아제는 지는 별이고, 비고츠키는 떠오르는 별"이라 묘사했습니다. 원문 표현은 "Vygotsky's star is rising in the Western sky as

Piaget's declines."입니다. 그 상황은 오늘날까지도 지속되고 있습니다.

세계 교육학에서는 유사 이래 처음으로 단 하나의 이론이, 비고츠키의 문화역사적 이론이 정상 학문의 위치를 장기간 독점하고 있습니다. 게다가 이런 상황은 쉽게 변할 것 같지도 않습니다. 브루너(1987; 7)가 비고츠키는 '미래에서 온 학자'라고 평가한 것이 진실임을 세계 교육학의 석학들이 확인시켜주고 있습니다.

교육 방법으로 근접발달영역을 창출하는 협력, 교육 내용으로 문화적 능력(핵심 능력), 교육 목표로 전면적 발달, 교육 평가로 발달 지향 평가는 세계적 추세가 되었습니다. 이 모든 발상의 근원은 비고츠키의 문화역사적 이론입니다.

최근 행해지고 있는 뇌 연구는 국가 간 치열한 경쟁 양상을 보이고 있습니다. 그 연구 결과에 따르면, 20세기 후반 일류 학자들의 판단이 옳고, 20세기 초반 비고츠키의 주장이 맞았습니다. 21세기 교육과정은 아주 초보적인 형태지만 발달, 문화적 능력 습득을 전제로 하고 있는 핵심 능력 교육과정으로 새 장을 열고 있습니다. 2015년 말 유로 교육위원회가 제출한 교육과정 지침은 '협력 중심 교육과정'입니다. 파시 살베리(Pasi Sahlberg, 2011) 같은 교육 선진국의 교육 전문가는 21세기 교육은 "좀 더 협력적인 교육 활동을 통해 개개인의 전면적 발달을 추구하는 교육"일 수밖에 없다고 단정하고 있습니다.

3) 모호하게 소개된 근접발달영역

1978년 『Mind in Society(마인드 인 소사이어티)』를 통해 미국 교육계에 근접발달영역은 대중적으로 알려졌습니다. 비고츠키가 서구에서 크게 유행했습니다. 한국에도 20년 이상 학술 논문에 근접발달영역이 인용되고는 있습니다. 21세기에는 교대나 사대에서 비고츠키의 근접발달영역을 다루고 있습니다. 적어도 10년 전부터 이 개념을 모르고 교사가 된 사람은 한국에 없을 듯합니다. 그렇지만 대한민국 국가 교육과정에서는 이를 외면하고 있습니다.

『Mind in Society』 86쪽을 보면, "근접발달영역은 홀로 문제를 해결하는 것으로 판정되는 실재적 발달 수준과, 성인의 안내나 자신보다 더 능력 있는 동료와의 협력을 통해 문제를 해결하는 것으로 추정되는 잠재적 발달 수준의 거리"로 정의되어 있습니다.

비고츠키는 근접발달영역을 이런 식으로 정의한 적이 없습니다. 『Mind in Society』 저자들이 깔끔하게 편집한 것입니다. 그들은 『생각과 말』 6장의 내용을, 특히 4절 35번째 문단의 내용을 압축적으로, 도식적으로, 서구식으로 정리했습니다. 특히 관련이 깊은 문장은 "혼자 해결할 수 있는 문제들을 통해 결정되는 현재적 발달 수준과, 어린이가 혼자가 아닌 협력을 통해 보여준 발달 수준의 불일치가 바로 근접발달영역을 결정한다."입니다.

서구식으로 정리했다는 것을 확실하게 지적하고자 합니다. 바로 앞 문장과 연결해보면, 원문의 협력은 '교사'와의 협력입니다. 하지만 『Mind in Society』에서는 동료와의 협력이라고 되어 있습니다. 원문에는 교사가 제공하는 협력이 시범, 유도 질문, 힌트 제공 등으로 구체적으로 제시되어 있지만, 『Mind in Society』에는 모호하게 성인의 안내로 표현되어 있습니다. 서구식으로 정리했다는 것은 이처럼 개인주의 문화에 적절하게, 즉 학생 스스로 해나가는 것이 진리라는 전제에 맞게 정리했다는 뜻입니다. 또한 시간적 비유(4년 차이)를 공간적 비유(거리)로 대체하고 있습니다.

이런 잘못된 이해가 한국에 수입되었습니다. 한국의 학계에서 아직도 비고츠키를 사회적 구성주의자로, 그의 대표적 교육 방법을 비계 설정으로 보고 있는 듯합니다. 근접발달영역에 담겨진 교육 실천의 진실을 제대로 풀어내지 못하고 있습니다.

우리 작업과 관련해서 명확히 해야 할 근접발달영역에 관한 전제가 있습니다. 교사와의 협력인지 동료와의 협력인지와 관련 없이, 교사의 모범이든 안내든 이와 무관하게 너무도 분명한 것은 근접발달영역이 창출되는 계기가 개인의 관념에서 시작되는 게 아니라 사회에서, **다른 인간과의 관계**에서 시작된다는 것입니다. 밖에서 시작되지 않으면, 경험이 없으면, 구경이라도 해보지 못하면, 독서를 통해 간접적으로 들어보지 못하면 학생은 그러한 문화적 능력을 습득할 수 없다는 것입니다. 자발적 주의능력도 마찬가지입니다.

4) 왜 핀란드 수학 교과서를 분석하는가

핀란드 수학 교과서를 분석하는 까닭은 첫째, 자발적 주의능력을 어떻게 다루고 있는지 대한민국 교사들이 쉽게 확인할 수 있기 때문입니다. 미국의 수학 교과서를 택하지 않았습니다. 거기서는 자발적 주의능력을 어떻게 다루고 있는지 파악하기 어렵습니다. 우리 교과서와 비슷하기 때문입니다. 핀란드 수학 교과서에서 이를 쉽게 확인할 수 있게 되었습니다. 솔빛길 출판사에서 핀란드 초등 수학 교과서 12권을 다 번역하여 출판했기 때문입니다.

둘째, 비고츠키의 이론이 가장 많이 반영된 교과서이기 때문입니다. 2009년 『핀란드 교육과정과 비고츠키』를 통해 규명한 것처럼 핀란드 교육과정에는 비고츠키의 문화역사적 이론의 핵심어들이 알알이 녹아 있습니다. 그런 교육과정을 구현한 교과서가 바로 핀란드 교과서입니다. 1~2학년군 수학과 학습 목표는 집중하는 능력을 발달시키는 것을 포함하고 있습니다. 자발적 주의능력을 향상시키려는 의도하에 핀란드 수학 교과서가 만들어졌습니다.

셋째, 대한민국이 사용했던, 사용하고 있는 구성주의에 근거한 수학 교과서와 극명한 대조를 이루기 때문입니다. 둘의 차이를 너무도 쉽게 파악할 수 있기 때문입니다. 내용을 하나는 A에서 B로, 다른 하나는 B에서 A로 정반대 방향으로 구성하고 있습니다. 두 교과서를 갖다 놓고 살펴보면서 대한민국 교사도 스스로 선택을 하셔야 합니다. 어느 게 좋은 교재인지 확인하고 선택하고 사용하셔야 합니다. 그래야 적극적인 반성이 이루어지고 발전이 있게 됩니다. 교사의 전문적 능력이 향상됩니다. 핀란드 교과서를 봐야 한국 교과서를 알 수 있습니다. 교과 시간에 자발적 주의능력을 발달시키기 위해 교사가 무엇을 해야 할지 고민거리를 던져줄 수 있을 것이라 확신하기 때문입니다.

게다가 2014년에 중학교 수학 교과서까지 국내에 소개되었습니다. 초등에서 중등까지 어떻게 발달 중심 교육이 연결되는지도 확인할 수 있게 되었습니다. 핀란드 초등 수학 교과서 분석은 교사의 교육과정 전문성을 확장할 수 있는 좋은 출발점이 될 것입니다. 중학교 1, 2, 3학년 교과서 모두에 담긴 학생에게 당부하는 글입니다.

- 수업 시간에 **집중**해서 잘 듣고, **이해**가 안 될 때는 질문하세요.
- 숙제가 있으면 꼭 하세요. 직접 풀어봐야 수학 실력이 늘게 됩니다.
- **공책**은 깨끗이 쓰는 습관을 가지세요. 자를 사용하세요. **필기**가 깔끔해야 본인도 잘 알아볼 수 있습니다.
- 계산기는 필요할 때 절제해서 사용하는 습관을 들이세요. **암산**을

연습하는 것이 좋습니다.

기본이 되는 교육 활동에 충실하라고 학생에게 당부하고 있습니다. 기본이 정말 기본입니다. "집중하세요. 모르면 질문하세요. 숙제 꼭 하세요. 공책에 잘 정리하세요. 깔끔하게 필기하세요. 암산을 하도록 하세요." 화려한 것을, 편리한 것을 요구하지 않습니다. 계산기를 사용하라는 대한민국과 가능하면 사용하지 말라는 핀란드는 서로 반대 방향으로 가고 있습니다.

5) 왜 자발적 주의능력을 이야기하는가

학교에서 다루는 수많은 능력 중에서 자발적 주의능력(의도적 집중능력, 기호에 주의를 집중하는 능력) 하나만 이야기하는 까닭은 첫째, 무엇보다도 분석하는 연구자들의 경험과 능력이 부족했기 때문입니다. 게다가 이를 보완할 수 있는 연구자의 수도 부족했습니다. 최초의 작업이고 연구 역량이 부족하기 때문에 가장 선명하고 중심적이며 결정적인 능력, 자발적 주의능력 하나에 집중했습니다.

둘째, 비고츠키가 강조한 초등학교 저학년 시기 발달의 중심 노선은 자발적 주의능력입니다. 이 능력은 핵심 고리처럼 다른 모든 능력을 고양하는 역할을 합니다. 과연 그런지 수학 교과서를 통해 확인해보고 싶었습니다. 이런 욕심과 현실 사이에 너무도 큰 간극이 있음을 곧 확인할 수 있었습니다. 연구를 진행하고도 한동안 어떻게 확인할 수 있는지 방법을 찾을 수가 없었습니다. 연구를 마무리하는 순간에야 감을 잡았습니다.

셋째, 핀란드 핵심 교육과정 문서에는 집중능력을 향상시키라는 지침이 있습니다. 수학 교과서에 어떻게 반영했는지 확인하고 싶었기 때문입니다. 발달시켜야 할 문화적 능력이 있습니다. 교육이 이를 발달시키기 위해 어떤 교육 활동, 수업 활동을 해야 하는지 우린 아직 의식적으로 설명할 수 없습니다. 이런 난관을 극복하기 위해 핀란드 교과서를 분석하면서 거꾸로 이렇게 교육 활동, 수업 활동을 전개하면 어떤 능력이 발달하겠다는 느낌이라도 얻고 싶었습니다.

6) 도올이 설명한 경(敬)

도올은 『도올의 교육입국론』 38쪽에서 경(敬)의 철학을 설명했습니다.

> 경은 현대 심리학에서 말하는 '어텐션(attention)'으로 환치될 수 있는데, 그것은 곧 '집중력'을 의미하는 것이다. 집중력이야말로 모든 학습의 효율성을 지배하는 근원적 마음의 상태를 의미한다. 학생이 책상에 앉아 있는 시간의 양이 곧 공부의 양을 말하는 것이 아니다. **집중하는 시간이 얼마나 되느냐** 하는 것이 공부의 핵을 형성하는 것이다. 다시 말해서 집중하는 마음의 상태가 경(敬)인 것이다. 이러한 경(敬)의 마음을 유지하는 것이야말로 공부의 핵심이 되는 것이다. 무엇을 하더라도 경(敬)의 자세가 없으면 공부가 이루어지지 않는다. 모든 성공의 본질적 동력이 바로 경(敬)인 것이다.

학교는 공부하는 곳입니다. 집중하는 능력, 그것을 지속하는 능력이 없다면 공부를 할 수 없습니다. 학문에 입문하면서, 초등학교에 입학하면서 가장 먼저 목적의식적으로 발달시켜야 하는 문화적 능력이 바로 자발적 주의능력, 집중능력, 경(敬)입니다.

　도올은 퇴계 선생의 이야기를 인용했습니다. 이 이야기를 제가 길게 인용한 까닭은 하나입니다. 우리 문화에는 자발적 주의능력이라는 개념이 이미 뿌리 깊게 자리 잡고 있었다는 것을 지적하고 싶었기 때문입니다. 이성계가 화살로 남산 위 소나무의 솔방울을 맞췄다는 믿거나 말거나 한 이야기를 모르는 한국인이 있을까요? 저는 초등학교 6학년 때, 선생님에게 들은 이 이야기가 사실인지 확인하려고 벽을 보고 앉아 조그만 점 하나를 집중해서 본 적이 있습니다. 하여간 조그만 점이 파리만큼 크게 보이기는 했습니다.

　'정신일도하사불성(精神一到何事不成)', 이거 모르는 한국인이 있을까요? 정신을 하나로 모으는 것, 그게 자발적 주의능력입니다. "호랑이는 두 마리 토끼를 쫓지 않는다."라는 속담을 모르는 한국인 있을까요? 없지요. 그렇습니다. 자발적 주의능력이라는 낱말이 서구 심리학에서 건너온 용어를 번역한 것이라 조금 어색할 뿐입니다. 그 개념은 아주 오래전부터 우리 문화에 녹아 있었습니다. 그래서 우리 초등 교사는 너무도 자연스럽게 "집중, 집중." 하고 있나봅니다.

7) 비고츠키가 설명한 자발적 주의능력

　비고츠키는 주의능력이 어떻게 펼쳐지는지 설명했습니다. 『어린이 자기 행동 숙달의 역사와 발달Ⅱ』 제9장 '주의의 숙달'에서 자연적 주의능력에서 문화적 주의능력으로 발달하는 과정을 설명했습니다. 비자발적 주의능력이 자연적 주의능력이고, 자발적 주의능력이 문화적 주의능력입니다.

자연적 주의능력이 틀을 잡아야 그 위에 문화적 주의능력이, 자발적 주의능력이 들어서게 됩니다.

　이러한 자발적 주의능력은 역사 과정을 통해 생성되어 문화로 계승·발전됩니다. 한 개인의 삶에서는 사회생활을 통해, 인간관계에서 태동하여 스스로 노력해야만 습득하게 됩니다. 이렇듯 자발적 주의능력은, 문화적 주의능력은 외부에서 내부로 이행하게 됩니다. 이러한 이행 과정은 『생각과 말』 제4장 3절에서 설명했듯이 4단계, 즉 '원시적 혹은 자연적 단계 → 소박한 심리적 단계 → 외적으로 매개된 단계 → 내적 변혁의 단계'를 거치게 됩니다. 이해하기 어렵습니다. 비고츠키(2014; 185쪽)는 구체적으로 이 이행의 모습을 이렇게 보여주었을 것 같습니다.

　초등학교 저학년에서는 우선 자발적 주의능력이 외적으로 매개된 단계

| **자연적, 비자발적 주의** |
| 예: 번쩍이는 불빛에 대한 본능적 주의 |

| **타인에 의해 통제된 소박하고 외적으로 매개된 주의** |
| 예: 학교 수업에 대한 습관적 주의 |

| **지적으로 자기-지향된 그러나 여전히 외적으로 매개된 의식적 주의** |
| 예: 숙제에 대한 지적 집중 |

| **자유로운, 자발적 주의**(완전히 내적 변혁됨. 내적으로 매개되어 있음) |
| 예: 자기 동기화된 놀이, 예술적 창조, 과학적 사고 |

로 나아갈 수 있도록 교육과정을 운영하는 것이 과제인 듯합니다.

주의능력이 변화하는 과정에서 결정적 역할을 하는 것은 역시나 말, 낱말입니다. 동물의 주의처럼 자극에 따라 이리저리 표류하지 않고 어린이의 주의는 등대와 같은 역할을 하는 낱말의 안내를 받으며 안전한 물길을 따라 목적지로 나아갑니다(비고츠키, 2014; 221). 지시하려고 말을 사용하는 건, 주의를 끌기 위해 말을 사용하는 건 너무도 흔한 일입니다. "엄마, 의자에 앉혀주세요", "여기 보세요!", "나 좀 보세요.", "박수 세 번 짝짝", "집중, 집중 짝짝짝", "합죽이가 됩시다, 합", "선생님", ……

이 과정 또한 다른 문화적 능력과 마찬가지로 먼저 타인이 나에게, 내가 타인에게, 최종적으로 내가 나에게 지시하는 과정을 거치며 발달합니다. 부모나 형제자매와 함께하는 시간이 부족한 최근 상황이 학생의 자발적 주의능력이 부족한 원인 중 하나일 수밖에 없습니다. 학교 오기 전에 주의를 기울이라는 주변의 말을 듣고 옆 사람에게 사용해본 경험이 너무도 부족하니 스스로 자기를 통제하는 자발적 주의능력이 초등학교 저학년에서 발달하기가 어려운 것 같습니다. 교과 교육을 통해 이를 넘어서야 하는데 스스로 해결하는 활동만 많으니 쉽게 이러한 상황이 개선되지 않고 있습니다. 그런데 핀란드 수학 교과서로 공부한 우리나라 학생들은 놀라운 자발적 주의능력을 펼쳐 보여주었습니다. 이는 설명되어야 할 긴급하고도 핵심적인 과제입니다.

자발적 주의능력은 주의능력과 의지능력이 동시에 발현되는 능력입니다. 초등학교 저학년 수준에서 요구되는 의지는 스스로 선택하는 정도일 듯합니다. 핀란드 수학 교과서를 보면 스스로 선택하여 계산을 하는 과제가 많습니다. 주의능력과 의지능력을 동시에 발현시켜야 하는 과제입니다. 자발적 주의능력을 발달시키려는 과제입니다. "호랑이는 두 마리 토끼를 쫓지 않는다."라는 속담을 이런 시각에서 다시 음미해보겠습니다. 사냥에 집중하는 호랑이는 동시에 이번에 사냥할 토끼 한 마리를 선택해야 합니다. 집중과 선택, 두 과정이 동시에 이루어지고 있습니다. 자발적 주의능력을 발달시킬 수 있는 교육 활동을 설계할 수 있는 실마리를 우리는 이렇게 풀어냈습니다. 확인해보겠습니다.

핀란드 1학년 1학기 첫 달에 벌어지고 있는 수업 장면을 상상해보겠습니다. 뺄셈을 공부하고 있습니다. 학습자는 아래 수학 교과서의 1번 문제를 풀며 간단하게 3-1=2라고 답하면 됩니다. 하지만 이 과정에서 학습자는 고민을 할 겁니다. 우선 몇 개를 먹을 것인지 스스로 선택해야 합니다. 고민을 할 겁니다. 게다가 생각은 자꾸만 맛있게 먹었던 기억과 연결되어 과거 경험의 한 장면으로 돌아가 진짜 먹는 것과 같은 흥분을 불러일으

킬 겁니다. 이런 감각적 경험의 흔적을 넘어서서 최초의 과제인 3-1=2라고 혹은 3-3=0이라고 답해야 합니다. 이런 학습 과정이 자기 행동을 숙달하는 과정입니다. 동시에 의식적으로 해야 할 것을 파악하는 과정입니다. 감각, 경험, 유혹에 굴복하지 않는 과정이기도 합니다.

이런 학습 경험이 가능하도록 교수 자료를 만드는

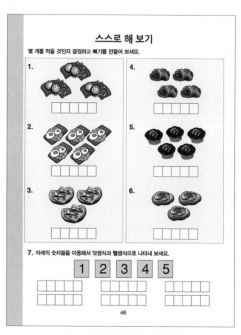

핀란드 초등수학교과서 1-1(솔빛길)

것이 교수 행위의 근간이 됩니다. 이게 발달 교육의 핵심 지점입니다. 한국의 수학 교과서는 전면 개편되어야 합니다. 이런 연유로 우리 전국초등교육과정연구모임은 『초등 교육을 재구성하라』와 『교과서를 믿지 마라』라는 책까지 냈습니다.

8) 마무리하며

초등학교 2학년 2학기 국어 기말시험 대비 문제집을 살펴보았습니다. 독해능력을 묻는 문제들이 많이 출제되어 있었습니다. 하지만 그 문제는 비판적 사고능력이나 배경지식에 대한 이해능력을 묻는 수준의 독해력 문제가 아닙니다. 대부분 무엇이 무엇인지를 묻는 문제였습니다. 그렇습니다. 수학 문제에 비유하자면, 두 손의 손가락만 사용해도 쉽게 해결할 수 있는 문제였습니다. 고차원적인 독해력을 묻는 문제가 아니라 자발적 주의능력을 묻는 수준의 문제였습니다.

여러 물건들이 섞여 있는 그림을 보면서 특정 물건의 개수가 몇 개인지 묻고 학생이 이에 답하도록 설계되어 있는 수학 수업은 학생의 어떤 능력을 지도하고 있는 걸까요? 학생의 어떤 능력을 살펴보고 있는 것일까요? 어떤 능력이 키워지기를 바라고 있는 걸까요? 수(數)세기 능력의 발달 상태를 살피고 집중을 지속하는 능력이 키워지기를 바라고 있는 것입니다. 만약에 수세기 능력의 발달 상태만 파악하고 싶었다면, 시험 문제를 특정 물건 몇 개만 나열하고 몇 개인지 물었을 것입니다.

초등학교 저학년 교육 활동에는 자발적 주의능력이 약방의 감초처럼 여기저기 등장합니다. 목적의식적으로 그렇게 한 것은 아닙니다. 수천 년의 경험을 통해 자연스럽게 터득한 지혜입니다. 21세기 교사라면 초등학교 저학년을 지도할 때 의식적으로 자발적 주의능력을 향상시키기 위하여 노력해야 합니다. 초등학교 고학년을 지도할 때 의식적으로 오래도록 자발적 주의능력을 지속시키는 교육 활동을 배치해야 합니다. 이럴 때 하나를 가르치면 열을 아는 아이가 탄생합니다.

우리는 핀란드 수학 교과서를 보며 학생이 어떤 것에 주의를 기울이도록 구성되어 있는지 살펴보았습니다. 자기 신체에 주의를 기울이는 '얼음땡'처럼, 수학 교과를 지도하면서 주의를 기울여야 할 활동을 찾아보았습니다. 정교한 그림에, 반쯤 추상화된 구체물인 공에, 나중에는 숫자나 기호에 주의를 기울이게 하고 있었습니다. 돌아보니, 이런 배열은 브루너를 통해 이미 알고 있었던 것이었습니다.

자발적 주의능력을 키우기 위해 수학 교과서의 내용을 어떻게 채웠는지를 찾아가는 과정은 이렇게 험난했습니다. 보물 지도 찾기 활동, 정교한 나비 그림을 식별하는 활동 등을 의미 있게 살펴보았습니다. 하지만 이제 돌아보니 주의능력을 향상시키는 측면이 강한 활동이었을 뿐입니다. 당연하게도 이런 활동도 자발적 주의능력을 키우려는 긴 과정에 꼭 필요한 활동입니다.

최종적으로, 우리는 낱말을 등대 삼아 스스로 선택하는 활동과 과제에 집중하는 활동이 함께 발현되는 심리 과정으로 자발적 주의 기능을 이해하게 되었습니다. 이러한 기능을 잘하는 학생이 자발적 주의능력을 습득한 학생입니다. 긴 여정을 거쳐 얻은 성과입니다.

하지만 이런 깨달음은 그저 출발선을 확인하는 성과에 불과합니다. 앞으로 전인 교육에 필요한 다양한 능력을 어떻게 발달시킬 것인지 명확하게 인식하는 험난한 여정이 남아 있습니다. 특히나 발달의 알파이자 오메

가인 정서 영역은 난공불락의 요새처럼 버티고 있습니다. 게다가 그러한 능력을 학생이 숙달할 수 있도록 근접발달영역을 창출하는 적절한 교육 활동을, 특히나 수업 자료를 구안·개발해야 합니다. 이런 능력 배양을 위한 교육 활동을 위계에 맞게 체계적으로 교과 지식을 교육하는 과정에 연결하는 작업이 진행돼야 합니다. 태산과 같은 과제지만 우리는 **우공이산 (愚公移山)의 의지**로 해결해내야 합니다.

비고츠키의 문화역사적 이론을 잣대로 교육을 연구한 지 8년 만에, 더하기 빼기를 학습한 지 45년 만에 발달을 위한 교육의 가장 간단한 원리 하나를 발견했습니다. 문화적 능력은 자연적 능력(집중하는 능력)과 자연적 능력(과제해결능력)을 변증법적 지양하여 얻게 된다는 사실을 확인했습니다. 교과 학습을 통해 문화적 능력이 조직적으로 키워질 수 있다는 사실을 확인했습니다. 우리는 이러한 사실을 교육 실제와 연결하여 드러낸 최초의 교사 연구 집단이 되었습니다. 우리의 발견은 거짓과 기만이 설치는 어두운 교실에 한 줄기 진실의 빛이 될 것입니다. 구성주의로 치장한 신자유주의 교육 담론을 몰아내는, 거짓된 자유와 허울뿐인 선택의 미몽을 넘어서는, 반역의 어둠을 뒤집어 새날을 여는 진리의 빛이 되어야 합니다.

9

협력
수업

안내

2014년 12월 12일 서울특별시교육청이 '혁신 미래 교육을 위한 협력 학습, 참여적 수업 활성화 토론회'를 진행했습니다. 이 글은 그때 발표한 원고를 다듬은 것입니다. 중복되는 부분과 책의 흐름과 맞지 않는 부분은 삭제했습니다. 이 책의 기조에 맞게 일부 표현을 다듬었습니다.

쉬운 내용인 협력 수업을 3부 9장에 배치한 까닭이 있습니다. 제가 제시한 '넘어야 할 과제'가 담겨 있기 때문입니다. 이런 까닭으로 제가 창작한 글의 맨 마지막에 배치했습니다. 이다음 10장은 외국 학자의 글을 번역한 것입니다.

1) 넘어야 할 과제

(1) 개념의 부재

혁신미래교육을 위한 협력 학습, 참여적 수업 활성화 토론회의 추진 배경과 목적은 "혁신미래교육추진단의 교육전문성 분과에서 협력 학습에 대한 의미와 방향을 공유할 필요성을 제기"하는 것입니다. 나아가 "발달과 성장을 지원하는 협력 학습의 활성화로 혁신미래교육의 실천적 추진 방안을 모색"하는 것입니다. 이러한 판단은 타당합니다. 교원이 스스로 구성하고 있는 협력 학습의 개념은 너무 다양해서 협력 학습을 활성화할 수 없습니다. 너무 다양해서 서로 반대 방향을 이야기하기도 합니다. 한 방향으로 나아가는 것조차 어렵다는 현실적 고민을 해결하려는 의도를 쉽게 파악할 수 있습니다.

교육부 연구 학교 발표 자료집에서도 '협력 학습(Co-teaching)'이라는 표현을 볼 수 있습니다. 학습(learning)을 teaching이라고 표현하다니! 학습이 범람해서 개념을 흐리다 못해 teaching이라는 용어도 붕괴시킨 흔적을 보는 것 같아 너무도 우울합니다. 전국 단위 협력 학습 워크숍 자료집도 살펴보았습니다. 거기서는 협력 학습을 "학생─학생, 교사─학생, 교사─교사 상호 간에 2인 이상이 협력적 관계를 맺고 서로 소통하고 상호작용하면서 가르치고 배우는 수업의 형태"(대구광역시교육청, 2014b; 7)라고 정의하고 있었습니다. 교사와 교사가 서로 소통하고 교류하며 가르치고 배우는 수업의 형태가 협력 학습이라는 진술은 교사인 저의 얼굴을 화끈 달아오르게 합니다. 자습처럼 학생과 학생이 수업을 하는 경우는 보았습니다. 교사와 교사가 수업을 하는 경우를 제 상상능력으로는 그려낼 수 없습니다.

최근에 마무리한 창의공감교육 총론 연구회 보고서(2014)에 이런 갑갑한 상황을 기술했습니다. 'Ⅲ. 창의공감교육 2014의 한계'에서 체계적으로 규명하지 못한 주요 개념에 협력 수업, 협력 교수, 협력 학습을 포함하여 제시했습니다.

전국적 현상인 공유된 개념, 객관적 개념, 학술적 개념의 부재를 타파하고자 하는 토론회의 취지는 시기적절합니다. 그러나 다양한 발표자의 협력 학습에 대한 이런저런 발표를 듣는다고 혼란이 해결될 것 같지는 않습니다. 저는 그렇게 생각합니다. 이렇게 판단한 근거가 있습니다. 협력 학습을 제대로 이해하지 못한 것이 우연히 빠진 빈 톱니바퀴 하나가 아니기 때문입니다. 전반적인 교육 일반의 주요 개념과 핵심 개념을 제대로 규명하지 못한 결과이기 때문입니다.

(2) 인간의 복원

교실에서 벌어지는 일은 인간에 대한 이해에 따라 다양하게 해석됩니다. 올바른 교육 정책과 교육 방안은 결국 인간에 대한 올바른 이해를 전제로 합니다. 이를 부연 설명하고 있는 것 같은 정혜영(2005; 7) 교수의 글을 인용하겠습니다.

교육은 어떻게 정의 내리든지 간에 인간을 대상으로, 인간 형성을 목적으로 하는 인간의 활동임에 틀림이 없다. 따라서 교육에서 가장 중요시되어야 할 것은 **인간**이다. 인간을 어떻게 보느냐에 따라 교육의 목적, 내용, 방법이 달라진다. 이에 **인간에 대한 이해가 모든 교육의 이론과 실제에 선행**되어야 하며, 무엇보다 올바른 인간 이해에 근거하여 교육의 이론과 실제를 정립하는 일이 필요하다.

인간을 어떻게 이해하느냐에 따라 교육 전반이 다 달라집니다. 그러한 세계 교육사의 흐름을 우리는 겪어왔고, 겪고 있습니다. 이상호(2014)는 이런 과거의 흐름을 간결하게 '만드는 교육 → 기르는 교육 → 깨침의 교육'으로 정리했습니다. '만드는 교육'은 인간을 쇳물을 부어 주조해서 만들어 내는 상품(병사, 공장 노동자)으로 보았습니다. '기르는 교육'은 인간을 살아 있는 식물에 비유했습니다. '깨침의 교육'은 인간을 인간 자체로 보자고 제안하고 있습니다. 이런 인간관은 교수학습 방법에서 큰 차이를 드러냅니다. '만드는 교육'은 암죽식 수업과 완전 학습으로 귀결되었습니다. '기르는 교육'은 교사의 소극적 개입과 학습자의 자유를 중시하여 체험 수업과 발견 학습을 강조했습니다. '깨침의 교육'은 깨달음을 촉구하는 산파법과 통찰 학습으로 귀결됩니다. 비고츠키 연구자의 입장에서 보면 '행동주의→구성주의 → 형태주의'로 넘어간 서구 교육사의 흐름을 나열한 것입니다.

대한민국 주류 교육학을 통해 우리가 접할 수 있는 인간상은 대략 이렇습니다. 저는 다른 인간관을 가지고 있습니다. 쉽게 이야기하자면, '깨침의 교육'에서 주장한 인간을 인간 그 자체로 보자는 제안에는 동의합니다. 하지만 그들은 인간을 인간 그 자체로 보지 못했습니다. 특정한 순간과 환경에서만 존재하는 인간을 이야기했을 뿐입니다. 인간을 인간 그 자체로 본다는 것은 인간을 시간의 변화에 따라 달라지는, 주변 환경에 따라 달라지는 **역사적 존재**로 보는 것이어야 한다고 생각합니다. 때로는 만들어지기도 하고 어떤 때는 길러지기도 하고 어느 순간 깨우치기도 하는 인간, 복합적인 인간, 역동적인 인간을 대상으로 교육은 재정립되어야 합니다. 분노하고, 움츠리고, 춤추고, 사랑하며 살아가는 인간을 교육적 사유의 중심에 복원해야 모든 개념적 혼란이 사라지기 시작할 것입니다.

2) 협력의 의미

(1) 협동과 협력

협력하면 연상되는 게 교사라면 협동일 듯합니다. 비슷한 것으로 섞어 사용하기도 합니다. 먼저 둘을 구분해보겠습니다. 문권모(2009. 03. 01.) 기자는 기자답게 건조하게 구분했습니다. "협동(cooperation)은 하나의 일을 여러 부분으로 나눈 뒤 담당자가 각 부분을 마치게 하는 것을 말합니다. 나중에 부분들을 합치면 일이 완성되는 것이지요. 반면에 협력(collaboration)은 하나의 일을 여러 사람이 토론을 통해 동시에 추진하는 것을 이르는 말입니다." 강인구(2003; 186)는 르루(Leroux) 외(1996)를 인용하여 협력과 협동의 개념을 비교하였습니다.

[표] 협동과 협력의 개념적 비교

	전체 목표	과업	개인의 책임감
협동	공동 목표	개별적으로 분배	개인 책임 분배
협력	공동 목표	공동 과업	공동 책임

강인구(2003; 185~186)는 협력의 단계도 소개했습니다. 그는 "첫째, 협력자 상호 인식과 문제를 정의하는 문제 설정의 단계, 둘째, 목표나 가치를 설정하기 위해 협력자의 동의를 요구하는 방향 설정의 단계, 셋째, 여러 기법들을 이용하여 협력하여 실행하는 계획 실행의 단계, 넷째, 협력을 조장하고 평가하고 지속시키기 위한 구조 확립의 단계를 제안"했습니다.

지금까지 정리한 내용을 돌아보면, 책임과 과업을 기준으로 구분하고 있습니다. 제가 보기에는 협동과 협력의 차이를 두드러지게 했습니다. 다

음으로, 일을 어떻게 시작하는지를 잣대로 하여 협동과 협력을 나누는 것
도 좋은 방법 같습니다.

(2) 경쟁과 협력

협동과 협력처럼 비슷해보이는 것보다 선명하게 대립되는 관계를 살피
는 게 더 도움이 될 수도 있습니다. 경쟁과 협력의 관계를 살펴보는 게 협
력을 이해하는 쉬운 길일 수도 있습니다. 교사라면 한 번 쯤 읽어봤을, 아
메리카 대륙으로 건너갔던 몽고반점을 지닌 아이들의 이야기를 통해 협력
에 담긴 민족적, 시대적, 교육적 의미를 새겨보고자 합니다. 정혜규(2008.
01. 17.) 기자가 들려주는 이야기입니다.

미국의 어느 학교에 인디언 아이들이 전학을 왔다. 어느 날 선생님
이 "자, 여러분 이제 시험을 칠 터이니 준비하세요."라고 말했다. 백
인 아이들은 우리가 그랬던 것처럼 필기도구를 꺼내고 책상 가운데에
책가방을 올려 짝꿍이 엿보지 못하게 함으로써 시험 칠 준비를 했다.

그런데 인디언 아이들은 마치 게임이라도 하려는 듯 책상을 돌려
둥그렇게 모여앉는 것이 아닌가? 그래서 선생님은 "얘들아, 시험 칠
준비하라고 그랬잖니?" 하고 화를 냈다. 이에 인디언 아이들이 말했
다. "선생님, 저희들은 예전부터 어려운 문제가 있을 때마다 서로서
로 도와가며 해결해야 한다고 배웠어요." <중략>

'옆의 친구보다 1점이라도 높아야 대학 입시에서 승리하는' 한국
의 교육 현실에서 인디언 아이들의 이야기를 하는 것은 조금 먼 이야
기일지도 모른다. 우리는 초등학교 때부터 경쟁이라는 단어를 들어
왔고, 경쟁을 뚫고 나가야지만 우리 사회에서 성공할 수 있다는 이야

기를 무수히 들어왔다.

시험 때마다 교사들이 "너희들이 놀고 있을 시간에 옆 반에서는 공부하고 있어."라는 이야기를 많이 듣는 학생들 입장에서 협력을 통해 시험을 치른다는 것은 상상조차 할 수 없는 일이다.

하지만 반대로 생각해보자. '경쟁'만이 우리 사회를 만드는 모든 것은 아니다. 우리 사회에서는 경쟁을 통해 해결할 수 있는 것도 있지만 서로 도와야지만 해결할 수 있는 일들이 무수히 많다.

새 정부가 들어서자마자, 교육에 대한 많은 논의가 진행되고 있다. 하지만 대학 자율화와 같은 입시 제도 문제가 가장 먼저 튀어나온다. 대학 자율화는 다시 말하면, 각 대학에서 더 성적 좋은 학생을 뽑겠다는 것이며, 학생들에게는 더 좋은 점수를 받기 위해 또다시 경쟁을 해야 한다는 말과 다르지 않다.

이 시점에서 모든 것을 다 제쳐두고 생각해보자. 우리 교육 제대로 가고 있는가. 한 인간이 살면서 최소한이라도 필요한 '협력'이란 개념은 가르쳐주고 있는가. 그런 가르침 없이 경쟁만을 이야기하는 것은 아닐까.

교육 새판 짜기에 앞서 우리가 생각해봐야 할 지점은 이 지점이 아닌가 싶다. 경쟁을 통해 내가 더 나은 것을 인정받는 사회가 아니라 힘든 일일수록 옆의 친구와 함께 풀어나가는 사회도 한번 꿈꿔보자.

"어려운 문제가 있을수록 서로 도와가며 해결해야 한다고 들었어요."라고 말하는 인디언 아이들의 이야기가, 너무 먼 나라의 이야기 같지 않은 사회를 위해 진지한 고민이 필요하다.

혼자 해결할 수 없어 여럿이 지혜를 모아 해결해야만 하는 어려운 과제가 미래에는 지금보다 더 많을 것입니다. 교육을 넘어 정치, 경제까지 대부분의 분야에서 '경쟁에서 협력으로' 문화 자체가 변화하지 않으면 미래 사회는 존속할 수 없을 것 같습니다. 이렇게 협력의 의미를 이해할 때만, 핀란드 교실에서 벌어지고 있는 평가 장면을 이해할 수 있습니다. 저는 MBC 방송을 통해 보았습니다. 시험 중에 교사에게 물어보기도 하고, 친구에게 도움을 청하기도 하는 장면을 보았습니다. 이를 통해, 평가를 포함한 모든 교육 활동은 경쟁능력이 아닌 협력능력을 드높이는 문화화 과정이어야 한다는 당위를 가슴에 새길 수 있었습니다.

경쟁에서 협력으로 방향을 바꾸는 순간 가장 극적인 반전이 시작됩니다. 선두의 전선이 후미의 전선이 되는 것처럼 천지개벽이 이루어지는 것입니다. 우리가 함께 손잡고 협력을 꽃피우는 교육 동지가 되었으면 좋겠습니다. 신영복 선생님의 말씀처럼, 동지란 같은 지점에서 서로를 바라보는 관계가 아닙니다. 동지란 같은 방향을 향해 나아가는 관계입니다. 내딛는 발걸음에 담긴 협력의 정도는 다르지만 협력이 충만한 세상을 향해 한 걸음 한 걸음 나아가는 교사라면 우리 모두는 동지입니다.

3) 발달을 위한 협력 수업

(1) 근접발달영역의 정의

일반 대중에게는 비고츠키를 대표하는 개념이 근접발달영역입니다. 한국도 마찬가지입니다. 근접발달영역의 정의는 『Mind in Society』 86쪽에 실려 있는 것이 세계적으로 널리 애용되고 있습니다. 한국어 표현은 1994년에 번역 출판된 『사회 속의 정신』 138~139쪽에 실렸던 정의가 널리 인용되고 있습니다. 최근(2009)에 새로운 번역판이 나왔습니다. 『마인드 인 소사이어티』 134쪽에 있는 정의가 인용되고 있습니다. 이 둘을 영문 내용과 비교해보겠습니다.

It is the distance between the actual developmental level as determined by independent problem solving and the level of potential development as determined through problem solving under adult guidance or in <u>collaboration</u> with more capable peers.(1978; 86)

독자적으로 문제를 해결함으로써 결정되는 실제적 발달 수준과 성인의 안내나 보다 능력 있는 또래들과 <u>협동</u>하여 문제를 해결함으로써 결정되는 잠재적 발달 수준 간의 거리가 근접발달영역(ZPD)이다.(1994, 2000; 138~139)

근접발달영역은 실제적 발달 수준과 잠재적 발달 수준 사이의 거리다. 실제적 발달 수준은 독립적인 문제 해결에 의해 결정되고, 잠재적 발달 수준은 성인의 안내 혹은 더 능력 있는 또래들과의 <u>협동</u>을 통한 문제 해결에 의해 결정된다.(2009; 134)

먼저 눈에 띄는 것이, **협력**(collaboration)을 **협동**(cooperation)으로 번역했습니다. 개념을 이해하는 데 심각한 방해 요인입니다.

다음으로 서양의 개인주의 문화에서 사용한 공간적 비유를 한국의 공동체 문화에 맞는 시간적 비유로 고치지 않은 것을 지적하지 않을 수 없습니다. 거리(distance)가 그것입니다. 영문 표기를 공간적 비유로 했기 때문에 한국어 번역자들이 거리로 옮긴 것도 충분히 이해할 수 있는 일입니다. 하지만 비고츠키는 공간의 차이가 아니라 시간의 차이를 표현했습니다. 예를 들면, 야구 경기에서 한국은 시간 개념으로 9회 '말(末)'이라 표현하고 미국은 공간 개념으로 9회 '아래(bottom)'라 표현하는 것과 같습니다.

이 두 핵심 개념을 제대로 번역하지 못한 결과인지는 확신할 수 없습니다. 어찌되었든 서구에서 불었던 비고츠키 열풍이 한국에서는 불지 않았습니다.

서구에서 비고츠키 열풍을 불게 했던 저 명문은 학문적으로는 질곡으로 작용했습니다. 대중적 열풍이 불고 한 세대가 지난 후에야 학문 분야에서 열풍이 부는 큰 시차를 만들어냈습니다. 『Mind in Society』는 비고츠키 원문이 아니라, 쉽게 이해할 수 있도록 대중을 고려하여 짜깁기하며 편집을 한 것입니다. 편집자 중 한 명인 마이크 콜이 밝힌 비고츠키 원전의 출처는 『생각과 말』 6장 4절 35번째 문단입니다. 비고츠키의 발달 교육에 제대로 입문하기 위해서는 한 번 비교해보는 것도 필요합니다. 좀 길지만 인용하겠습니다. 제가 틈틈이 다듬고 있는 것을 참고했습니다.

6-4-35] 어린이의 실제적 발달 수준을 판별하고자 할 때, 우리는 혼자서 해결해야 하는 테스트를 이용한다. 그 결과는 **이미 형성되고 성숙된 기능들**의 지표로 활용된다. 그러나 우리는 새로운 방법을 탐색하고자 한다. 가정컨대, 우리가 두 어린이의 정신 연령을 측정하여 그 결과 이들이 모두 8세 수준이라는 결과를 얻었다고 하자. 우리가 여기서 멈추지 않고 이 어린이들이 혼자서 해결할 수 없는 다음 단계 수준의 테스트를 제시하고 ① 이들에게 시범을 보임으로써 도움을 제공

하고, ② 올바른 해결의 길로 인도하는 질문을 제시하며, ③ 해결책의 첫 부분을 제시하는 등등으로 이들이 문제를 어떻게 해결하는지 살펴보았다. 이러한 **협력**(сотрудничество)을 통해 한 어린이는 12세 수준의 문제를 해결하지만 다른 어린이는 9세 수준의 문제만을 해결한다고 가정해보자. 이와 같이, 혼자서 해결할 수 있는 문제를 통해 결정되는 정신 연령 혹은 현재적 발달 수준과 어린이가 혼자가 아닌 **협력**을 통해 얻는 발달 수준의 불일치가 바로 **근접발달영역**을 결정한다. 이 예에서 그 영역은 한 아동에게는 숫자 '4'로 다른 아동에게는 숫자 '1'로 표현될 수 있다. 이 두 어린이가 동일한 정신 발달 수준에 있다고, 그들의 발달 상태가 일치한다고 말할 수 있을까? 분명히 그렇지 않다. 우리의 연구 결과에 따르면, 이 두 어린이의 똑같은 현재적 발달 수준에 의해 생성된 유사점보다 근접발달영역의 불일치에 기인한 차이점이 학교 교육에 훨씬 더 중요하다. 이 차이점이 무엇보다도 교수학습과 이후 성취에서 그들의 정신 발달의 역동성에 영향을 줄 것이다. 우리 연구에 따르면, 실제적 발달 수준보다 근접발달영역이 지적 발달의 역동성에 더욱 직접적인 의미를 가진다.

마지막으로 고민할 지점을 언급하기 전에 평소 제가 근접발달영역과 관련하여 학계에 가지고 있었던 불만 하나만 더 언급하겠습니다. **근접발달영역**은 결코 **근접학습영역**이 아닙니다. 교수학습과 발달의 밀접한 내적 관계를 이해해야 합니다. 중요한 지점은 발달의 차이를 드러내는 게 무엇이냐는 것입니다. 무엇 때문에 발달에서 차이가 났을까요? 푸는 문제의 어려움 정도는 아닙니다. 교사의 모범과 협력을 봐야 합니다. 교사의 도움이 있었습니다. 그게 학생의 발달을 이끌었습니다.

학생이 난이도 높은 점프 과제를 푸는 행위가 발달을 이끈 것이 아닙니다. 그런 과제 해결은 현재 발달한 능력을 사용하는 교육 활동일 뿐입니다. 차라리 교사가 점프 과제를 제시하여 도움을 준 것이 발달을 이끌었을지 모르겠습니다. 정교하게 조직된 점프 과제는 현재 발달한 능력만으로는 해결할 수 없습니다. 한 단계 높은 수준의 능력이 펼쳐지는 계기를 제공했을지 모르겠습니다. 더 깊은 고민을 위해 참고할 내용은 『생각과 말』 6장 4절에 있습니다.

비고츠키에 따르면, **좋은 수업**은 ① 발달을 선도하는, ② 근접발달영역을 창출하는 걸 지향하는, ③ 싹트기 시작하는 고등정신기능을 활짝 개화할 수 있도록 노력하는 수업이어야 합니다. 이 주장을 전달하고 싶어 근접발달영역에 대해 학문적인 이야기까지 조금 했습니다.

힐베르트 마이어(이혁규, 2015; 121)에 따르면, "좋은 수업은 민주적인 수업 문화의 틀 아래서 교육 본연의 과제에 기초하여, 그리고 성공적인 학습 동맹이라는 목표를 가지고 의미의 생성을 지향하면서 모든 학생의 능력의 계속적인 발달에 기여하는 수업입니다."

좋은 수업에 대한 두 사람의 정의를 비교해보겠습니다. 수식어를 다 빼고 나면, 마이어는 좋은 수업은 "모든 학생의 능력의 계속적인 발달에 기여"해야 한다고 단정했습니다. 실천적 지침으로 삼기에는 미진한 구석이 있습니다. 문제는 어떻게 해야 학생의 능력이 발달하는 데 계속해서 기여하느냐는 것입니다. 비고츠키는 바로 그 부분을 단정적으로 제시했습니다. 교사가 근접발달영역을 창출해야 한다고 확정했습니다.

(2) 근접발달영역의 특징

앞에서는 『생각과 말』 6장 4절의 내용을 정리했습니다. 이번에는 현재적 의미를 일부 담아내겠습니다.

모든 고등정신기능들의 공통된 기반은 **의식적 파악**과 **의지적 숙달**입니다. 어떤 문화적 능력이든 이를 펼치려면 정신 차리고 대상에 주의를 기울이며 목적을 견지하면서 활동해야 합니다. 교사는 학생의 문화적 능력이 실제로 얼마나 발달했는가보다는 아직 학생이 혼자서 펼치지 못하는 문화적 능력의 근접발달영역을 알아야 합니다. 이것이 앞으로 학생이 펼칠 지적 발달의 역동성을 예측하고 교수학습에서 성공할 것인지를 판단하는 데 더 중요합니다. 아동은 자신의 지적 잠재력의 영역 내에 놓인 것만을 모방할 수 있습니다. 협력 활동이 아동의 수행에 공헌할 수 있는 것은 자신의 발달 상태와 지적 잠재력에 의하여 결정된 한계선으로 제한됩니다. 협력과 모방에 근거한 문화적 능력의 발달이 현생 인류가 도달한 드높은 의식을 특징짓는 원천입니다. 교수학습에 근거한 문화적 능력의 발달은 부정할 수 없는 사실입니다. 그러므로 교수학습을 대상으로 하는 심리학 연구의 핵심은 협력을 통하여 학생의 문화적 능력을 높은 수준으로 발달시키는 방법을 찾는 것입니다. 즉, 현재 학생이 도달한 문화적 능력에서부터 혼자서는 할 수 없는 문화적 능력으로 나아가게 하는 기제를 분석하는 것입니다. 발달을 위한 교수학습은 이 기제에 근거해야 합니다. 이것이 근접발달영역이라는 개념의 내용입니다.

비고츠키에 따르면, 학생에게 유용한 교수학습은 단 하나뿐입니다. 그것은 문화적 능력이 발달하는 방향으로 앞서 나아가는 것입니다. 교수학습은 문화적 능력이 발달할 수 있도록 앞서 나가야 합니다. 근접발달영역을 창출하여 학생이 습득해야 할 문화적 능력을 경험하게 해야 합니다. 이러한 목적을 달성할 수 있는 교수학습 방법은 수없이 많습니다.

그러나 학생이 배울 수 있을 때만 가르치는 것이 가능합니다. 교수학습은 학생이 모방을 할 수 있는 잠재된 능력이 있을 때 가능합니다. 이런 사실 때문에, 교수학습은 이미 일어난 발달 주기의 하위 경계선을 무시할 수 없습니다. 학생의 현재적 발달 수준을 무시할 수 없습니다. 그래서 교육적으로 의미 있는 발달은 성숙한 능력의 발달이 아니라 성숙하고 있는 능력의 발달입니다. 그 까닭은 발달은 늘 아직 성숙하지 않은 아동의 능력으로부터 시작되기 때문입니다. 교사가 주목해야 할 곳은 아직 성숙하지 않은 학생의 문화적 능력입니다.

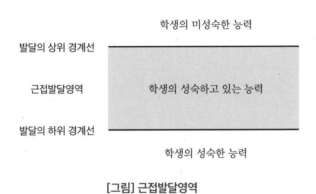

[그림] 근접발달영역

교수학습의 적절함은 근접발달영역에 의해 결정됩니다. 학교에서 배우는 어떤 주제에 대한 교수학습도 늘 아직 완벽하게 성숙하지 않은 원천에 근거하여 세워져야 합니다. 교사는 어제의 아동 발달에 자신의 노동을 맞출 것이 아니라, 내일의 아동 발달에 맞추어야만 합니다. 이러한 경우에만 교사는 교수학습을 통해 지금 근접발달영역에 놓인 문화적 능력들의 발달 과정을 촉발할 수 있습니다.

교수학습과 발달은 일치하지 않습니다. 그것들은 매우 복잡한 상호 관련성을 가진 서로 다른 두 과정입니다. 교수학습은 그것이 발달의 방향으로 앞서 나아가는 경우에만 유용합니다. 그럴 때, 교수학습은 근접발달영역에 놓인 성숙의 과정에 있는 모든 일련의 기능들을 촉발하거나 깨웁니다. 이 것이 발달을 위한 교수학습이 해내야 할 중요한 역할입니다. 발달 과정에 서 이미 성숙해진 능력을 그저 활용하기만 한다면, 즉 발달의 원천이 될 수 없다면, 교수학습은 완벽하게 불필요한 활동입니다. 발달 교육 측면에서 보 면, 인류의 장구한 교육 실천에서 구성주의 교수학습이 최악의 방법입니다.

(3) 근접발달영역의 의미

다음은 모두 『레프 비고츠키』에 있는 내용입니다.

이제 근접발달영역이라는 개념과 그 의미를 설명하겠습니다. 이것 은 동시대 아동학에서 점점 더 일반적으로 받아들여지고 있습니다. 실제적 발달 수준은 어린이가 발달 과정에서 도달한 수준이고 어린 이가 독립적으로 해결한 과제를 통해 확립된 수준이라고 합시다. 결 과적으로 실제적 발달 수준은 아동학에서 사용되는 일반적 의미로는 정신 연령입니다. 우리는 이제 아동학에서 바로 이것을 정신 연령이 라 부르는 것을 삼가야 합니다. 왜냐하면 우리가 보았듯이 그것은 정 신 발달의 특징을 제대로 드러내지 못하기 때문입니다. 어린이의 근 접발달영역은 독립적으로 해결한 문제를 통해 확립된 어린이의 실제 적 발달 수준과 성인의 안내나 혹은 더 지적인 파트너와의 협력으로 어린이가 해결한 문제를 통해 확립된 어린이의 가능한 발달 수준의 시간적 차이입니다. 그런데 무엇이 실제적 발달 수준일까요? 가장 순 진한 사람의 관점에서 우리가 무엇이 실제적 발달 수준이냐고 물었 을 때 (단순하게 말해서, 어린이가 독립적으로 해결한 문제들이 무엇을 의미

하냐고 물었을 때), 가장 일반적인 대답은 어린이의 실제적 발달 수준
은 **이미 성숙한 기능들**, 발달의 열매들에 의해 결정된다는 것이겠지
요. 어린이는 독립적으로 이것, 저것 그리고 그것을 할 수 있습니다.
그러면 독립적으로 이것, 저것 그리고 그것을 하는 데 필요한 기능들
이 성숙해 있는 것입니다. 그런데 어린이가 독립적으로 해결할 수 없
지만 도움을 받아 해결할 수 있는 문제들을 통해 확립된 근접발달영
역, 이것은 무엇을 의미할까요? 근접발달영역은 **아직 성숙하지 않았
지만 이제 성숙의 과정에 있는 기능들**, 내일 성숙하겠지만 지금은 여
전히 초기 형태에 머물러 있는 기능들, 발달의 열매라 칭해질 수 없지
만, 발달의 새싹으로, 발달의 꽃으로, 즉 **이제 막 성숙하고 있는 것으
로 칭해질 수 있는 기능들**입니다. 실제적 발달 수준은 성공적인 발달
결과, 어제까지의 발달 결과를 보여준다면, 근접발달영역은 내일 펼
쳐질 정신 발달의 특징을 나타냅니다.(비고츠키가 1933년 12월 23일 행
한 연설. Vygotsky 1933/1935e, p. 42)

일반적으로 우리는 고등정신기능들이 이전에는 사람들 사이에서
펼쳐진 진정한 관계들이었다고 말해야 합니다. (……) 어린이의 문화
발달에서 모든 기능은 두 번, 두 단면에, 먼저 사회적 단면에 이후에 심
리적 단면에, 먼저 심리들 사이의 범주로 사람들 사이에 이후에 심리
내적 범주로 어린이 내에 출현합니다.(Vygotsky 1931/1983, pp. 142~145)

교수학습은 오직 발달을 앞서 갈 때만 유익한 것입니다. (……) 어
린이를 위해 올바르게 조직된 교수학습은 어린이의 정신 발달을 선도
하고, 교수학습이 없었다면 불가능했을 총체적인 일련의 발달 과정에

활력을 불어넣습니다.(Vygotsky 1933/1935a, pp. 15~16)

왜 높은 IQ를 지닌 어린이들은 초등학교 4년 동안 그들의 높은 IQ 를 잃는 경향을 보일까요? 높은 IQ에 도달한 어린이들의 대다수는 (……) 우호적인 환경에서 자란 어린이들입니다. (……) 한 어린이는 문화적인 가정에서 자랍니다. 거기에는 소책자들이 있고, 그걸 보며 어린이는 문자에 노출되고, 그는 그걸 읽지만, 다른 어린이는 한 번도 인쇄된 문자를 보지 못한 가정에서 살고 있습니다. 우리는 이들 어린 이를 학교 지식에 적합한, 어린이들이 학교에서 배우게 될 능력들에 적합한 비네 검사나 다른 검사의 도움을 받아 검사합니다. (……) 더 문화적인 가정에서 자란 어린이들이 높은 IQ를 보이는 것은 조금도 놀랄 일이 아닙니다. 우리는 그 반대의 결과에 놀라야만 합니다. 이들 어린이는 도대체 어디서 높은 IQ를 가지게 되는 걸까요? 그들은 근 접발달영역 때문에 높은 IQ를 지니게 됩니다. 즉, 그들은 훨씬 이전 에 근접발달영역을 경험했고 그래서 그들은 상대적으로 발달의 영역 이 적어지게 됩니다. 왜냐하면 어느 정도까지 그들은 이미 그러한 근 접발달영역을 소진했기 때문입니다.(Vygotsky 1933/1935e, pp. 51~52)

(4) 초인지

여기에서는 초인지(메타인지)와 관련된 비고츠키의 진술을 살펴보겠습 니다. '초인지'는 인지 활동들을 감시하고 통제하는 인지 활동입니다. 까 다로운 수학 문제를 해결하고 있는 자신의 인지 과정을 스스로 통제하는 활동에는 초인지가 관여합니다. 초인지는 이미 성숙한 능력이 펼쳐지는 경우에는 잘 활성화되지 않습니다. 성숙한 능력이 관여하는 인지 활동은 자동화되어 번개처럼 진행됩니다. 인지 활동이 당연하게 진행되기 때문에 그냥, 저절로 이루어진 것 같습니다. 이에 반하여 근접발달영역에 있는 성숙하고 있는 능력이 펼치는 인지 활동은 의식할 수 있습니다. 학생은 교사가 했던 것처럼, 친구들이 했던 것처럼, 문화적 모범으로 제시된 내용처럼 하려고 자신의 인지 활동을 의식합니다. 감시하고 통제합니다. 그리고 제대로 하도록 자신의 행동을 의지적으로 통제합니다. 즉, 올바르게 인지 활동이 전개되도록 조절합니다. 새로운 능력이 성숙하는 과정에 초인지가 제대로 관여해야 성숙한 능력으로 발달하게 됩니다.

교사는 자신이 근접발달영역을 창출했을 때 학생에게 어떤 변화가 일어나는지를 파악할 수 있어야 합니다. 학생에게 일어나는 변화를 이해하는 데 도움이 되었으면 좋겠습니다. 『생각과 말』 6장 2절 23번째 문단 내용입니다. 제가 다듬고 있는 것을 제시했습니다.

6-2-23] 이 시점에서 우리는 최초의 개념에 대한 **의식적 파악의 부재**와 이후의 문제(과학적 개념과 일상적 개념의 관계 규명)를 해결하는 데 동일한 정도로 이론적, 실제적 측면에서 설득력이 너무도 없는 **의식적 파악의 출현**이라는 밀접하게 연관된 두 쟁점을 차분하게 생각할 수 있다. (피아제처럼) 개념에 대한 의식적 파악의 부재와 그것을 자발적으로 사용하는 능력이 없는 것을, 이 연령대의 어린이가 일반적으로 의식적 파악을 할 수 없다는 사실에, 즉 자기중심적 (사고 단계에) 근거하여 설명하는 것은 그 자체로 가당치 않다. 왜냐하면 우리의 연구가 보여주듯이 바로 이 연령대에서 (아동) 발달의 핵심인 **고등심리**(정신)**기능**들이 출현하기 때문이다. 이 고등정신기능들을 변별하게 해주는 근본적인 자취를 **지성화**와 **습득** 활동이 출현하는 데서 찾을

수 있다. 즉, (학생이 과제를 풀면서 보여주는) **의식적으로** (과제를) **파악**하고 **의지적으로 숙달**하려고 (과제 해결에 온 정신을 쏟아내는) 활동에서 찾을 수 있다.

초인지를 적절하게 언급한 최초의 문건입니다. 위에서 언급한 초인지와 근접발달영역의 관계가 명확하게 진술되었습니다. 이런 비고츠키의 진술 때문에, 3부 10장에서 확인할 수 있듯이, 초인지를 연구하는 데 가장 중요한 원천이 비고츠키라고 학자들이 단언하고 있습니다.

4) 협력 수업

(1) 협력 수업의 탄생

협력 수업을 이야기하기 전에, 먼저 수업에 대해 간단하게 언급하고 넘어가겠습니다. 제가 비고츠키를 연구하는 데 스승과 같은 역할을 해주신 분이 계십니다. 데이비드 켈로그 교수님입니다. 언제인지 기억은 나지 않습니다. 제가 전자우편으로 했던 질문에 대한 교수님의 대답입니다. 당연히 제가 번역했습니다.

진정한 '교수학습 활동'의 핵심적인 특징은 근접발달영역을 만들어낸다는 것이다. 즉, 교수학습은 아동이 주변 사람들과 어울리거나 친구들과 협력할 때만 작동할 수 있는 다양한 내적 발달 과정들을 일깨우게 되며, 이 과정들이 내재화되면 그것들은 아동의 독립적인 발달적 성취의 일부가 된다.

교수학습은 발달이 아니다. 그러나 적절하게 조직된 교수학습은 정신 발달을 가져오고, 교수학습과 분리하는 것이 불가능한 다양한 발달 과정들을 작동시킨다. 따라서 **교수학습은 인간에게만 존재하는 문화적으로 조직된 심리기능들을 개발하는 과정의 필수적, 보편적 측면이다.**

저는 '협력 수업'이라는 표현을 제가 제일 먼저 사용했다고 생각하고 있습니다. '협력 교수학습'이라는 저의 창작품은 제목이 좀 길고, 이분법적 사고에 물든 사람들이 이 제목을 생소해했습니다. 교실에서 벌어지는 활동을 좀 더 포괄적으로 담아내고, 사자성어에 익숙한 우리 문화에 맞추어 네 글자로 줄였습니다. 그러면서도 친숙한 느낌이 드는 표현을 개발했습니다. 이런 의도가 잘 반영된 표현이 협력 수업입니다. 전적으로 저의 주관적 판단입니다. 저는 협력 수업의 창조자라는 자부심도 가지고 있습니다. 대한민국 교육계에 유통되는 교수학습 방법 중에 오직 협력 수업만이 국산이라는 사실에 자부심을 가지고 있습니다. 나아가 협력 수업에 대한 저의 특허권은 국내용을 넘어 국제용이기도 합니다. 이런 평가는 제가 주변 사람들과 함께 사회적으로 구성한 판단과 감정일 뿐입니다.

이 이야기를 하는 까닭은 제가 제대로 된 호모 사피엔스답게 지혜롭다는 것을 입증하고 싶기 때문입니다. 이를 위해 신성욱(2015. 10. 02.) 과학 저널리스트의 글을 인용하겠습니다.

우리 뇌는 모든 것을 볼 수 없다. 내가 지금 알고 있는 지식과 정보는 내가 보고 싶은 것만 골라서 본 결과다. 그런 만큼 내가 아는 지식과 정보를 과신하면 문제가 생기기 마련이다. <중략>
그렇다면 모든 것을 놓치지 않고 볼 방법은 없을까? 딱 하나 방법이 있긴 하다. 옆 사람에게 물어보는 것이다. "나는 이런저런 걸 봤는데, 넌 뭘 봤어?" 묻다 보면 전체 모습을 그릴 수 있게 된다. 이것이 바로 지혜다. 성현의 위대한 말씀만이 지혜가 아니다. **지혜란 서로가 서로에게 질문을 하는 것이다.** 우리가 오늘날 아이 키우는 일을 힘들어하는 것도 서로 질문할 기회가 줄어들었기 때문이다.

제가 과장된 감정과 최상의 판단을 제기한 까닭은 대답을 듣고 싶기 때문입니다. 제가 자랑한 행위는 우회적으로 질문을 하는 행위였습니다.

협력 교수학습은 비고츠키의 최후 저작, 『생각과 말』을 한국어로 번역하면서 제가 배운 바를 응축하여 표현한 것입니다. 교수와 학습을 이분법적으로 보지 말고 통일된 것으로 보자는 비고츠키의 주장을 담아 교수와 학습이란 용어를 연결하여 교수학습으로 부각했습니다. 비고츠키가 발달을 위한 교수학습의 가장 중요한 특징으로 삼은 것은, 가장 추상적으로 압축하여 표현하면, **협력**입니다. 비고츠키가 주장하는 교수학습 방법이 무엇인지 간결하게 설명하라는 요구를 받았습니다. 비고츠키에 대한 저의 대답이 협력 교수학습에, 협력 수업에 응축되어 있습니다.

(2) 협력 수업의 특징

협력 수업을 통해 무엇보다도 먼저, 저는 수업에서 **교사와 학생의 협력이 가장 근간**이 된다고 주장합니다. 학생과 학생의 협력은 이차적이라고, 많이 언급되는 **협력 학습은 이차적**이라고 주장하는 것입니다. 이차적이라는 것은 시간적 순서가 그렇다는 것입니다. 먼저 교사와 학생의 협력이 있고, 다음에 학생들의 협력이 있다는 것입니다. 그러므로 비고츠키에 따르면, 정확히 표현하면, 제가 파악한 비고츠키에 따르면, 교사는 협동 학습이나 협력 학습을 논하기 전에 먼저 협력 수업을, 특히 교사와 학생의 협력을 정확히 파악해야 합니다.

둘째, 저는 수업들의 목표를, 나아가 교육과정의 목표를 학생의 **전면적 발달**에 두어야 한다고 주장합니다. 발달은 지식의 누적과는 결이 다릅니다. 발달은 인간 의식의 변화와 관련이 있습니다. 교육에서 빌달은 바람직한 방향으로 변화하는 것을 지향합니다. 그러므로 협력 수업은 전인을 만드는 교육을 추구합니다. 학생의 전면적(인지적, 정서적, 도덕적, 사회적, 신체적 따위) 발달을 추구하는 수업은 교사와 학생의 협력을 근간으로 해야 합니다. 출발선으로 해야 합니다. 이런 수업은 학생의 인지적, 정서적, 도덕적, 사회적, 신체적 능력 따위가 정상적인 성인의 능력 수준으로 변화하는 것을 목표로 합니다. 따라서 협력 수업은 사람다워지는, 인간으로 나아가는, 고매한 인격자가 되는 과정을 체계적으로, 종합적으로, 전면적으로 전개해야 합니다.

셋째, 저는 학생의 타고난 능력을 정교하게 하는 것이, 학생이 활동하며 발견하여 스스로 구성하는 것이 좋은 수업이라는 구성주의적 입장을 정면으로 부정해야 한다고 주장합니다. 구성주의적 수업과는 완벽하게 정반대쪽에 위치한 수업입니다. 교과서의 지식을 맹목적으로 암기하게 하는 수업은 문제입니다. 객관만 강조한 행동주의적 수업은 분명 문제입니다. 하지만, 교과서의 지식을 이해하고 비판적으로, 창조적으로 삶에서 활용하게 하는 수업은 문제가 되지 않습니다. 아니 정상적인 수업입니다. 교육과정에 담긴 내용은 국가에 의해, 사회 지도층에 의해, 교육 전문가에 의해 학생 외부에 이미 정해져 있습니다. 학생들이 좋아하는 내용이냐는 중요하지 않습니다. 사회 공동체의 필요 혹은 선별된 사회의 핵심적인 문화가 그러한 교육과정에 담긴 내용입니다. 협력 수업은 학생에게 문화를 전수하고, **학생이 이를 계승하여 살아가며 창조적으로 발전시켜야 한다**는 관점을 지지합니다.

넷째, 저는 전면적 발달을 촉발하기 위해 **근접발달영역을 창출**하는 교수학습을 지향해야 한다고 주장합니다. 학생이 당장은 혼자서 펼칠 수 없는 문화적 능력을 교육해야 합니다. 나중에 학생 혼자서도 펼칠 수 있도록 다양한 교육 활동을 통해 교사는 학생에게 근접발달영역을 모범으로 보여주어야 합니다. 교사는 근접발달영역을 협력으로 학생과 함께 경험해야 합니다. 이게 발달을 선도하는 교수학습이고, 제가 주장하는 협력 수업입니다. 이 입장에 따르면, 학생이 스스로 다 할 수 있는 것을 수업하는 것은 참, 정말, 너무도, 어이없는 일입니다. 책의 시작부터 도종환 시인의 시를 인용하며 구성주의적 수업을 향해 비판의 포화를 날렸습니다. 중간에도 여기저기서 융단 폭격을 했습니다. 마무리하는 지점에서도 껍데기는 가라고 한 번 더 강조합니다.

(3) 협력 수업의 지향점

교수학습은 교육과정의 실천적 측면입니다. 교육 내용의 배열은 교육과정의 이론적 측면입니다. 올바른 교수학습은 교육 내용의 배열이 목적하는 바와 같은 것을 지향해야 합니다. 이러한 상식에 근거한다면, 협력 수업이 지향하는 바는 전인 교육, 학생의 전면적 발달을 추구하는 교육일 수밖에 없습니다.

전면적 발달은 학습자의 신체적, 정서적, 사회적, 인지적 측면을 고루 발달시키자는 것입니다. 이에 더하여 도덕성, 심미성, 창의성의 발달도 종합해야 합니다. 하지만 비고츠키는 학교 교육과정에서 가장 중심이 되는 문화적 능력은 순차적으로 ① **자발적 주의능력**, ② **논리적 기억능력**, ③ **개**

념형성능력, ④ **의지능력**이라고 보았습니다. 정확하게 표현하면, 제가 비고 츠키의 관점을 녹여낸 여러 나라의 교육과정을 연구하며 찾아낸 것입니다.

발달적 관점이 서방 세계의 교육에 도입된 지 근 백 년이 넘었습니다. 하 지만, 개체발생 과정에서 어떤 순서로 어떤 방식으로 다양한 고등정신기능 (문화적 능력)이 꽃피게 되는지를 명확하게 규명하지 못하고 있습니다. 학술 적으로 기각된 피아제의 인지 발달 단계라는 연구 성과가 있을 따름입니다.

이러한 상황이기에 '**발달의 사회적 상황**'을 제시한 비고츠키의 통찰력 은 유난히 돋보입니다. fMRI(기능적 자기 공명 영상)로 촬영한 자료 때문에 이제 비고츠키의 주장을 과학적으로 쉽게 확인할 수 있습니다. 그는 높은 수준의 정신기능은 그보다 낮은 수준의 정신기능들이 동시에 발현하는 것 이라고 단정하고 있습니다. '**기능들의 체계**'가 그것입니다.

AB(자발적 주의능력) 혹은 BA(주의를 지속하는 능력)는 A(주의능력)와 B(자발적 능력, 스스로 선택하는 능력)가 동시에 어울리며 발현되는 능력입니 다. A가 주도적으로 동시 발현되면 AB(자발적 주의능력)로, B가 주도적으 로 동시 발현되면 BA(주의를 지속하는 능력)라고 명명할 수 있습니다. 2부 6장 '변증법적 유물론'에서 이야기한 것을 떠올리시면 됩니다.

그러므로 정확히 개념 규정도 되지 않은 특수한 능력에 치중하기보다 심리학에서 인정된 가장 기본적인 고등정신기능을, 문화적 능력을 모든 학생이 체계적으로 습득하게 하는 것이 학교 교육이 가야 할 올바른 길입 니다. 또한 다양한 심리기능의 동시적 발현은 대상, 과제, 실재를 의식적으 로 파악하고 의지적으로 숙달하는 주체의 활동과 밀접하게 연결되어 있습 니다. 비고츠키에 따르면, 이게 초인지의 요체입니다. 이렇기 때문에 그는 학교 교육에서 학생이 '의식적으로 파악하며' '의지적으로 숙달하는' 교육 활동에 관심을 기울여야 한다고 조언하고 있습니다. 교과서는 이런 교육 활동을 체계적으로 배열해야 합니다.

교과 지식을 습득하는 데 전념하는 기존의 교육은, 기억하는 능력을 강화하는 데 치중하는 기존의 교육은 고등정신기능 중 하나인 개념형성능력을 키우는 교육으로 대체되어야 합니다. 학교 교육은 이 문화적 능력을 발달시켜야 합니다. 이를 위해 교육자는 의식적으로, 조직적으로, 체계적으로 노력해야 합니다.

기존의 학교 교육은 이런 사실을 인식하지 못했습니다. 어떻게 펼치는지 의식하지 못했습니다. 이 문화적 능력을 발달시키는 것이, 학생이 개념형성능력을 습득하는 것이 학교 교육의 성패를 가르는 잣대입니다. 아직은 이해하기 어려운 주장일 듯합니다. 예를 들어보겠습니다. 높은 수준의 도덕적 삶을 펼치는 능력(연대능력, 배려, 협력 따위)은 학생에게 개념형성능력이 없다면 도달할 수 없습니다.

『생각과 말』을 통해 우리는 이제 개념, 용어, 낱말의 의미를 익히는 것이 장구한 개념형성 과정의 시작일 뿐이라는 것을 잘 알게 되었습니다. 특정 개념에 일반화되는 생생한 현실, 구체적 사례를 알고 있어야 개념이 역동적이고 힘이 있습니다. 이오덕 선생님의 말씀처럼, 그 낱말을 부릴 수 있습니다. 그 특정 개념 옆에 등위로 놓일 수 있는 개념이 무엇인지도 알아야 하고, 그 개념에 속하는 다양한 구체적인 경험도 알아야 하고, 그러한 개념들을 추상화한 상위의 개념도 알아야 대상을 종합적으로, 체계적으로, 과학적으로 파악할 수 있습니다. 이렇게 오랜 시간에 걸쳐 개념 체계가 만들어지는 과정을 '**개념형성**'이라고 합니다. 학생이 개념 체계를 세울 수 있을 때 우리는 그 학생은 **개념형성능력**이 있다고 합니다.

학창 시절에 개념형성능력을 배워 익혀야 사회에서 접하는 실재들을 체계적으로, 종합적으로, 과학적으로 파악할 수 있습니다. 그래야 창조적 활동을 펼칠 수 있습니다. 이런 유능한 노동자들이 넘쳐나야 사회가 합리적으로 진보할 수 있습니다. 그래야 복잡하고 어렵고 새로운 내용을 공동체 동료들과 쉽게 공유할 수 있습니다. 이러한 사회 환경이 구축되어야 창의적인 문화가 꽃필 수 있습니다.

평가 중심의 교육 문화에 물들어 있는 현실 때문에 현실에 만족하지 못하는 교사들은 비고츠키 방식의 **평가**는 언제, 어떻게, 어떤 식으로 하는 것이냐고 궁금해합니다. 평가와 교수학습은 동일한 과정의 다른 측면일 뿐입니다. '교육과정—교수학습—평가'라는 개념을 형성하면서 다음과 같이 관계를 규명해본 적이 있습니다. 교실에서 교사와 학생이 교육 활동을 하며 시간이 흘러갑니다. 이 흐름을 방향과 연결하여 대상화하면 교육과정이고, 내용과 연결하면 교수학습이고, 조절(통제)과 연결하면 평가입니다. 평가란 교수학습이 펼쳐지는 동안 늘 진행됩니다. 교실에서 벌어지는 교육 활동의 흐름이 제 방향으로 가고 있는지 흐름의 내용을 살피는 교사의 모든 행위가 평가입니다. 설명하는 억양이 변하는 것, 다시 한 번 더 주의를 주는 것, 특정 학생을 호명하는 것, 질문하는 것, 교사의 모든 행위라고 보면 됩니다. 올바른 교육적 평가는 이렇습니다.

행정적 평가와 구분해야 합니다. 기록을 위해, 서열을 위해, 결과물을 만들어야 하는 평가와 구분해야 합니다. 각각에 해당하는 구체적인 사례를 풍부하게 채울 수 있어야 교육적 평가와 행정적 평가를 제대로 이해한 것입니다.

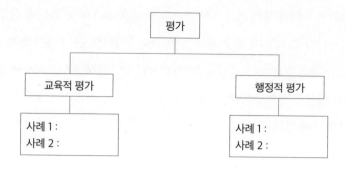

우리는 학생들의 다양한 능력이 성숙하는 것을 진단해야 합니다. 역동적인 변화를 살피려, 고등정신기능(문화적 능력)의 발달 과정을 알아보려, 학생들의 발달 상태를 알아보려 진단해야 합니다. 이러한 진단은 교수학습 과정에서 매 순간 이루어지는, 교수학습 과정 그 자체여야 합니다. 학생들의 활동을 과학적으로 분석하는 순간순간의 과정들이 평가(진단)입니다. 정확히 표현하면, 분석하고 수업의 흐름에 변화를 주는 것까지 평가(피드백)입니다. 계속되는 과정으로 평가를 인식해야 합니다. 이게 가장 중요한 평가, 교육적 평가입니다. 발달 교육의 진단입니다.

좀 더 형식적인 평가 방식은 실제 평가가 아닌 인위적인 평가입니다. 학생의 현재적 발달 상태를 재려는 것입니다. 근접발달영역을 알아보려는, 학생의 발달 과정을 알아보려는 '역동적 평가'가 아닙니다. 특히나 교수학습과 무관하게 학생들을 점수로 서열화하는 그런 평가는 교수학습이라 할 수 없습니다. 교육 이외의 목적, 선발을 위한 행정 행위일 뿐입니다.

교사가 가르치기 위해 대화, 설명, 정리하는 측면이 교수학습 과정의 한 측면이라면, 그러한 활동을 하면서 학생들의 표정, 태도, 자세, 흥미 따위를 보는 측면은 교수학습 과정의 다른 측면입니다. 이 측면을 '일상적 평가'라고 명명할 수 있을 것입니다. 교육적 평가입니다. 발달을 위한 진단입니다. 교사가 평가 전문가가 되고자 한다면 수업의 이 측면에 더 민감해야 합니다. 그게 진정한 의미의 발달 교육을 실천하는 수업의 출발점이며, 발달 교육을 펼치는 수업의 요체입니다. 수업 중에, 현실 속에서, 관계속에서 학생에게 필요한 것을 찾을 수 있어야 합니다. 학생의 발달을 진단할 수 있어야 합니다.

(4) 협력 수업의 사례

민감한 교사라면 협력 교수학습에 대한 설명을 듣는 것만으로도 실제 수업에 비고츠키의 이론을 적용해보는 것이 어렵지 않을 것입니다. 시작하는 부분에서 수업 활동을 계획할 때 학생들의 참여를 최대한 끌어내자고 했습니다. 학생의 발달 단계에 따라 적합한 근접발달영역을 창출하는 교수학습 활동의 구체적 내용을 같이 계획하고, 설계하자고 했습니다. 수업 활동에 대해서는 앞에서 언급했듯이 이미 학생과 함께 하는 다양한 교수학습 활동 방안이 소개되어 있습니다. 반성 부분에서 인지적 측면뿐만 아니라 정의적 측면에서도 교수학습을 돌아보는 것이 중요하다는 것을 강조하고자 합니다.

협력 교수학습을 적용한 후에 초등교육과정연구모임에서 여러 차례 근접발달영역을 창출하는 수업에 대해 논의했었습니다. 여기서 검토했던 것입니다. H 교사의 사례를 간단하게 언급하겠습니다.

초등 3학년 수학 시간. 문장제 문제 하나를 푸는 것이 한 차시 과업입니다. 교사는 경험(학급의 수준, 그동안의 교수학습 경험, 작년 경험 등)에 근거하여 수업을 시작할 때 이 문제는 너무 어려우니 넘어가자고 제안합니다. 학생들은 그래도 해보자고 합니다. 교사는 그럼 혼자서 하지 말고, 여럿이 모여 함께 풀어보자고 대안을 제시합니다. 아이들이 수업 활동을 계획하는 데 적극적으로 참여하여 자신의 뜻을 관철시켰습니다.

아이들은 모둠별로 문제를 풀어나갑니다. 교사는 평소에는 주의가 산만하던 학생이 모둠에서 주도적으로 활동을 이끌어가는 예사롭지 않은 상황을 관찰했고, 문장제 문제에서 주의를 기울여야 할 여러 지점을, 여러 조건을 학생들이 나눠 분담하여 복잡한 문제 풀이 과정을 이리저리 배열해가는 것도 관찰했습니다.

이 교수학습 활동을 언급한 것은 교수학습 활동에서 우리가 고등정신기능(비고츠키에 따르면, 초등에서 가장 중요하다는 자발적 주의능력과 논리적 기억능력)이 사회적 관계에서 특히나 학생들 사이에서 발생하고, 수업 활동을 이끌어가는 영향력을 발휘하는 것을 볼 수 있었기 때문입니다. 여기서는 동료 학생과의 협력을 통해 근접발달영역이 창출되었습니다. 이렇게 협력 교수학습에서 학생들끼리도 협력 활동하면서 혼자서는 할 수 없지만 함께 하면 할 수 있는 근접발달영역을 창출할 수 있습니다. 어려운 문제를 해결한 것은 결과에 치중한 관찰입니다. 이것만으로는, 어려운 문제를 해결한 것만으로는 근접발달영역이 창출되었다고 할 수 없습니다. 협력 수업을 통해 **근접발달영역을 창출한다는 것**은 이렇게 스스로 지속적으로 주의를 유지하고 주요 내용에 대한 기억을 지속해야 하는 활동을 모범과 협력을 통해 사회적 차원에서 펼쳐내는 것입니다. 한 학생은 첫 번째 조건을 기억하고, 다른 학생은 두 번째 조건을 기억하고, 또 다른 학생은 세 번째 조건을 기억합니다. (한 학생이 세 조건을 다 기억한다는 것은 아주 어려운 일입니다. 그런 주의능력이 발달했다면 초등학생의 정상적인 주의능력을 넘어선 것입니다.) 모둠의 학생들은 문제 상황에 제시된 피해야 할 조건들을 주의하면서 연속적으로 기억한 내용을 신중하게 적용하며 타당한지 점검해나가는 협력 활동을 했습니다. 여기가 우리가 주목해야 할 핵심 지점입니다. 이게 근접발달영역을 창출한 것입니다. 교사는 학생들 앞에 근접발달영역을 창출하는, 학생들이 스스로 근접발달영역을 창출하게 하는 전문가여야 합니다. 그래야 후에 학생들은 그러한 고등정신기능을, 문화적 능력을 혼자서 펼칠 수 있는 것입니다. 창의적인, 독립적인, 자기 주도적인 학습자가 되는 길은 이러한 과정을 통해 열립니다.

B교사의 사례도 소개하겠습니다. 교사와 학생의 협력이 돋보이는 장면이 있기 때문에 한 번 더 근접발달영역을 창출하는 수업 사례를 제시하고자 합니다.

2학년 슬기로운 시간입니다. 한 차시 수업 분량은 교과서에 있는 그림 4개를 보며, 인류가 창조한, 잊지 않고 효과적으로 기억하기 위해 사용한 방법을 배우는 것입니다. 학생은 5분도 지나지 않아, 4개를 책에 다 적었습니다. 그 방법이 무엇인지 그림이 너무 쉽게 알려주었기 때문입니다. 구성주의적 발견 학습은 좌절감뿐만 아니라 이렇게 쓸데없는 자만심의 부작용도 지속적으로 양산하고 있습니다.

교사는 수업 분위기를 다잡기 위해, 평가(압축된 교수학습)로 수업의 흐름을 전환합니다. '효과적으로 기억하기 위해 사용한 방법 10가지'를 공책에 적도록 했습니다. 교사는 칠판에 시험 문제를 적고 나서, 혼자 정답을 생각하기 시작합니다. 걱정이 생겼습니다. 앗! 10가지는 너무 많았습니다. 갈등을 합니다. '문제를 7가지로 바꿀까? 아니야, 체계적으로 생각해보면 10가지를 채울 수 있을 거야? 분류의 기준을 생각해보자! ……'

교사의 의식은 갈등하고, 분류 기준을 설정하기 위한 방안을 찾느라 분주합니다. 그때 학생 하나가 손을 들고 요청을 합니다. "선생님, 너무 어려워요, 모둠이 같이 상의해서 풀면 안 되나요?" 교사는 속내를 들키지 않으려 진지한 분위기를 유지하면서 전체 학생을 향해 의견을 물어봅니다. "모둠별로 상의하며 푸는 것으로 할까요?" 학생들은 "네!"라고 대답합니다. 선심 쓰듯, 교사는 모둠별로 문제를 푸는 것으로 평가 방식을 바꿉니다.

교실을 이리저리 오고 가면서, 모둠별로 문제를 푸는 과정을 슬쩍슬쩍 관찰합니다. 교사가 생각하지 못한 방법을 발견하고는 큰 소리로 칭찬합니다. "동영상 찍기." 이렇게 한 가지 방법을 학급 전체가 공유하게 됩니다. 다른 모둠도 자랑하듯이 "포스트잇 붙이기"를 공개합니다.

교사는 이 과정에서 분류 기준을 급조합니다. 전에 공부했던 감각 기관과 연결하여 분류 기준을 만들어 칠판에 제시합니다.

> 시각 -
>
> 청각 -
>
> 미각 -
>
> 후각 -
>
> 촉각 -

왜 시각과 청각을 활용한 방법이 많을까요? 미각, 후각, 촉각을 활용한 방법은 없을까요? 촉각을 활용한 방법으로 점자를 안내합니다. 미각과 후각도 어떤 경험을 기억나게 한다는 의견도 교류합니다.

모둠별로 찾은 내용을 돌아가며 발표합니다. 이에 근거하여 교사는 정답을 발표합니다. 최종적으로 정리합니다. 시간 순서를 고려하며 시각을 활용한 방법을 칠판에 적어갑니다. '동굴 벽에 그리기' 앞에 '돌탑을 세우기, 나뭇가지에 표시하기, 가죽(옷)에 그림 그리기, …….' 현재로 넘어오니 '전자메일로 자기에게 편지 보내기, 수첩에 메모하기, 책 여백을 접거나 여백에 정리하기, 책 만들기, …….'

교사는 드러내지 않았지만, 학생과 함께하며 문제를 해결하는 능력과 대상을 분류하는 능력을 교실에 펼쳐냈습니다. 누구보다도 교사가 가장 많이 공부했습니다. 학생의 성취가 얼마나 될지 교사는 모릅니다. 먼 훗날 제자들이 이 경험을 활용할 기회가 있을지 장담할 수 없습니다. 하지만 교사는 앞으로 어떻게 근접발달영역을 창출할지 감을 잡았습니다. 자신의 문제해결능력과 분류능력을 한 걸음 진척시켰습니다. 미지의 세계로 나아갈 용기를 얻었습니다. 학생의 협력능력을 좀 더 정확하게 인식하게 되었습니다.

(5) 협력 수업의 흐름

국내에서 많이 사용되고 있는 수업 지도안이 있습니다. 수업 흐름을 '도입, 활동, 평가'로 나누고 있습니다. 이런 현실을 넘어서기 위한 작은 한 걸음을 내딛었습니다. 수업 흐름을 '계획, 활동, 반성'으로 구분했습니다. 2011년 서울특별시 직무 연수(비고츠키 교육학)를 운영하면서 개발한 것입니다. 60시간 연수라 수업 실기도 있었습니다. 수업 실연을 위한 수업 지도안도 비고츠키 교육학 연수 내용을 반영하자는 수강생의 요청으로 함께 개발한 것입니다.

교사와 학생의 협력 수위에 따라 다양한 교수학습이 전개됩니다. 수업에서 협력은 크게 **계획, 활동, 반성** 단계에서 질적으로 다른 내용을 가집니다. 활동과 반성 단계에서 어떻게 협력할 것인가에 대한 내용은 기존의 자료를 가지고 충분히 구성할 수 있기에 생략합니다. 다만, 반성에서 정서적, 사회적 측면을 좀 더 강화해야 한다는 것을 당부하고자 합니다. 간단하게 재미있었냐고 한 번 물어보시면 됩니다.

계획 단계에서 협력을 어떻게 구현하는가는 교사들의 실천을 통해 조금씩 누적되고 있습니다. 적어도 수업 목표로 제시된 활동을 어떤 방식으로 할 것인지는 상호 교섭되는 협력이 이루어져야 협력 수업이라 할 수 있습니다. 이러한 협력도 초등학교 1학년 수업에서 관찰할 수 있는 반응적 수준의, 양자택일 수준의 선택을 하는 낮은 수준의 협력에서 시작됩니다. 이것이 진전되면 초등학교 고학년 수업에서는 과제 해결을 위한 학습 집단을 학생들이 정하는 낮은 수준의 협력에서부터 모둠별 과제를 교섭하는 높은 수준의 협력까지 다양하게 펼쳐질 수 있습니다. 이렇게 보면 개별 학습, 모둠별 학습, 협동 학습, 일제식 수업 따위는 계획 단계에서 정한 협력 방식에 따라 협력 수업 과정으로 구현될 수도 있고 배제될 수도 있습니다.

수업 자체의 배열과 목표 제시까지 상호 교섭하는 협력도 있으며, 기말 보고서 작성 지도와 같은 검증을 받는 정도의 협력도 있으며, 최고 단계는 의과 대학 인턴, 레지던트 수업에서 볼 수 있는 것처럼 환자의 처방을 어떻게 할 것인지 교사(교수)와 학생(레지던트)이 논쟁을 하며 새로운 해법을 찾는 것입니다. 문화 전수와 문화 창조가 겹쳐지는 장면입니다.

비고츠키는 협력을 물리적 형태에 초점을 두고 규정하지 않습니다. 『생각과 말』에서 명시적으로 언급하고 있듯이 그에게 협력은 **심리 과정**입니다. 집에서 혼자 숙제를 하더라도 학교에서 벌어졌던 수업 장면을 떠올리며 숙제를 했다면 이는 협력입니다. 그의 정신에, 의식에, 심리 과정에 친구가, 교사가 동반자로 함께했기 때문입니다.

10

유네스코가 추천한
비고츠키

안내

이 논문은 이반 이빅(Ivan Ivic)이 작성한 것입니다. 제목은 「레프 비고츠키」입니다. 1994년에 발표된 논문입니다(Prospects, vol. 24, no. 3, p. 471~485). 유네스코 국제교육위원회의 결정으로 2000년 모든 교육자들이 공유할 수 있는 자료가 되었습니다. 인터넷에서 쉽게 영문 자료를 참고할 수 있습니다.(http://www.ibe.unesco.org/sites/default/files/vygotske.pdf)

제가 2007년에 쓰인 『레프 비고츠키』라는 책을 2013년에 국내에 소개했습니다. 논문이 아닌 책으로 비고츠키를 소개했음에도 불구하고 이 논문을 소개하는 까닭이 있습니다. 비고츠키의 모습이 드러나던 초기 모습을 보여준다는 점을 무엇보다도 높이 샀습니다. 22년 전에 쓰인 논문입니다. 1990년대 초반이면 서방 세계의 세계적 석학들도 비고츠키가 사회적 구성주의자가 아니라는 것을 대충 알아가던 시기입니다. 또한 유네스코가 전 세계 교육자가 무료로 접근할 수 있게 한 자료라는 점도 고려했습니다. 쉽게 말하자면, 유네스코는 여기 담긴 비고츠키의 모습 정도는 전 세계 모든 교육자들이 공유할 내용이라고 판단했습니다. 마지막으로 바람을 담았습니다. 유네스코가 자료를 공유한 지 16년이 지났습니다. 지금 돌아보며, 우리가 세계적 추세와 얼마나 멀리 떨어져 있는지 확인하고 자성하는 계기가 되었으면 좋겠습니다.

　논문에 있는 각주를 다 생략했습니다. 기존에 번역한 문장에서 긴 문장은 짧은 문장으로 나누어 구성했습니다. 너무 깊이 들어가지 않고, 좀 편하게 읽을 수 있도록 배려했습니다.

1) 도입

레프 셰묘노비치 비고츠키(1896~1934)가 이룬 과학적 성취는 기구한 운명을 겪었습니다. 무엇보다도 그 자신이 그랬습니다. 20세기 가장 위대한 심리학자 중 한 사람이지만 그는 심리학 분야에서 공식적인 교육을 받지 못했습니다. 37세의 나이에 요절했기에 단지 10년 정도만 연구했습니다. 게다가 자신의 가장 위대한 저작 『생각과 말』이 출판되는 것을 보지도 못했습니다. 그렇지만 이 '심리학계의 모차르트'는 심리학에서 가장 유망한 이론 하나를 남겼습니다. 그가 죽은 지 50년이 지난 후에야 그의 주요 저작들이 출판되고 있는 것에서 알 수 있듯이, 비고츠키는 전위적인(avant-garde) 저자였습니다. 비고츠키에 정통한 학자 중 한 사람에 따르면, "여러 면에서 비고츠키가 우리 시대보다 훨씬 앞서 있다는 것은 의심의 여지가 없습니다."(Riviere, 1984, p.120)

이러한 현상은 과학사에서 전례를 찾아보기 어렵습니다. 이런 사실을 밀접하게 연결된 두 요인으로 설명할 수 있을 듯합니다. 하나는 상대적으로 단기간에 쓰인 그의 과학적 저작의 범위와 독창성이 그의 천재성에 대한 분명한 증거라는 것입니다. 다른 하나는 그가 극적인 역사적 격변의 시기에, 러시아 대혁명의 시기에 연구했다는 것입니다. 비고츠키가 구축한 심리학 체계의 중심에서, 우리는 개체 발달의 역사 이론과 정신 발달의 개체 이론을 동시에 발견할 수 있습니다. 바꿔 말하면, 발달 현상을 발생적으로 개념화한 것을 발견합니다. 여기에는 너무도 명확한 인식론적 가르침이 담겨 있습니다. 즉, 혁명적 변화가 일어나는 역사적 시기를 겪으며, 인간의 생각은 첨예하게 민감해집니다. 또한 인간의 생각은 역동적인 변화와 미래에 대한 전망을 두려워하지 않습니다.

2) 비고츠키의 삶과 저작

레프 셰묘노비치 비고츠키는 1896년 11월 17일 벨로러시아의 작은 마을 오르샤에서 태어났습니다. 고멜에서 김나지움을 마친 후에 1912년 모스크바 대학에 진학하여 법학, 철학, 역사를 전공했습니다. 이러한 교육을 통해 인문학(언어와 언어학, 미학과 문학, 철학과 역사)에 대한 뛰어난 식견을 지니게 되었습니다. 20대 초반에 그는 햄릿에 대한 방대한 글을 썼습니다.

심리학에서 자신의 연구를 시작하기 오래전에 그는 시, 드라마, 기호와 의미에 대한 질문과 언어, 문학 이론, 영화 그리고 역사와 철학의 쟁점들에 열정적인 관심을 보였습니다. 그를 영원토록 심리학으로 향하게 한 비고츠키의 첫 저작이 1925년에 출판된 『예술의 심리학』임을 지적하는 것은 의미 있는 일입니다.

그와 장 피아제는 재미있는 유사성이 있습니다. 그들은 같은 해에 태어났으며, 심리학에서 정식으로 교육도 받지 못했습니다. 피아제와 마찬가지로 비고츠키는 정신 발달 이론에 대한 주목할 만한 저자가 되었습니다. 그렇지만 차이도 있습니다. 피아제는 사춘기 이후 오랫동안 생물학에 매료되었습니다. 영감의 원천에서의 이런 차이가 발달심리학에서 중요한 두 패러다임의 차이를 설명할 수 있을 듯합니다. 즉, 피아제는 발달의 구조적 측면과 (생물학적 기원의) 보편 법칙에 방점을 찍는 데 반해, 비고츠키는 문화의 공헌, 사회적 교류 그리고 정신 발달의 역사적 차원을 강조합니다.

모스크바 대학을 졸업한 후 비고츠키는 고멜로 귀향합니다. 거기서 그는 광범위한 지적 활동을 전개했습니다. 그는 심리학을 강의했고, 장애아의 문제에 관심을 가지게 되었고, 문학 이론과 예술심리학에 대한 연구를 지속했습니다. 심리학에서 그의 첫 번째 직업적 성공(전 러시아 심리학 대회에서 논문을 발표) 후에, 1924년부터는 모스크바에 정착했고 심리학 연구소에서 일을 시작했습니다. 바로 거기에는 심리학을 재건하는 데 자신처럼 열정적인 관심을 가진 동료 연구자들이 있었습니다. 그들과 함께 위대한 10년(1924~1934)을 보내면서 비고츠키는 심리 현상에 대한 **문화역사적 이론**(Cultural-Historical Theory)을 창조했습니다.

오랫동안 방치된 비고츠키의 핵심 저작과 직업적 활동은 최근에 이르러서야 조금씩 재발견되고 재구성되고 있습니다. 이제 관심 있는 독자는 다음과 같은 저작에서 이러한 내용을 확인할 수 있습니다. Levitin(1982), Luria(1979), Mecacci(1983), Riviere(1984), Schneuwly and Vronckart(1985)와 비고츠키 전집 6권(1982~1984)을 참고할 수 있습니다.

그 짧은 연구 기간 동안 비고츠키는 약 200개의 글을 남겼습니다. 하지만 대부분은 유실되었습니다. 중요한 출처는 그의 전집이고 이는 러시아에서 1982년에서 1984년 사이에 출판되었습니다. 전집이라는 제목에도 불구하고 이것은 보존되고 있는 비고츠키 저술 모두를 담지 못했습니다. 게다가 과거에 출판된 여러 편의 저작과 논문이 아직 다시 출판되지 않고 있습니다.

그에 대한 연구물과 번역물을 포함한 비고츠키 저작에 대한 가장 완벽한 참고 문헌 목록을 전집 6권과 슈노이블리와 브롱카르트(Schneuwly and Vronckart, 1985)에서 확인할 수 있습니다. 비고츠키에 대한 어떤 안내, 특히 영어로 된 몇몇은 너무도 적절하지 않고, 특히나 많은 오해를 야기하고 있다는 것을 간결하게라도 언급하지 않을 수 없습니다. 비고츠키의 가장 중요한 저작인 『사고와 언어』(1962년)의 영문판은 가장 심하게 왜곡된 사례입니다. 현재 여러 언어(영어, 이태리 어, 스페인 어, 크로아티아 어 등등)로 준비되고 있는 전집 번역본이 외국 학자들이 비고츠키의 실제 생각을 정확하게 이해하는 데 도움이 되기를 바랍니다. 게다가 각 권에서 발견된 인용 문헌과 함께 전집 원본에 있는 참고 문헌 자료를 참고하면, 비고츠키 사상의 기원과 전개 과정을 쉽게 재구성할 수 있을 것입니다. 다른 작업과 함께 이러한 재구성 작업은 그의 생각을 올바르게 해석하는 데 도움이 될 것입니다. 특히 다른 시기에 쓰인 저작에서 다양한 방식으로 공식화된 비고츠키 사상을 체계적으로 정리하는 데 많은 도움이 될 것입니다.

이렇게 된다 할지라도, 독자들이 러시아 어로 된 비고츠키의 문헌을 연구하기 어렵게 만드는 문제가 여전히 있습니다. 왜냐하면 그는 독창적인 이론 체계를 창조하면서 동시에 새로운 접근 방법을 표현할 수 있는 용어들을 발명했기 때문입니다. 결과적으로 어떤 훌륭한 번역본도 이러한 개념들을 왜곡할 수 있으며, 아무리 조심해도 어느 정도는 왜곡할 수밖에 없을 듯합니다.

비고츠키 사상의 핵심 중에서 과학 방법론, 일반심리학, 예술심리학, 장애아 연구 등은 제외하겠습니다. 여기서는 오직 교육과 관련된 것만 간단하게 분석하고자 합니다. 이러한 원칙에 따라 우리는 논의를 두 지점에 집중할 것입니다. 하나는 정신의 개체발생에 대한 비고츠키 이론이 지닌 교육적 함의를 찾는 것입니다. 다른 하나는 그가 치밀하게 드러낸 교육 개념들을 분석하는 것입니다.

두말할 필요도 없이 제공된 해석은 우리의 견해일 뿐입니다. 비고츠키 문헌을 오랫동안 연구하면서, 우리는 그의 말을 인용하기보다는 그의 개념들의 깊은 의미를 파악하려, 그러한 개념을 발전시키려, 그리고 그의 저작에 친숙하지 않은 독자들이 읽을 수 있는 말로 그것들을 제시하려 노력했습니다. 이어서 우리는 교육에 대한 비고츠키의 개념을 단순하게 제시하는 것에서 한 걸음 더 나아가, 교육 연구에 그리고 매일매일의 교수 행위에 이러한 개념을 어떻게 적용할 수 있을지 간결하게 살펴보겠습니다.

3) 정신 발달 이론과 교육 문제

만약에 우리가 일련의 핵심어 혹은 핵심 표현을 나열하면서 비고츠키 이론을 특징짓고자 한다면, 적어도 인간의 사회성, 사회적 교류, 상징과 도구, 문화, 역사, 고등정신기능(능력)과 같은 것을 꼭 언급해야만 합니다. 또한 만약에 우리가 하나의 공식으로 이러한 낱말들과 표현들을 함께 표현하고자 한다면, 비고츠키 이론은 더 자주 기술되고 있는 '문화역사적 이론'보다는 '사회문화역사적 이론'이라고 말할 수도 있을 것입니다.

비고츠키는 인간의 특징을 '우월한 사회성(primary sociability)'으로 보았습니다. 똑같은 생각이 앙리 왈롱(Henri Wallon)에 의해 더 범주적으로, "개인(The individual)은 발생적으로 사회적이다(Wallon, 1959)."라고 표현되었습니다. 비고츠키 생전에 이 원리는 순수한 이론적 가설일 뿐이었습니다. 그러나 오늘날 어느 정도까지 발생적으로 결정된 우월한 사회성이라는 개념은 실제로 확립된 과학적인 사실의 지위를 획득했다고 말해도 누가 뭐라지 않습니다. 이렇게 된 것은 두 분야의 연구 성과를 묶어낼 수 있었기 때문입니다. 한편으로 유인원에서 사회성의 역할을 살핀 생물학적 연구 혹은 유아의 기능 형태 발달을 추적한 생물학적 연구(예를 들면, 인간의 얼굴 혹은 목소리를 지각하는 사회적 기능을 지배하는 뇌 영역이 다른 영역보다 더 일찍 더 빨리 성숙하다는 증거들의 증가)와 다른 한편으로 초기 아동기에서 사회성 발달을 관찰한 최근의 경험적 연구는 매우 이른 시기에 드러난 우월한 사회성의 존재를 입증하는 풍부한 증거를 제공하고 있습니다. Bowlby(1971), Schaffer(1971), Zazzo(1974, 1986), Thoman(1979), Lamb and Scherrod(1981), Tronick(1982), Lewis and Rosenblum(1974), Stambak et al.(1983), Zaporozec and Lissina(1974), Lissina(1986), Ignjatovic-Savic et al(1989).

이론적 분석을 통해 비고츠키는 어린이의 초기 사회성에 대한 아주 전도유망한 몇몇 개념을 진척했고, 그것들을 논리적 결론까지 밀고 나가 어린이 발달 이론을 확립했습니다. 1932년 비고츠키(Vygotsky, 1982~1984, vol. 4, p.281)는 다음과 같이 설명했습니다.

바로 타인과 성인을 매개로 하여 어린이는 활동을 시작한다. 단연코 아동 행동의 모든 것은 사회적 관계로 녹아들고 사회적 관계에서 기원한다. 마찬가지로 실재와 어린이의 관계는 처음부터 사회적 관계이기에 신생아는 완벽하게 사회적 존재라고 칭할 수 있다.

어린이의 사회성은 그를 둘러싼 사람들과의 사회적 관계 때문에 가능합니다. 사회적 관계를 다룬 심리학에 의해 제기된 문제는 이제 널리 알려졌습니다. 우리는 여기서 비고츠키 이론의 약간 구별되는 특성을 간결하게 논평만 하겠습니다. 이렇게 인간의 기원과 성질에 의해, 사람은 고립된 개체로서는 어떤 방법을 쓰든 정상적인 유적 존재로 존재할 수도 발달할 수도 없습니다. 사람의 속성은 필연적으로 다른 사람에게서 유래합니다. 사람은 고립되어서는 제대로 된 사람이 될 수 없습니다. 어린이 발달에서 특히 이른 영아기에 가장 중요한 요인은 비대칭적인 사회적 교류, 즉 어린이가 속한 문화의 모든 내용을 매개하는 성인과의 교류입니다. 이런 형태의 상호 교류에서 상징과 다양한 기호 체계가 본질적으로 중요한 역할을 담당합니다. 발생적 관점에서 보면, 여기서 상징과 다양한 기호 체계가 행한 최초의 역할은 의사소통을 지원하는 것이고, 나중에는 그것들이 개인의 행위를 조직하고 통제하는 도구로 사용될 때 개별화를 지원하는 것입니다. 비고츠키가 어린이 발달에서 형성적인 역할 혹은 구성적인 기능을 행하는 사회적 교류를 개념화하는 데 상징과 다양한 기호 체계가 핵심에 놓입니다. 다른 말로 하면, 자발적 주의능력, 논리적 기억능력, 말로 하는 개념적 생각능력 그리고 복합적 감정 같은 고등정신능력은 발달 과정에서 사회적 교류의 형성적 지원 없이는 출현할 수 없고 구체화될 수 없습니다. 〔저는 초기 사회성에 관한 이러한 개념을 유치원 어린이를 위한 교육과정에 통합하려 했었습니다. 일련의 경험적 연구(Ignjatovic et al., 1989)에서 나의 동료는 비고츠키의 이 일반 개념을 현장에 실현시키는 데 멋지게 성공했습니다.) 이 개념을 출발지로 하여 비고츠키는 심지어 오늘날에도 그 발견적 가치가 소진되지 않은 일반화들로 나아갔습니다. 우리는 여기서 심리 간 현상에서 심리 내 현상으로의 변형을 다룬 그의 유명한 이론을 고려하고자 합니다. 그 개념은 다음과 같이 공식화되었습니다(Vygotsky, 1982~1984, vol.4. p.56).

발생을 설명하는, 그리고 우리가 고등정신기능을 연구하면서 도달한 가장 중요하고 가장 근본적인 법칙은 다음과 같이 표현될 수 있다. 어린이가 기호를 사용하는 행동의 각 사례는 사회적 협력의 형태로 시작됐다. 이것이 발달의 더 진전된 단계에서조차도 기호를 사용하는 행동이 사회적 기능의 방식으로 남아 있게 된 까닭이다. 그렇게 고등정신기능 발달사는 사회적 행동에 영향을 미친 도구들이 개인적 심리 조직의 도구로 변형되는 과정의 역사이다.

이 개념을 토대로 비고츠키에 의해 행해진 감탄할 만한 연구는 개체발생 동안의 생각과 말의 관계에 초점이 맞추어졌습니다. 실제로 이것이 그의 저작 『생각과 말』의 중심 주제입니다. 우리는 이제 말을 습득하게 하는 어린이의 자연적 능력이 유전에 의해 결정된다는 것도 알게 되었습니다.

그렇긴 하지만, 비고츠키의 연구에 따르면 유전은 충분조건이 아닙니다. 아주 특수한 형태의 교수학습 과정으로 사회적 환경으로부터 도움을 받는 것이 필요합니다. 비고츠키에 따르면, 이 교수학습 과정은 어린이와 성인이 함께 하는 활동을 통해, 즉 사회적 소통에서 공동으로 형성하는 비교적 단순한 과정입니다. 말 이전(pre-verbal) 단계에서 협력을 하는 동안,

성인은 말 이전의 의사소통을 만들어가면서 처음에는 의사소통과 사회적 교류를 위한 도구로 사용되는 말을 사회적 관계에 도입합니다. 그 주제를 다룬 책에서 비고츠키는 이 과정의 세세한 부분을 기술했습니다. 그 과정을 통해 사회적 관계의 도구로서 말은 어린이가 사용하는 내적 심리 조작을 위한 도구로 변형됩니다(혼잣말, 내적 말, 그리고 말로 하는 생각의 발현).

우리의 목적은 발달 이론이 교육에 미치는 함의를 탐구하려는 것이었습니다. 우리는 이제 몇몇 중요한 결론을 도출하고자 합니다. 우선, 우리는 발달과 교수학습의 관계라는 문제에 대한 독창적인 대답에 직면합니다. 심지어 (입말 습득과 같은) 유전에 의하여 주로 결정되는 기능을 위해서도, 사회적 환경의 공헌(교수 과정)은 형성적이지만 단순한 촉발 기제, 혹은 (그럴듯한 예를 들어보면) 단순한 자극제 이상입니다. 사회적 환경의 공헌(교수 과정)은 결국 출현하게 되는 행동 형태의 발달을 단지 가속화하는 것 이상입니다. 교수 과정의 공헌은 교수 과정이 개인에게 강력한 도구(말)를 제공한다는 사실에서 도출됩니다. 말을 습득하는 과정에서 이 도구(말)는 개인의 심리 구조의 일부로 (내적 말의 발달과 함께) 통합됩니다. 그러나 여기에 좀 추가할 것이 있습니다. 사회적 기원을 지닌 (말과 같은) 것을 새로이 습득하면, 그것(말의 기능)은 이제 생각과 같은 다른 정신기능들과 내적으로 연결되어 발현됩니다. 이러한 조우는 말로 하는 생각 같은 새로운 기능을 창출합니다. 여기서 우리는 심지어 오늘날까지 심리학에 충분히 녹아들지 않아 연구에도 활용되지 않고 있는 비고츠키의 가설을 마주합니다. 즉, 발달에서 결정적인 요소는 개별적으로 고려된 각각의 기능이 진전되는 것이 아니라, 논리적 기억, 말로 하는 생각 등의 **다른 기능들과의 관계가 변화**하는 것입니다. 바꾸어 말하면, 발달은 합성된 기능들, **기능들의 체계**, 체계적인 기능들 그리고 **기능적 체계**를 형성하는 것입니다.(＊강조-옮긴이)

비고츠키는 입말 습득에서 발달과 교수학습의 관계를 분석했는데, 이를 통해 우리는 발달의 첫 모델을 정립할 수 있습니다. 개인의 자연적 가능성을 확대하고 그의 정신기능들을 재구조화하는 문화적 도구를 활용함으로써, 교수학습은 발달의 자연적 과정에서 이 자연적 과정을 강화하는 수단이 됩니다.

어린이의 입말 습득 과정에서 그리고 그 문화의 일부(모국어)를 받아들일 때, 비고츠키 이론에서 그 문화의 대표자로 상정한 성인은 어린이가 사회에서 교류하는 결정적으로 중요한 자의 역할을 넘어섭니다. 성인은 새로운 형태의 교류를 제공하는, 즉 문화적 산물을 활용하는 교류의 모범을 보이는 역할을 하게 됩니다. 군말할 필요 없이, 사회-문화적 교류의 형태를 취하는 이 두 형태의 교류를 선명하게 구별하거나 구분하는 것은 종종 불가능합니다.

비고츠키의 이 개념을 선명하게 보여드리기 위해, 우리는 마이어슨(Meyerson, 1948)을 불러올 것입니다. 그의 중심 개념은 "인간적인 모든 것은 객관화될 수 있고 노동에 투영될 수 있다."(p.69)라는 것입니다. 심리학의 과업은 "서술된 문명의 사실들에 담긴 정신 내용을 찾는 것(p.14)" 혹은 "관련된 정신 조작들의 성질을 식별하는 것"(p.138)입니다.

개체 발달에서 문화가 행한 역할을 분석하면서, 비고츠키는 비슷한 개념을 발전시켰습니다. 인간은 문화의 모든 것을 받아들이게 됩니다. 비고츠키는 그 과정에서 정신기능(정신 과정과 인간 행동)에 영향을 주기 위하여, 사람들이 습득하여 자신에게 향하게 하는 다양한 도구들과 기법들(심지어 기술들)을 통제하게 되는 과정에 주의를 집중했습니다. 이러한 과정에서 사람들이 그들 자신의 내적 상태를 통제할 수 있게 하는 수단이 되는 거대한 '인위적이고 외적인 자극' 체계가 출현합니다. 약간 다른 의미가 담겼지만 우리는 정신을 만드는 데 참여하는 현상을 비고츠키의 개념에서 하나 더 직면하게 됩니다. 심리학의 관점에서 보면 정신을 함께 만드는 현상은 개인의 일부가 다른 개인들 혹은 자신의 노동과 문화에 연결되어 있는 것입니다. 마르크스에 따르면, 이것이 개체의 '비유기체'입니다. 문화가 개체에 통합되어 개체의 일부를 형성하지만 그럼에도 불구하고 그것은 개체 밖에 있다는 마르크스의 표현은 너무도 딱 들어맞습니다. 그러므로 **인간의 발달은 전적으로 개체 내에서 발생하는 변화로 환원될 수 없습니다.** 인간의 발달은 또한 다른 두 형태(내적 변화를 일으키는 데 사용될 수 있는 이런저런 외적 조력을 생산하는 형태와 외적 도구를 창조하는 형태)를 취할 수 있는 새로운 형태의 발달입니다. 그래서 인간이 역사 경로에서 발명했던 대상(외적 실재)에 통제를 행사했던 기구(생산 수단)들 이외에, 인간이 자신을 향하게 하여 자신의 능력을 통제하고 숙달하고 발달시키는 데 사용할 수 있는 일련의 다른 (문화적) 도구들도 가지게 되었습니다.

아주 간결하게 나열한다고 해도 이러한 도구들에는 입말과 글말 〔그리고 매클루언(McLuhan)의 표현인 '구텐베르크 은하계'의 모든 것〕, 의식 절차, 예술 작품에 묘사된 행동 방식, 과학적 개념 체계, 기억 혹은 생각을 도와주는 기법들, 운동 혹은 인간의 지각을 향상시키는 도구들 등이 포함됩니다. 이 모든 문화적 도구는 '인간의 확장'(McLuhhan, 1964), 즉 인간 능력의 확장이고 확대입니다.

문화인류학자에게 이런 진술은 너무도 진부한 이야기일 뿐입니다. 하지만, 전통적으로 개념이 주관으로 채색되어온 심리학에서, 이런 문화적 요소가 고려된 사례는 너무도 진귀합니다. 게다가 심지어 문화인류학자들도 종종 자신을 하나의 측면에, 문화의 산물에서 인간 능력의 객관화에 한정하곤 했습니다. 매클루언에게 그리고 심지어 훨씬 앞선 시기의 비고츠키에게 중요했던 것은 심리적 결과, 그런 도구가 실제로 개체 발달에 미친 충격, 즉 개체와 그런 도구의 밀접한 관계입니다.(＊밑줄-옮긴이)

이 결과를 분석하면서, 비고츠키는 그의 저작에 여러 번 나타나는 프랜시스 베이컨의 너무도 유명한 경구에서 출발합니다. **"인간의 손과 지성은, 필요한 도구와 지원이 없다면, 상대적으로 무기력하다. 하지만 인간의 손과 지성이 펼치는 힘은 문화가 제공하는 도구와 지원에 의해 강화된다."**

우선 문화는 심리 과정을 후원하는 외적 지원을 창조합니다. 이런 외적 지원의 목록(도구들, 기구들, 기술들)은 풍성하며 계속 늘어나고 있습니다. 어떤 사건을 기억하려고 손수건에 매듭을 묶거나 막대기에 눈금을 새기는 것에서 시작되어 엄청난 정보를 효과적으로 관리하는 자료은행 혹은 근대 정보 기술에 이르기까지, '심리 기술'에서 진전은 멈추지 않고 지속되고 있습니다. 개체적이고 자연적인 기억 혹은 지성 말고도 외적이고 인위적인 기억과 지성이 있습니다. 만약에 이러한 기술을 빼앗기고 홀로 내버려진다면, 오늘날의 유럽인은 과연 그들의 맨손과 날 지성으로 얼마나 효과적으로 생존할 수 있을까요? 이러한 외적 지원 없이, (인간의) 심리가 제대로 고등정신과정을 개념화할 수 있을까요? 사실상 이러한 지원이 있기 때문에 심리 과정의 성질을 변화시키는 심리 활동이 개체 내에서 여전히 일어나고 있습니다. 이를 확신하려면 그저 계산기를 사용하는 데 익숙해진 사람들이 간단한 산술 조작을 수행하면서 어떻게 변했는가를 관찰하기만 하면 충분합니다. 이 연구의 실제 과제는 이런 지원이 제시될 때 내적 과정이 어떻게 재구조화되는지를 살피고 이런 과정의 외적 측면과 내적 측면의 관계를 분석하는 것입니다.

또한 외적 지원 이외에도 문화적 노동 과정에서 내재화될 수 있는 심리적 도구들도 있습니다. 여기에는 모든 기호 체계, 모든 능력과 매개물의 지적 절차나 기법, 지적 조작과 구조, 그리고 문화가 습득되는 매 경우에 발견할 수 있는 지적 활동의 모델들이 포함됩니다.

매클루언과 같이 비고츠키는 그렇게 습득이 이루어지는 피상적인 수준에서 행한 분석으로 결론을 내리지 않았습니다. 비고츠키는 그것의 감추어진 깊은 의미를 파악하고자 했습니다. 그의 탐구 방향은 매클루언의 "매개체가 메시지다(The medium is the message.)."라는 유명한 금언에 표현되어 있습니다. 바꾸어 말하면, 다름 아닌 매개체가 심오한 의미를 전달한다는 것입니다. (두 저자 모두 사례로 고려했던) 글말 같은 도구를 생각해 보면 이런 접근을 더 잘 이해할 수 있습니다. 글말을 습득한 개체(문화적 집단도 마찬가지임)는 그저 기술을 소유한 그런 사람이 아닙니다. 글말과 책 기반의 문화는 지각, 기억 그리고 생각이 기능하는 방식에 큰 충격을 줍니다. 우리는 이러한 사실을 알 수 있습니다. 왜냐하면 글말이 그 자체에 실재(개별적 단위로 취급, 생각 조작에서 선형성과 일시성, 총체성의 상실 등등)와 특히 기억과 생각의 관계를 변화시키는 고양된 기억능력을 포함하는 심리 기법을 분석할 수 있는 사례를 담고 있기 때문입니다. 이런 연유로 글말에 접근하게 된 개체는 그들 문화에서 자신이 활용할 수 있는 심리적 기법들을, 즉 '내적 기법들'〔비고츠키는 이 표현을 클레파레트(Édouard Claparède)에게서 차용했음)〕이 되는 기법들을 점유하게 됩니다. 그렇게 문화적 도구는 개체에 뿌리를 내리고 그의 것이 됩니다. 오늘날 기술에서의 변화를 고려하면, 우리가 대답해야 할 중요한 질문이 제기됩니다. 개체의 인지 과정에서 컴퓨터 혹은 정보 처리된 자료은행 같은 근대적 지적 기술들(*제 견해로는 '정보'라는 것보다 더 적합한 용어입니다.-옮긴이)을 사용한 결과는 어떻게 나타날까요?

내적 기법으로 사용되는 문화적 도구들의 점유에 대한 비고츠키의 찬

탄할 연구는 개념(실험을 통해 생겨나는 개념, 자연 발생적 개념, 그리고 과학적 개념)형성을 다루고 있습니다. 이 조사의 결과물이 그의 책『생각과 말』 5장과 6장에 담겨 있습니다.

이 연구의 중심에 어린이가 학교를 다니는 시기 동안 가장 중요한 습득, 즉 **과학적 개념 체계**의 습득이 놓여 있습니다. 비고츠키는 **과학적 개념 체계**를 심오한 메시지를 매개하는 문화적 도구로 간주했습니다. 그래서 어린이가 이를 자기 것으로 만들면 어린이의 생각 방식은 엄청나게 변화합니다.

과학적 개념의 본질적 속성은 개념들을 구조, 즉 위계적 체계로 조직하는 것입니다. 어린이가 개념들의 위계적 체계를 내재화할 때, 어린이는 자기 생각 과정에 담을 수 있는 것을 엄청나게 확장할 수 있습니다. 왜냐하면 어린이가 개념들의 구조를 사용하여 일련의 지적 조작(다른 형태의 정의, 논리적 양화 조작 등등)을 수행할 수 있기 때문입니다. 이 구조(예를 들면, '가구', '의복'과 같은 범주)의 장점은 '실행' 구조와 비교하면 잘 드러납니다. 예를 들어, 만약에 우리가 '가구'라는 용어에 논리적 정의를 행하고자 한다면, 우리는 즉시 실행 범주의 한계를 혹은 과학적 개념의 형식 구조를 결여한 경험에 근거한 범주의 한계를 발견하게 될 것입니다. 모든 개인이 그런 강력한 지적 도구를 습득해서 취하게 되는 경우의 장점은 분명합니다.

과학적 개념 체계를 습득하는 것은 학교에서 받는 체계적인 형태의 교육 때문에 가능합니다. 입말의 습득은 함께 하는 활동의 동반자로 입말을 잘 구사하는 성인만 있으면 가능한 반면, 과학적 개념 체계의 습득에는 조직화된 체계적인 교육이 꼭 필요합니다.

이것 때문에 우리는 발달의 두 번째 모델을 구별할 수 있습니다. 비고츠키는 이것을 '인위적인 발달'이라고 칭했습니다. "교육은 어린이의 인위적인 발달로 규정할 수 있을 듯하다. (……) 교육은 단지 발달 과정에 영향을 미치는 데 제한되지 않는다. 교육은 나아가 근본적인 방식으로 모든 행동 기능들을 재구조화한다(Vygotsky, 1982~1984, vol.1, p.107)."

본질적인 지점은 교육의 성과가 발달이 된다는 것입니다. 발달의 첫 번째 모델에서 교육은 그저 자연적 과정을 강화하는 수단일 뿐이었습니다. 하지만 두 번째 모델에서 교육은 상대적으로 독립적인 발달의 원천입니다. 비고츠키 이론을 사용하면서, 발달 시기에, 문화적 도구의 성질에, 기능들이 유전에 의해 결정되는 정도에 초점을 맞추면 발달의 여러 모델을 식별하는 것이 가능합니다.

엄청난 범위의 문화적 도구와 기법에 접근할 수 있을 때, 개체가 개별 문화에서 혹은 역사 시기에 습득할 기회를 제공받았느냐 혹은 그렇지 않았느냐에 따라, 집단과 개체들의 인지 발달에서 발생한 문화들의 차이를 혹은 역사적 차이를 개념화하면 분석 작업은 훨씬 쉬워질 것입니다. 인간 지적 능력의 발달을 그렇게 개념화하면, (브루너가 '지능으로부터 자유로운 테스트'라 칭한) '문화로부터 자유로운 지능 테스트'에 대한 정의는 혹은 가능한 단 하나의 과학적인 지능에 대한 정의는 가능합니다. 이에 따르면, 아이젱크(Eysenck, 1988)처럼 지능을 반응 시간, 유발 전위 등과 같은 지표로 환원하는 지능 테스트는 너무도 부적절해보일 것입니다.

이 발달의 두 번째 모델, 개념 체계들을 습득하는 과정에서 예시된 '인위적 발달' 모델을 분석하여, 비고츠키는 발달의 초인지 차원을 발견했습니다. 실제로 일반화 정도에 근거하여 개념 체계를 구축하는 것, 한 개념에서 다른 개념으로 부드럽게 이행하는 그리고 지적 조작의 수행을 단순화하는 네트워크 내에서 개념들이 서로 의존하는 것, 그리고 이런 조작들을 수행하는 데 도움이 되는 외적 모델이 존재하는 것, 이 모든 것 때문에 스스로 자신의 인지 과정을 의식적으로 파악하고 의지적으로 숙달하는 활동을 수월하게 할 수 있습니다. 이런 신중한 자기규제능력을 향상시키는 일은 다양한 교수학습 과정(말로 진행하는 수업, 접근할 지적 방법을 설명하는, 개념 형성 과정을 기술하는, 협력으로 개념을 형성하는 성인 전문가에 의한 학습 활동 감시 등등)에서 도움을 받을 수 있습니다.

이런 조건에서 개별적인 학습자는 자신의 개념 습득 과정을 선명하게 이해할 수 있고 그 과정에서 자신을 신중하게 통제(초인지 과정의 본질)할 수 있습니다. 여기서 분명히 해야 할 게 있습니다. 그건 **비고츠키의 저작이 초인지 과정에 대한 개념화와 경험적 연구를 위한 가장 중요한 이론적·역사적 원천**이라는 것입니다. 이 분야에서 비고츠키의 과학적 성과는 너무도 명백합니다. 비고츠키는 초인지 과정을 그저 자기 숙달을 위한 실행 기법(예컨대, 암기법 같은)으로 혹은 (효과적인 기억을 위한 질문들 같은) 고립된 질문으로 치부하지 않았습니다. 그는 작업을 할 수 있는 이론적 틀을 제공했습니다. 그는 초인지 과정과 관련된 문제를 고등정신기능 발달과 관련된 일반 이론에 통합했습니다. 그의 이론에 따르면, 어떤 특정한 조건하에서 이 과정은 발달에 필요한 한 단계입니다. 또한 이 과정은 일반적으로 인지를 재구조화하는 데 결정적인 역할을 합니다. 이 역할은 비고츠키가 개별 정신기능들의 관계가 변형되는 과정으로 발달을 개념화하는 데 꼭 필요했습니다. 이런 맥락에서 보면, 예컨대 '초기억'(Flavell and Wellman, 1977) 같은 용어는 적절하지 않습니다. 비고츠키는 기억하는 활동에서 기억 기법의 작용을 다룬 것이 아니라, 의식적이고 의지적인 것이 되는 생각 활동의 과정을 다룬 것이기 때문입니다. 달리 표현하면, 그는 별개인 두 기능이 연결되는 새로운 관계를 이야기하고 있기 때문입니다.

오늘날까지도 적어도 원리상 비고츠키의 이론은 초인지 과정을 과학적으로 개념화할 수 있은 단 하나의 이론입니다. 인지 발달의 이 영역을 인지 발달 일반과 연결할 수 있는 하나뿐인 이론입니다. 그리고 자신의 내적 과정(비고츠키가 개괄한, 위에서 이미 언급한 외적인 개인 간 통제로부터 개인 내적인 통제로 이행)을 통제하는 인간 능력의 원천을 이해할 수 있는 가능성을 제공한 유일한 이론입니다.

우리는 몇몇 가능한 방법을 제시하는 것으로 우리 연구를 끝내고자 합니다. 우리는 비고츠키의 정신 발달 이론을 참고하여 교육 연구와 실천에 활용할 수 있는 방법을 만들 수 있습니다.

첫째, 발달에 대한 다른 어떤 이론도 비고츠키 이론처럼 교육의 중요한 역할을 드러내지 못했습니다. 비고츠키 이론에 따르면, 교육은 발달의 바깥에 있는 어떤 것이 아닙니다. 브루너(J. S. Bruner)는 다음과 같이 제대로 지적했습니다. **"학교가 심리학에 합당한 광장이 되었다.** 왜냐하면 거기가 교수학습 과정이 펼쳐지는 장이고 심리 기능이 발생하는 장이기 때문이다."(Schnewwly and Pronckart, 1985에서) 이런 연유로 비고츠키의 이론은 우리가 교육 연구 프로젝트를 설계하는 데, 실천적 적용의 적절성을 평가하는 데, 그리고 교육과 관련된 현상(특히, 발달과 관련된 현상)을 좀 더 잘 이해하는 데 효과적으로 채용할 수 있는 이론입니다.

둘째, 비고츠키 이론의 직접적인 혹은 간접적인 영향으로, 이전에는 다루지 않았던, 교육에 너무도 중요한 일련의 경험적 연구 과제들이 심리학에 통합되었습니다.

(이미 언급한 자료에서 확인할 수 있듯이) 급속하게 확대되고 있는 연구 영역인, 영아의 사회성에 대한 연구는 초기 아동기에 대한 우리의 이해를 개선시켰으며, 연구 결과의 일부는 보육 교육에 이미 적용되었습니다.

사회적 관계와 인지 발달의 관계는 전형적인 비고츠키의 연구 주제의 하나였습니다. 현재는 심리학에서 크게 유행하고 있는 연구 주제입니다.

이 주제는 사회심리학과 인지심리학이 마주하는 곳에 놓여 있습니다. 이 분야의 연구 성과는 교육에 적용(예를 들면, Perret-Clermont, 1979; Doise & Muguy, 1981; CRESAS, 1987; Jinde et al., 1988; Pubov, 1987; Wertsch, 1985a, 1985c) 되고 있습니다.

기호 매개에 대한, 정신 발달에서 기호 체계의 역할에 대한, 그리고 언어 발달에 대한 현대의 연구는 당연하게도 비고츠키의 개념에서 영향(Ivic, 1978; Wertsch, 1985b; 따위)을 받고 있습니다.

셋째, 비고츠키의 이론은 역사적으로나 과학적으로도 초인지 과정에 대한 심리학 연구에 유일한 핵심 원천입니다. 교육과 발달에서 초인지 과정의 중요성은 아무리 강조해도 지나침이 없습니다. 너무도 생산적인 이론적·경험적 연구가 비고츠키 이론을 작업 틀로 하여 행해지고 있습니다. 하지만 이런 연구에 부족한 점이 있습니다. 이제는 교육 실천에서 초인지 과정을 지속적으로 무시하고 있다는 보고를 넘어서야 합니다. 초인지 과정은 심리학과 교육학의 핵심 의제가 되었습니다. (*대한민국 교육학을 보면, 초인지 과정은 아직도 변방인 것 같습니다. 아직 미지의 세계인 것 같습니다.-옮긴이)

넷째, 비고츠키의 '인위적 발달'(즉, 인지 기능의 사회문화적 발달) 개념에 근거하여 연구와 진단을 위한 분석적 도구들을 개발하는 것은 쉬운 일입니다. 시작할 때, 비교를 가능하게 하는 매개 변수를 결정하기 위하여 개인들, 사회적 집단, 문화적 집단이 활용할 수 있는 외적 보조 기법들, 도구들, '내적 기법들'의 목록을 만드는 것은 아주 쉬운 일입니다. 이런 경향을 반영한 이론적 작업 틀에 따라 개발한 분석적 도구들은 인종적·국수적 해석을 행할 위험성이 거의 없습니다.

다섯째, 이 논문에서 언급된 두 모델 이외에도, 비고츠키의 유사한 개념에 근거하여 일련의 학습 패턴이 개념화되었습니다. 여기에는 협동 학습, 유도된 학습, 사회 인지적 갈등에 근거한 학습, 협력적인 지식 구성 등 (Doise and Mugny, 1981; Perret-Clermont, 1979; Stambak et al., 1983; CRESAS, 1987; Pubov, 1987; Brown and Palincsar, 1986)이 포함됩니다.

마지막으로, 현대적인 시청각 매체와 정보 기술의 출현, 교육에 그것들을 적용한 일, 그리고 어린이가 삶에서 이러한 것에 단기적·장기적으로 노출된 것 때문에 심각한 문제가 새롭게 제기되었습니다. 심리적, 역사적, 개체발생적 발달에서 이러한 것들의 역할을 정확하게 관심사의 중심에 위치시켰던 비고츠키의 이론보다 이런 새로운 문화적 도구의 충격에 대한 연구에 적절하고 유용한 도구는 있을 수 없습니다. 비고츠키의 이론은 그런 연구를 위한 이상적인 개념적 작업 틀을 제공합니다. 하지만, 거기에는 경험적 연구를 조작적으로 수행하는 과정에서 비고츠키 이론을 적용하는 방안을 찾아야만 하는 어려운 과업이 남아 있습니다.

우리가 비고츠키의 개념을 비판적으로 평가하고자 할 때, 머리에 떠오르는 첫 번째 내용은 그의 이론이 많은 측면에서 단순한 개요 수준이고 불충분하게 개발되었고 조작적이라는 사실입니다. 예컨대 많은 경우에 그의 이론적 주장은 적절한 방법론에 의해 예시되거나 보충되지 않았습니다. 그러나 이런 빠진 부분을 근거로 그의 개념은 그가 개척한 학문 분야에 근거하여 만들어지기보다는 종종 단순하게 재진술되었다고 비고츠키를 비난할 수는 없습니다. 또한 비고츠키가 완벽하게 연구하지 않았기 때문에 현재의 심리학이 덜 효과적인 패러다임에 근거하여 연구를 수행하면서 노력과 자원을 낭비하고 있다고 비고츠키를 비난할 수도 없습니다.

비고츠키는 (실제로 서로 얽혀 있는) 정신 발달의 두 차원 때문에 빈번하게 비판을 받고 있습니다. 즉, 자연적 발달(자연 발생적이고 생물학적인 발달)과 인위적 발달(사회적이고 문화적인 발달)을 구분한 것 때문에 종종 비판을 받기도 합니다. 우리는 모든 인간 발달은 문화적이라는 간편한 주장을 선호하면서 과학적으로 생산적인 이 대조를 간직해야 한다는 라이더스(Liders)의 주장에 동의합니다.

비고츠키 이론을 제대로 비판하려면, 그가 사회적 제도와 문화적 제도(와 도구들)를 비판적으로 분석하지 않았다는 점에 주목해야 한다는 것이 우리의 의견입니다. 사회와 문화가 행한 공헌에 매료된 비고츠키는, 현재적 의미에서 보면, 이러한 제도들을 비판적으로 분석하지 않았습니다.

실제로 (사회적 집단에서, 직접적인 환경 혹은 가족에서) 사회적 관계가 요동치면, 비고츠키가 발견한 기제가 작동하면서 심각한 병리적 현상을 야기할 수 있습니다. 마찬가지로 비고츠키의 기제가 작동하기 때문에 문화적 도구들이 정신 형성의 유일한 동인이 될 수는 없습니다. 문화적 도구들이 일반적인 발달(예컨대, 편협한, 교조적인 혹은 척박한 태도 형성)로 귀결될 수도 있습니다. 왜냐하면 문화적 도구를 사용하는 개인들은 그런 심오한 도구들과 내용을 문화적으로 매개하면서 서로 교류하기 때문입니다.

학교와 사회적·문화적 동인을 포함하는 제도를 비판적으로 분석하면, 사회문화적 '도구들과 기구들'이 발달의 형성적 요소들이 되는 조건을 분명하게 확인할 수 있습니다.

4) 교수학습에 대한 비고츠키의 개념

여기서는 교수학습에 대한 비고츠키의 개념을 살펴보겠습니다. 이에 앞서 우리는 비고츠키의 발달 이론이 교육에 미친 결과를 먼저 들여다보겠습니다. 우리는 이제 교육을 조명한 더 명확한 개념들을 간단하게 살펴볼 것입니다. 그렇지만 조금 전까지 행했던 분석이 이 주제에도 역시 중요하다는 것을 언급하지 않을 수 없습니다.

전해지는 바에 따르면, 비고츠키는 활동적이고 매우 재능 있는 교사였습니다. 국가 교육을 담당하는 많은 기관의 일에 참여했던 비고츠키는 초등학교 교육에서 (노동 학교나 노작 학교와 연결되는) 총체적 접근법에서 (수학, 과학, 기술 교과를 강조하는) 교과 중심 접근법으로 방향을 전환하는 사업과 같은 당시 소비에트 교육 시스템의 당면 과제를 실천적으로 해결하는 과정에서 뛰어난 능력을 선보였습니다. 또한 자신의 삶 동안 장애아 교육에도 깊은 관심을 보였습니다.

이제 우리는 발달과 교수학습의 관계에 의해 제기된 교육 문제를, 근접발달영역 개념을, 그리고 형식 교육의 특수한 측면들을 간단하게 논평하겠습니다.

비고츠키는 발달과 교수학습의 관계라는 문제를 일차적으로 이론적인 문제로 간주했습니다. 그의 이론은 교육을 발달과 밀접하게 관련된 것으로 치부했지만 발달을 실제적인 사회문화적 환경하에서 벌어지는 것으로 간주했습니다. 그는 분석의 초점을 학교에서 제공하는 형태의 교육에 직접적으로 맞추었습니다.

우리는 이미 그의 발달 모델 중 하나(모델 2— 인위적 발달)가 사실상 형식 교육에, **과학적 개념 체계 습득이 핵심인 형식 교육**에 근거하고 있음을 살펴보았습니다.

그러므로 비고츠키에게 있어서 교육은 정보 덩어리를 획득하는 것으로 환원될 수 없었습니다. 교육은 발달의 원천 중 하나일 뿐이며, 심지어 어린이의 인위적인 발달로 정의되었습니다. 이런 연유로 교육의 본질은 도구들, 내적 기법들, 지적 조작들을 제공하여 어린이의 발달을 보장하는 것입니다. 심지어 여러 곳에서 비고츠키는 다른 문화적 활동 형태를 배워 익히는 것에 대해서도 이야기합니다. 예를 들어 우리가 그의 접근을 식물 분류에 적용한다면, 우리는 비고츠키에게 있어 본질적인 것은 분류학적 범주에 대한 지식이 아니라 **분류 절차**(분류 기준을 정의하고 적용하는 것, 모호하거나 경계에 있는 사례를 분류하는 것, 개념의 새로운 구성원을 결정하는 것, 그리고 가장 중요한 다양한 개념들을 서로 연결하는 논리적 조작을 실행할 수 있도록 교수학습을 하는 것 따위)**를 숙달하는 것**이라고 말할 수 있을 것입니다.

이 모든 것이 비고츠키가 행한 것을, 예를 들면 교육과정의 내용에 큰 강조점을 둔 것, 그러나 "매개물은 메시지다."라는 매클루언의 문구가 지닌 함축성에 대한 분석에서 이미 언급했던 그 내용의 구조적·기구적 측면에 강조점을 둔 것을 보여주고 있습니다. 이렇게 연결해보면 비고츠키는 이렇게 많은 생성적인 개념을 충분하게 채우지 못했다고 이야기할 수 있습니다. 첫 번째로 학교가 빠져 있습니다. 이런 접근법을 따르면 학교 자체를 메시지로, 즉 교육의 근본적인 요소로 간주할 수도 있습니다. 왜냐하면 학교는 제도로서 교수학습 내용에서 아주 벗어나 있기에, 학교는 시간과 공간을 구조화하는 것을 함축하고 있기에, 학교는 사회관계의 시스템(학생과 교사의 관계, 학생들 간의 관계, 학교와 주변 환경의 관계 따위)에 근거하기 때문입니다. 실제로 형식 교육이 학생에게 가하는 충격은 상당한 정도까지 '교육 매개물'의 이런 측면들에 의해 결정됩니다.

두 번째로, 우리가 이미 보았듯이, 비고츠키는 그의 사고 체계에 포함됨에도 불구하고 형식 교육을 충분하게 비판하지 않았습니다. 학교는 지식 체계를 교수하지 않고, 많은 경우에 학생들에게 개별적이고 무의미한 사실들을 과도하게 부가합니다. 학교 교육과정은 도구들과 지적 기법들로 구체화되지 않았습니다. 빈번하게 학교는 지식 체계를 생성하는, 개념 형성을 촉발하는 사회적 교류의 계기를 제공하지 않습니다. 마지막으로, 옐코닌(Elkon and Davidov, 1966)은 비고츠키가 교수 방법에 충분한 주의를 기울이지 않았다고 타당하게 비판했습니다.

비고츠키의 '근접발달영역' 개념은 무엇보다도 이론과 연관된 것입니다. 발달에 대한 사회문화적 개념화에서 어린이는 젊은 로빈슨 크루소처럼 그들의 사회적·문화적 환경으로부터 격리된 것으로 간주될 수 없습니다. 다른 사람들과의 교류를 통해 그들 특성의 일부를 자기 것으로 하게 됩니다. 근접발달영역 개념은 이 관점을 정확하게 드러냅니다. 이 영역은 혼자서 하는 수행과 어른과 함께 하는 수행의 (시간 단위로 표현되는) 차이로 정의됩니다. 예를 들면, 두 어린이가 8세의 심리 측정 테스트를 통과했습니다. 그런데 표준화된 지원을 받아 한 어린이는 9세 수준에 그리고 다른 어린이는 12세 수준에 도달했다면, 이 경우 근접발달영역은 한 어린이는 1년이고 다른 어린이는 4년이 됩니다.

어린이의 발달을 역동적이고 변증법적 과정으로 간주했기 때문에, 근접발달영역 개념에서 어린이를 사회적 존재로 보는 관점은 훨씬 큰 함축을 담은 방법론적 접근을 만들어냈습니다. 이 개념을 교육학에 적용하면, 교육의 영원한 딜레마(형식 교육을 시작하기 전에 우리는 어린이가 개별적인 발달 수준에 도달할 때까지 기다려야 하나, 아니면 어린이가 개별적인 발달 수준에 도달하도록 어린이를 어떤 교육에 노출시켜야 하나?)에서 벗어날 수 있는 방법을 찾을 수 있습니다. 이전에 교수학습 과정과 발달 과정의 변증법적 관계를 추적하여 검토했던 비고츠키는 만약에 어린이가 정확하게 근접발달영역에서 새로운 교수학습에 노출된다면 발달은 더 생산적이 된다고 첨언했습니다. 즉, 근접발달영역에서 어른과의 협력으로 어린이는 혼자서 습득할 수 없었던 것들을 더 쉽게 습득할 수 있습니다.

어른의 지원이 근접발달영역에서 이루어지는 실제 형식은 매우 다양합니다. 예를 들면, ① 모방할 수 있는 방법을 시범 보이는 것, ② 사례를 들어주는 것, ③ (소크라테스의) 산파술처럼 일련의 질문을 던지는 것, ④ 점검해주는 것, 그리고 가장 중요한 것으로 ⑤ 발달의 촉진 요소인 **공유된 활동**(어린이와 같이 하는 활동)을 하는 것 등이 있습니다.

우리는 근접발달영역에서 발견할 수 있는 가치를 아직 충분히 규명하지 못했습니다. 이 개념의 본질을 파악하기 위하여 이론적 측면에서 **사회적 존재인 어린이**로 개념화했던 것을 조작적 용어로 정리해야만 합니다. 그러나 이렇게 하는 일은 더 많은 노력이 필요합니다. 실제로 이 개념에 근거한 진단 도구를 이론적·실천적으로 구안하려는 새로운 접근(예를 들면, 역동적 평가)은 현재 진행 중입니다. 제공된 지원과 교수학습 기회로부터 이점을 최대한 끌어내기 위하여, 이러한 접근을 취한 연구자는 (현재의 수행보다는) 발달 과정의 역동성을 연구하고 정상아나 장애아의 능력을 연구합니다.

이 개념을 적용하면서 탐구해야 할 다른 영역은 가족과 학교에서의 교육입니다. 명백하게도 많은 부모는 자연 발생적으로 정확하게 근접발달영역을 겨냥하며 자식을 가르치려고 노력합니다(Ignjatovic-Savic et al., 1989). 이상적으로 어린이를 교육하려면, (처음에는 공유된 활동에서 파트너와 함께, 나중에는 교수학습 과정의 조직자로 행위하는 성인의 도움을 받으며, 어린이가 문화와 대면하는 경험이 이루어지는) 근접발달영역을 겨냥해야만 합니다. 비고츠키의 널리 알려진 이 관점을 명심한다면, 형식 교육을 자연적 능력 발달(모델 1)을 위한 강력한 지원으로 혹은 상대적으로 독립적인 문화적 능력 발달(모델 2)의 원천으로 간주해야만 합니다. 우리가 비고츠키에서 발견한 형식 교육에 대한 언급은 실제 교육 상황에 대한 기술이라기보다는 아직은 교육 혁신을 위한 개요로 받아들일 수밖에 없습니다. 이미 50여 년 전에 공식화되었지만, 비고츠키의 발달 이론은 앞으로도 발견해야 할 것이 너무도 많이 남아 있습니다. 비고츠키의 발달 이론은 미래에도 형식 교육을 혁신하는 강력한 도구로 너무도 유용할 것입니다.

참고 문헌

강성률(2008).「학생 감옥에 갇히다, 마르크스」『청소년을 위한 서양 철학사』. 평단문화사. / 네이버 지식백과.

강영혜(2008).『핀란드의 공교육 개혁과 종합 학교 운영 실제』. 한국교육개발원.

강원도교육연구원(2015).「(뿌리가 튼튼한 창의공감교육) 발달 중심 교육을 향한 첫걸음」. (http://cafe.naver.com/vygotsky/1430)

강인구(2003).「협동 학습과 협력 학습 구조 비교 분석」『한국교육문제연구소 논문집』제18호 pp. 183~197.

경기도교육연구원(2015).『경기도 혁신 학교 실태 및 발전 방안』.

경기도교육청(2012).『2012년 경기도 교육과정』.

고형규(2013. 10. 15.).「'노벨상 마피아' 시카고학파, 신자유주의는 옛말」『연합뉴스』.

곽수철(2015).「한국 사회를 지배하는 대표적인 5가지 그릇된 고정 관념」『ㅍㅍㅅㅅ』. (http://ppss.kr/archives/61544)

광주시교육청(2013).『2014학년도 광주광역시 초등학교 교육과정 편성·운영 지침』. 광주광역시교육청 고시 제2013-12호.

교육과학기술부(2008a).『실험본 '즐거운 생활' 교사용 지도서』.

교육과학기술부(2008b).『고등학교 교육과정 해설 1』.

교육부(2014. 12. 19.)「학생의 발달 단계에 맞게!」. (https://www.facebook.com/video.php?v=773405349397683)

교육인적자원부(2007a).『초등 통합 교육과정』. 교육인적자원부 고시 제2007-79호 [별책15].

교육인적자원부(2007b). 『초등학교 교육과정』. 교육인적자원부 고시 제2007-79호 [별책2].

교육혁명공동행동 연구위원회(2012).『대한민국 교육 혁명』. 살림터.

권재원(2014).『학교라는 괴물』. 북멘토.

권재원·신동하·한기현(2015).『교사가 바꾸는 교육법』. 우리교육.

김광기(2011).『우리가 아는 미국은 없다: 지금 미국을 다시 읽어야 할 이유 52』. 동아시아.

김명순(2003).「활동 이론이 언어 사용 교육에 주는 시사점」『한국어문교육』제12집. pp.311~336.

김민희(2014. 02. 24.).「교육계의 마피아?」『주간조선』2295호.

김봉구(2016. 01. 19.). 「'반값 등록금 완성' 정부 광고에 "이게 무슨 반값?"」『한국경제』.

김영천(2012). 『교육과정 이론화: 역사적·동시대적 탐구』. 아카데미프레스.

김용옥(2014). 『도올의 교육 입국론』. 통나무.

김유미(2002). 『두뇌를 알고 가르치자』. 학지사.

김현(2016. 01. 21.). 「100% 적중 모의 대선서 샌더스, 힐러리-부시 꺾고 당선」『연합뉴스』.

김훈(2014). 『칼의 노래』『한국문학전집 014』. 문학동네.

나무 위키(2016. 01. 25.). 「버니 샌더스」.

남창렬(2014). 「교과내용 재구성의 다양한 접근. 창의지성교육을 위한 교과 교육과정 재구성 어떻게 할 것인가?」 공개강좌 자료집. 경기도교육청.

다비도프(2014). 정현선 옮김, 배희철 감수. 『발달을 선도하는 교수학습』. 솔빛길.

대구광역시교육청(2014a). 『대구 행복 교육과정』. 대구광역시교육청 고시 제2014-1호.

대구광역시교육청(2014b). 『2014 인성교육중심수업 협력 학습 전국 워크숍 자료집』. 2014-초등교육과-3-484.

레닌(1988). 정광희 옮김. 『유물론과 경험 비판론』. 아침.

루리야(2013). 배희철 옮김. 『비고츠키와 인지 발달의 비밀』. 살림터.

르네 반 더 비어(2013). 배희철 옮김. 『레프 비고츠키』. 솔빛길.

목수정(2010). 『야성의 사랑학』. 웅진지식하우스.

목영해(1998). 『현대 상대주의 철학과 교육』. 교육과학사.

문권모(2009). 「협동과 협력의 차이점은?」『문권모의 Culture in Biz』. DBR.

민경석·김종민·정혜경(2015). 「인과 모형에 기반한 경기 혁신 학교 효과성 분석」『제2회 경기교육종단연구 학술대회 자료집』 pp. 5~29. 경기도교육연구원.

박덕규(1992). 『피아제의 발생학적 인식론과 구조론』. 민성사.

배희철(2007a). 「전교조의 올곧은 교수학습 이론 정립을 위하여 : 비고츠키의 문화역사적 접근」『2007년 전국 교육연구소 네트워크 정기 워크숍 자료집』 pp.78~84. 참교육연구소.

배희철(2007b). 「비고츠키 바로 알기」『진보교육 29호』 pp.74~81. 진보교육연구소.

배희철(2008a). 「초등 교육과정과 비고츠키」『초등참교육실천대회 여름 연수 자료집』. pp.49~59. 전교조.

배희철(2008b). 「7.5차 초등 통합 교육과정과 비고츠키」. 『초등교육과정모임 토론 자료』. (http://cafe.naver.com/vygotsky.)

배희철(2008c). 「교육과정과 평가: 핀란드와 한국」『진보교육』 32호 pp.48-51. 진보교육연구소.

배희철(2008d). 『핀란드 사회과 교육과정이 주는 시사점』. 춘천교대 08 겨울 사회과 직무 연수 교재.

배희철(2009a). 「비계 설정과 근접발달영역: 부적절한 관계」『제8회 전국참교육실천대회 연구 보고서』. 전교조.

배희철(2009b). 『핀란드 교육과정과 비고츠키』. 참교육연구소.

배희철(2010a). 「발달, 비고츠키와 함께 그 수수께끼를 풀다」『전교조 서울지부 연수 자료집』.

배희철(2010b). 「왜, 비고츠키의 협력적 교수학습인가?」 『전교조 서울지부 토론회 자료집』.

배희철(2011a). 「혁신 학교 교육철학 : 비고츠키의 문화역사적 이론」 『제10회 전국참교육실천대회 자료집』.

배희철(2011b). 「왜, 비고츠키의 협력 학습인가? : 협동 학습과 배움의 공동체를 넘어」 『제10회 전국참교육실천대회 자료집』

배희철(2011c). 「혁신 교육, 왜 밖에서만 찾나?」 『교육희망』 2011. 06. 07.

배희철(2011d). 「협력 수업」 『학습연구년제 보고서』 강원도교육연구원.

배희철(2011e). 『우리 함께 비고츠키 공부해요 1』. 전국교직원노동조합.

배희철(2011f). 『우리 함께 비고츠키 공부해요 2』. 전국교직원노동조합.

배희철(2012a). 『비고츠키와 교육 이론』. 이펀코리아.

배희철(2012b). 『비고츠키와 우리 교육』. 이펀코리아.

배희철(2012c). 『비고츠키와 우리 교육의 방향』. 경기 혁신 학교 연수 원고.

배희철(2013). 『비고츠키 협력의 교육학(기초 과정)』. 울산광역시교육청 특수분야 직무연수 자료집.

배희철(2014). 「비고츠키와의 만남」. 『강원교육』 194호. 강원도교육연구원.

배희철(2015. 05. 17). 「학생의 발달 단계에 맞는 교육」. 『교육희망』.

비고츠키(2000). 조희숙 옮김. 『비고츠키의 사회 속의 정신』. 양서원./(1994). 『사회 속의 정신』. 성원사.

비고츠키(2009). 정회욱 옮김. 『마인드 인 소사이어티』. 학이시습.

비고츠키(2011). 배희철 & 김영호 옮김. 『생각과 말』. 살림터.

비고츠키(2013). 비고츠키연구회 옮김. 『어린이 자기 행동 숙달의 역사와 발달 1』. 살림터.

비고츠키(2014). 비고츠키연구회 옮김. 『어린이 자기 행동 숙달의 역사와 발달 2』. 살림터.

비고츠키(2015). 비고츠키연구회 옮김. 『성장과 분화』. 살림터.

비고츠키(2016). 비고츠키연구회 옮김. 『연령과 위기』. 살림터.

사토 마나부(2001). 손우정 옮김. 『교육 개혁을 디자인한다』. 공감.

사토 마나부(2006). 손우정 옮김. 『수업이 바뀌면 학교가 바뀐다』. 에듀케어.

서영민·박성자·조무현(2015). 「2015 혁신 학교의 학교 효과성 분석」 『교육정책연구』 2015-011. 전북교육 2015-534. 전북교육정책연구소.

서울대학교공과대학(2015). 『축적의 시간: 서울 공대 26명의 석학이 던지는 한국 산업의 미래를 위한 제언』. 지식노마드.

서울특별시교육청(2007). 『교육 선진국 핀란드를 가다: 핀란드 초·중·고 국가 수준 핵심 교육과정』. 서울특별시교육청.

서울특별시교육청(2012). 『수업 혁신 공유·확산 전략 및 추진 방안 연구』. 정책 연구 자료. 서울특별시교육청.

성열관(2011). 『서울 학교 수업 혁신 방안』 정책연구보고서. 서울특별시교육청.

성열관(2014). 「모두가 행복한 혁신 미래 교육이란 무엇인가?」 『2014 지성·감성·인성을 기르는 창의교육 교원 전문성 신장 연수 자료(1-12)』. 서울특별시교육청(초등교육과).

손우정(2004). 「수업을 중핵으로 한 '배움의 공동체' 실천 : 일본 '하마노고 소학교'의 실천을 중심으로」, 『교육학연구』 42(3). pp.375~395.

손우정(2009). 「사토 마나부와 손우정의 신교수법 : '배움의 공동체'를 중심으로 한 수업 창조」, 『경기도교육청 연수 자료집』

손우정(2010). 「혁신 학교와 배움의 공동체」, 『서울형 혁신 학교 직무 연수 자료집』 pp.45~56.

수업사랑연구팀(2013). 『창의·인성 역량 강화를 위한 협력 학습 모델 개발』. 서울시교육연구정보원.

신동하(2015). 「오늘날 한국 학교 교육 시스템의 기원 고찰: 일제 강점기 식민지 교육 체제를 중심으로」. 권재원·신동하·한기현(2015). 『교사가 바꾸는 교육법』 pp.46~66. 우리교육.

신성욱(2014). 『조급한 부모가 아이 뇌를 망친다』. 어크로스.

신성욱(2015. 10. 02.). 「우뇌 학습법이요? 뻥 치시네!」 『시사IN』.

신흥근(2011. 07. 06.). 「여몽, 손에서 책을 놓지 않다」 『경향신문』.

안승문(2008). 「학생을 학습의 중심에 세우는 '개인별 발달 계획'」 『우리아이들』12월호. pp.38~41.

양선희(2015. 12. 23.). 「대통령을 겨냥한 '혼용무도'」 『중앙일보』.

에겐·코책(2006). 신종호 옮김. 『교육심리학: 교육 실제를 보는 창』. 학지사.

요시다 다로(2012). 위정훈 옮김. 『교육 천국, 쿠바를 가다: 세계적 교육 모범국 쿠바 현지 리포트』. 파피에.

워치(1995). 이수원 외. 『비고츠키: 마음의 사회적 형성』. 정민사.

원동연(2003). 『5차원 독서법과 학문의 9단계』. 김영사.

웽거(2001). 이상연 옮김. 『내 안의 천재성을 모두 일깨워라』. 청림출판.

윤상혁(2015. 12. 01.). 「삶을 위한 교육과정」 『오래된 미래』. (http://blog.naver.com/ysh2084/220555349722)

이기웅(2011). 「비고츠키 심리학 이론의 언어학적 전망」 『러시아문학연구논집』 제39집. pp.213~240.

이덕환(2016. 02. 02.). 「엉터리 융복합의 환상」 『교수신문』.

이병환(2002). 「신자유주의 교육 개혁의 성격과 평가」 『한국교육』 29호 2권. pp.33~55.

이상호(2014). 「놀이에서 길을 찾다③」 『우리아이들』 206호.

이성우(2015). 『교사가 교사에게』. 우리교육.

이애란(2007). 『비고츠키주의자의 언어적 자기 규제론과 도덕 교육』. 한국학술정보.

이완기 & Kellogg, D.(2006). 『초등 영어 놀이와 게임: 비고츠키의 사회문화적 관점』. 한국문화사.

이주호 외(2006). 『평준화를 넘어 다양화로』. 학지사.

이찬승 외(2013). 『한국 공교육 미래 방향 제안』. 21세기교육연구소.

이혁규(2015). 『한국의 교육 생태계』. 교육공동체벗.

이혜운(2008. 07. 01). 「교육 강국 핀란드서 배울 게 없다?」『조선일보』.
(http://www.chosun.com/site/data/html_dir/2008/06/30/2008063001772.html)

임기상(2014. 04. 07.). 「"조선인은 노예처럼 …" 마지막 조선 총독의 저주」『노컷뉴스』.

장은교(2015. 09. 30.). 「"가난·불평등 참지 말라" 코비니즘 시동 걸렸다」『경향신문』.

정막래·아파나시예바(2009). 『러시아의 기초 교육』. 대교출판.

정성진(1998). 「신자유주의 교육 정책의 문제점」『대학교육』 제93호.

정종권(2016. 01. 18.). 「세계 불평등 더 확대 '62명' 슈퍼 부자와 '36억 명'의 자산」『레디앙』.

정현곤·한대동(2007). 「수업 협의회에 기초한 배움의 학교 공동체 형성에 관한 연구」『한국
교원교육연구』 24권 3호. pp.197~219.

정혜규(2008. 01. 17.). 「경쟁보다 협력을 말하는 교육, 불가능한가」『한겨레신문』.
(http://www.hani.co.kr/arti/society/schooling/263811.html).

정혜영(2005). 『교육 인간학』. 학지사.

정희경(2015. 07. 17.). 「'샌더스 현상'은 미 대선 돌풍이 될 것인가? [인터뷰] 박영철 전 원광
대 교수가 본 '샌더스 현상'」『프레시안』.

정희진(2016. 01. 20.). 「'그 민주당'과 '인민의 당'」『경향신문』.

조광현(1996). 『정신은 어떻게 출현하는가? 도구, 의식 그리고 언어의 진화』. 서광사.

진보교육연구소(2015). 『관계의 교육학 비고츠키』. 살림터.

진실의 길 편집부(2012. 12. 18.). 「신형 '플라스틱 투표함', 왠지 불안하다」『진실의 길』.
(http://www.poweroftruth.net/news/mainView.php?uid=2374&table=byple_news)

차상섭(2014. 12. 26.). 「유물론과 관념론」.
(http://blog.naver.com/chass3?Redirect=Log&logNo=220220686396)

창의공감교육 총론연구회(2014). 『창의공감교육 2014의 한계와 나아갈 방향』. 강원도교육
청 정책연구보고서.

채재은·이병식(2007). 『고등 교육 질 보장 접근 방법에 대한 비교 연구: 미국, 호주, 핀란드
사례를 중심으로』. 교육과학연구.

초등교육과정연구모임(2011a). 『행복한 혁신 학교 만들기: 비고츠키 교육철학으로 본 혁신
학교 지침서』. 살림터.

초등교육과정연구모임(2011b). 『교과서를 믿지 마라』. 바다출판사.

초등교육과정연구모임(2013). 『초등 교육을 재구성하라』. 에듀니티.

최인훈(2012). 『바다의 편지: 인류 문명에 대한 사색』. 삼인.

피아제(1985). 송명자 옮김. 『아동의 사고와 언어』. 중앙적성출판사.

한순미(1999). 『비고츠키와 교육: 문화-역사적 접근』. 교육과학사.

함영기(2014). 『교육 사유』. 바로세움.

후쿠타 세이지(2008). 나성은·공영태 옮김. 『핀란드 교육의 성공: 경쟁에서 벗어나 세계 최
고의 학력으로』. 북스힐.

Teuvo Laurinolli(2014). 이지영 옮김. 『핀란드 중학교 수학 교과서』. 7부터 9까지(중등). 솔빛길.

WSOY pro. Ltd.(2011~2012). 양숙희 외 옮김.『핀란드 초등 수학 교과서』. 1-1부터 6-2(초 등). 솔빛길.

Bruner, J.(1984). "Vygotsky's Zone of Proximal Development: The Hidden Agena." B. Rogoff & J.V. Wertsch (Editors) (1984). *Children's Learning in the "Zone of Proximal Development"* Jossey-Bass Inc., Publishers. Washington. (93-97)

Bruner, J.(1987). "Prologue to the English Edition." In *The Collected Works of L. S. Vygotsky. vol 1*. Plenum Press. (1-16)

Center for Activity Theory and Developmental Work Research, (http://www.edu.helsinki.fi/activity/)

Chaiklin, S.(2003). "The Zone of Proximal Development in Vygotsky's Analysis of Learning and Instruction." In Kozulin, A., B. Gindis, V.S. Ageyev, and S.M. Miller, (eds.) *Vygotsky's Educational Theory in Cultural Context*. Cambridge: Cambridge University Press, 39-64.

Cole, M. & Gajdamaschko, N.(2007). "Vygotsky and Culture." In Daniels, H., Cole, M., Wertsch, J.V. (eds.) *The Cambridge Companion to Vygotsky*. Cambridge University Press.

Cole, M. & Levitin, K & Luria, A.(2006). *The Autobiography of Alexander Luria*. Lawrence Inc.

Daniels, H., Cole, M., Wertsch, J.V.(2007).(eds.) *The Cambridge Companion to Vygotsky*. Cambridge University Press.

Eggen, P & Kauchak, D.(2006). *Educational Psychology* 6th eds. Prentice Hall.

Engestrom, Y.(1987). *Learning by expanding: An activity-theoretical approach to developmental research*, Orienta-Konsultit Oy.(http://lchc.ucsd.edu/MCA/Paper/ Engestrom/expanding/toc.htm)

Engestrom, Y.(1999). *Perspectives on activity theory*, Cambridge University Press.

Gardner, H.(1991) *The Unschooled Mind: How Children Think and How Schools Should Teach*. New York: Basic Books.

Gredler, M. E. & Shields, C. C.(2008). *Vygotsky's Legacy ; A Foundation for Research and Practice*. The Guilford Press.

International Society for Cultural and Activity Research (ISCAR), (http://iscar.org/).

Karpov, Y. V.(2003). "Vygotsky's Doctrine of Scientific Concepts." In Kozulin, A., B. Gindis, V.S. Ageyev, and S.M. Miller, (eds.) *Vygotsky's Educational Theory in Cultural Context*. Cambridge: Cambridge University Press, 65-82.

Karpov, Y.V.(2005). *The Neo-Vygotskian Approach to Child Development*. Cambridge University Press.

Kazlauskas, A. & Crawford, K.(2007). "Learning What Is Not Yet There:Knowledge Mobilization in a Cummunal Activity." *In Learning and Socio-cultural Theory: Exploring Modern Vygotskian Perspectives International Workshop 2007. Vol 1. Iss 1. Art. 8.* http://

ro.uow.edu.au/llrg

Kazuo, N.(2003). "On the Concept of "Cultural Age" in L.S. Vygotsky's Cultural-Historical Theory ; For the purpose of a clearer understanding of the concept "ZPD"." *The Report of Tokyo University of Fisheries, No. 39,* 1-6, September 2003.

Kinginger, C.(2002). "Defining the Zone of Proximal Development in US Foreign Language Education." *Applied Linguistics, vol 23, No 2.* pp.240-261.

Luria, A.R.(1976). *Cognitive Development: Its Cultural and Social Foundations.* Cambridge, Massachusetts: Harvard University Press.

Newman, F. and Holzman, L.(1993). *Lev Vygotsky: Revolutionary scientist.* London: Routledge.(http://webpages.charter.net/schmolze1/vygotsky/practice.html)

Pasi Sahlberg. (2007). "Education policies for raising student learninig: The Finnish Approach," *Journal of Education Policy, Vol. 22. No.2,* March 2007, pp.147-171.

Rosenthal, V. (2003). "Microgenesis, immediate experience, and visual processes in reading." In A. Carsetti (Eds.), *Seeing, thinking, and knowing* (pp. 221–244). Kluwer academic Publishers. New York.

Sahlberg, Pasi(2011), *Finnish Lessons.* Teachers College Press. Columbis University. New York.

Schmittau, J.(2003). "Cultural-Historical Theory and Mathematics Education." In Kozulin, A., B. Gindis, V.S. Ageyev, and S.M. Miller, (eds). *Vygotsky's Educational Theory in Cultural Context.* Cambridge: Cambridge University Press, pp. 225-245.

Stetsenko, A. P.(1999). "Social Interaction, Cultural Tools and the Zone of Proximal Development: In Search of a Synthesis." In Chaiklin, S. (eds). *Activity Theory and Social Practice: Cultural-Historical Approaches.* Aarhus University Press. pp.235-252.

Valsiner, J. & Rene van der Veer(2000). *The Social Mind: Construction of the Idea.* Cambridge University Press.

Vygotsky, L. S.(1978). *Mind in Society ; The Development of Higher Psychological Processes.* Cole, M. & Scribner, S. Trans, (eds). Harvard University Press.

Vygotsky, L.S. (1987). *Collected Works Vol. 1: Problems of General Psychology.* New York and London: Plenum.

Vygotsky, L.S. (1997). *Collected Works Vol. 4:The History of the Development of Higher Mental Functions.* New York and London: Plenum.

Vygotsky, L.S. (1998). *Collected Works Vol. 5: Child Psychology.* New York and London: Plenum.

Vygotsky, L.S. & Luria, A. R. (1993). *Studies in the History of Behavior; Ape, Primitive, and Child.* Golod, V.I. & Knox, J.E. (Trans & eds). Hilsdage, N.J,;Erlbaum.